中日联合江南地区民俗调查报告辑

福田亚细男
主　编

冯莉　何彬
执行主编

学苑出版社

编 委 会

（按姓名笔画排序）

主　　编：福田亚细男

执行主编：冯　莉　　何　彬

编　　委：小林忠雄　王　恬　　刘晔原　　刘铁梁
　　　　　　陈勤建　　桥谷英子　菅　丰

编委会成员简介

福田亚细男　　（日本）国立历史民俗博物馆名誉教授

冯　莉　　　　中国民间文艺家协会理事，《民间文化论坛》执行主编，编审、研究员

何　彬　　　　南京农业大学教授，（日本）东京都立大学名誉教授

小林忠雄　　　（日本）加能民俗之会会长，原北陆大学未来创造学部教授

王　恬　　　　浙江省民间文艺家协会副主席兼秘书长，研究馆员

刘晔原　　　　中国传媒大学教授，博士生导师；中国民间文学出版大系专家组专家，歌谣组组长

刘铁梁　　　　北京师范大学文学院教授，山东大学人文社科一级教授；中国民间文艺家协会顾问，北京市文史研究馆馆员

陈勤建　　　　华东师范大学终身教授，上海市非物质文化遗产保护专家委员会副主任

桥谷英子　　　（日本）东洋文库研究员，新潟大学名誉教授

菅　丰　　　　（日本）东京大学东洋文化研究所教授

编辑说明

本书是一套反映20世纪末至21世纪初中国江南地区民俗学研究的资料性文集。1989—2010年，由福田亚细男教授主持，中日两国学者联合就中国江南地区民俗生产、民俗变化动态过程开展了6期村落田野调查，这是中日学术交流史上首次由中日民俗学者共同完成的村落民俗调查与民俗志书写的科学实践。

6期调查报告分别于1992年、1995年、1999年、2001年、2006年、2011年印刷，仅在小范围作成果分享，并未正式出版。本次为全球首次公开出版，将6辑报告统一规格，并定名为《中日联合江南地区民俗调查报告辑》。本书共汇集56位学者的调查报告120余篇，记录了当时的村落民俗风貌，为现今的研究提供了大量珍贵的资料。

本套书收录原调查报告分6辑，分别为：

1992年《中国江南民俗文化——中日农耕文化比较》

1995年《中国浙江民俗文化——环东海农耕文化民俗学研究》

1999年《中国浙南民俗文化——环东海农耕文化民俗学研究》

2001年《中国江南村落民俗志研究——上海近郊村落民俗》

2006年《中国江南沿海村落民俗志——浙江省象山县东门岛和温岭市箬山》

2011年《中国江南山区民俗文化及变迁——浙江省江山市廿八都和龙游县三门源》

因本套书收录的6辑报告时间跨度较大，为最大限度呈现报告所对应的文化时代，保留了当时报告的写作用词风格，尊重中日用字及符号的差异，未作硬性统一。因原6辑报告时间延续性较长，且实际印刷行尺寸不一，本次出版为了更好呈现原报告内文及提供良好阅读体验，对以下几方面进行了调整：

1. 总书名及分册名。本次出版将原6册报告汇编，定名为《中日联合江南地区民俗调查报告辑》。分册标题页将原报告日文标题翻译为中文，并在背面呈现原报告标题、年份等信息。

2. 本次出版新增总序，由主编福田亚细男教授作序、彭伟文教授翻译。

3. 特设编委会，负责出版过程中组织、协商等事宜。本书作者众多，原报告

无作者介绍，此次未一一增补，仅对编委会成员增加介绍。

4. 原报告每辑的开头均有一篇介绍研究经过和调查地概况以及研究组织的文章，仅有日文，本次出版以原样呈现为基本准则，保持原有形式，不再另行翻译。

5. 版式。原报告包含扉页、前言、目录、正文、发行印刷信息等内容。每本报告因年代不同，并非同一尺寸。本次出版为了最大化呈现原报告结构，保留原分册标题、版本等信息，并将开本尺寸、内文版式作了统一。因尺寸的修改，对内文作重新排版，并修正原有报告版式断行、错行等问题。

6. 目录。原报告每辑仅有日文目录，本次增设中文目录。

7. 摘要。本书每篇文后有相对应的摘要，中文报告摘要为日文，日文报告摘要为中文。其中，第一辑中周星《话说泰山石敢当》一文无对应摘要，该文原计划由小熊诚撰写文章摘要，后写作时拓展成长文《石敢当小考——围绕周星论文的要旨及其评论》，原报告按独立文章处理呈现。此两篇文章遵照原报告处理，本次出版不再另补充摘要。

8. 注释。原报告均为文后尾注，为了方便阅读，本次出版统一将尾注改为页下注，原注释内提示内容根据实际页码进行了调改。

9. 图片和表格。由于中文与日文在出版规范上的差异，我们并未将两方文章图表名、注作硬性统一，仅编排序号在原报告基础上作了全书统一。因时间跨度大，许多内文图片没有电子文件，现书中所用图片均为扫描原报告后加工使用，特说明。

10. 内文以最大限度呈现原报告内容为原则，涉及的人物、地域划分等信息均以写作时间为准，不做修改。仅在内文出现明显错误、严重影响阅读、引起歧义等处做修改，如多字、少字、错字、别字等。

总　序

1. 长达 20 年的共同研究

1992 年到 2011 年 20 年间陆续刊行的 6 册中日合作江南调查报告书，这次得到了在中国复刻出版的机会。这是我一直以来心怀愿望，但又觉得无法实现的事，能够得偿所愿，实在是令人欣喜。日本和中国的民俗学研究者一起进行 20 余年的长期调查研究，在中日间漫长的学术交流史上，恐怕都无法见到第二个同样的例子。参与过这个共同调查研究的各位，理应引以为荣。

这个长期进行共同调查研究的计划，并非从一开始就是如此。首先，中日两国的研究者一起进行田野调查，这本身就没有先例。只要完成一次这样的调查，就已经值得赞许。日文和中文这两种日常语言之间的差异，首先就是一个既存的障碍。仅仅是研究者之间的沟通就已经极为困难，这一点在最初就已经预想到了。接下来的问题是，进入中国的村落社会之后，对当地人进行以访谈为主要方法的调查，其困难又更进一层。尤其是对日本方面的研究者来说，这是一个严重的问题。当然，在日本也有不少对中国社会、中国文化进行研究的学者，一直以来都使用中文进行研究并到中国访问。但是，民俗学研究者则大多专注于对日本的调查研究，完全没有在中国进行调查研究的经验。在明知道会有这些困难的情况下，构想中日共同实施的调查研究，并在实现后持续 20 年之久，其原因要从它的起点说起。

2. 民俗学学术交流的开始

日本的民俗学是作为一国民俗学成立的，其视野限定在形成于日本列岛，并在这里发展的生活文化。对其进行细致的调查研究，促使对日本的既有理解得到了修正，取得了很多成果。在这些积累的基础上，国立历史民俗博物馆在 1981 年成立。虽然这家博物馆是作为对日本历史进行研究和展示的博物馆而设立的，但并不只是一直以来那种通过文字资料究明历史的传统日本史学，还对等地加入

了考古学与民俗学，是一家以历史学、考古学、民俗学三学科协作为目标的博物馆。并且，在设立之初，它就不是以展览为中心的博物馆，而是以研究为中心，展示研究成果的博物馆。同时，它还有一个定位，就是供大学的研究者共同使用的大学公用机构。

在这座日本最早的以三学科协作为目标的博物馆，民俗研究部被认为是重要构成部分，按计划配置有共计13名民俗学研究者。当时，在日本设有民俗学课程的大学非常少，而有专任教师的大学则更少，即便有也不过是一两名而已。从这一点就可以看出，国立历史民俗博物馆的民俗研究部，对民俗学来说是多么重要的存在，它无疑是当时日本代表性的民俗学研究机构。

在国立历史民俗博物馆民俗研究部工作的研究者，对自己是日本代表性民俗学研究机构的一员这一点，也有充分认识。尤其是担任第一任民俗研究部长的坪井洋文，这种意识特别强烈，怀有巨大的使命感。他认为，国立历史民俗博物馆必须代表日本和世界各地的民俗学研究者进行交流，承担起发展民俗学的责任。早在1985年，坪井先生就已经到中国贵州省东部的黔东南苗族侗族自治州进行过民俗调查。当时，得到了贵州民族学院和贵州省民间文艺家协会的大力支持。在黔期间还通过座谈会、演讲等形式进行了学术交流。次年，坪井先生获得日本政府文部省支给的科学研究费补助金（海外学术调查），在贵州省西北部的威宁彝族回族苗族自治县进行调查。1987、1988年又进行了再调查。

这些在贵州省的调查，部分原因是受到当时日本研究趋势的影响。在日本，很早就有关于日本人和日本文化源头的讨论，当时吸引了很多人的学说之一，是向中国西南的少数民族寻求根源。关注日本民族起源的人们造访云南省和贵州省，希望发现这些地方的民族和日本之间文化上的共通性和类似性，以证明日本文化的故乡在那里。但是，这是将文化中的个别要素抽取出来，寻找其表面类似性的做法。坪井先生的调查包含了对这些现象的批判，以深入地方，把握和理解民俗的整体样貌为目标。我也参加了这一系列调查，和坪井先生一起行动，有着相同的使命感。

中国西南和日本之间有很远的距离，在两地之间，是汉族居住的广大地区。那种无视汉族文化的根源论显然存在是有问题的。日本人自古以来就备感亲近的中国江南地区，在中国历史上有重要地位，没有对这一地区的理解，当然就不可能理解中国文化。我们认为，应该首先放下简单的根源论，或放弃表面的比较，

把握和理解包括汉族在内的中国民俗文化。对于最初的研究区域，我们首先想到了江南地区。而且，理所当然地要考察中国的民俗文化，中国民俗学研究者的帮助是必不可少的。实际上，我们希望共同进行研究，并且摸索了这种可能性。

以上，就是出于日本方面的考虑进行江南调查的前提。

3. 共同研究的构想

我第一次造访北京，是在1985年3月。那是一次私人旅行，在京期间，对北京师范大学进行了为期一天的访问，和中国民俗学代表性研究者钟敬文先生见面。安排这次见面的，是此前到国立历史民俗博物馆访问交流的张紫晨先生。当天，王汝澜先生到我入住的宾馆来迎接，带我到北京师范大学。面对不懂汉语的福田，王先生亲切地用流畅的日语进行交谈，帮了略感紧张的福田大忙，使其后内容充实的会谈得以实现。在北京师范大学，以钟敬文先生为首，张紫晨、刘魁立、王汝澜以及其他几位研究者参加了这次会谈。仰赖于王先生准确的翻译，谈话的内容很充实。

在这次会谈之前不久，日本研究者已经开始到中国访问，进行研究交流，但到访的日本研究者大多是研究中国民间文艺学的。日本的民俗学者到中国访问、研究交流，还几乎没有过。中国研究者关于日本民俗学的信息，也大多来自研究中国民间文艺学的日本研究者。就这一点而言，恐怕可以说，这次会谈几乎就是日本民俗学研究者和中国民俗学研究者进行的最早的会谈。钟敬文先生对日本的民俗学研究状况有非常强烈的兴趣，问了各种各样的问题。同时，双方还互相确认，今后有必要更多地进行中日民俗学的学术交流。

几个月后，福田又再次见到了钟敬文先生和张紫晨先生、刘魁立先生。1985年6月，国立历史民俗博物馆相关人员30多人访问了中国，其中包括民俗研究部的成员。整个访问团在文化部的安排下，访问了北京、大同、太原、西安。在北京，访问者们与中国社会科学院和中国民俗学会的相关人士见了面，进行了亲切的交流。这次会面并没有讨论深入细致的交流计划，但是借此机会，确认了中日民俗学研究者今后进一步交流的纲领。其具体化，则留待下次机会再进行。

1987年7月，坪井洋文和福田访问了北京。这次是私人旅行，但目的是和中国民俗学的代表性研究者见面，讨论中日民俗学研究者今后的交流计划。二人

连日和中国民俗学研究者会面，访问民俗学研究者所属的机构或团体。其中最重要的一次，是访问北京师范大学。在这里，两人和钟敬文、张紫晨两位先生进行了会谈，就具体的研究交流计划进行了讨论。说到研究交流，一般的印象是研究者互相访问，举办研究会或研讨会，进行学术报告，但坪井和福田准备的计划并非如此，而是中日民俗学研究者一起在中国江南地区展开民俗调查，共同讨论其成果，共同将研究成果整理出来并刊行报告书。对于这一提案，钟敬文先生表现出极大兴趣，赞成对其加以具体化。对研究计划进行具体化的实际工作，由张紫晨先生和福田协商推进。那以后，两人保持紧密联系，完成了研究计划的拟定。研究的必要经费通过申请日本政府文部省的科学研究补助金（海外学术研究）解决，由福田撰写具体研究实施计划，坪井洋文先生作为研究代表提出申请，研究题目定为"日本与中国的农耕文化比较研究——中国江南地区的民俗调查"。由于研究代表坪井先生在 1988 年 8 月去世，福田代替其成为代表。

4. 调查研究的开始和经过

很幸运，我们的研究计划顺利入选，1989 年开始了为期 3 年的研究项目。由于日本的会计年度是从 4 月到翌年 3 月，故研究时间为 1989 年 4 月到 1992 年 3 月。我们根据预计获批的研究费金额制定研究计划，和中国方面的研究者互相联系，开始了准备工作。但是，获批的研究费相对于申请金额被大幅缩减。因此，我们相对于申请时的研究计划，缩小了研究对象区域和研究团队规模，缩短了调查日程。变化最大的是，原计划以江苏省、浙江省、福建省为调查对象，收缩为江苏省和浙江省，从第二年起，进一步将对象地区限定在浙江省。

由于种种原因，调查的实施是从 1990 年 3 月开始的。中日双方各 9 名研究者组成调查团，加上 5 位长年在江苏省和浙江省从事民俗学研究的学者作为协助研究者，又请了两名日语熟练的北京师范大学民俗学专业研究生加入。这样大规模的一行人，全部都以相同的日程参加了调查。当时道路状况不好，路上需要很多时间，但长时间挤在小型巴士上，让大家变得亲近起来，在调查研究方面加深了相互了解，也得到了促进相互交流调查资料的机会。

第一期调查在 1990 年 3 月、1991 年 3 月，以及 1991 年 10 月（只有日本方面的研究者参加）共实施了 3 次，于 1992 年 3 月顺利刊行了研究成果报告书。1990 年 12 月，中国方面的 10 位研究者访问日本，在国立历史民俗博物馆举行了

研究成果讨论会，并在千叶县佐仓市、茨城县牛久市以及冲绳县读谷村进行了民俗调查。尤其是在冲绳，对读谷村的两座村落进行了调查，收获了很多成果。在第一期调查期间，中日双方都提出，这种合作关系仅止于这次共同调查实在可惜的看法。尤其是中方代表张紫晨先生，表达了特别强烈的意愿。日本方面的意愿也很强烈，遂决定计划第二期调查。因为这是就进行中的共同调查的下一步计划提出申请，中日间的联系和协调也很顺利。和1991年的第一期同样，以"环东海农耕文化的民俗学调查"为题申请了文部省科学研究费（国际学术研究）。此外，第二期计划的规模相比第一期缩小了，研究对象限定在浙江省的3个地方，研究团队的规模也有所缩小。尤其是在研究团队方面，计划调查中国西南少数民族的民俗，而不是江南地区的中日研究者分离出去，另外申请研究费实施调查。由于中国方面的代表张紫晨先生去世，中国民间文艺家协会的林相泰参加进来，担任中国方面的代表。

　　就这样，在研究实施的过程中构思下一次的研究计划，以申请科学研究费并获得立项为前提，中日研究者进行协商，或是和准备调查的地方的研究组织、团体商议，进而通过地方文联等向设定为对象调查点的市县或镇的政府机关联系申请，毫不懈怠地进行准备。研究计划也不是纸上谈兵，而是有可操作性的内容和可预见的研究成果。正因为如此，实现了长达20年的6期调查研究，研究计划几乎连续性地得到立项通过，这是一般情况下不可能做到的。全部6期的调查研究概要整理出来如下表所示。此外，随着我离开国立历史民俗博物馆，对接单位也先后改为成新潟大学和神奈川大学，但研究团队基本维持不变。

期次	研究时间	调查地区	成果报告书（刊行年月）
I	1989年—1991年（3年）	江苏省苏州市常熟市白茆乡；浙江省金华市金华县曹宅镇，兰溪市姚村；丽水市山根村、敏河村、堰头村	《中国江南民俗文化——中日农耕文化比较》（1992年3月）
II	1992年—1993年（2年）	浙江省湖州市小梅村、东明村；嘉兴市桐乡县利星村；宁波市奉化市崎山，余姚市河姆村，象山县溪东村；温州市永嘉县廊下村、花担村，吴坑村，瑞安市东溪村，苍南县田贡村、碗窑村	《中国浙江民俗文化——环东海农耕文化民俗学研究》（1995年6月）

续表

期次	研究时间	调查地区	成果报告书（刊行年月）
Ⅲ	1996年—1998年（3年）	浙江省丽水市碧湖镇、灯塔村、黄桂村，景宁畲族自治县西岸底村、惠明寺村，青田县洲头村；温州市瓯海区黄坑村、周岙村，永嘉县廊下村、小溪村、蓬溪村	《中国浙南民俗文化——环东海农耕文化民俗学研究》（1999年3月）
Ⅳ	1999年—2000年（2年）	上海市松江区张泽镇、车墩镇	《中国江南村落民俗志研究——上海近郊村落民俗》（2001年2月）
Ⅴ	2002年—2005年（4年）	浙江省象山县东门岛、温岭市箬山	《中国江南沿海村落民俗志——浙江省象山县东门岛和温岭市箬山》（2006年3月）
Ⅵ	2007年—2010年（4年）	浙江省江山市廿八都镇、龙游县三门源村	《中国江南山区民俗文化及变迁——浙江省江山市廿八都和龙游县三门源》（2011年3月）

5. 研究成果及意义

在20年间分6期实施的中日联合江南地区民俗调查，其最大的成果就是进行长期的连续性共同调查这件事本身，应该说这是有学术意义的。必须说，中日两国的民俗学研究者以特定的田野调查地为对象，全员按照同一日程实施调查，这就足以令人吃惊。虽然调查本身是基于各位研究者自己负责设计的调查计划进行的，但在对同一对象按照同一日程进行调查过程中，实现了调查信息的相互交换和调查着眼点的共享。一起进行田野调查的中日研究者，作为研究者相互信任、互相指导，增加了调查内容的深度。由于日本和中国一样使用汉字，所以会有轻易地认为同样的文字所指事象相同的倾向。但是，从民俗的层面看来，相同的文字所表示的内容，在日本和中国大不相同的现象有很多。日本的研究者有带着日本式的汉字理解进入调查，以日本的汉字记录调查结果的倾向。在这次共同调查中，这样的错误得到了纠正。这种理解，随着一次次调查不断加深。同样的，中国学者对日本民俗的理解，可以说情况亦是如此。

日本民俗学一直是以建立在田野调查上的研究作为基础的。这种形式在当时应该对中国学者有很大参考意义。因为在那之前，在特定地区进行数年的连续调查这种方式，中国学者还未采用。对这种在同一地区长达数年的持续调查，中国学者最初似乎感到困惑，但逐渐理解了它的有效性，对同一地区进行调查研究的时间设定也开始长期化。尤其是第五期和第六期，分别在同一地区进行了4年的调查，对该地的民俗传承进行了广泛而深入的把握，成果报告书的篇幅就说明了这一点。

这种为期数年的长期调查，首先将第一年定位为预备调查，在对象地区实施广域的调查，即对多个调查地进行1—2天的短时间访问，把握概况，对其结果进行检讨；第二年对调查对象地点进行精选，花较长时间进行正式调查。在调查地，我们和当地人也成了"老朋友"，调查得以融洽地推进；在最后一年，参加者各自将调查的经过写成报告论文，刊行研究成果报告书，但在这一过程会出现不少有疑问的地方，因此会进行以确认这些问题为中心的补充调查。在3年或4年的研究计划得到批准的第一期、第三期、第五期、第六期，第一年设定为预备调查，第二年和第三年设定为正式调查，最后一年则设定为补充调查。这种预备调查、正式调查、补充调查的三阶段式调查，在日本也比较少使用，在中国的民俗调查中应该也没有先例。通过三个阶段让调查逐步深入这种方式使江南调查得以成功实现，今后也可能会在日本和中国成为民俗调查的基本方式。

此前，无论在日本还是中国，都没有对民俗调查对象区域有明确意识地加以把握。在日本，民俗调查的结果被冠以"民俗志"之名刊行一事古已有之，但民俗传承的单位是模糊的。这种倾向一直持续到20世纪80年代。在我们的江南调查中，调查对象基本设定为村。经过预备调查，确定具体的村为调查对象。按照中国的行政区划，市、县之下是镇或乡，镇或乡之下设村。在村里组织有村民委员会，设有村民委员会主任等职。村以聚落作为基础，看似可以作为村落加以把握，但并不能说就一定是历史上形成的村落。这一点在当地是有自觉认识的。设置村民委员会的村被称为"行政村"，相对的，以聚落作为基础的组织被称为"自然村"加以区别，这样的现象广泛存在。由于我们的调查是在行政机关的许可和支持之下进行的，必然是以"行政村"作为调查单位。但是，在每个调查地，"行政村"以外都还有"自然村"。一个"行政村"包含多个"自然村"是很常见的，相反的情况也不少。我们努力将"行政村"和"自然村"两者都纳入视

野，在其相互关系中对民俗加以把握。这一视角，不仅对中国的民俗研究，对日本的民俗调查研究应该也会带来很多启发。

1990年之后的20年，是中国社会经济迅速发展、生活剧烈变化的时期。"改革开放"给中国带来了巨大的变化，尤其是在位于沿海区域的江南地区更为显著。我们的调查就是在这个时期进行的，当然也目睹和记录了这些变化。在1990年开始的第一期调查中，到达调查地时往往会有大量村民出来围观我们，人山人海。但是，这种现象很快就消失了。沉下心来稍微一想，甚至会因为很少能见到人而感到冷清。我们看到了解放后变成工作间或杂物间的祠堂逐渐恢复原有功能的现象，也看到了此前一直被藏起来的族谱，同时，看到新编纂的族谱的机会也多了起来。因为第四期的调查地是上海近郊的农村，我们访问了变化很大，整齐排列着新建筑的聚落。

此外，这20年也是中国对民俗的认识和态度发生巨大变化的时期。第一期调查得以实现，也是因为有了这种变化，虽然当时民俗仍然被认为是封建制度的残渣，是应该被消灭的东西。但是，从第二期开始，民俗作为人们自古继承至今的生活文化得到认可，被视作有价值的存在。同时，伴随着都市的急剧发展，在这些地方消失的，被称为传统的生活空间、事物成为观光对象。因在经济上稍微有些落后而得以保存下来的市街、村落，作为古镇、古村受到瞩目并得到保护，进而被修缮和改造，以吸引更多观光客。我们的调查对象区域也包含了很多这样的古镇、古村。此外，在日本被称作无形文化遗产，在中国被称作非物质文化遗产的事物受到关注，来自国家的保护事业得到大力推行，民俗学研究也深入参与其中。我们的调查也开始将古镇、古村以及非物质文化遗产保护纳入视野，这些现象对地方产生的影响以及带来的变化也成为我们的课题。可以说，这6册成果报告书也承担了将变化的江南地区民俗记录下来，留给后世的重大任务。

6. 感激之情

对于中日联合江南调查这一由日本和中国的民俗学研究者共同进行的长期民俗调查，虽然我们自认为取得了巨大成果，自诩为中日双方的民俗学研究发展做出巨大贡献，但毋庸置疑，持续实施这一共同调查，并非只靠研究者的努力就能够实现。

首先必须感谢的，是在各个调查地接受我们的访谈，和我们聊了很多的人

们。他们当中有一多半是亲身经历过半世纪前日本侵略的人。听说在最初接受调查的时候，有人发出了"我们曾经深受日军之苦，为什么要帮日本人？"的疑问和反对的声音。其中，还有人对我们坦言自己在日军的空袭中失去了父母。他们就是这样一边心存芥蒂，一边配合我们的调查。我们也就父祖辈的侵略行为进行了真诚的反省，并清楚地表达了我们的反省之意。当地的人们一边克制着心中的不快，一边亲切地接待我们，积极地配合我们的调查，令人不胜感激。在6期的调查中麻烦过非常多的人，每次翻看当时的照片，都会一一想起当初麻烦他们的情景，那都是令人怀念的老朋友。

其次要感谢的，是使调查得以实施的各个机构和团体。能够从日本到中国，和中国民俗学研究者进行共同调查，完全是因为得到了很多人以及机构和团体的理解与支持。不能忘记这一点。同意实施调查，给日本民俗学研究者发出邀请函的国家教育委员会、中国文联、北京师范大学、华东师范大学、中国社会科学院民族文学研究所等相关单位，以及为安排调查地不辞劳苦的来自中国民间文艺家协会、江苏省社会科学院、浙江省文联、浙江省民间文艺家协会、华东师范大学的各位人士，还有接受委托在具体调查地认真准备的江苏省常熟市，上海市松江区，浙江省湖州市、桐乡县、宁波市、余姚市、奉化市、象山县、温岭市、金华市、兰溪市、衢州市、江山市、开化县、龙游县、丽水市、景宁畲族自治县、青田县、温州市、苍南县、瑞安市、永嘉县的人民政府外事办公室、文联、民间文艺家协会，在此向这些机构和团体的各位表达诚挚的谢意。尤其是对在浙江省的调查中一直帮助我们的浙江省文联、浙江省民间文艺家协会的陈德来、王恬、程士庆，感激之情，无以言表。此外，还要感谢在调查地亲切地接待和配合我们的村民委员会、文化馆的各位人士。无论在哪里，都是人数超过20人的团员连日到访，搅扰得当地喧嚣不宁，有赖于各位的妥善处理，调查才得以顺利进行。

最后，必须感谢担任翻译的人们。日本方面的学者大都不懂中文，没有翻译将一筹莫展。同时，中国方面的学者也很难听懂当地的方言。因此，我们的调查必须依赖众多的日语翻译和方言翻译。在日语翻译方面，很多来自不同机构的人都加入团队承担了翻译工作，尤其是浙江省农业科学院的朱富云先生、浙江工业大学的徐萍飞女士，给了我们很多帮助。第五期、第六期得到了很多日语专业学生的帮助，但仍然是在徐萍飞女士的指导下实现的。方言翻译则仰赖于各地民间文艺家协会或文化馆的各位人士。全赖有各位准确的翻译和解说，我们才能进行记录。

调查就是这样在很多的机构和团体，以及众多的个人支持之下才得以实施的。通过这 6 期调查，不仅民俗学和民俗学者的中日合作关系得以发展，加深了相互之间的理解；在普通人当中也实现了中日间的相互理解，并产生了友谊。在中国学者访问日本进行调查时，可以说也同样如此。

　　这 6 册研究成果报告书都曾只有少量印刷，即便是专业研究者也很少有机会得到。感谢学苑出版社决定将这些有纪念意义的报告书一次性复刻刊行。不仅是研究者，很多对中国江南地区民俗抱有兴趣的人，也可以很容易地读到了。印刷这些汉文和日文混合的报告书，是一项比预想更困难的作业。向妥善处理这些问题，将这些报告书完美地刊行出来的学苑出版社各位人士表示衷心感谢。

福田亚细男

2022 年 4 月

（彭伟文　译）

総　序

1. 20 年に及ぶ共同研究

　この度、1992 年から2011 年までの20 年間に刊行した日中共同江南調査報告書 6 冊が機会を得て中国で復刊されることとなった。願ってはいながらなかなか実現しないことと思っていたことがここに見事に達成できたことを本当に嬉しく思う。日本と中国の民俗学研究者が共同して20 年に及ぶ長期にわたり調査研究したことは恐らく長い日中の学術交流の歴史のなかでもほとんど例を見ないことだと思われる。この共同調査研究に関係した皆さんはそれを誇りとしなければならない。

　当初からこのような共同調査研究を長期に続けるという計画ではなかった。先ず日中の研究者が共同してフィールドワークをするということ自体が未経験のことであった。それが一回でも成功すればそれだけで賞賛に値するものだった。日本語と中国語という日常言語の相違が先ず障害として存在した。研究者間のコミュニケーションだけでも困難を極めることは最初から予想されていた。さらに中国の村落社会に入って地元の人たちから主として聞き書きという方法で調査することの困難性はそれ以上に大きな障害として浮かび上がっていた。これは特に日本側の研究者にとっては深刻な問題であった。もちろん日本においても中国社会・中国文化を研究する、いわゆる中国研究者は少なからずおり、中国語を駆使して中国を訪れ研究してきた。しかし、民俗学研究者の大部分は日本での調査研究に専念し、中国での調査研究経験は皆無であった。そのことが分かっていながら、日中共同の調査研究を構想し、さらにその実現後に20 年に及んで継続したのには、その出発に理由があった。

2. 民俗学における学術交流の開始

　日本の民俗学は一国民俗学として成立し、日本列島で形成し、展開してきた生活文化に視野を限定し、緻密な調査研究を行い、それまでの日本理解に訂正を迫る成果を挙げてきた。その蓄積を基礎に1981 年国立歴史民俗博物館が設

立された。この博物館は日本歴史を研究し展示する博物館として設立されたが、従来の文字資料で明らかにされるオーソドックスな日本史ではなく、考古学と民俗学も対等に加わった歴史学、考古学、民俗学の三学協業を目指した博物館であった。しかもその設立にあたっては、展示を中心とした博物館ではなく、研究を中心とし、研究成果を展示する博物館であり、また大学の研究者が共同利用して研究する大学共同利用機関として位置付けられた。

　民俗研究部は、日本で初めての三学協業を目指した研究博物館の一翼を担う存在として位置付けられ、計画では全部で13名の民俗学研究者が配置されることになっていた。当時、日本では民俗学を教える大学はごくわずかであり、しかも専任教員がいる大学はさらに少なかった。いるとしても1名か2名であった。それから見れば、国立歴史民俗博物館民俗研究部が如何に民俗学にとって大きな存在か分かるであろう。間違いなく、日本を代表する民俗学研究機関であった。

　国立歴史民俗博物館民俗研究部に赴任した研究者は自分たちが日本を代表する民俗学研究機関の一員であることを十分に自覚していた。特に、初代の民俗研究部長に就任した坪井洋文さんにはその思いは強く、使命感に燃えていた。国立歴史民俗博物館が日本を代表して世界各地の民俗学研究者と交流し、民俗学の発展を担わなければならないと考えた。すでに坪井さんは1985年に中国貴州省東部の黔東南苗族侗族自治州を訪れ民俗調査を行っていた。その際には、貴州民族学院や貴州省民間文芸家協会からの大きな支援があり、滞在中には座談会や講演を通しての学術交流を行った。これは翌年には日本政府文部省の科学研究費補助金（海外学術調査）の交付を受けての貴州省の西北部の威寧彝族回族苗族自治県での調査、さらに1987・88年度の黔東南自治州での再調査となった。

　この貴州省での調査は当時の日本における研究動向に影響された面があった。日本では日本人と日本文化のルーツが古くから論じられてきたが、当時多くの人びとが惹きつけられた説が西南中国の少数民族にそのルーツを求めるものであった。日本民族の起源に関心を持つ人びとが雲南省や貴州省を訪れ、その地方の少数民族と日本との間の文化の共通性や類似性を発見し、日本人の故郷をそこに設定しようとしていた。しかし、それは文化の個別要素を取りだして表面的な類似

性を見つけることであった。それへの批判を込めて、地域に深く入って民俗の全体像を把握し理解することを目指したものであった。この一連の調査には福田アジオも参加し、坪井さんと共に行動し、使命感を共有するにいたった。

　西南中国と日本との間には大きな距離があり、その間には言うまでもなく漢族が居住する広大な地域がある。漢族の文化を無視してのルーツ論には問題があることは明白である。日本でも古くから人びとが親しみを感じている長江（揚子江）から南の江南地方は中国の歴史において重要な地方であり、そこの理解なくしては中国文化の理解は不可能であることは言うまでもない。私たちは、安易なルーツ論を批判し、また表面的な比較を止め、漢族も含めた中国の民俗文化を把握し理解することが先ずなされるべきだと考えるにいたった。その最初の研究対象地域として江南地方が浮かび上がった。そして当然のことながら、中国の民俗文化を考察するには、中国の民俗学研究者との協力は不可欠であり、むしろ共同して研究することが望ましいと考えることになり、その可能性を模索した。

　以上は、日本側の事情による江南調査への取り組みの前提である。

3. 共同研究の構想

　福田アジオは1985年3月に初めて北京を訪れた。これは個人的な旅行であったが、滞在中の一日北京師範大学を訪れ、中国の代表的民俗学研究者である鐘敬文さんにお会いする機会を得た。これを設定してくれたのは、その前に国立歴史民俗博物館を訪問し交流をしていた張紫晨さんだった。当日は私の泊まっているホテルまで王汝瀾さんが迎えに来て、北京師範大学までご案内下さった。中国語の出来ない福田に優しく流暢に日本語で話しかけて下さった王さんは緊張気味であった福田を助けて下さり、その後の面談を内容あるものにした。北京師範大学では、鐘敬文さんはじめ、張紫晨、劉魁立、王汝瀾その他何人かの研究者が出席し、王さんの適切な通訳で、内容ある面談となった。

　しばらく前から日本の研究者が中国を訪れ、研究交流することは始まっていたが、訪れる日本人研究者は中国を研究する研究者であり、分野的には口承文芸の研究者であった。日本の民俗学研究者が中国を訪問して研究交流することは未だほとんどなかった。日本の民俗学についての情報も中国の口承文芸を研

究する研究者からのものであった。その点では、これが日本の民俗学研究者が中国の民俗学研究者と面談するほぼ最初の例であったと言えるかも知れない。鐘敬文さんは日本の民俗学の研究状況に非常に強い関心を持っていて、種々質問をされた。そしてこれからも日中民俗学の学術交流を重ねることの必要性を互いに確認した。

それからわずか数ヶ月後に福田は再び鐘敬文さんはじめ張紫晨さんや劉魁立さんとお目にかかることとなった。1985年6月、国立歴史民俗博物館の関係者30名余りが中国を訪問することになり、その中には大勢の民俗研究部の人間も含まれていた。旅行全体は文化部の世話で北京、大同、太原、西安を巡るものであったが、北京では民俗学研究者は社会科学院で中国民俗学会の関係者と会い、親しく交流した。この会合は踏み込んだ交流計画を検討するのではなく、これを機会に日中の民俗学研究者の一層の交流を図るという総論的な確認をするものであった。その具体化は次の機会に委ねられた。

その2年後の1987年7月に坪井洋文さんと福田は北京を訪れた。これはやはり個人的な旅行であったが、北京で中国の代表的な民俗学研究者に会い、日中の民俗学研究者の今後の交流計画を具体化することを目的としていた。北京で連日民俗学研究者と会い、また民俗学研究者の属する機関や団体を訪れて交流した。そのなかで最も重要な訪問が北京師範大学を訪れたことである。そこで鐘敬文さん、張紫晨さんと面談し、具体的な研究交流計画について協議した。研究交流というと一般的なイメージでは、研究者が相互に訪問して、研究会やシンポジウムを開いて研究発表をすることであったが、坪井と福田が準備していたのはそれとは異なった。日中の民俗学研究者が合同して江南地方で民俗調査を行い、その成果を共同で検討し、共同で研究成果をまとめて報告書を刊行するというものであった。この提案に対して、鐘敬文さんは大変強い関心を示し、その具体化に賛同した。実際の研究計画の具体化は張紫晨さんと福田との間で協議して進めることになった。これ以降、二人は緊密な連絡をとりあい、研究計画を練り上げた。研究に必要な経費は日本政府文部省の科学研究費補助金（海外学術研究）を申請することにし、その具体的な研究実施計画を主として福田が作成し、坪井洋文さんが研究代表者となって申請した。研究題目は「日本と中国との農耕文化の比較研究―中国江南地方の民俗調査―」とした。

なお、研究代表者の坪井さんは1988年8月に亡くなったので、替わって福田が代表を務めた。

4. 調査研究の開始と経過

　幸いなことに私たちの研究計画は1989年度からの3年間の研究として無事採択された。日本の会計年度は4月から始まり翌年3月までであるので、研究期間は1989年4月から1992年3月までであった。認められた研究費の交付予定額にもとづいて具体的な研究計画を作成し、中国側研究者とも連絡を取り合い、準備を始めた。これはこれ以降どの期の研究でも同じであったが、認められた研究費は申請額に対して大きく減額された。そのため、申請した研究計画よりも研究対象地域を狭め、研究組織を縮小し、調査日程も短縮するなどの対応をすることになった。最大の変更は、研究計画では江蘇省、浙江省、福建省を調査対象とすることとしていたが、それを江蘇省と浙江省に絞ったことである。そして2年度目からはさらに対象地域を浙江省に限定することになった。

　1989年度は諸般の事情で調査の実施が年度末の1990年3月とななった。日中双方各9名の研究者が調査団を組織し、加えて江蘇省と浙江省で長年民俗学研究に従事してきた研究者5名が研究協力者として加わり、さらに日本語に堪能な民俗学専攻の北京師範大学の大学院生2名に参加を求めた。この大規模な一行が全員同一日程で調査に取り組んだ。当時は未だ道路事情が良くなく、移動に多くの時間を要したが、そのマイクロバスの長時間の缶詰状態は互いを親しくし、調査研究についての相互理解を深め、また調査資料についての情報交換を促す機会となった。

　第一期の調査は、1990年3月、1991年3月、そして1991年10月（日本側研究者のみの参加）の3回実施し、1992年3月にその研究成果報告書を無事刊行した。また1990年12月には、中国側研究者10名が日本を訪れ、国立歴史民俗博物館で研究成果検討会を開くと共に、千葉県佐倉市、茨城県牛久市および沖縄県読谷村で民俗調査を実施した。特に沖縄では読谷村の2村落で調査を行い、多大の成果を挙げた。第一期の調査期間中に、この協力関係を今回の共同調査で終わらせるのは惜しいという意見が日中双方から出された。特に中国側代表の張紫晨さんがそのことを強く表明された。日本側でもその意見は

強く、第二期の調査を計画することになった。共同調査が進行中での次の計画の立案であったので、日中間の連絡調整も支障なく進み、1991年に第一期と同様に文部省科学研究費（国際学術研究）を「環東シナ海（東海）農耕文化の民俗学的研究」の題目で申請した。なお、第二期の計画では、一期よりも規模を小さくして、研究対象は浙江省の3地域に絞り、研究組織も小規模にした。特に、研究組織では、江南地方ではなく、西南中国の少数民族の民俗調査を構想する日中の研究者が分離して別に研究費を申請して、研究を実施することとなった。また中国側の代表者であった張紫晨さんが死去したため、中国民間文芸家協会の林相泰さんが加わって、中国側の代表を務めることになった。

このようにして、研究の実施期間中に次の研究計画を構想して、科学研究費を申請し、採択されることを前提に、日中の研究者が協議し、また予定している地方の研究組織や団体と相談し、さらに調査対象地域として想定した市県や鎮の政府機関にも地元の文聯などをとおして打診をし、準備怠りなく進めた。研究計画も、絵に描いた餅ではなく、実施可能な内容で研究成果も予測できるものであった。そのため、普通にはあり得ない、20年間に六期にわたり、ほぼ連続して研究計画が採択されることになったものと考えられる。全六期の調査研究の概要を整理して示せば、ほぼ以下の通りである。なお、研究代表者福田アジオの国立歴史民俗博物館からの転出に伴い、窓口は新潟大学、神奈川大学と変わったが、研究組織の基本は維持された。

	研究期間（年度）	調査地域	成果報告書（刊行年月）
I	1989年度～1991年度（3年間）	江蘇省常熟市白茆郷、浙江省金華市曹宅鎮、蘭渓市姚村、麗水市山根村、敏河村、堰頭村	『中国江南の民俗文化―日中農耕文化の比較―』（1992年3月）
II	1992年度～1993年度（2年間）	浙江省湖州市小梅村、東明村、桐郷県利星村、奉化市畸山、余姚市河姆村、寧波市溪東村、永嘉県廊下村、花担村、温州市呉坑村、瑞安市東渓村、蒼南県田貢村、碗窯村、	『中国浙江の民俗文化―環東シナ海（東海）農耕文化の民俗学的研究―』（1995年6月）

総 序

前頁表の続き

	研究期間（年度）	調査地域	成果報告書（刊行年月）
III	1996年度～1998年度 （3年間）	浙江省麗水市碧湖鎮、灯塔村、黄桂村、 景寧畬族自治県西岸底村、恵明寺村、 温州市黄坑村、周岙村、永嘉県廊下村、小溪村、蓬溪村	『中国浙南の民俗文化―環東シナ海（東海）農耕文化の民俗学的研究―』（1999年3月）
IV	1999年度～2000年度 （2年間）	上海市松江区張沢鎮、車墩鎮	『中国江南村落の民俗誌的研究－上海近郊村落の民俗―』（2001年2月）
V	2002年度～2005年度 （4年間）	浙江省象山県東門島、温嶺市箬山	『中国江南沿海村落民俗誌―浙江省象山県東門島と温嶺市箬山―』（2006年3月）
VI	2007年度～2010年度 （4年間）	浙江省江山市廿八都鎮、龍游県三門源村	『中国江南山間地域の民俗文化とその変容―浙江省江山市と龍游県三門源―』（2011年3月）

5．研究成果と意義

　20年間に六期にわたって実施した日中共同の江南民俗調査は、長期にわたって継続的に共同調査を行ったことが最大の成果であり、学術的な意義であると言える。日中両国の民俗学研究者が特定のフィールドを対象に全員同一日程で調査を実施したことは驚異的なことと言わねばならない。調査自体は各研究者の責任で設計された調査計画に基づいて行われたが、同じ対象を同じ日程で調査することで、互いに情報を交換し、調査上の着眼点を共有することが出来た。フィールドを共同する日中の研究者は、研究者として互いに信頼し、教え合い、調査の内容を深めた。日本と中国では、同じ漢字を用いているため、同じ文字が指し示す事項は同一であると安易に考える傾向がある。しかし、民俗レベルで見ると、同じ文字が意味する内容が日本と中国で大きく異なることも多い。日本の研究者は日本流の漢字理解で調査に臨み、日本の感覚で調査結果を記録することも行われがちである。今回の共同調査はその間違いを是正して

・17・

くれた。これは調査を重ねるなかで深められた。同じことは、中国側研究者の日本の民俗についての理解にも言えた。

　日本の民俗学はフィールドワークによる研究を基本にしてきた。そのあり方は中国の研究者にとって大きな参考となったものと思われる。特定の調査地を複数年にわたって継続的に調査する方式はそれまでの中国の民俗学研究ではほとんど採用されてこなかったので、この同一地域での複数年の継続調査は最初は中国側研究者に戸惑いがあったように感じられたが、次第にその有効性が理解され、同一地域に対する調査研究期間も長期に設定されるようになった。特に第五期、第六期の調査はそれぞれ4年間もの間同一地域の調査を行い、地域の民俗伝承を幅広く、また深く把握することとなり、そのことが成果報告書の分量に示された。

　複数年にわたる長期の調査は、先ず最初の年を予備調査と位置付け、対象の地域での広域調査を実施した。多くの調査地に一日か二日の短期間訪れて概況を把握し、その結果を検討し、翌年度には調査対象地を絞り込んで日数を費やしての本調査を行った。本調査は限られた特定の調査地に日数多く、しかも反復訪問して調査を行った。調査地では地域の人びととも「老朋友」となって、親しく調査を進めることが出来た。そして、最終年度には調査の結果を各人が報告論文にまとめ、研究成果報告書を刊行したのであるが、その過程で少なからずの不明な点が生じたので、その確認を中心とした短期の補充調査を行った。研究計画として3年間もしくは4年間認められていた一期、三期、五期、六期は、初年度が予備調査、2年度目および3年度目が本調査、そして最終年度が補充調査という位置づけであった。この予備調査、本調査、補充調査という3段階の調査は、日本においても採用されることは少なかったが、中国の民俗調査でもそれまではなかったものと思われる。3段階で調査を深化させるという方式はこの江南調査を成功させると共に、今後の日本と中国それぞれの民俗調査の基本的な方式になるものと考えている。

　民俗調査の対象地域は日本でも、中国でも必ずしも明確に意識して把握されてこなかった。日本での民俗調査の結果は民俗誌と名づけられて古くから刊行されてきたが、その民俗の伝承する単位は曖昧であった。その傾向は1980年代まで続いていた。私たちの江南調査は調査対象を基本的に村に設定した。予備

調査を経て調査対象として確定したのは具体的な村であった。中国の地方制度では市や県の下に鎮や郷があり、その鎮や郷の下に村が設定されている。村には村民委員会が組織されており、村長以下の役職がある。村は集落を基礎にしており、村落として把握できそうであるが、歴史的に形成されてきた村落とは必ずしも言えない。そのことは地元でも自覚されており、村民委員会が設定されている村を「行政村」、それに対して集落を基礎にした組織を「自然村」と呼び、区別することが広く行われている。私たちの調査は行政機関の了解と支援を受けて調査を行ったので、必然的に「行政村」を調査単位とすることになった。しかし、どの調査地においても「行政村」とは別に「自然村」があった。一つの「行政村」に幾つかの「自然村」が含まれているのが常態であるが、逆も珍しくなかった。「行政村」と「自然村」の両方を視野に入れ、その相互関係のなかで民俗を把握することに努めた。その視点は中国の民俗研究だけでなく日本の民俗の調査研究にも示唆する所が大きいであろう。

1990年からの20年間と言えば、中国社会は経済的発展が著しく、生活も変化変貌が烈しい時期であった。「改革開放」は中国全土に大きな変化をもたらしたが、特に沿岸部である江南地方はそれが顕著であった。その時期に私たちの調査は行われた。当然その変化を目の当たりにし、それを記録することになった。1990年に開始した第一期の調査では、調査地に到着すると大勢の村人が私たち一行を見るために出てきて黒山の人だかりになることがしばしばであった。しかし、そのような状況は急速に消えた。ややもすると寂しい感じがするほど人びとを見ることが少なくなった。そして、解放後は作業小屋や物置になっていた祠堂がその機能を回復していることが確認され、またそれまで秘匿されていた族譜を閲覧できるようになり、さらに新しく編纂された族譜を見る機会も増えた。第四期は上海近郊農村が調査地域であったので、その変化は大きく、新しい建物が整然と並ぶ集落を訪れた。

そして、この20年間はまた民俗への認識や対応の大きな変化の時期でもあった。第一期の調査が可能になったのもその変化があったからであるが、しかしまだ民俗は封建制の残滓であり、なくすべきものと考えられていた。しかし、第二期以降、民俗は人びとが古くから受け継いできた生活文化であると評価され、価値ある存在と見られるようになった。そして都市の急激な発展に伴い、

そこでは失われてしまった伝統的とも言うべき生活空間や事物が観光の対象になった。やや経済的に取り残されて保存されていた街や村が古鎮、古村として脚光を浴び、保護され、さらに改修され、多くの観光客を集めるようになった。私たちの調査対象とした地域にもそのような古鎮・古村が多く含まれていた。また日本で言う無形文化遺産、中国で言う非物質文化遺産が注目され、その国家的な保護事業が大きく推進され、民俗学研究もそれに深く関わることとなった。私たちの調査も、古鎮・古村や非物質文化遺産保護を視野に収めながらの調査となり、それらが地域に及ぼす影響や変化をも把握することが課題になった。6冊の成果報告書はこの変化する江南地方の民俗を記録して後世に残すという大きな役割を果たしたと言える。

6. 感謝の気持ち

日本と中国の民俗学研究者が共同して長期にわたり民俗調査を行った日中共同江南調査は大きな成果をあげ、日中双方の民俗学研究の進展に大きく貢献したものと自画自賛するが、この共同調査を継続実施できたのは研究者の努力ばかりではないことは言うまでもない。

先ず第一に感謝しなければならないのは、各調査地で私どもの相手をしてお話を聞かせて下さった大勢の人びとである。その人たちの大半が半世紀前に日本の侵略を身をもって経験した人たちであった。受け入れに際しては、日本軍に苦しめられた我々が何故日本人に協力しなければならないのかという疑問や反発もあったと聞いた。また実際に日本軍の空襲によって両親を失った経験を表明する人もいた。そのようなわだかまりを持ちつつ、調査に対応して下さった。私たちも率直に父祖世代の侵略行為について反省し、そのことを表明した。皆さんはわだかまりを抑え、親しく接し、積極的に協力して下さった。有り難いことであった。六期にわたる調査でお世話になった人は大変な数に上るが、当時の写真を見る度に今でも一人一人のお世話になった情景を思い出す。懐かしい老朋友である。

第二に調査の実施を可能にして下さった諸機関・組織である。日本から中国を訪れ、中国側研究者と共同調査できたのには実に多くの人たちや機関・組織の理解と支援があったからである。そのことを忘れてはならない。調査実施を

了解し、日本側研究者への招聘状を発行して下さった国家教育委員会、中国文聯、北京師範大学、華東師範大学、中国社会科学院民族文学研究所などの関係者の皆さん、そして調査地の設営に労苦を惜しまずあたってくださった中国民間文芸家協会、江蘇省社会科学院、浙江省文聯、浙江省民間文芸家協会、華東師範大学、さらにそれらからの依頼を受けて具体的な調査地域で準備怠りなく進めて下さった江蘇省常熟市、上海市松江区、浙江省湖州市、桐郷県、寧波市、余姚市、奉化市、象山県、温嶺市、金華市、蘭渓市、衢州市、江山市、開化県、龍游県、麗水市、景寧畬族自治県、青田県、温州市、蒼南県、瑞安市、永嘉県の各人民政府外事弁公室、文聯、民間文芸家協会の関係者の皆さんに改めて深く感謝したい。とりわけ浙江省での調査をお世話くださった浙江省文聯・浙江省民間文芸家協会の陳徳来、王恬、程士慶の皆さんには感謝の言葉もない。そして、調査地で私どもを温かく迎えて対応して下さった村民委員会の皆さん、文化館の皆さんに感謝したい。どこでも総勢20名をはるかに超えるメンバーが連日訪れ、騒がしい状態を作りだしたが、適切に対処して、スムーズに調査が行えるようにして下さった。

　第三に感謝しなければならないのは通訳の任に当たって下さった方々である。日本側研究者は大半が中国語を解せず、通訳なしには何もできなかった。また中国側研究者も方言を解するのに苦労した。調査には大勢の日本語通訳、方言通訳を依頼しなければならなかった。日本語通訳については様々な機関に属する人たちが参加して通訳して下さったが、特に浙江省農業科学院の朱富雲さん、浙江工業大学の徐萍飛さんには大変お世話になった。第五期、第六期では大勢の日本語専攻の学生に助けて貰ったが、その指導を徐萍飛さんがして下さった。方言通訳では各地元の民間文芸家協会や文化館の方々に大変お世話になった。皆さんの適切な通訳と解説があって記録することができたのである。

　このように調査は多くの機関や組織、そして大勢の人たちによって支えられ実施できた。六期に渡る調査を通じて、民俗学や民俗学研究者の日中の協力関係が進展し相互理解が深まっただけでなく、草の根での日中の相互理解と友情形成が行われた。このことは中国側研究者が日本を訪れて行った調査についても言える。

　6冊の研究成果報告書はいずれも少部数の印刷刊行であり、専門の研究者で

もそれを手にする機会はほとんどなかった。今回、この記念すべき報告書を一括して復刻刊行することを決断された学苑出版社に感謝したい。研究者だけでなく、江南地方の民俗に興味関心を抱く多くの人びとが容易に読むことができるようになった。日本文と中文が混在する報告書の印刷は予想外に困難な作業であったが、それを適切に処理し、立派に刊行して下さった学苑出版社の皆さんにあつくお礼を申し上げる。

2022年4月

福田 アジオ

福田亚细男和张紫晨在第一期调查中

(1990 年 3 月江苏省常熟市)

第一期調査での福田 アジオと張紫晨

(1990 年 3 月江蘇省常熟市)

调查场景

(1998 年 8 月浙江省永嘉县，刘铁梁)

調査風景

(1998 年 8 月浙江省永嘉県、劉鉄梁)

在日本的调查场景

(2000 年 10 月日本滋贺县中主町，陈勤建)

日本での調査風景

(2000 年 10 月日本滋賀県中主町、陳勤建)

调查间隙的谈笑

(2003 年 8 月浙江省象山县，徐萍飞、王恬、当地研究者、刘晔原)

調査の合間の談笑

(2003 年 8 月浙江省象山県、徐萍飛、王恬、地元研究者、劉曄原)

总 目 录

第一辑：中国江南民俗文化——中日农耕文化比较

第二辑：中国浙江民俗文化——环东海农耕文化民俗学研究

第三辑：中国浙南民俗文化——环东海农耕文化民俗学研究

第四辑：中国江南村落民俗志研究——上海近郊村落民俗

第五辑：中国江南沿海村落民俗志——浙江省象山县东门岛和温岭市箬山

第六辑：中国江南山区民俗文化及变迁——浙江省江山市廿八都和龙游县三门源

総　目　録

第 1 集：中国江南の民俗文化――中日農耕文化の比較

第 2 集：中国浙江の民俗文化――環東シナ海（東海）農耕文化の民俗学的研究

第 3 集：中国浙南の民俗文化――環東シナ海（東海）農耕文化の民俗学的研究

第 4 集：中国江南村落の民俗誌的研究――上海近郊村落の民俗

第 5 集：中国江南沿海村落民俗誌――浙江省象山県東門島と温嶺市箬山

第 6 集：中国江南山間地域の民俗文化とその変容――浙江省江山市廿八都と龍游県三門源

中国江南沿海村落民俗志

——浙江省象山县东门岛和温岭市箬山

中国江南沿海村落民俗誌

―浙江省象山県東門島と温嶺市箬山―

福田　アジオ　編

2006 年 3 月

目 录

前　言 ……………………………………	福田亚细男	1
调查经过与调查地概况 ……………………	福田亚细男	1

I　东门岛民俗志

家族、亲族与过渡礼仪 ……………………	福田亚细男	21
民居与木工工具 ……………………………	津田良树	41
渔业与渔民的习俗 …………………………	田岛佳也	63
渔村的民俗性格 ……………………………	中野　泰	95
渔民家的妇女与女神信仰 …………………	刘晔原	114
精神生活中的菩萨戏 ………………………	陈勤建	125
庙宇祭祀与民俗宗教 ………………………	须永　敬	134
神庙祭祀与村民合作 ………………………	刘铁梁	151
庙与村的关系 ………………………………	橘川俊忠	161
竹根雕及其形成史 …………………………	菅　丰	173

II　箬山民俗志

家族、亲族与族谱 …………………………	福田亚细男	197
渔村的家族村落文化 ………………………	刘铁梁	215
渔业村落的民居 ……………………………	津田良树	225
红老大的社会关系网 ………………………	中野　泰	245
改革开放以前的渔业发展过程 ……………	田岛佳也	268
庙宇祭祀与民俗宗教 ………………………	须永　敬	291
民间信仰与民间艺术的共生互动 …………	刘晔原	315
七夕"小人节"祭拜特色和源流 …………	陈勤建	326
有关渔与海的俗信 …………………………	常光　彻	337
民间工艺的诞生 ……………………………	菅　丰	366

目　次

まえがき ………………………………………………… 福田アジオ　1

調査の経過と調査地の概観 ……………………………… 福田アジオ　1

I　東門島民俗誌

家族・親族と通過儀礼 …………………………………… 福田アジオ　21

漁村集落の民家と大工道具 ……………………………… 津田　良樹　41

漁業と漁民習俗 …………………………………………… 田島　佳也　63

漁村の民俗的性格 ………………………………………… 中野　　泰　95

漁村の女性と女神信仰 …………………………………… 劉　　曄原　114

精神生活中の菩薩劇 ……………………………………… 陳　　勤建　125

廟の祭祀と民俗宗教 ……………………………………… 須永　　敬　134

寺廟の祭祀と村民の協力 ………………………………… 劉　　鉄梁　151

廟と村の関係 ……………………………………………… 橘川　俊忠　161

竹根彫とその形成史 ……………………………………… 菅　　　豊　173

II　箸山民俗誌

家族・親族と族譜 ………………………………………… 福田アジオ　197

漁村の家族村落文化 ……………………………………… 劉　　鉄梁　215

漁村集落の民家 …………………………………………… 津田　良樹　225

紅老大の社会的ネットワーク …………………………… 中野　　泰　245

改革開放以前漁村漁業の展開過程 ……………………… 田島　佳也　268

廟の祭祀と民俗宗教 ……………………………………… 須永　　敬　291

民間信仰と民間芸術との相互関係 ……………………… 劉　　曄原　315

七夕"小人節"祭祀の特色とその起源 ………………… 陳　　勤建　326

漁と海に関する俗信 ……………………………………… 常光　　徹　337

民間工芸の誕生 …………………………………………… 菅　　　豊　366

まえがき

　私たちはこの15年余りの間に4期にわたって中国江南地方の民俗調査を行ってきました。最初は江蘇省と浙江省というように広域的な調査でしたが、第2期からは地域を絞って、地域の中で伝承されている民俗の全体像を浮き彫りにするべく頑張りました。浙江省のいくつもの地域で調査を行い、さらには上海郊外の平野部でも調査を行いました。この15年間は改革開放政策のもとで農村が大きく変わった時期でした。とりわけ江南地方の農村の変化は目を見張るものがありました。そのことは建築ラッシュのなかで建てられる農家建築の姿によく示されていました。新しい建物の珍しい造りにおとぎの国の建物とかディズニーランドから移した建物だとか評しているうちに、それが珍しくなくなり、新たな農家建築として当たり前のものになりました。建物の外観がもっともはっきり改革開放の結果を示しましたが、農村に入って見聞きすると、さらに大きな変化が見られました。20年前に農村を訪れたときには、黒山の人だかりができるほど村には多くの人が住んでいました。ところがこの10年ほどの間に、村もずいぶんと寂しくなりました。確実に農村は変化しているのです。

　農村だけでなく、漁村での生活を把握し、民俗の特色を考えたいと考え、第5期の調査を浙江省の海岸部漁村で実施する計画を立てました。農村の次は漁村という単純な理由ではありません。中国の民俗に関心を抱く多くの日本人は、そこに日本文化のルーツや中国文化の影響を見ようとします。特に、比較民俗学を標榜する人たちは、日本との近似性・近縁性に関心を示し、表面上の類似性や共通性に惹きつけられて、文化の系統を解釈したり説明したりすることがあります。私たちは安易な比較をしないことを前提に、各地の民俗をしっかりと把握し、地域に即して考察することを基本的立場としてきましたが、しかし日中文化の比較という立場の人たちにも参考になる成果を挙げてきました。そこで、直接的な交通があったとも考えられる浙江省沿海部の村落を取り上げ、地域の民俗を把握することを通して、表面的な類似や共通点を知って、

そこから歴史的な共通性や伝播を言うのは必ずしも適切なことではないと多くの人たちに知らせることが必要になってきました。「海上の道」の出発点の可能性も考えると、浙江省の沿海部村落の調査は重要な意味があるものと考えました。

　それまでに培った中国側研究者や研究機関との信頼関係を基礎に、新たな調査研究計画が作られました。それが中国江南沿海村落の民俗誌的研究です。日中双方の研究者が密接に連絡を取り合い、地元の研究者組織である浙江省民間文芸家協会とも協議しつつ研究計画を作りました。研究組織が円滑に動くという情況は、21世紀に入る頃から急速に変化しました。それはインターネットの普及による電子メールの一般化です。今回の計画策定から調査実施、そして研究成果のとりまとめまで、日本国内はもちろん、日中の間でも電子メールが激しく行き交いました。航空郵便での往復やファックスでのやりとりとは異なるスピードで協議ができ、資料や原稿を届けられるようになりました。この便利さが今回の調査研究の成果を豊かで確実なものにしたことは間違いありません。

　私たちの研究計画「中国江南沿海村落の民俗誌的研究」は幸いにも日本学術振興会の科学研究費補助金（基盤研究）の交付を4年間受けて実施できることになりました。採択の連絡があった2002年5月から早速に具体的な調査の準備に入り、研究計画に記載したとおり、象山県と温嶺市で実施することにしました。浙江省民間文芸家協会、寧波市文聯、象山県民間文芸家協会、温嶺市文化館などの機関関係者が、私どもの研究について理解を示され、調査実施のための種々の便宜を与えてくださいました。特に、浙江省民間文芸家協会の王恬さん、寧波市文聯の周静書さん、象山県の地元研究者の丁爵連さん、温嶺市文化館の林迪新さんには大変お世話になりました。ここに記して感謝の気持ちを表したいと思います。2002年8月に実際の調査が開始されました。調査団方式を採用しておりますため、大勢で行動を共にすることになりましたが、そのために宿泊施設の確保、調査村落までの移動手段、そして私どもの相手をしてくださる伝承者への依頼など、煩わしい仕事も増えました。それを象山県については丁さん、温嶺市については林さんが献身的な努力をして、円滑に調査ができるようにして下さいました。あらためて厚くお礼申し上げます。なお、2004年

中国江南沿海村落民俗志

　10月に中国側研究者が日本を訪れ、活動しました際に、静岡県焼津市という日本の代表的な漁業の街を訪問しました。この訪問については中村羊一郎氏にお世話いただき、焼津市史編さん室の皆さんのご親切な対応で実現できました。ここにあわせてお礼申し上げます。

　大勢のメンバーが4年間にわたり何回もお訪ねしました。地元の皆さんとは顔なじみになりましたが、長時間にわたって事細かにお伺いすることが多く、皆さんには多大のご負担をおかけしたことと思います。その御協力に深く感謝申し上げます。そして調査結果を確実にしようとして何かと無礼のあったことをお詫び申し上げます。しかし、ご親切な教示を頂戴しました。有り難うございました。お一人お一人の顔を思い浮かべつつ、ここに感謝の気持ちを込めてこの研究成果報告書をお届けいたします。

2006年2月5日

　　　　　　　　　　　　　　　　　　　　　　研究代表者　福田　アジオ

調査の経過と調査地の概観

福田　アジオ

1. 調査経過

(1) 研究計画

　私たちは、中国江南地方を対象とした精密な民俗調査を1989年度以来4期にわたって行ってきた。いずれも文部省（文部科学省）あるいは日本学術振興会の科学研究費補助金を受けてのものであった。第1期は、江南地方のうち江蘇省と浙江省の両省にまたがっての調査地域を設定し、広域的な調査を3年間にわたって実施した。第2期と第3期は浙江省内に調査地を絞り、農村の調査を実施した。第2期が浙江省東部の平野地帯農村での2年間の調査、第3期は浙江省中央部の内陸の3年間の調査であった。そして、第4期で浙江省の外に出て、上海市松江区の平野部農村の調査を2年間行った。以上の各調査は、当該地方の民俗全般を日本の民俗学が培ってきた調査研究方法に基づいて研究分担者が分担しつつ調査を行い、民俗の相互関係や地域の全体像を把握することに努め、それぞれ研究成果報告書を刊行した。4冊の報告書は、詳細かつ具体的な民俗を地域の中で相互関連させて記述している点で今までにない民俗の調査報告書となっており、中国村落社会の民俗学研究に少なからず貢献してきたと自負してる。

　過去4期にわたる私たちの調査はすべて農村を対象としてきた。したがって、江南地方の農村の民俗についてはある程度明らかにすることができたと思っている。そこで次に、江南地方沿海の漁村ではどのような様相を呈しているか確認する必要が生じてきた。特に、外部的には日本には、江南の民俗と日本列島の民俗との関連性に興味を持ち、沖縄や日本「本土」、あるいは朝鮮半島

との民俗の比較を考える研究者が少なくないことに対応する必要があった。安易な現象面の類似や共通性を言う立場を採用しない私たちであるが故に、比較の基礎をしっかりさせ、安易な比較ができないことを示すためにも、人間の往来、物質の交流などが古来海上交通で行われてきたことに鑑み、中国江南の沿海地方の民俗を把握することは不可欠という判断にいたった。

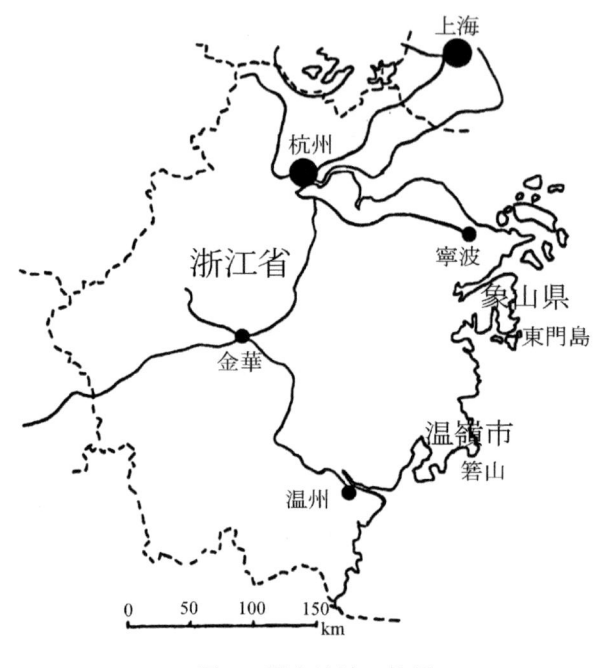

図1　調査地域の位置

　そこで、第5期として新たに中国江南地方の沿海部村落の民俗誌的な調査研究を計画した。浙江省東南部沿海の漁村を調査研究対象に設定し、そこの詳細な民俗誌を作成することを主目標にした研究実施計画を作り、それに相応しい実績のある日本および中国の研究者への参加要請をした。全員から問題なく参加の承諾を得て、研究計画調書完成させ、2001年秋に「中国江南沿海村落の民俗誌的研究」という課題で日本学術振興会へ科学研究費補助金の申請を行った。

(2)研究の開始

　幸い、申請は採択され、2002年度から4年間の研究計画として認められた。申請書に記載した調査対象地は、寧波市管轄下の象山県、及び台州市管轄下の温嶺市であった。早速、中国側の窓口になってもらうことになっていた浙江省

民間文芸家協会と連絡を取り、調査実施の準備に入った。浙江省民間文芸家協会秘書長の王恬氏が責任者となり、具体的な実施が検討され、現地での受け入れ体制は寧波市文聯が責任を持って行ってくれることとなった。日本側研究者への招聘状の発行、地元人民政府はじめ関係機関との折衝、宿舎や交通手段の確保などは寧波市文聯が行うことになり、さらに民俗学研究者である寧波市文聯副主席の周静書氏には研究組織へも参加し、調査も担ってもらえることとなった。また温嶺市での調査実施については温嶺市文化館の林迪新氏の協力を求めることとなった。そして、象山県と温嶺市のいくつかの村落について、具体的な準備を進め、第1回調査の結果でさらに調査地を絞り込むことにした。その結果、2年目の2003年からは象山県東門島、温嶺市石塘鎮箬山を民俗誌作成対象の地域とした。

　調査は、調査団方式で実施した。原則として研究組織全員が参加して宿舎を共にして実施し、調査期間中に調査内容結果について議論し、最終日には総括会議を開催し、次の調査について検討するという方式を最後まで崩さなかった。調査は、2002年8月、2003年8月、2004年3月、8月、2005年3月、8月と合計6回に及んだ。したがって、研究成員の相互理解も深まり、多くの問題を共有することができた。また、地元の関係者とも親密な交流を重ねることができた。そのことは、本報告書にも十分に反映されている。

(3)研究組織

　本研究の最終的な参画者と所属及び役割分担は以下の通りであった。

研究代表者　　福田アジオ（神奈川大学・外国語学部）総括及び家族・親族
研究分担者　　橘川　俊忠（神奈川大学・法学部）在村知識人と地域政治
　　　　　　　田島　佳也（神奈川大学・経済学部）漁業技術と漁撈生活
　　　　　　　広田　律子（神奈川大学・経営学部）民俗芸能
　　　　　　　常光　　徹（国立歴史民俗博物館・民俗研究部）口承文芸・俗信
　　　　　　　菅　　　豊（東京大学・東洋文化研究所）自然環境利用
　　　　　　　中野　　泰（筑波大学・大学院人文社会科学研究科）村落組織及び年齢秩序
　　　　　　　津田　良樹（神奈川大学・工学部）民家建築

中国側共同研究者　陳　勤　建（華東師範大学・対外漢語系）民間信仰と儀礼
　　　　　　　　劉　鉄　梁（北京師範大学・中文系）村落生活と娯楽
　　　　　　　　劉　曄　原（北京伝媒大学・影視芸術学院）俗信
　　　　　　　　王　　　恬（浙江省民間文芸家協会）人生儀礼
　　　　　　　　周　静　書（寧波市文聯）口承文芸

　以上のメンバーに加えて、必要に応じて専門研究者にも調査に参加してもらい、支援を受けることにした。調査地域は祖先が福建省からの移住を伝え、特に箸山では実際に福建語を用いていることから、中国語方言の専門研究者矢放昭文（京都産業大学・外国語学部）に特に参加を要請し、現地での確認調査を行った。また、東アジアの民間信仰を研究する須永敬（岐阜市立女子短期大学）にも常時参加してもらった。

　さらに、実際の調査実施に際しては、以下の大学院生及び学部学生に研究協力者として参加を求めた。いずれも現地において献身的に調査にあたってくださった。2002年度には川田桂（名古屋大学大学院・服飾文化）、2003年度には宮本一志（神奈川大学大学院・建築学）、2004年度には小野寺淳（神奈川大学工学部・建築学）である。現地調査だけでなく、調査結果の整理と作図・浄書などにおいても多大の協力を得た。

　中国語の日本語通訳は、全期間を通して、浙江工業大学外国語学院の徐萍飛氏に協力をお願いした。校務多忙にもかかわらず、いつも調査に参加し、協力を惜しまれなかった。また毎回の調査では浙江省内の大学で日本語を専攻する学生諸君の支援を得た。2002年8月の調査に際しては寧波大学、2003年8月と2004年3月の調査では浙江大学、そして2004年8月と2005年3月、8月の調査では浙江工業大学のそれぞれ優秀な日本語専攻の学生諸君が調査に同行して、通訳にあたった。その誠実で熱心な通訳によって、聞き書の結果を記録することができた。そして、調査対象地域は、普通話では地域の人々と会話を交わすことは困難であり、方言を解する人の介添えが不可欠であった。各調査地では、地元政府関係者、文化館関係者また民間文芸家協会会員などがその任に当たってくださった。調査の実施にあたっては、実に多くの方々の支援があったのである。

　現地での伝承者への依頼や方言通訳の依頼は、東門島については東門島で長く教員を務め、『象山東門島志略』の編纂事務室主任でもあった地元の研究者

丁爵連氏、箬山については温嶺市文化館長で、民俗学研究者である林迪新氏であった。それぞれの調査期間に現地に同行し、調査の支援をしていただくと共に、また種々のデータを教示してくださった。

(4) 調査日程

第1回調査　2002年8月18日〜28日

　調査参加者　福田アジオ、橘川俊忠、田島佳也、常光徹、中野泰、川田桂
　　　　　　　劉鉄梁、陳勤建、劉曄原、王恬、周静書

- 18日　日本出発、空路上海到着後、杭州に移動。
- 19日　杭州市において調査準備、浙江省民間文芸家協会と打ち合わせ。
- 20日　寧波市へ移動。中国側研究者と合流し、調査準備と打ち合わせ。寧波市服装博物館訪問参観。
- 21日　寧波から象山へ移動。午後から象山県石浦鎮沙唐湾調査。
- 22日　石浦鎮東門島調査。
- 23日　石浦鎮沙唐湾調査。午後温嶺市へ移動。
- 24日　温嶺市石塘鎮石塘調査。
- 25日　石塘鎮箬山調査。夕刻調査検討会。
- 26日　温嶺出発、上海に移動。中国側研究者は途中から分かれて帰任。
- 27日　研究資料購入、調査結果整理。
- 28日　上海出発、空路日本へ帰国。

　第1回調査の成果を各人が整理し、概報としてプリントし、それに基づいて2年目以降の調査について検討した。その結果、民俗誌作成調査対象地として、象山県については東門島、温嶺市については箬山とすることを決定した。

第2回調査　2003年8月2日〜11日

　調査参加者　福田アジオ、田島佳也、常光徹、津田良樹、矢放昭文、須永敬、宮本一志
　　　　　　　劉鉄梁、陳勤建、劉曄原、王恬、周静書

- 2日　日本出発、空路上海到着後、寧波へ移動。中国側研究者と合流。調査準備、打ち合わせ。
- 3日　寧波出発、温嶺へ移動。午後から夜間まで石塘鎮箬山調査。
- 4日　箬山調査。早朝から主として小人節の観察調査。午後は聞き書。

5　日　箬山調査。

6　日　箬山調査。

7　日　温嶺出発、象山県石浦鎮へ移動。午後、東門島調査。

8　日　東門島調査。

9　日　東門島調査。夕刻、調査結果検討会。

10　日　石浦鎮出発、上海へ移動。中国側研究者は途中から帰任。

11　日　上海出発、空路日本へ帰国。

第3回調査　2004年2月28日～3月7日

調査参加者　福田アジオ、橘川俊忠、田島佳也、常光徹、菅豊、津田良樹
　　　　　　劉鉄梁、陳勤建、王恬、周静書

28　日　日本出発、空路上海到着後、寧波へ移動。中国側研究者と合流。調査打ち合わせ。

29　日　寧波から石浦鎮へ移動。午後東門島調査。

1　日　東門島調査。

2　日　東門島調査。午後、石浦鎮出発、温嶺へ移動。

3　日　箬山調査。

4　日　箬山調査。夕刻調査成果検討会。

5　日　温嶺出発、杭州へ移動。中国側研究者帰任。

6　日　杭州出発、上海へ移動。

7　日　上海出発、空路日本帰国。

第4回調査　2004年8月5日～11日

調査参加者　福田アジオ、橘川俊忠、田島佳也、津田良樹、常光徹、菅豊、中野泰、須永敬
　　　　　　劉鉄梁、陳勤建、劉曄原、王恬、周静書

5　日　日本出発、空路杭州到着後、寧波へ移動。中国側研究者と合流。調査打ち合わせ。

6　日　寧波から石浦鎮へ移動。午後、石浦鎮において東門島関係者からの聞き書調査。

7　日　東門島調査。

8　日　東門島調査。

9 日 　東門島調査。夕刻調査成果検討会。
10 日 　石浦鎮の古い町並み巡検調査。午後石浦鎮出発、杭州へ移動。中国側研究者帰任。
11 日 　杭州にて調査資料整理、関係資料購入。
12 日 　杭州出発、空路日本帰国。

　日本・杭州直行便の就航によって、今回からこれを利用することとなり、調査地までの往復所要時間を大幅に短縮することができるようになった。

中国側研究者来日調査活動　2004年10月30日～11月6日

　調査参加者　　劉鉄梁、陳勤建、劉曄原、王恬、周静書、林迪新、徐萍飛、福田アジオ、橘川俊忠、田島佳也、津田良樹、常光徹、菅豊、中野泰

30 日 　中国側研究者空路成田に到着後、佐倉に移動。
31 日 　国立歴史民俗博物館訪問。
1 日 　佐倉から静岡県焼津市に移動。午後、焼津漁港巡検。
2 日 　焼津漁業・漁村調査。
3 日 　焼津、静岡市内巡検。静岡から東京へ移動。
4 日 　江戸東京博物館その他文化施設訪問。
5 日 　神奈川大学において研究成果検討会開催。
6 日 　成田より空路中国へ帰国。

　中国側研究者の来日活動は二つの目的を設定して実施した。一つは、3年間の調査研究の成果を確認し、最終的な補充調査に向けて問題を深める研究会を、日中双方の研究者が一堂に会して開催することであった。二つめは、中国側研究者に日本の漁業・漁村に直接接してその具体像を理解して貰うためである。当初は新潟県佐渡市の旧相川町で現地調査を実施する予定で、地元の研究者である佐藤利夫氏に依頼し、地元関係者の受け入れ準備も進んでいたが、10月23日の中越地震によって上越新幹線が不通となり、実施が困難となった。そこで急遽、調査地を静岡県焼津市に変更した。静岡産業大学の中村羊一郎氏がそのために尽力してくださった。また焼津市史編さん室の皆さんに大変お世話になった。

中日联合江南地区民俗調査報告輯

第5回調査　2005年3月10日～18日
　　調査参加者　福田アジオ、橘川俊忠、田島佳也、津田良樹、常光徹、菅豊、
　　　　　　　　中野泰、須永敬、小野寺淳
　　　　　　　　劉鉄梁、陳勤建、劉曄原、王恬、周静書
　10日　日本出発、空路杭州到着後、寧波へ移動。中国側研究者と合流。調査打ち合わせ。
　11日　寧波から温嶺へ移動。
　12日　箬山調査。
　13日　箬山調査。
　14日　午前石塘鎮海浜村巡検調査。午後箬山調査。
　15日　箬山調査。夕刻、調査成果検討会。
　16日　温嶺において資料調査。午後温嶺から杭州へ移動。中国側研究者帰任。
　17日　浙江工業大学訪問。
　18日　杭州から空路日本へ帰国。

第6回調査　2005年8月23日～30日
　　調査参加者　福田アジオ、橘川俊忠、田島佳也、津田良樹、常光徹、菅豊、
　　　　　　　　須永敬
　　　　　　　　劉鉄梁、劉曄原、王恬、周静書
　23日　日本出発、空路杭州到着後、石浦鎮へ移動。中国側研究者と合流。調査打ち合わせ。
　24日　東門島調査。
　25日　東門島調査。
　26日　石浦鎮から温嶺へ移動。
　27日　箬山調査。
　28日　箬山調査。夕刻、調査成果検討会及び研究成果報告書の作成について協議。
　29日　温嶺から杭州へ移動。中国側研究者帰任。
　30日　杭州から空路日本へ帰国。

(5) 調査成果のとりまとめと検討

　6回に及ぶ現地調査の成果は豊富であり、それを民俗誌に集約して、成果報

告書として刊行するために、情報の共有化を図るように努力した。第1回調査から、調査成果の概要を各人が提出し、それを冊子体の概報として配布し、それに基づいて日本側研究者は問題点を検討する研究会を開催し、調査課題を明確化すると共に、また成果を確認してきた。その積み重ねと、2004年11月に開催した日中双方の研究者が一堂に会して実施した検討会によって、さまざまな点を成果として示すことができるようになった。

　最終現地調査となった2005年8月の終了に際して行った検討会において、研究成果報告書作成のための日程を確認し、また相互の情報交換を行った。各人の担当項目にしたがって、成果を第1次原稿にとりまとめ、10月末までに提出することにした。原稿は象山県石浦鎮東門島と温嶺市石塘鎮箬山を別にまとめ、研究成果報告書も東門島民俗誌と箬山民俗誌の2編構成とすることを決定した。

2. 調査地の概観

(1) 象山県石浦鎮東門島

　位置　石浦鎮は象山県の東南部に位置する。象山の県城である丹城から30キロメートルほどの所にある。石浦鎮の中心は石浦の街で、島々によって外海から守られた湾に面していて、波静かな大きな港をもつ漁業の町である。港は風避け港として古くから知られ、石浦は古い町であるが、解放後は旧来の市街地とは別に新しい市街地が発展し、大きな街になっている。石浦港を形成する湾の対岸にある島の一つが東門島である。石浦と東門島の間は古来船によってのみ行き来していたが、近年島の東北部に橋が架けられ、自動車で直接往来することが可能になった。

写真1　東門港

景観 東門島は、南北に細長く、中央部に尾根が走り、もっとも高い炮台山は128.4メートルである。島の東側は外海の東海に面し、西側・南側は波静かな内海に面している。内海から外海の東海に出る地点は門頭水道と呼ばれる狭い海峡になっており、潮が激しく流れる様子を観察できる。島には平地は少ない。西側と南側の海岸部の低地に集落を立地させている。集落は一つでなく、景観上は二つに分かれている。南側の集落が大きく、西側の集落は小さい。前者は一般に東門と呼ばれ、それに対して後者は南匯と呼ばれる。家々は密集しており、いかにも漁村であることを印象づける。集落の前の海には鋼鉄漁船がぎっしりと並んで繋留されていて、漁業が盛んであることを示している。集落は新しい建物も少なくない。特に周辺部に多い。集落の中心部分は古くからの家が軒を接して並び、その間を縫って走る道路は狭い。今回、民俗誌調査の対象としたのは、東門島のなかの大きな集落である東門である。

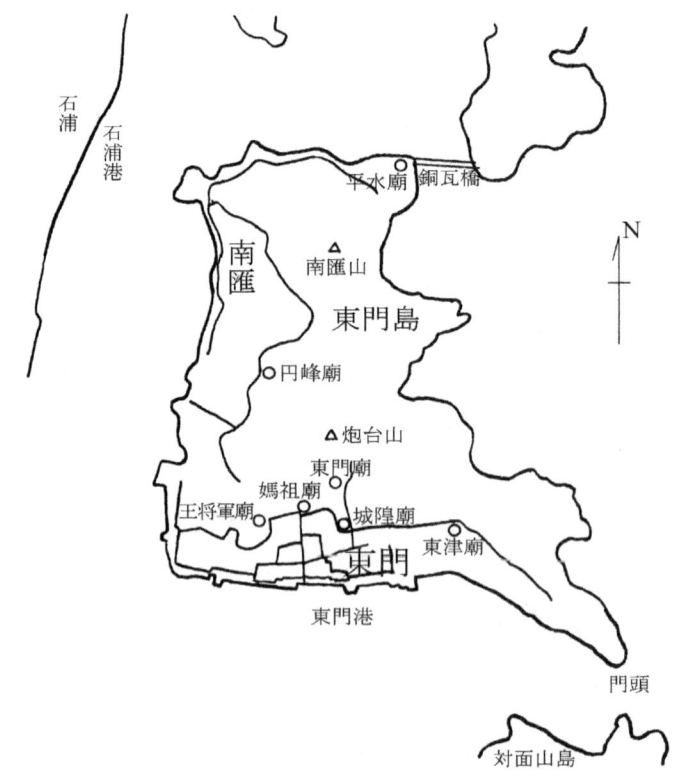

図2　東門島

行政区分の変遷　現在、東門島は行政上石浦鎮に属する。石浦鎮に属するようになったのは1992年からで、それ以前は東門郷であった。東門郷が成立したのは1983年の人民公社の廃止によってである。他の地域と同様、1949年7月の解放後の行政単位はめまぐるしく変化してきた。以下、象山東門島志略編纂委員会編『象山東門島志略』（2000年）の記述を参照しつつ概観しておこう。解放後先ず東門農民協会、東門漁民協会が成立し、1951年7月に東門郷が設置された。1958年になって、郷が廃止され、「政社合一」の石浦人民公社が設置され、東門島は隣の対面山島と共に東門大隊となった。東門大隊に属したのは東門漁村、東門農村、南匯村、それに対面山島に所在する湖礁湾村、対面山村、上布袋村、下布袋村で、それぞれが生産隊であった。その後、1961年11月に、この7生産隊がそれぞれ大隊となった。その際、大きな大隊であった東門漁業大隊が東門第一漁業大隊、東門第二漁業大隊、東門第三漁業大隊の三つに分割され、また南匯村も南匯漁業大隊と南匯農業大隊に分かれた。東門第一と東門第二は大型船による遠海漁業をする大隊で、東門第三は近海でのエビ漁を行う大隊であった。したがって、居住の近接性による組織ではなかった。2年後の63年2月に、生産形態が同じ第一大隊と第二大隊が合併して、東門漁業大隊となった。この結果、東門島には東門漁業大隊、東門第三漁業大隊、東門農業大隊、南匯漁業大隊、南匯農業大隊の5生産大隊が存在することとなった。1967年から72年の「文革」期には革命委員会、72年からは東門公社が組織されたが、その単位の基礎は従来の大隊にあった。

自然村と行政村　現在の東門島の景観から把握できる集落は二つであり、島民もそのように認識し、それぞれを東門、南匯と表現している。古くからの集落である東門は、1960年代に東西に向かって拡張して、現在のように大きくなったという。『象山東門島志略』によれば、東門自然村の戸数は1768戸、人口6356人で、105の姓で構成されている。なお、『象山東門島志略』は、東門とは別に自然村として塅頭をかかげている。これは1985年に郷政府が旧来の集落から離れて新しく役所を設けた結果、劇場、郵便局など各種施設が置かれ、人家も増えて、自然集落が形成され、その後東門と連続するようになったとする。戸数258戸、人口622人という。しかし、この塅頭という呼称は東門島の人びとから聞くことはほとんどない。

写真 2　東門島の集落景観

　現在の東門島は、人民公社時代の生産大隊組織を継承して、行政村が設置されている。すなわち、東門漁村（1316 戸、4296 人）、東埈漁村（1983 年に東門第三漁村として編成され、それが1991 年に東埈漁村と改称した。258 戸、856 人）、東門農村（40 戸、108 人）、南匯漁村（121 戸、405 人）、南匯農村（62 戸、237 人）である。また、東門には漁業にも農業にも従事せず、商業や造船業を行っている人びとがおり、彼らは東門居民委員会に編成されている（253 戸、715 人）。南匯漁村と南匯農村は東門から離れて別集落を形成しているが、残りの三つの村と居民委員会は独立した集落景観を形成していない。遠海漁業を中心とする東門漁村、近海漁業の東三漁村（東埈漁村）、そして農業の東門農村、商工業の居民委員会と、いずれも生業による編成であり、居住形態としてまとまっている訳ではない。四つの行政区分は住居としては互に混在している。

　生業　行政村が基本的に生業によって区分されている。その村の規模が大きく異なることは、東門島の生業のあり方を示している。東門島は圧倒的に漁業に従事する人びとが暮らしている。しかも、東海に出て行う漁業が大きな比重を占めていることは、東門漁村の規模が他の村に比較して巨大であることからも分かる。1998 年には東門漁村には225 隻の漁船があり、東海まで出漁している。しかし、水産資源の枯渇から出漁期が大きく制限されるようになり、さら

中国江南沿海村落民俗志

に船自体も減らさなければならない情況になってきている。

東門島の農業は副次的な存在である。東門島全体の農地は、水田が128畝、畑が273畝、果樹園が188畝である。水田の三分の二は南匯農村にあり、東門農村の水田面積は38畝に過ぎない。したがって、東門での水田稲作はわずかである。東門農村の畑90畝の大部分は対岸の対面山島にある。農村の住民も多くが漁業に従事している。

文献 東門島を知る最良の参考文献は2000年8月に刊行された象山東門島志略編纂委員会編『象山東門島志略』（640ページ）である。この『志略』には東門島の歴史と現状が詳細に記載されている。多くの統計資料も収録されており、東門島のこの数十年間の変化を具体的に跡づけている。本編各章の記述も、この『志略』に大きく依拠している。その他に、東門島の民俗に触れたものとして、奇山『潮烟人家』（209ページ、浙江人民出版社、2003年9月刊）がある。

(2) 温嶺市石塘鎮箬山

位置と景観 箬山は温嶺市石塘鎮に属し、温嶺市の東南部に位置する。温嶺市の政府所在地である太平鎮から25キロメートル離れている。東海に向かって突き出た半島部の西部を占めるのが箬山で、平地はほとんどなく、山が海に迫

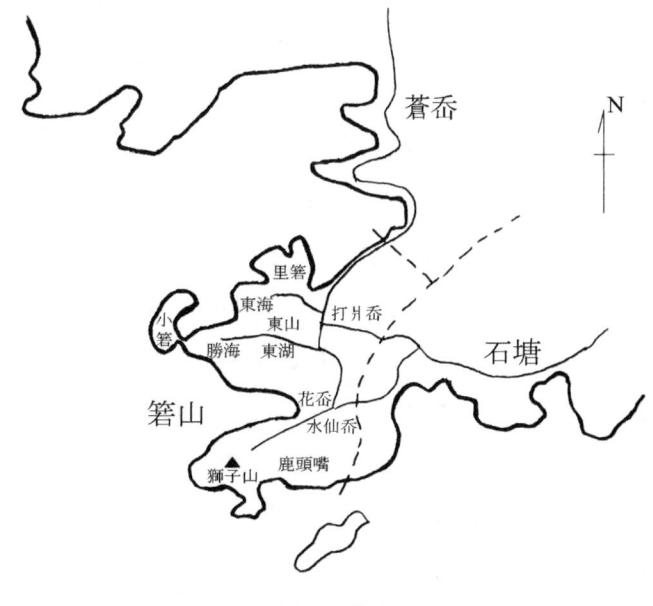

図3　箬山

っている。箬山の範囲でもっとも海抜が高い山は麒麟山で、142メートルである。次に獅子山の85メートルである。山にはほとんど樹木はなく、岩山である。箬山も東門島と同様に、漁村であるが、その印象は大きく異なる。箬山の大部分の地域は山の傾斜地から尾根筋にそって密集しており、しかもその家屋の多くが石積みである。集落としていくつかに分かれるが、全体に連続性が強い。

写真3　箬山の漁港（向かいは小箬）

行政単位の変遷　現在は石塘鎮箬山であるが、これは2001年に成立したもので、それ以前は箬山鎮として一つの行政単位であった。1949年の解放後、この地方も頻繁に行政区画が変わってきた。石塘鎮箬山小学校本教材編集委員会編『東方威尼斯－石塘箬山』（箬山小学郷土教材、64ページ、2003年10月）や『温嶺地名志』を参考にしてその変遷を概観しておこう。1951年に箬山郷が成立した。1958年の人民公社成立に際して松門人民公社のなかに含められた。61年に箬山人民公社として独立した。この人民公社には北隣の蒼呑も含まれていたが、1982年に分かれて箬山人民公社と蒼呑人民公社となった。この単位が人民公社の廃止と共に郷に移行し、箬山郷、蒼呑郷となった。箬山郷は1986年に箬山鎮となり、そして92年には再び蒼呑郷が箬山鎮に編入された。2001年10月に箬山鎮と北側の釣浜鎮が石塘鎮に編入され、現在の行政単位となった。

行政村と自然村　蒼呑の範囲を除いた箬山が古来からの箬山である。この範囲には11の行政村がある。しかし、箬山の人びとがしばしば口にするのは、箬

山は8つの村があるという説明である。これは1951年の土地改革期に編成された箸山第一村から第八村を意味している。この8ヵ村が人民公社時代に再編成され、第一村から第四村までが東海大隊、第五村から第七村までが東方紅大隊、そして第八村が花呑大隊となり、各村は生産隊となった。1982年に村になったときに、元の第一村が東山村、第二村が東湖村、第三村が東海村、第四村が勝海村と小箸村、第五村が里箸村、第六村が興建村、第七村が東興村、そして第八村が花呑村、水仙呑村、鹿頭嘴村の三つになった。したがって、1982年の箸山郷編制以降は11ヵ村ということになる。これが現在の行政村である。各行政村はそれぞれ一つの自然村を基礎にしているが、必ずしも一対一で対応しているわけではない。

以上のような解放後行政単位がめまぐるしく変わったことによって、編制の基礎にあった旧来からの村（行政上は自然村と呼ばれる）も非常に不明確になってきた。箸山の地名に深く関係するのは、村名に「箸」が付く所である。現在の行政村としては里箸村と小箸村のみであるが、他に第三村の東海村は外箸村と呼ばれてきた。この三つの村が箸山の中心的な地域である。それに対して、第一村の東山村は山頭頂、第二村の東湖村は北山頭、第六村の興建村と第七村の東興村が打丬呑と呼ばれていた。山頭頂と北山頭はその立地が山上であることを地名として示している。それに対して、打丬呑は箸山の中で現在では商業地区となっている低地部の集落である。

福建から移住の村 箸山という地名はこの地でかつて多く箸竹を産したからと伝えられるが、はっきりしない。箸山の歴史的背景として注目されるのは、多くの住民の祖先が福建省から移住してきたと伝えていることである。特に、箸山でもっとも多い姓である陳姓は、福建省恵安県から移住してきたとしている。台湾で編制されたものであるが、それを記載した族譜を所持している。箸山で陳姓が多数を占める村は、里箸、東海、東湖、勝海、そして東興である。小箸では黄姓、東山は梁姓、そして第八村の水仙呑は郭姓が多数を占めるが、ここも福建語を用いているという。

福建省出身であることを今に示すものとして、先ず福建語が日常語として用いられていることがあげられる。そして多くの民俗で福建省と共通するものが伝えられていることが地元の人びとにも自覚されている。たとえば七月に行わ

写真4　箬山の集落景観

れる「小人節」は近隣の地域にはなく、箬山でも福建省からの移住を伝える人びとによって行われている。

　福建省からの移住は、基本的に漁場を求めて来たものと思われる。平地のほとんどない山が海に迫った、しかし東海に乗り出すには便利で、しかも島々で囲まれて比較的安全なこの地に居を定めたものと思われる。箬山には農地はほとんどなく、純漁村と言って良いであろう。禁漁期の港には多くの船が繋留されている。

　キリスト教会　箬山にはキリスト教徒が多い。箬山の各村には廟があり、それに対する信仰も厚いように見受けられるが、どの村にも少なからずキリスト教徒がおり、その数は増大の傾向にあるという。箬山のキリスト教会は中心部の打╫呑にある。箬山ではわずかに教会は一つであるが、石塘鎮全体では全部で14の教会を数える。キリスト教徒は廟の祭祀には関係しないし、墓参りには同行するが基本的な儀礼は行わない。今後、この動向がどのように地域の生活に変化をもたらすか注意を要する点である。

　文献　箬山の生活を記述した文献としては、先ず石塘鎮箬山小学校本教材編集委員会編『東方威尼斯—石塘箬山』（箬山小学郷土教材、64ページ、2003年10月刊）があげられる。小学校の副読本であるが、箬山の生活について簡明に

記述している。また温嶺県地名委員会弁公室編『温嶺地名志』（196ページ、1988年刊）および〈温嶺県志〉編纂委員会編『温嶺県志』（961ページ、1992年4月、浙江人民出版社刊）も箬山について記述している。行政単位の変遷や経済の大きな動きについて把握するには不可欠な参考文献である。また、この地の民俗に触れた文献として政協台州市文史資料和学習委員会・浙江省台州市民間文芸家協会編『台州民俗大観』（298ページ、1998年11月、寧波出版社刊）がある。日本語文献としては、箬山の廟を調査記述した安達義弘「中国浙江省における宗教の復活」（『西日本宗教学雑誌』18号、1996年）がある。

Ⅰ 东门岛民俗志

I　東門島民俗誌

家族・親族と通過儀礼

福田　アジオ

はじめに

　東門島における家族・親族に関する民俗を記述するが、ここでは婚姻と葬送という通過儀礼に注目し、通過儀礼を通して家族・親族の現れ方を述べることにする。専ら聞き書によって獲得したデータに依拠しており、文献情報から知り得たことは原則として混入させないように心がけた。記述は、東門島の多くの人々から聞いた結果を総合して、東門島の通過儀礼を構成し、そこに示された家族・親族の役割を描き出すように努力したが、特定の人物の語る、あるいは経験した一貫した通過儀礼ではない。その点では、旧来の民俗調査の結果記述の方法の域を出ていない。なお、記述に際しては、現地東門島の人たちが語った内容のなかで、東門島の表現と思われる語彙（もちろんそれらの多くは普通話でも用いられている単語）を「」で括りできるだけ分かるようにした。また調査に際し、該当する漢字が把握できなかった場合は、聞き取った音をローマ字で表記したが、東門島での正確な発音であるとは限らない。

1. 東門島の家族・親族

　行政村　東門島には現在6つの行政村がある。最も大きいのは東門漁村で、1,250戸、4,000人である。東門漁村のことを東大村ともいう。その他の村は小さい。東三漁村（約100戸、1991年以降東垗漁村）、東門農村（約30戸）、南匯漁村（約100戸）、南匯農村（約80戸）、そして居民委員会（200戸）である。同じ漁村でありながら、東門漁村と東三漁村の規模が大きく違うのは、その来歴が異なるためである。人民公社時代初期には、漁業生産組織は第一漁業

大隊、第二漁業大隊、第三漁業大隊に編成されていた。第一と第二は遠海での漁業をし、ほどなく一つになり、東門漁業大隊となった。第三は近海での漁業をする組織であった。それぞれに属する家は集住してはおらず、混在していた。また東門農村の家も混じっているし、居民委員会の家もある。村へ移行したときに、東門大隊が東門漁村となり、第三が東三漁村となった。居民委員会は、漁業でもなく農業でもない種々の職業の人々である。商売をしている人が多い。これら四ヵ村は集落としてまとまっておらず、家としては属する村を明確に表示していない。なお、南匯漁村・南匯農村は離れて、独立した集落を形成している。南匯には居民はいない。

漁業と漁船　居住地域としては不明確である東門島の各村であるが、船の所属については明確である。船籍番号の先頭の数字が村を表示している。すなわち、30が東門漁村、31が東三漁村、そして33が南匯漁村である。東門漁村には、130対260隻の漁船がある。2隻で組んで操業することを「双拖」といい、一般的な操業形態である。1隻のみで操業する形態もあり、これを「単拖」という。

船は1984年までは集体の共同所有であった。84年以降個人所有となった。実際には3，4戸が出資し、株で1対の船を持つ。兄弟、親戚、友人で共有することが多い。船長は、船の持ち主のなかから技術のある人が就任する。船の乗組員も所有する家の者を基本とし、足りない人員を安徽省や江西省からの出稼ぎの人を雇い入れる。この人々を「帮人」とか「帮人客」と呼ぶ。帮人が来るようになったのは1984年に個人経営になってからで、それ以前は生産大隊の者が乗り組んでいた。

帮人は安徽省の人がほぼ半数を占めるという。四川省や貴州省からの出稼ぎを雇うこともある。はじめて来る人は、大体が前に来た人に連れられ、その紹介で雇われる。石浦には船員紹介所があり、そこが手数料を取って紹介している。その紹介で来ることもある。雇うときには、船に乗ってもらって、船に耐えられるかどうか少し調べる。毎月の給料は1,000元から2,000元である。禁漁期には故郷に戻り、9月にはいると東門島に来る。9月16日から漁を開始し、春節に半月家に帰り、正月8日に再び来る。そして6月15日まで働く。雇用関係としては、9月から春節まで、春節から6月までと区切っている。出漁か

ら東門島に帰ってきて次の出漁までの停泊期間は船で寝泊まりする。

東門島の漁民の定年は60歳である。本人に60歳以降も働きたいという希望があっても、子供たちは働かせない。面子があるからである。

養子　娘ばかりの家の場合、解放前には、家・財産を娘が受け継ぐことはできなかった。昔は、兄弟の男の子（オイ）が養子になって継承した。兄弟に継承してくれる男子がいない場合は、母方の兄弟の子（オイ）に伝えた。このオイを「内姪」という。内姪は姓を変更しない。内姪はその家に入って暮らし、親を扶養するが、姓は変更せず、その子供たちも父の姓を名乗る。したがって、その家の姓は変わってしまう。

分家　複数の兄弟がいる場合には、「分家」する。このときには母方伯父である舅々が来て、兄弟間の分配を取り仕切る。これを「中央人」という。兄弟間で面積や値打ちが同じになるように均等に分ける。その際、「大房」は長男に分ける。部屋が同じような規模の場合は、東側から順番に兄弟順に分ける。ただし、長男に男子がいる場合には、その長男の長男（「長孫」）にも一人前分与する。この場合、全体を分与される人数分に分け、まず長男が二つ分を貰う。したがって、結果として長男が多く分与される。現在は男女平等で、女性にも権利はあるが、結婚して嫁にいった娘には財産分与はない。

姓　東門島には多くの姓があり、特に優越した姓はないが、数では陳姓が最も多い。次いで多いのは張姓である。現在、東門島内の同姓で結集し、行事や儀礼を行っている例は聞かれない。祠堂もかつて周姓ではもっていたと言うが、「文革」でなくなり、現在では存在しない。祠堂の跡は住宅として利用されている。東門島で族譜を持っている人はいないという。東門島の住人は祖先が他所から移住してきたので、族譜があるとすれば、その出身地で編纂しており、東門島で編纂することはないという。

東門島に住む林姓の人は、祖父の代に台州から来たもので、3代になる。族譜を編纂するというので、台州から調査に来たことがあったが、族譜に掲載されると、経費を負担しなければならないから、若い世代の者が断ったという。林姓の族譜は解放前にはあったという。また祠堂があるかどうかは、台州を訪れたことがないので知らないという。ただし、輩字は用いられている。漢・日という順番であるが、上の世代の輩字は知らないという。

徐さんの祖先も3代前に寧海から来たという。

盧姓は東門島に10戸ほどあるが、いずれも同じ祖先である。5代以上前に三門臨海から移住してきた。やはり漁をしに来た。東門島の盧姓だけでまつる祠堂はない。臨海には祠堂があり、2003年にはそこで大きな行事があって、案内が届いたが、東門島からはだれも行かなかった。臨海の盧姓で族譜を編纂している。一人三〇元払って族譜に記入してもらう。東門島内の盧姓でも全部の家が行き来して付き合っているわけではない。父の兄弟の間柄では付き合うが、その息子たちの世代、すなわち祖父が兄弟の関係ではもはや付き合わないという。ある盧姓の一人の例では、父が兄弟であった2戸のみが付き合いの相手であるが、息子たちになると付き合わない。結婚式に招くのも行き来している盧姓のみ招くという。

隣近所とはよく付き合う。声を掛け合い、トランプなどの娯楽を何時もする仲である。隣近所は、所属する行政村に関係なく付き合う。

親戚 親戚と呼ばれる関係は、父の兄弟姉妹とその家族、母の兄弟姉妹とその家族そして自分自身の兄弟姉妹である。「一代親、二代表、三代不親」という表現があり、親戚はごく近い関係のみをいう。娘の夫の兄弟姉妹は親戚ではない。葬儀などにも娘の夫の両親は参加するが、夫の兄弟姉妹は参加しない。

舅々 他の地方に比較して東門島では母方の兄弟が特別に大きな権限を持つことはないというが、実際の儀礼の場面では母方伯父の舅々が大きな役割を果たす。舅々は母の兄弟のなかの一番上の長兄である。舅々は母親よりも地位が上であり、特に母親が亡くなっていれば、舅々が重要な存在になる。

男子が財産を分配して分家するときには、舅々がその場に来て立ち会い、分配内容も決める。兄弟たちは舅々の決定を尊重し、それに従う。

母が亡くなったときには、舅々が葬儀執行の責任者になり、葬儀の規模や霊堂の大きさ、買い物内容などを決める。そして、葬列に際して、「腰縄」、「火丈棒」（60センチメートルほどの竹）を死者の子供（男女とも）、男子の嫁、それからその子供たち（孫）に配る役目は舅々である。婚礼に際して、最初にまず舅々にお茶を出す（「敬茶」）。

昔は、金がなくて結婚できないときに舅々が経費を出すこともあった。

2. 婚姻儀礼

自由恋愛 同姓の者の間の結婚はかまわない。しかし、先祖が同じ同姓の者は結婚相手にはできない。イトコ婚は、父方イトコとの間では絶対ないが、母方イトコは以前からあった。しかし、多くはなかった。

今は「自由恋愛」で結婚するが、これは解放後のことで、それまではほとんどすべて「媒人」を介しての結婚であった。恋愛結婚はほとんどなかった。見合いのような方式はなかった。媒人が男女の性格を良く見ていて、組み合わせを考えた。

自由恋愛の機会は、多くが友人を通して知り合うが、ダンスホール、喫茶店、カラオケなどでデートして恋愛が進む。前には東門島に1ヵ所あった映画館がその場所であったが、10年余り前に閉館した。現在はその廃墟のみが残っている。映画以前は芝居があった。

結婚相手はほとんどが東門島内の人であるが、近年は遠方との結婚も増えてきた。象山やさらに寧波の人と結婚する人が出てきた。寧波へ結婚して行くのはだいたい寧波の学校へ進学した人である。

東門島内であれば、男女とも互いに知っているが、かつては恋愛からの結婚はなかった。男女が一緒に遊ぶこともなかった。結婚は媒人が話しを持って行って成立した。結婚適齢期は、男性が23, 24歳、女性が20, 21歳で、ほとんどがその頃に結婚した。

媒人 現在は自由恋愛で結婚するが、それでも必ず「媒人」を立てる。現在では媒人とは言わずに「介紹人」と言う。媒人は親戚か友人でよく人々のことを知っている比較的年齢の高い女性である。媒人のことを「媒婆」とも言う。東門島では昔から商売で媒人をする人はいなかった。「送日子」の前に媒人を決める。普通は夫側で媒人を決める。媒人は謝礼として現金を受け取ることはないが、話がまとまると「謝媒」を届ける。謝媒は豚肉5kg、茘枝などである。

小日子 結婚を約束をする「訂婚」には、男側から媒人が菓子もしくは現金「紙包銭」を贈る。媒人が女性の家に持参する。竜眼、茘枝、飴、菓子などを持参するが、竜眼や茘枝は老人たちに、飴や菓子は子供たちへ贈られる。竜眼や茘枝を食べて貰って、結婚を認めて貰う。逆に言えば、食べることで認め

る。これは現在も重視されている。紙包銭は70元から80元である。

送日子 祝いが男性側から女性側へ贈られる。「送日子」とか「送大日子」ともいう。この日、媒人が男性側から女性側へ指輪・イヤリングなどを持参することが現代の基本であるが、加えて多くの品が昔から持参されてきた。現在でも「米筐」に荔枝、竜眼、酒、たばこ、砂糖、菓子類などを入れて天秤棒「扁担」で担ぎ女性方へ運ぶ。担ぐ人を「挑担人」と言い、男方の親戚の男性である。贈り物の量によって一人の場合もあれば、二人の場合もある。女性の家の近くになると、爆竹を3回鳴らす。それに応じて、女性方から人が出てきて、扁担を受け取り、担いで家にはいる。このとき「担銭」（祝儀）が女性側から挑担人に渡される。

一行が到着すると、媒人と挑担人に食事が出される。このとき、かつては「日子銭」と言ったが、今では一般に「聘礼」と呼ぶ現金が男性側から女性側に渡される。この額は近年多くなっており、東門島では5万元以上が基本だという。農村部ではこれよりも少ないという。そして、結婚式の日取りが決められる。なお、持参した品物の一部は返されるので、それを持って帰る。

送日子は結婚式の半年前に行われるのが一般的である。上半年に送日子、下半年に結婚式というパターンが多い。男性の年齢、生年月日、女性の年齢、生年月日から判断して結婚式の日取りは決めるが、これには石浦鎮に出かけて占い師「算命先生」に決めて貰ったり、媽祖廟、王将軍廟でおみくじをひいて判断する。結婚式が近づくと、男性は漁に出ない。結婚式の日取りは、いったん決めたら変更することはできない。仮に漁に出ていて戻ってこられないときには、自分の妹が代わりに結婚式に出る。もしも妹がいないときには、女性のイトコが勤める。

婚約が済むと、女性側では嫁入り道具の準備にはいる。結婚に際して準備するものは、男性側はベッドのみで、生活用品は総て女性が持参する。聘礼よりもはるかに女性側の支出は大きい。

婚約中にかつては女性が男の家を訪れることはできなかった。今は自由に行き来する。男性は5月5日、8月16日には酒などを持参して、女の家を訪れる。

叫人客 結婚式の半月前になると結婚式に招待する人々のうち、東門島外の遠方の家を訪れ、招待する旨伝える。この使いのことを「叫人客」と言う。東

門島内の親戚には改めて知らせることはない。

　人情　結婚式前に招かれた友人たちは「送人情」という祝儀を届ける。親戚も結婚式前に同様に送人情を贈る。額は500元から600元である。近い者であれば、1000元以上も贈るという。送人情は大切で、「鍋を売ってでも人情は出さなければならない」というほどである。人情に対するお返しはない。結婚式でご馳走になるだけである。もしも万が一宴会をしなかった場合には、貰った人情は返す。

　送人情が届くと、それを紅い紙を綴った「人情簿」（「紅本子」）に記録しておく。人情簿の表紙には「賀儀人情簿」と記し、結婚式の日取りを記載する。この人情簿の記録が、次の機会に人情を贈るときの基準となる。送人情の最高額を贈るのは舅々であったが、現在は兄弟が最高額になっている。兄弟は相談して同じ額にして出す。そして2番目に多いのは姉の夫である。

　また姉たち、すなわちその夫たちは「挑羊酒」を結婚式の前日早朝に贈る。羊は背中を紅くし、角に紅紙を巻いた生きた羊1頭である。姉が2人以上いる場合には、姉妹全員で1頭贈る。また酒は紅酒であるが、これは別々に持参し届ける。

　押袋　人情とは別に、結婚当事者よりも先輩の者は「押袋」という祝儀を出す。現金を入れた袋に「押袋」と書く。人情は結婚式を挙げる家に対して出すが、押袋は結婚する新郎に生活費として出す祝儀である。舅々の人情は特別に多いと言うことはないが、押袋は多く出す。舅々の子供が結婚するときに、そのお返しとして人情を出す。

　前夜の宴　結婚式の前夜に宴を開くが、これはlonggaoという（該当する漢字は不明）。挑羊酒で贈られた羊の肉はlonggaoのときに使用される。祝宴に招待するのは、親戚と友人たちである。友人は「人情往来」のある友人である。人情を贈ってくれた者の家族全員を招く。

　このときの料理は、以前は12品であったが、現在は16品に増えている。以前から出されている12品は①魚厨面、②紅焼肉、③紅焼魚、④炸魚、⑤白圓、⑥魚餅、⑦七宝飯、⑨扣肉、⑩肉圓、⑪魚膠、⑫咸魚、である。このうち、⑩⑪⑫が最後に出される。特に⑫は必ず最後に出すことになっている。これらの料理を調理するために、調理する人を依頼する。小規模な場合は、東門島内の人

を頼むが、大規模な場合は石浦鎮から呼んでくる。以前は東門島内の人がボランティアで引き受けてくれたが、現在は金を出して雇うのが基本である。

　この宴会は男性側だけでなく、女性側でも同様に行われる。やはり結婚する女性に人情が贈られ、その贈ってくれた人を招く。なお、女性側でも人情簿を作成する。料理は男性側と同じであるが、女性側の宴には挑羊酒はない。

　大日子　結婚式のことを「大日子」と言う。

　供天地　結婚式当日の朝、「供天地」が行われる。東門島ではXiangkiという（該当する漢字不明）。朝の3時頃、結婚する男性の直系のなかの「最長老」が行う。自分の家の「堂前」（正堂）に八仙卓を2卓つなげて置いて、その上の門口側に茶・米・酒そして盃を並べ、中央部には「供品」を置く。正堂正面側に蝋燭台を置いて、蝋燭と線香を立てる。最長老が蝋燭を灯し、線香を立てる。そして「本日は△△△と〇〇〇が結婚する。どうか天地菩薩守ってください。そして早く子に恵まれますように」と唱える。

　女性の家でも以前は供天地を行った。これを「開面」という。行う時刻も方法も同じであるが、現在はやらないようになってきた。

　紅豆湯果　朝食に餅米の団子「紅豆湯果」を出す。この朝食には親しい親戚のみが席に着く。

　抬嫁妝人　午後になると、男性側では爆竹を鳴らし、紙銭を燃す。そして、女性側に迎えに行く。嫁入り道具を貰いに行くことが基本で、新郎の友人たちが行くことになっている。この人を「抬嫁妝人」という。女性の家に到着すると、爆竹を鳴らし、家に招き入れられ、先ずお茶が出され、その後簡単な食事が出される。嫁入り道具の家具は2人で棹で担ぐ。

　対会　嫁入り道具の迎えと一緒に花嫁「新娘」の迎えも行く。行くのは媒人と「対会」である。対会は、長寿で夫婦が揃っており、子孫が多い老齢の女性がなる。必ずしも親戚でなくても良い。現在は対会は依頼せず、媒人のみが迎えに行く。

　拝礼　新娘は出発に当たって両親の前に跪いて拝礼する。娘も母親も泣く。そして、簸箕の上に枡を置いて、枡の中には秤を入れる。これは「大斗小秤」ということで、商売繁盛を意味する。この枡の上に、花嫁衣装を着た新娘は座り、新娘の兄弟の一人が新娘を抱いてそこから花籠に乗せるということを以

前にはしていた。現在は親への拝礼のみになっている。

　新娘は花籠に乗って来たが、今は島内の場合徒歩で移動する。

　新阿舅　新娘の一行より遅れて新娘の一番上の兄（「新阿舅」）とそれに随行する2人か3人が新郎の家に来る。随行するのは兄の友人である。これは現在も行われている。現在では新娘の友人たちも来るようになってきた。新娘の両親は昔も今も来ない。かつては舅々と新阿舅は翌日に来たもので、食物などを担いできた。

　拝堂　新娘を迎えた一行が新郎宅に近づくと大量の爆竹を鳴らす。新郎宅に到着すると、男性側の親戚など関係者が並んで家にはいるのを妨害する。それに対して、「上門包」と呼ぶ包み金を出す。その後に、家に入り、新娘は花籠から降りて、麻袋を敷いた上を歩いて正堂に入る。新娘を正堂まで連れて行くのは、従来は対会の仕事であった。正堂に入ると新娘は「拝堂」を行う。正堂には大きな蝋燭を飾り、拝堂に際して点す。新娘が正堂に入るまでは、新郎はその場にはいない。別室で「護郎」と呼ぶ男性4人と一緒にいる。護郎はすでに結婚していて、夫婦仲の良い人物を依頼する。親戚でも友人でも良い。新娘が正堂に入ると、後から新郎も正堂にはいる。

　新郎・新娘が揃って拝堂する。拝堂は先ず最初に外に向かって拝む。次に内側正面に向かって拝む。これを「一拝天地、二拝高堂」と言い、その方法は対会が傍らにいて指導する。拝堂の時に食物を供える（「盤頭」）。肉、魚、豆腐、麺、卵、紅饅頭2皿、魚膠安曇である。今では簡略化しており、嫁入りの花籠、正堂にはいるときの麻袋もなく、対会もいない。50年前の結婚式の時には、正堂の両側に楽隊を配置しておき、新娘が近づくと楽器の演奏をした（「起唱」）。この人たちは金を出して雇った。

　未婚の女性で踊りの出来る人6人を頼み、新娘が家に到着するのを出迎えに出て貰う。この女性たちを「伴姑」といい、拝堂のとき踊りをして貰う（「送会」）。それに護郎の4人も加わって踊る（「送酒」）。10人が皿を手のひらに載せて踊る。さらに賑やかにするためにその他の友人たちも加わる。

　拝祖宗　拝堂の後で「拝祖宗」を行う。門口に立って、正堂の正面に向かって拝む。拝祖宗は現在でも行っている。

　正餐・正酒　結婚式当日の披露宴の夕食を「正餐」というが、「正酒」とも

いい、「吃喜酒」とも表現する。テーブルは1卓8人と決まっていたが、最近は1卓10人座る。家の空き地などにテーブルを置く。廟その他の場所は使用しない。料理は全部で12品出される。新郎は護郎4人と同じ卓に座り、新娘は伴姑6人と同じ卓に座る。昔は最初の料理が出ると、芝居が始まった。演目は、結末がめでたしめでたしのものである。演じるのはプロの劇団で、金を払って招いた。このときの芝居は、役者は化粧をせず普通の姿でする。芝居の役者と楽隊の人々は一緒である。彼らは客の送迎に際しても音楽を演奏する。宴席の間に、新郎は各卓を巡って、「敬酒」をする。敬酒は先輩に酒を勧めることで、同輩や後輩の者にはしない。

総管・督厨・帳房　正餐の全体を運営する責任者を「総管」と言う。総管は一人で、信用があり、隣近所で評判の良い人に新郎の親が依頼する。それに対して、料理のことを掌握し、卓の様子を見て料理を出すことを指示する役目の人が別におり、この人を「督厨」と言う。この役は親戚か新郎の友人がなる。「帳房」は会計責任者である。当日に人情を持参する人もおり、その人情は帳房が預かる。帳房が正餐の会計を記録する。督厨と帳房は総管が依頼する。

閙新洞　新郎・新娘が寝室に入る儀礼を「閙新洞」と言う。護郎が「洞房」の蝋燭に火を灯し、新娘が入る。その後で新郎が入る。これを「送洞房」と言う。

捧茶　翌朝、新娘に新郎の姉妹が付き添って年輩の人たちに「捧茶」をする。このとき改めて新娘に夫方の親族・親戚を紹介する意味があるという。捧茶に用いる茶は昔は竜眼茶であったが、今は人参茶である。正餐に出席した友人や親戚は食事後帰宅するが、捧茶の対象となる人たちは前夜から泊まっている。茶を捧げられたら、それに対して紅紙に包んだお金「茶銭」を新娘に渡す。

回娘家　新婚夫婦が3日目に揃って妻の実家を訪れる。これを「回娘家」と言い、特に決まっていないが何か土産を持参する。日帰りである。女性の家で食事になるが、その席で年長の者に挨拶をする。それに対して挨拶を受けた者は「見面銭」を出す。

3. 葬送儀礼

葬儀の場　葬儀は各自の家で行う。

送亡霊　家族の一員が亡くなると、先ず子供や孫など直系の者が線香を一本

ずつ燃して遺体を拝む。これを「送亡霊」と言う。

六仏経　遺体の近くで「六仏経」を燃す。六仏経は、6月にお経を読んで作られた札で、それを6枚袋に入れて燃す。これは、城隍廟にまつられている、家来の「解差」のために燃すもので、解差は6人おり、死者をあの世に連れて行く使いだという。

十龍会　城隍廟に行って、その前の階段で、草鞋、菖蒲靴そして「十龍会」という経を燃す。十龍会は徘徊している「小鬼」のために燃す。これは親戚の者が行く。

土地菩薩　どこの井戸でも良いが、井戸に行って、3本の線香を立てて、お経を燃して、それから水を汲んで家に持ち帰る。線香を立て、お経を燃すのは、井戸を管理している「土地菩薩」のためである。

過老衣　遺体を水で洗う。きれいにしておかないと、あの世でいじめられるという。洗うのは息子ならだれでも良い。死者の兄弟でも良い。しかし、死者の娘たちは洗ってはいけない。遺体に触ってもいけない。娘は遺体に触れると貧乏になると言われる。これは死者が男女どちらでも同じである。そのため、母親が亡くなった場合でも、娘は傍らに立っているだけで、遺体に触ることはできない。なお息子の妻は触れることができる。

　洗い終わると、新しい服を着せる（「過老衣」）。昔の人は生前に自分で縫って準備しておいた。準備なく亡くなった場合は石浦鎮まで行って買ってくる。遺体は目をつぶらせ、足を伸ばして、正堂に安置する。その遺体の置く方角については特別なことは言わない。長いすの上に戸板を置いて、その上に遺体を安置する。現在は敬老院から冷凍棺を借りてきて、そこに納棺して安置する。冷凍棺は上面がガラス張りになっていて、遺体を確認できる。

霊堂　祭壇を「霊堂」と言い、正堂に設け、49日間設置しておく。

念伴　出家していない在俗の男性で、職業的に日取りを見る人がいる。その人のことを「念伴」あるいは同音で「尼盤」と言う。念伴に依頼して入棺の日取りを決める。故人の息子や孫、また嫁の生年月日に基づいて、関係者に害を及ぼさないような日を決める。決めるときには、念伴は手に鈴を持ち、お経を読む。そして読経しながら水を撒く。

起身戒飯　解差が使者を連れて出発する前に食事を出す。「起身戒飯」と言

い、家族が10品の料理を作って、蝋燭、線香などと共に、正堂の遺体の前に供える。遺体を安置した下に、椀に油を入れて芯を出して、いつも絶やすことなく火を点しておく。これを「脚頭灯」と言う。

死亡通知 死者が出た場合、近所はすぐに分かるので改めて知らせることはない。しかし、遠方には子供たちが手分けして知らせて歩く。知らせに行くときは、必ず傘を逆さにして持っていく。訪れた家では茶が出される。その茶を飲んだ後、茶碗を地面に打ち付けて砕く。他人の家の中にはできるだけ入らないようにする。今は電話で知らせるが、近い親しい親戚には電話の知らせではなく、必ず訪れて知らせる。

人情 関係者は最初に喪家を訪れるときに人情を持参する。葬儀の人情は白紙に包む。葬儀の人情の額は一般に400元程度であり、多い人で500元である。最も多く出すのは嫁の実家である。1500元程度は出す。嫁の兄弟は人情と布団、紙銭（「金錠」）、線香、蝋燭（白2本、紅2本）、爆竹を贈る。これを「娘家担」という。嫁の姉妹は人情のみ持参する。贈られた人情の内容は白い紙の人情簿に記録しておく。

守霊 「守霊」と言い、遺体を安置して守る。守霊の期間は短くても1週間であり、もっと長期間する場合も少なくない。3年前に亡くなった男性の葬儀では、11日間守霊を行った。守霊に出席した人には食事を出すが、この場合9日までは5卓であったが、9日目の入棺の日とその翌日の山に行く日は100卓にもなったという。2日目以降、出棺の2日前まで毎日昼と夕方、正堂の遺体の安置してあるところで、子・孫という近い親族が正堂の両側に立ち、木魚を叩いて経を読む。このことを「篤経」と言う。読経の区切り毎に家族の者は遺体に向かって拝む。篤経は読経を業としている「篤経人」を招いて行う。篤経人は出家していない在俗の女性で、5人が一組となって来る。東門島にもいるという。篤経は、守霊の日によって読む経が異なる。それは篤経人が決めることで、家の人は分からない。守霊の初日と最後の二日間は念伴と和尚が来る。

做祭 葬儀前日に行う儀礼を「做祭」と言う。子供や孫の男性は麻の衣を着て、腰に腰縄を巻く。藁の帽子をかぶり、白い靴下で草鞋を履く。女性は白い靴を履く。男女とも手には火丈棒を持つ。火丈棒には中間に金箔の紙を巻く。1拝して3回頭を地面に付ける「一拝三磕頭」を3回行う。母親の兄弟は霊堂の

側に座る。

　以下の順序で進む。進行は念伴が行う。

　①「羹飯」卓に供える。

　②「子孫出堂」子供・孫という直系の男性が霊堂の前に進み出る。

　③「一拝三磕頭」遺体に向かって拝む。そのとき、舅々にお茶を出す。舅々は各人の腰縄を縛る。男性の一拝三磕頭がすむと、交替に女性が進み出て、同じく一拝三磕頭をする。

　④「焼経」正堂の前で経を焼く。その燃やしている間、念伴は鈴を鳴らして読経をする。

　⑤「落櫃」遺体を棺に入れる。布団一枚を遺体の下に敷き、二枚を上に掛ける。下に敷く布団は舅々が持ってきたもので、上に掛ける布団は長男の妻の実家から持参したものを用いる。その他の子供や孫たちも結婚していれば、それぞれ布団を持参する。その布団を遺体に掛ける真似をする。棺のなかには思い出の品、記念の品、好物、着物などを入れる。また現金の代わりに、「三六包」を入れる。

　入棺は棺を担ぐ人「四金剛」8人のうちのリーダー格の2人が行う。四金剛は専門の人で、労賃を払って雇ってきた。東門島にはおらず、石浦の街から頼んで来て貰った。現在は四金剛は頼まない。また棺も用いない。冷凍棺を使用する。

　棺はふたをして、木の釘「元宝梢」で打ち付ける、そしてふたと棺の間のすきまを糊で塞ぐ。

　葬列　翌朝、前日と同じように、做祭を行う。それが終わると出棺となる。これを山に行くという。出発は朝の9時頃である。葬列は以下の順番で構成される。

　①「黄牌」紙で作った牌で、姓が大きく書かれている。周囲を花で飾る。これは原則として長女の夫が掲げて先頭を行く。

　②「大銅鑼」

　③「灯籠」2つ。

　④「頭牌」「粛静回避」と書いた、直径2尺の牌を4つ。

　⑤「六尺長白布」二対四枚。

　⑥「三反」楽隊。銅鑼、太鼓、鉦、小鉦、竹べらの5人で構成される。

⑦「花圏」花輪。数は決まっておらず、贈った人が自ら掲げる。

⑧「ふとん」これも贈った人が持つ。

⑨「牌位」小さい家型の籠のなかに牌位を入れ、2人で担ぐ。担ぐのは娘婿で、娘婿がいなければ「外甥」。

⑩「魂返」一対。外甥が持つ。

⑪「対羅」7回打ち鳴らす。

⑫「棺」子供は棺の両側に付きそう。

⑬「送客」葬儀参加者。その行列の途中に「四十反」8人。楽隊で、胡弓4本、銅鑼、ラッパで構成される。四十反は雇ってきた人である。

開路　和尚2人が葬列に加わって途中まで行く。これを「開路」と言う。和尚は途中から引き返して、家の祭壇の準備をする。

墓と埋葬　8年前に公墓が東門島の端にできたので、墓はその中に指定される。それ以前は良い場所を墓にした。風水を見て貰って決めた。但し、東門島には風水先生はいない。東門島は昔から土葬であったが、5年前から火葬が始まった。火葬場は東門島にも石浦鎮にもなく、県城まで行く。火葬場に行くのは故人の直系の子孫のみである。以前は、遺体を担架で船に運び込み、対岸に着いてから車に乗せて運んだが、2004年からは橋が利用できるようになり、直接車で東門島から運べるようになった。

写真1　山を埋める墓

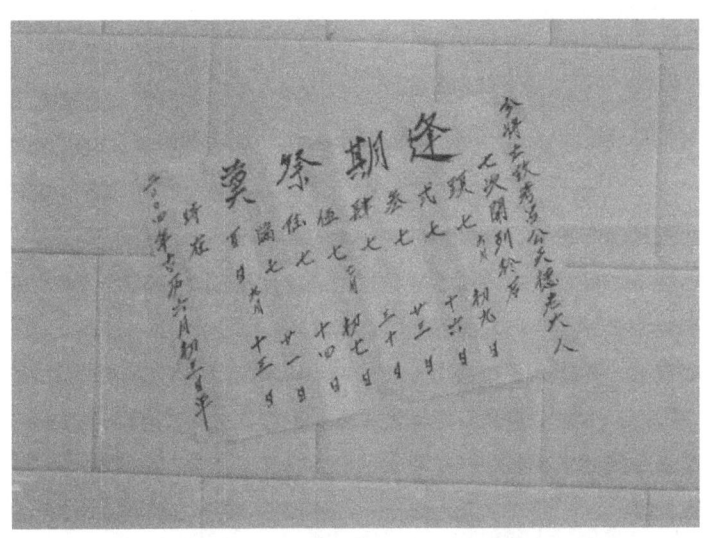

写真2　壁に貼られた法要日程

　埋葬する墓は前もって造ってある。60歳を過ぎれば造って良いとされる。かつては墓の位置は本人たちの意志と風水先生の判断を合わせて決めた。墓は夫婦で一つである。向かって右手が夫の、左側が妻の墓穴となる。

　葬列が墓に到着すると、爆竹を鳴らし、銅鑼を打つ。墓穴に棺を納め、羹飯を入れて、蓋をする。葬列に加わっていた黄牌、魂返、牌位は家に持って帰る。娘家担のなかの小さい布団は墓の所で燃す。一般の布団はやはり持って帰る。

　拝懺　和尚は家に戻ってきて滅罪のために「拝懺」をする。

　法事　夜には念伴と和尚が「法事」をし、その後和尚が霊に向かって「安霊」を言う。

　一七から七七まで　七日目を「一七」、それから「二七」「三七」「四七」「五七」「六七」「七七」と羹飯を供える。このうち、五七は最も重要で、さまよっていた霊が家に帰ってくる（「回家」）。三十五日の前日に行う。八仙卓に団子と水を入れた洗面器を置く。霊が家に戻ってくると団子に歯形が付くという。この日、女性が履いていた白靴を山へ持って行って投げ捨てる。また直系の子孫が首にかけていた麻縄をはずし、白線に変える。白線は3年間するが、早い人は百日で止める。

　牌位　牌位は「神主位」ともいう。牌位は古い建物の家であれば堂前に置く。堂前がない家では台所の隅にテーブルを置いて安置する。牌位は七七で燃

す家、百日で燃す家もあれば、一年後に燃す家もある。これは「文革」当時から始まったもので、それ以前は燃さずに永久にまつった。

写真3　テーブルに置かれた牌位

写真4　祖公棚

祖公棚　正堂の2階、あるいは屋根裏に棚が設けられており、これを「祖公棚」と言っている。そこに「総牌」を安置してある。総牌には祖先の名前が書いてある。新しく亡くなった人の名前も紙に書いてそこに貼って加えたり、新たに木製の牌位を安置する。かつては牌位はここに永久に安置された。総牌には冬至、除夜、清明、七月半に羹飯する。

祖師堂　城隍廟の境内に牌位を安置するための建物が設けられている。「祖師堂」と名付けられているが、古くからのものではない。10年ほど前からのことで、子孫がいる人は余り利用しない。ここに安置するのは有料で、「長生牌」という。やはり、3年経てば燃す。その折には法事を行う。

啓蟄　新しい死者が出ると、先ず二十四節気の啓蟄に墓参りをする。羹飯、焼経もする。次は清明節に行く。

清明節　子供、孫、妻、娘、娘の夫が墓参りする。墓上の土を増やし、白紙・紅紙を竹に付けて墓の上に差す。清明節には先祖の墓全部に行く。墓参は皆が揃っていく。

過去1年に死者がなかった家でも清明節をする。家の正堂正面に「寿星」という絵を掛ける。寿星は老人姿で、毛がなく、長い顎鬚をはやし、笑った顔をし、杖を持っている姿が描かれている。野菜料理12品を供える。そして、墓参りをする。墓参りは各家で行い、分かっている祖先のすべての墓に参る。墓に白紙・紅紙を飾り、12品の野菜料理を供える。拝んだ後、供えたものは地面に撒く。墓前で飲食することはない。

墓参は清明節以外では、近年は農暦1月1日にも行う。このときは料理などの供物はなく、ただ爆竹を鳴らし、紙銭や線香を燃して拝むだけである。これはこの20年ほどの間に始まったもので、以前にはなかった。個人的に春節に墓参りに行くようになったが、それが親孝行だということで広がった。

七月半　農暦の7月15日の「七月半」にも祖先をまつるが、墓参はしない。羹飯は2卓で、1卓は祖先のためで、1卓は最近の故人のためで、12品の料理を作る。必ず肉と魚は含まれる。また12品には含まれないが、ご飯と点心は必ず供える。各家ごとに行う。これを行うのは、午後1時30分以降でなければならない。それは午前中は祖先はあの世から出して貰えないからだという。

その家の祖先のために行うが、家に来た嫁の実家に祖先のまつり手がいない

ときには、そのためにも羹飯する。その場合には、家の中ではせず、門の外に卓を置く。そして、その家の祖先のために拝むときは内側に向かって拝み、嫁の実家の祖先たちを拝むときは外に向かって拝む。線香を立てて、祖先に呼びかけ、来て貰う。「心経」「弥陀経」を燃す。

また、家の大門の外へイスやベンチを出して、心経・弥陀経を置き、大きな皿に供物を盛って供える。これは「孤魂・野魂」のためである。孤魂・野魂が家に入ってきては困るので、大門の外で食べるようにする。

祖先をまつる日は七月半以外では、冬至、除夜がある。七月半と同じように12品の料理を作り、経文を燃す。

放水灯 七月半に行う城隍廟の行事である。「放水灯」は海で亡くなった人のための供養であり、「超渡亡霊」というが、亡霊は文章語であり、人々は一般に「鬼」と言う。放水灯は7月12日から15日の間の1日を決めて行う。日取りは固定していないが、14日か15日が多い。潮流が速い時が望ましい。判断は長老がする。港で僧侶による読経を行い、その後船に乗って海上に出て、多くの灯籠、紙銭を海に流す。死者の名前を書いた灯籠を流す。

写真5 放水灯の読経をする僧侶たち

4. 母方・妻方親族の活躍

以上、東門島の家族・親族について、婚姻儀礼と葬送儀礼に注目して見てきたが、その結果いくつかの特色を確認することができた。

1．東門島においては、親の死に伴い分家して互いに独立した生活単位になる。

2．財産相続は、兄弟間の均等分割による分家で行われる。

3．祖先を共通にする父系出自の親族組織は存在しない。宗族として把握できる組織や制度は見られない。祠堂もかつてはあった姓もあるが、大部分の姓には現在も以前も祠堂は存在しなかった。また族譜も残されていない。

4．東門島には優越した姓はなく、多くの姓が居住している。しかもその多くはこの数代の間に東門島に来住したのであり、祖先を求めると東門島外の象山県および近隣地域に出身地がなる。それらの出身地には祠堂や族譜があるという人もいるが、そことの関係を維持している人々はいない。

5．婚姻儀礼および葬送儀礼は現在でもことこまかに行われていることが判明した。儀礼は比較的丁寧に行われていると言えよう。

6．その諸儀礼のなかでさまざまな形で登場するのは、母方・妻方の親族である。

7．舅々の存在は中国漢族社会では一般的な事柄といえる。したがって、東門島の特色と言うことはできない。また同じ浙江省の近くの地方に比較しても、舅々の存在が大きい訳ではない。むしろ、その力は弱いと言えるようである。しかし、当事者を巡る社会関係のなかでは舅々が最も明白に顕在化する存在である。婚姻でも葬送でも舅々の存在は欠かせない。さらに相続継承の場面においても重要な位置を占める。

8．舅々と並んで、儀礼に関係する存在としては、妻の兄弟や、姉妹の夫たちがあげられる。たとえば、姉たちの夫は「挑羊酒」を結婚式の前日早朝に贈る。また、葬儀のとき、人情を最も多く出すのは嫁の出た家（嫁の親もしくは兄弟）である。また「娘家担」と言って、人情と布団、紙銭（「金錠」）、線香、蝋燭（白２本、紅２本）、爆竹も贈る。さらに、葬列の先頭を行く黄牌は長女の夫であり、死者の牌位を持つのは娘たちの夫である。

9．全体として母方・妻方あるいは娘方の親族が重要な存在になっており、父系出自集団の欠如と対応している。

10．儀礼には仏教僧侶が関わる場面が少なくない。

摘要

家族、亲族与过渡仪礼

福田亚细男

通过对婚礼和葬礼的观察,东门岛的家族和亲族关系具有以下特色:

1. 在东门岛,在父母死后各自分家成为独立的生活单位。

2. 分家时财产在兄弟间均分继承。

3. 不存在出自共同祖先的父系亲族组织。也没有见到宗族组织、祠堂和族谱。

4. 东门岛没有占优势的大姓,许多姓氏混居。其中不少是近几代才来到东门岛的,其祖籍多在东门岛外的象山县及其邻近地区。

5. 现代生活中,婚礼和葬礼的仪式仍然比较细致。

6. 母方、妻方的亲族以种种形式出现于各种仪礼之中。

7. 舅舅具有特别的意义,这在中国汉族社会中是普遍的现象,因此不能说是东门岛的特色。在个人的各种社会关系之中,舅舅的存在是最为显著的。

8. 除了舅舅以外,与仪礼有关的还有妻子的兄弟和姐妹的丈夫。

9. 仪式上有不少佛教僧侣参与的场面。

漁村集落の民家と大工道具

津田　良樹

はじめに

　東門島は、象山半島の南端石浦鎮の先に浮かぶ面積2.8km²の小さな島で、古くから漁業が盛んなことで知られている。島の南西部、後方の炮台山を中心とする山裾に沿って王将軍廟・媽祖廟・城隍廟が並び、それらの前方海岸沿いの比較的平坦な土地に密集して集落は建ち並ぶ。『象山東門島志略』（2000年8月）[①]によると東門島の戸数は2,051戸、人口は6,268人である。

　東門島において民家の実測調査や住まい方、大工から民家の建設にかかわる様相等について聞き取り調査を行った。以下、1. 東門島の民家、2. 茅葺民家の消滅、3. 大工仕事と大工道具の諸点について報告する。

1. 東門島の民家

　個別民家の詳細については、以下の通りである。
　任氏住宅　住所：小路谷西7号、話者：任青山（73歳）
　任氏は寧海から当地へ移り住んだと伝えられるが、その年代は不明である。現住任青山は任氏6世に当たるという。
　門頭岬に建つ東門島灯塔は民国4年に任氏の先祖任筱和・任筱孚が建造したものである。現住の任青山の祖父や父親の代まで任氏は、船持の漁師であったが、解放により船は没収され、国家の所有となった。その後、任青山は船持の漁師の手伝いをしながら漁業を行なってきた。現在は引退しているが、子息は

[①]　『象山東門島志略』、象山東門島志略編纂委員会、2000年8月。

今も漁師をしている。

　任氏住宅は200年ほど前に任青山の先祖によって建てられたと伝えられる。資料を欠くが、後出の周氏住宅（周康賢）に比べ、2階の階高が低くおさえられているなど構造手法は古式を示しており、150～200年ほど前の建築と見て矛盾しない。

　任氏住宅は建設当初は、当然任氏一族が住んでいた。その後、70～80年前に奥のコの字に中庭を取り囲む西半分を陳氏に売却し、その他は任氏が今も所有しているが、現在任青山が使用している東敞堂・小房を除いて、残る部分は借家となっている。

　任氏住宅は、周氏住宅などとともに、東門島の中では規模の大きな住宅である。住宅は、東の通り沿いに長屋様の「辺房」を設け、その南端部に「外大門」を開く。「外大門」を入ると小さな中庭の「外道田」で、さらに進むと「大門屋」を抜けて、三合院の中庭（「道田」）に至る。「外道田」を北に折れると「辺房」と三合院の東の廂房に挟まれた路地状の「弄堂」がある。「弄堂」は南端と北端とを元は扉で区切られていたが、現在扉はずされたままになっている。「弄堂」は三合院の「竈間」とも出入口で結ばれており、井戸なども配され、サービスのスペースともなっている。三合院への主な出入口である「大門屋」をくぐると、「道田」と呼ぶ中庭に出る。三合院は南面する主屋、その両脇から突き出した廂房をコの字配し、両廂房の先端部を石積みの塀をたてて繋ぎ中庭を囲む。

　写真1　任氏住宅道路から　　　　写真2　任氏住宅大門屋

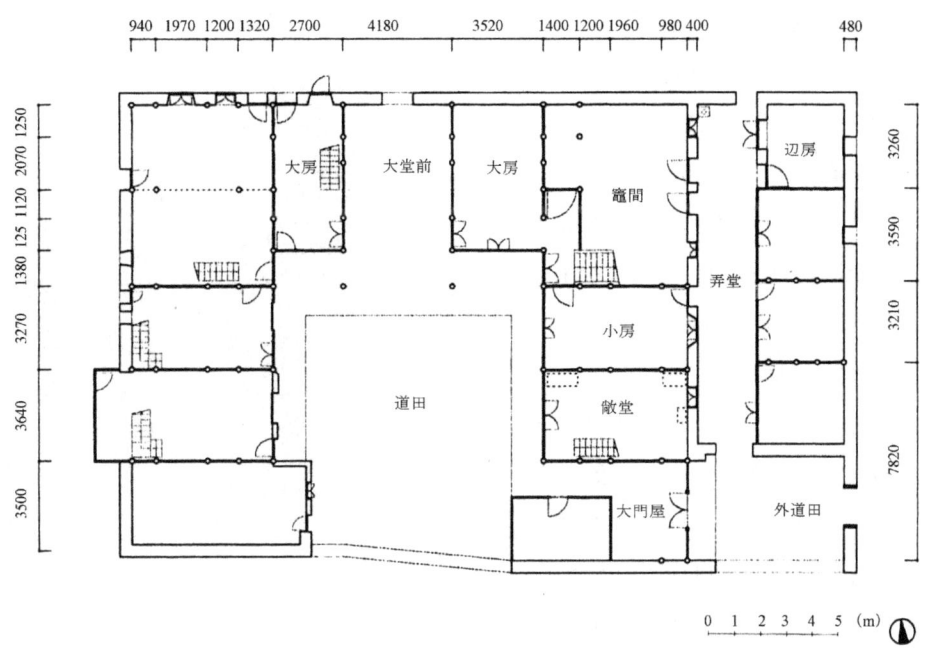

図1　任氏住宅1階平面

　すなわち、この住宅の構成は、奥に南面する三合院があり、その東側にもう一皮「辺房」によって囲こうという、二重の構えにしている。

　平面は、三合院の主屋を南面させ、ほぼ中央に「大堂前」を置き、その東西に「大房」、さらにその脇に東・西の「竈間」を配す。両「竈間」の前方には廂房を突き出している。東の廂房は奥より「竈間」・「小房」・「敞堂」・「大門屋」となる。「大堂前」はかつては祖先のお札などを置き、冠婚葬祭などを行う場であった。現在は観音様のみまつられている。その前の中庭である「道田」は結婚式などでは酒席をもうけ、賓客をもてなす場であり、日常的には物干し場として使われる。「大房」・「小房」などは寝室で、「敞堂」は居間のような使われ方をしたようだ。「竈間」は台所にあたり、室内に竈が築かれ、東の「竈間」では勝手口から井戸の掘られた「弄堂」に出られるようになっている。また、「大門屋」は三合院へ出入する門を兼ねている。三合院の東側の「辺房」は暫房ともいわれ、暫時ものを保管しておいた倉庫であるが、現在は東門島に出稼ぎに来ている人に借家として貸している。

　任氏住宅は細部で間仕切を新設や小規模な修理の手は加えられているが、骨

格に大きな変容はない。主な変更点は以下のようである。

1.「大門屋」や「竈間」の内部で一部を囲った間仕切りは後補。

2.「大堂前」奥の壁に穿たれた穴は、解放後「大門屋」あたりを、政府に接収されていたため、出入口として開けられたもの。「西大房」や「西竈間」の北壁に穿たれた出入口も後補。

3. 各小部屋に造られた2階とつなぐ階段は後補で、当初からの階段は東西の「竈間」の階段のみであった。ただし、西「竈間」の階段は現在取り除かれている。

写真3 任氏弄堂

構造は、中庭に面する壁面を除く、外壁面を焼き煉瓦で積み上げて外壁を造るが、壁際にも柱を建て二階や屋根は原則として木造で支える構法である。各棟の構成は、切妻造の両廂房を前後に通し、棟高はやや高いが主屋棟を廂房の間に入れ込んだ構成。三合院部分はいずれも2階建で、極めて薄い平瓦を表裏交互に置く陰陽瓦葺である。

写真4 任氏中庭から　　　　写真5 任氏内部

建築材料についてみれば、木部は杉材である。煉瓦は対面山から持ってきたとされており、瓦はかつて東門島で焼いていたが今は焼かれていない。また、床や「道前」・「弄堂」に敷かれ、文様格子のあるくりぬき窓である漏窓にも使われる赤っぽくて板状の石は「蛇蟠石」と呼ばれ、寧海の蛇蟠山から持って

きたものだといわれている。

　日常生活についてみれば、飲料水・生活用水ともかつては井戸から汲んでいたが、今は飲料水は水道を使用し、生活用水は井戸水を利用するようになった。一方、用便はいまも蓋の付いた木製桶の便器である「馬桶」を家族で使用している。かつて糞尿は自分の畑に持っていって、肥料として使用したが、現在は回収に回る人がおり、処理はその人に依頼している。

　周氏住宅（周康賢）住所：沿港東路、話者：周宗明、周宗娥
　周家は1949年の解放までは周一族が住んでいたが、現在は周一族ほかが住む。

　閉鎖中庭を囲んで主屋の左右前方に廂房（角屋）を付け、両廂房の先端を「大前門」でつなぐ四合院形式の民家である。主屋・廂房は2階建で、「大前門」のみ平屋である。この形式を当地方では「一正両横」と称している。屋根は瓦葺で、ケラバの出がほとんどない切妻造である。両廂房棟は前後に通し、主屋棟は両廂房棟に突き付けて納めている。

　平面は南面する主屋の中央に「中堂」、両脇に左右の「大房」、さらにその脇に東西の「大厨房」を配す。さらに中庭（天井）を囲うように、東西「大厨房」前にそれぞれ南北3室に分割された「廂房」を突き出し、「廂房」の南端を結び、その中央に「大前門」を開く。

　西廂房の最前部の部屋に当たる部分が新たな3階建の建物となり、西大厨房が2室に区切られるなどの改変が行なわれている。また当初は両大厨房に対称的に階段が配されるのみであったが①、現在は中堂を除く各部屋に階段が作られ、原則として上下階をあわせて1世帯が占有するようになっている。

　構造は外壁をレンガ積とするが、外壁廻りも木造柱は省略されずに建っており、屋根は木造の柱・梁で支えている。すなわち、木造架構の建物を分厚いレンガ壁で囲う構造である。

　周宗明氏のご教示によると、周家の先祖は東門島の草分けの一人で、台州からこの島に移り住んだ。周家は1949年の解放までは船持ちの網元で、1世周万

---

　① 当初、現存する東大厨房の階段と対称な西大厨房に階段があったが、今は取り除かれている。

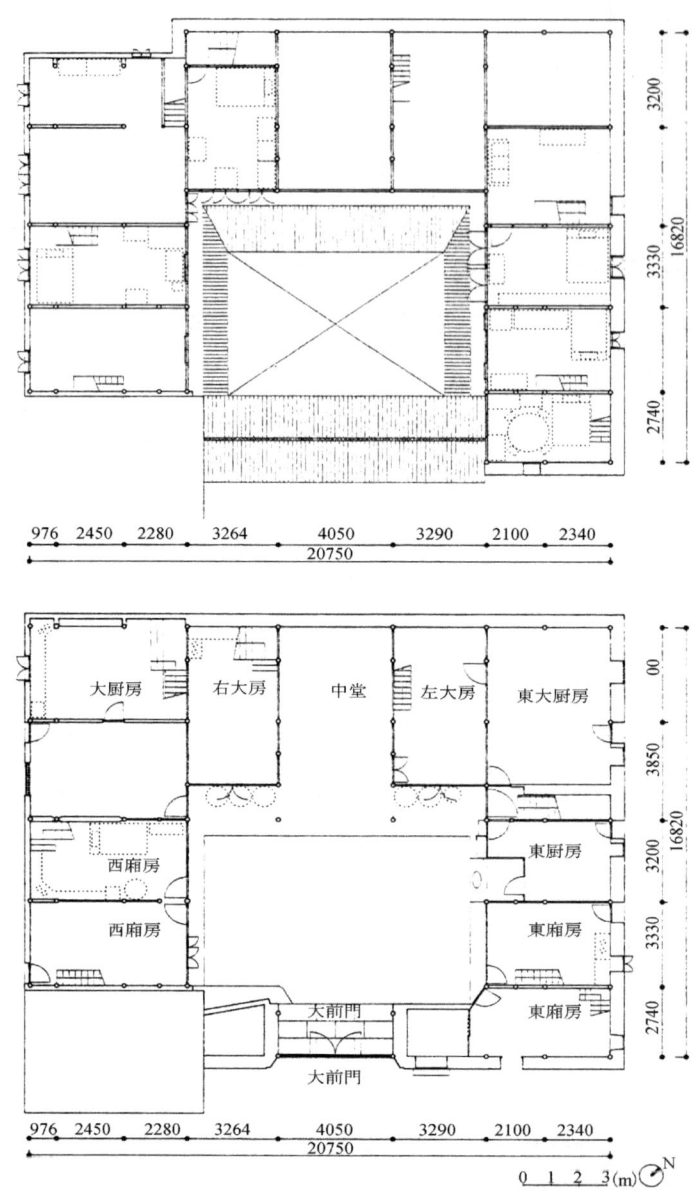

図2・3 周氏住宅（周康賢）1階平面図（下）、2階平面図（上）

興・2世周文豊・3世周永茂・4世周徳表・5世周康賢・6世周寧華・7世周宗明と代々続く[①]。7世周宗明氏はこの家には住まず、東門島内の別の場所に住

---

① 「文化大革命」で破却されてなくなったが、それまで存在した家系図によるとこのようであったとのこと。

んでおり、水産加工業を営んでいる。この住宅は棟木あるいは棟木下の板の墨書に周康賢 18 歳、光緒 21 年にこの家を建てたとあったとされる①。構法手法からみて光緒 21 年とみて矛盾しない。

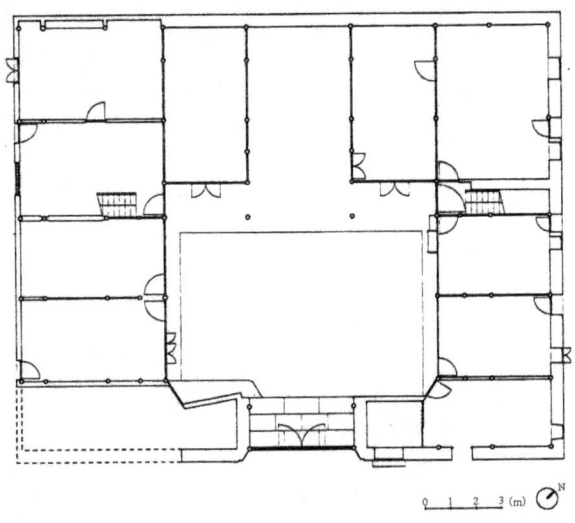

図 4　周氏住宅(周康賢)復原平面図

　現在この家には、周氏・鄭氏・蒋氏・孫氏などがそれぞれの 1・2 階を一体に部屋を分割して住んでいる。すなわち、周一族では左大房の 1・2 階を一体に周宗明の従兄弟周寿譜②、右大房の 1・2 階に周宗明の弟周宗亮が住み、そのほかも同様に東廂房に蒋家、西廂房に鄭家が住み、西廂房前の 3 階建を孫家が建て替えて住んでいる。このような状況になったのは、1952 年の土地改革以降のことであり、それまでは、6 世周寧華の周一族 4 兄弟の家族だけがこの家に住んでいたという。かつて中堂 1 階は冠婚葬祭に使用され、中堂 2 階は先祖をまつる場であった。また、左大房には長男、右大房には次男が住んだといわれている。現在も周一族が左右の大房を占めており、かろうじて、その名残を留めているようだ。

---

　①　棟木などを再確認したが、全体に煤けていることもあり、墨書を確認することはできなかった。
　②　6 世周寧華の兄周寧栄の息子。

写真6 周氏住宅(周康賢)門前

写真7 周氏住宅(周康賢)中庭
から中堂を見る

写真8 周氏住宅(周康賢)2階から
中庭・「大前門」を見る

写真9 周氏住宅(周康賢)2階内部

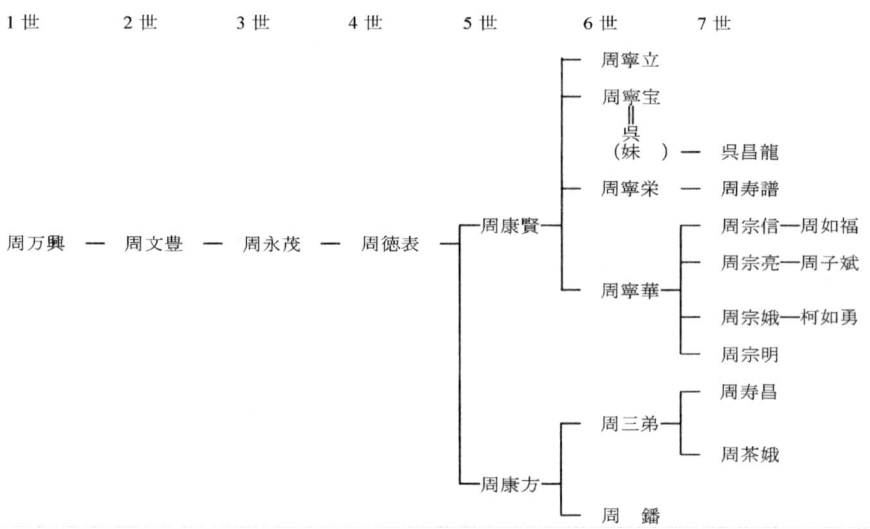

図5 周氏系図

周氏住宅（周寿昌）住所：沿港東路、話者：周寿昌（81歳）

　周氏住宅（周寿昌）の周氏と先の周氏住宅（周康賢）の周氏は元来同族である。周氏5世の周康賢の兄に当たる周康方からの系統が周寿昌である。すなわち、周康方（5世）－周三弟（6世）－周寿昌（7世）と続く。

　周氏は地主であったため「文化大革命」に際し、資料などはすべて焚かれ今はないが、この住宅は、周氏住宅（周康賢）より古く、200年ほど前に建てられたと伝えられている。構造手法からみても、平屋建てになるなど周氏住宅（周康賢）より古式であり、200年前の建築とみてよいと考えられる。

写真10　周氏住宅(周寿昌)外大門　　写真11　周氏住宅(周寿昌)路地

　周氏住宅（周康賢）の西外壁と周氏がかつて占めていた広い区画の西端を画す、長屋に挟まれた路地状の通路の入口に外大門があり、通路を進むと、奥に東西に切妻造平屋建ての主屋が建ち、その両脇を前方に辺房として突き出し、東辺房は周氏住宅（周康賢）の背面と接している。主屋と東西の辺房で中庭（道地）の3方を囲み、残る通路の部分に今は欠落しているが、元は大門が造られていた。西辺房に繋がって通路沿いに延びる長屋様の部分もまた辺房と呼ばれている。

　奥の三合院部分および長屋様の部分はすべて平屋で、2階建の周氏住宅（周康賢）より古いことを暗示している。

　規模は周氏住宅（周康賢）よりひと回り小さいが、平面は似通っている。主屋中央に「中堂」、その東西に「大房」、さらにその東西に「厨房」を配す。両脇の前方に突き出した辺房部分が東西廂房に相当する。当住宅では東西辺房と呼ばれているが、これは元々長屋様の部分の呼び名が流用されて、そのよう

に呼ばれるようになったのではないかと思われる。

　周寿昌は中堂で先祖をまつる儀礼を現在も行っている。また、「文化大革命」で破壊されたが、かつては「神龕」と呼ばれる厨子が中堂に置かれていたという。「神龕」のなかには、左に先祖、中央に観音様、右に土地神をまつっていた。

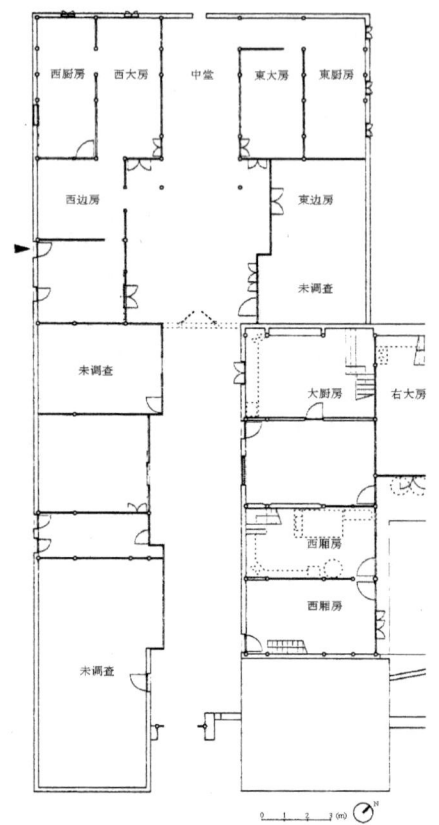

写真12　周氏住宅(周寿昌)元の大門付近より中庭・中堂を見る

図6　周氏住宅(周寿昌)1階平面図　　写真13　周氏住宅(周寿昌)内部

謝氏住宅（東門廟脇にある草葺民家）話者：謝祖台

　謝氏住宅は、現在謝祖台が蒋友明から借りている。「文化大革命」の時代に蒋友明の両親が親類と一緒に建てたもので、14年前まで蒋友明の両親が住んでいた。その後、謝祖台・叶春梅夫婦が借り受け住んでいる。

　住宅は、山沿いの緩斜面に内部のみ水平に若干掘り下げ、周囲に厚さ300mm、高さ1300mmほどに石を土で練り固めた壁を周囲に築く。後ろ上がりの傾斜地であるから、外から見ると、後ろに行くに従い地盤面が高くなるため、壁高は低くなる。屋根は茅葺の切妻造で、直接地面から叉首状に丸太を合掌に組んで

棟木を支え、棟木から壁上に流した丸太や竹の垂木に草を葺いた素朴な造りである。内部は土間のままで、前後を網代で軽く区切り、前の部分を厨房、後ろの部分を寝室として使用している。

写真14　謝氏住宅外観

写真15　謝氏住宅内部

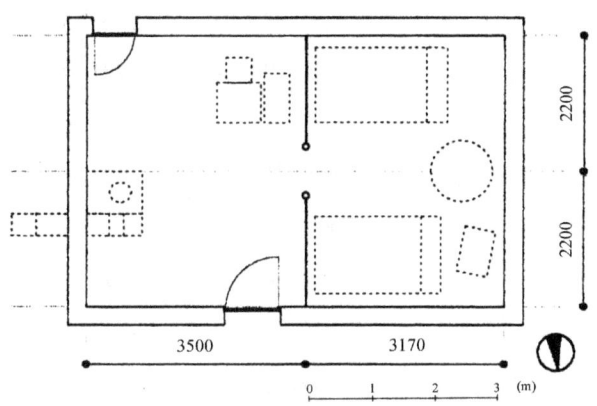
図7　謝氏住宅平面図

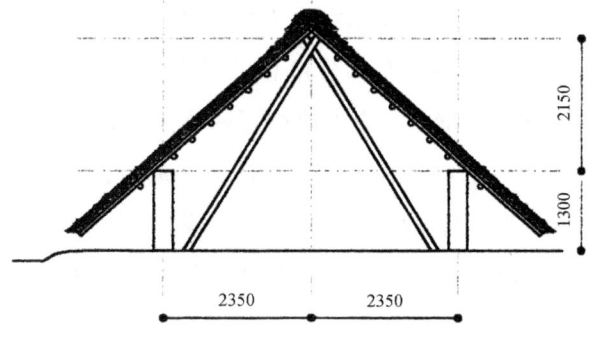
図8　謝氏住宅断面図

東門島では、以上4棟の民家を実測調査した。それらを中心に聞き取り調査や遺構視察等から敷衍して東門島の民家を概観すれば以下のようになろう。次項でも記すが、丁爵連氏のご教示によれば東門島では解放時には瓦葺の民家と茅葺の民家が相半ばするほどであった。ところが、現在では東門島の民家が密集した街なかには茅葺民家は1棟もなくなってしまった。

　周氏や任氏の住宅は、東門島の中でも特に規模の大きな民家である。そのため、閉鎖中庭を持つ四合院や三合院をさらに囲い込む構成になっているが、それらに次ぐ規模の民家は閉鎖中庭を持つ三合院のような形式である。すなわち、かつて富裕層およびそれらに次ぐ層は、規模の違いはあるが、分厚い煉瓦壁で外周壁を囲い、内部には閉鎖中庭を囲んで、原則として外壁沿いの柱も省略することなく①、柱・梁で二階床・屋根を支える木造建築で四合院や三合院を構成していた。屋根は薄い平瓦を表裏交互に置く陰陽瓦葺である。一方、かつては、一般漁民やそれ以下の層は中庭を持たず、平屋で壁高が1〜1.5mほどしかなく、その上を茅葺屋根で覆う、素朴な造りの民家であったようだ。

　周氏住宅や任氏住宅でも、当然建築当初は氏一族で住んでいた。しかし、中国における均分相続の制度、さらに解放後の土地改革が追い討ちをかけ、所有関係は、極めて複雑になっている。周氏住宅（周康賢）を例に取ってみてみよう。1952年の土地改革以前は、現在の住宅を建てた5世周康賢の子息で、早世した周寧立を除く、3兄弟が分けて相続していた。すなわち、周寧華は「右大房」「西大厨房」「西廂房」、周寧栄は「左大房」・「東大厨房」、周寧宝は「東廂房」を所有していた。ただし、周寧宝所有分は1937年に周寧宝が国民党の役人となり上海に出たので、周寧宝夫人の妹である呉氏が受け継いでいた。土地改革以降は周寧華が所有した部分は息子周宗信が「右大房」、同じく息子周宗亮が「大厨房」を受け継ぎ、その他の「西廂房」は周氏以外の鄭氏・許氏に分け与えられた。周寧栄が所有した部分は息子周寿譜が「大厨房」を受け継ぎ、「東廂房」を持っていた呉氏（周寧宝分を受け継いでいた）が「左大房」に移った。元周寧宝の所有であった呉氏が移った後の「東廂房」は張氏・陳氏

---

　① 箸山の民家では、外壁沿いの柱は省略され、水平材を外壁に差し込むことが多い。

に分け与えられた。さらに、現在は土地改革で受け継いだ世代から次の世代に移っている部屋もある。

2. 茅葺民家の消滅

　2003年8月初めて東門島を訪れた時には、媽祖廟に程近い街なかにも茅葺民家が残っていた。ところが、6ヵ月後の2004年2月に再度訪れた際には、既に壊されてなく、高さ1m、厚さ50cmばかりの石を粘土で固めて築いた外壁だけが無残に残るのみであった。その調査中に、街なか最後の茅葺民家を視察し、夏の調査の予約を取り付けておいたのであるが、8月に訪れると、2ヵ月前の6月に解体されてしまっていたのが張氏住宅である。

　旧張氏住宅（張岳友）は小菜場路6に所在した。この住宅は120年前に建てられた茅葺民家であったが、2004年6月に解体された。張氏のご教示によると、茅葺屋根は火災の危険があり、生活環境としてもよくないとの象山県政府の政策のもとに、象山県慈善総会が、1軒当たり7,000元の補助金を出して、茅葺屋根を廃止するよう指導しているとのこと。その補助金を請けて急遽旧住宅は解体され、現住宅が新築されたとのことである。茅葺屋根を廃止する政策が象山県に限ったものなのかどうかは不明だが、中国の残る茅葺民家は急速になくなってしまうであろうことが予想される。

写真16　旧張氏住宅外観

　既に記したように、東門島では、解放前には金持ちの家は瓦葺であったが、茅葺民家も多く、瓦葺民家と茅葺民家が相半ばするほどであった。もともと街なか

には瓦葺が多かったようだが、山寄りの民家はすべて茅葺であった。その後、50年ほど前から山寄りの民家も、現在のような住宅に変わり始めたが、それでもなお、20～30年前までは島全体で3分の1ほどの茅葺民家が残っていた①。

それが、張氏住宅を最後に街なかの茅葺民家がなくなり、密集した集落とは少し離れた山寄りに謝家など極少数の茅葺民家が残るのみである。

ところで、張氏住宅建替えの動機となった象山県慈善総会の文書（『象山県慈善総会文件』）を手に入れたので、以下に翻訳を収録する。

写真17　旧張氏住宅内部

また、このような施策はかつて日本でも行われたことがある②。福島県南会津郡只見の例によれば、昭和43年から『わら屋根解消・融雪設備のための資金融資制度』が行われている。「除雪を容易にする一方、火事を食い止め、さらには屋内の衛生向上と住生活の近代化もすすめようとした」制度である③。しかし、今となっては、近代化の名のもとに個性のない全国一律のツルツル・ペラペラな住宅を持ち込んだだけで、地方独自のアイデンティティを消し去ることに加担しただけのようにみえる。

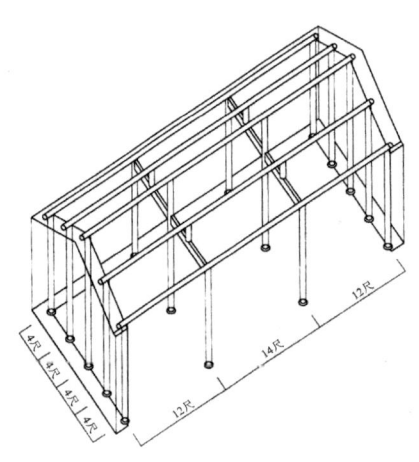

図9　構造模式図

---

① 丁爵連氏のご教示による。
② 橘川俊忠氏のご教示による。
③ 『只見町史第2巻通史編近代・現代』福島県只見町、平成10年。

象山県慈善総会文件

象慈総［2002］22 号

「慈善安居プロジェクト」の実施に関する意見

県人民政府：

改革開放以来、わが国人民の物質文化生活の向上が目立ち、特に居住状況はおおいに改善された。ところが、草葺の住宅に住んでいる特困な家庭がまだある。天災人災のせいで、住宅を失う家庭もある。このような状況は、急速に発展している経済と全面的に進歩している社会にまったく不都合である。したがって、特困草葺の家庭の居住状況を改善するため、また特困住宅なしの家庭に住宅を持たせるために、県慈善総会は、検討の上に「慈善安居プロジェクト」を実施することを決定した。

1. 「慈善安居プロジェクト」の基本的な意味

「慈善安居プロジェクト」は慈善の名目で、鎮郷と村の両クラスの共産党と政府の力によって、社会各界に慈善資源を開発させ、草葺の住宅を改築したり、住宅を新築したり、古い住宅を購入したりして、何回かの期間に分けて、特困草葺住宅の家庭や住宅なしの家庭の落ち着いた生活と、愉快な労働を保障する。

2. 「慈善安居プロジェクト」の扶助対象

「慈善安居プロジェクト」の扶助対象は農村の生活が最も苦しく、境遇が最も不幸で、最も同情される特困草葺住宅の家庭および特困住宅なしの家庭である。子供と別居して草葺住宅に住んでいる人と住宅なしの人は扶助対象とはみなされない。

3. 「慈善安居プロジェクト」の項目規模

草葺住宅を改築する項目は、一般的にいえば、草葺住宅を壊し、その場所で煉瓦やコンクリートの1階建の建物をたてること。その面積は：1人家族の家庭は約20平方メートル（1部屋の家、前の部分は寝室、後ろの部分は台所）：2人家族の家庭は約30平方メートル（2部屋の家、寝室と台所が1部屋ずつ）：3人および3人以上の家族は約40平方メートル。

新築住宅の項目は、建築構造と規模が原則として、改築項目と同様である。

古い住宅を購入する場合の項目は、戸口の数とその建築構造によって、改築

項目の規模の基準を参考にして、間数と面積を決める。

4.「慈善安居プロジェクト」の資金の出所

「社会は慈善を必要として、慈善は社会の力による」という指導思想に基づき、「慈善安居プロジェクト」の資金は下記の3つの部分によって構成される。

① 特困草葺住宅の家庭や住宅なしの家庭の属している村の村委員会が、資金の一部を調達する。具体的にいえば村委員会は新築に必要な土地を用意し、古い家を購入する基準を着実に実行する。余裕のある村民にお金あるいは物資を寄贈させ、手伝いも出す。豊かな村では資金を出すことも行なう。

② これらの家庭の属している鎮郷の人民政府が一部の資金を出す。鎮郷の人民政府は改築・新築・古い住宅を購入する項目のある各家庭に、3000～7000元ずつ払って、扶助する。さらに、機関や部門の幹部や従業員に無料で改築・新築項目を手伝わせる。この措置を通して、項目の人件費を節約することができる上、幹部と民衆との関係も改善できる。

③ 県慈善総会が資金の一部を出す。扶助基準は：草葺住宅を改築する場合と古い住宅を購入する場合は1戸3000～4000元ずつ、新築の場合は、1戸5000～6000元。

5.「慈善安居プロジェクト」の財産権の決定

扶助された家庭が改築、新築、古い住宅の購入の総金額の20％以上を支払う場合は、その住宅の財産権は扶助された家庭に属す。

扶助された家庭がお金を支払わない場合は、財産権は村委員会に属す。扶助された家庭は居住権を持っているが、所有権を持たない。したがって、家を貸し出すこと、抵当にすること、譲渡することはできない。かってに家の構造・用途などを変えることも禁止である。損壊がある場合、ただちに修復する義務がある。ところが、その家庭が自ら居住権を放棄しない以上、何人にも強制的に立ち退かせる権利がない。

6.「慈善安居プロジェクト」の審査手続き

まず、県慈善総会に属している各分会、連絡ステーションが草葺住宅の家庭（住宅なしの家庭）の名簿を県慈善総会に報告する。県慈善総会は、この名簿に基づき、広範囲にわたる分析を行なって、扶助対象を定める。それから、県慈善総会は各鎮郷の政府・各村委員会と一緒に、各家庭の事情を検討し、扶助

基準を定める。そして、扶助資金と購入基準を着実に実行する。扶助された家庭の戸主と「住宅建設（住宅購入）協約」を締結し、財産権を決定したあと、各分会、各連絡ステーションは具体的な実施を担当する。

第一段階として、今年末までに、約30戸（1つの鎮郷で1～3戸ずつ）を扶助する予定である。2003年および以降の年は当該年分の実施計画を定める。

上記の各意見の中で、不適当な条項がなければ、各鎮郷の人民政府に配布し実施する。

象山県慈善総会
2002年8月14日

（「象山県慈善総会文件、象慈総［2002］22号」は黄蝶蝶の翻訳をもとに加筆修正した。）

3. 大工仕事と大工道具

石浦鎮の大工で、東門島に居住する大工ではないが、東門島でも伝統的民家を造った経験のある蕭愛月（64歳）に伝統的民家建設についてうかがった。

蕭愛月は石浦烏鄥家村の出身で、18歳の時、潘仁風に弟子入りし、18～20歳にかけて大工修行を行った。20～30歳に掛けては、5～6人の弟子のひとりとして仕事に参加するようになった。30歳で独立し、4～5年間棟梁として伝統的民家を造った。しかし、4～5年経つと、すなわち30年ほど前から伝統的民家を注文する人はなくなり、その後は、主に家具・すきの作成や造作工事に携わっている。それでも、12年前には石浦塩厰東辺村梁山伯廟の厨子[①]を作成するなど、日本でいえば宮大工に相当するような仕事もしている。

蕭愛月の営業範囲は石浦鎮で、東門島でも2棟の伝統的民家を造った経験がある。

かつて、伝統的民家の建設工事に際しては、

① まず板（扉）に平面図・立面図を墨指で描く。
② 施主に図面を提示し、その内容を説明する。

---

① 厨子といっても実物の廟の1/5ほどの縮尺で、精巧なもの。

③ 確認が取れると、弟子達に仕事を分担し、仕事にかかる。

というように仕事を進めた。

当時、大工の日当は1日1.8元。工事が終わった時点で、棟梁が弟子の分もあわせて施主よりもらい分配した。日当のほかに、1日4回の食事がでた。木材は通常安価な松材を使用したが、高級な場合には杉を用いた。

棟梁のことをこの地方では老師頭（師傅）と呼ぶ。現在では大工・煉瓦工の力関係はあいまいになっているが、かつて伝統的民家を造っていた時期には大工が全体を差配して仕事をおこなっていた。しかし、工事は施主の直営方式で、施主自身が大工・左官・石匠を探して直接依頼するし、建材なども施主自身が購入し職人に支給した。また、起工・上棟（上梁〈シャンリャン〉）・家移りなどの日取りは風水師（挑日子先生）に依頼して決めてもらった。

蕭愛月のご教示および遺構民家の実情を総合して判断すれば、一般的民家の構成原理を模式図8のように理解することができる。すなわち、梁行は、柱間4間で各柱間を通常は4尺（3～5でも可）とする。桁行は、通常中央間を14尺、両脇間をそれぞれ12尺とする。間（部屋）数は奇数とし、横に3間・5間というように両脇に増設してゆく。なお、桁行方向の柱間は母屋桁の耐力から、14尺以上に広くすることは無理であり、中央間も通常は14尺が最大で、それ以上になることはない。なお、ここで使用されている1尺は28cmである。

4. 大工が所持する大工道具について

東門島の李茂恩および石浦鎮の蕭愛月の両大工（木匠）が所持する大工道具を調査させていただいた。それらを整理し、1943～45年の日本における標準的大工道具一式の「必要十分な整備」・「最低限の整備」[1]および現在の大工道具の実情[2]をあわせて整理したものが表－1である。1943～45年期の「必要十分な整備」は別格としても、中国の例に比べ、日本の場合は道具の種類が豊富であるといえよう。特に豊富な道具類は「のみ」類である。「のみ」を多く持

---

[1] 昭和24年12月に出版された報告書の復刻版、『わが国大工の工作技術に関する研究』（労働科学研究所、昭和59年2月）による。
[2] 『大田の職人』（大田区郷土博物館、昭和60年10月）による。

つ蕭愛月の場合でも8本であるのに対し、日本の大工は14本ほどは所持している。「墨掛道具・定規類」・「玄翁類」・「やすり・砥石類」も日本の大工の方が比較的多く持つ。一方、「鉋類」は逆に中国の大工の方が多種類の鉋を所持している。「鋸類」は大きな差はないようだ。日本と中国の大工のそれぞれの道具の有り様は、それぞれの大工仕事の特色を反映していると思われる。日本の大工は精緻な継ぎ手・仕口を身上としてきた。大工技術が落ちてきたとはいうものの、まだ多くの種類の鑿（のみ）を持っている点からも伺える。また、「目立てやすり」や砥石を多く持つ点も、鋭利な刃物を必要とする仕事内容を反映していよう。一方、中国大工は多様な鉋類を持っており、これらはさまざまな凹面や凸面を彫る用途からである。日本の大工は特殊な鉋は溝鉋を持っているに過ぎない。これに対し、中国の大工はL面を削る「胖刨」・「辺刨」・「膨刨」、凹面を削る「凹刨」・「様線刨」、凸面を削る「光刨」など多様な鉋を持っている。これらは、建物開口部廻りの額縁を飾るための溝彫や建物の仕事が少なくなってから携わっている家具などの製作に使用される。このような、日中における鉋の有り様は、「日本では簡単な道具で労力を惜しみなくつぎ込み、技術によって作り上げる」のに対し「外国では誰がやっても同じ結果が出る道具を開発し、使用する」と川田順三が指摘[①]する道具の有り様を示す1例といえよう。

表1　大工道具リスト

		東門島李茂恩氏所持大工道具		石浦鎮蕭愛月所持大工道具		1943〜45年の大工道具一式[i]		現在の状況（大田区）[ii]	
						必要十分な整備	最低限の整備		
墨掛道具・定規類		5	墨壷・墨指・角尺・四五度角尺・活絡尺	4	角尺・方斜尺(2)・四六尺	14	10	墨つぼ・朱つぼ・墨指・曲尺・合わせ定規・白糸巻き・水平器・留型定規・箱型定規	8	墨壷・朱壷・墨指(2)・曲尺・巻曲尺・水平器・白糸巻・留型定規
鋸		2	鋸・挿档鋸	5	抽筋鋸・繞鋸・中鋸・小鋸・大鋸	12	4	鼻丸のこぎり・両歯(2)・引回し	4	両歯一尺・両歯九寸・両歯八寸・同突き切

① 神奈川大学21世紀COEプログラム第1回国際シンポジウム『非文字資料とはなにか―人類文化の記憶と記録』の基調講演「非文字資料から見る人類文化」での発言。

前頁表の続き

	東門島李茂恩氏所持大工道具		石浦鎮蕭愛月所持大工道具		1943〜45年の大工道具一式 i)				現在の状況（大田区）ii）	
					必要十分な整備		最低限の整備			
鉋	長推刨・短推刨・光刨・挿推刨・抽刨・円刨・凹刨・樣線刨・夾柱線刨・膨刨・辺方・圧頭線刨・槽刨・巻刨	14	長刨・辺方・短刨（光刨）・挿襠刨・抽筋刨・繞刨・窓刨・裏子刨・二分歯刨・胖刨	11	40		鬼荒らしこ・荒らしこ・中しこ・仕上・台ならし・敷居用	9	中しこ・仕上げきわ鉋・面取鉋・台均し鉋・底とり・脇取り・小穴突	8
鑿	薄鑿・両分鑿・三分鑿・四分鑿	4	鑿・1〜7分鑿	8	49	14	平のみ（6）・丸のみ・大入のみ（5）・向町のみ		叩きのみ（5）・追入のみ（9）	14
錐	—	—	手鉆	1	26	10	つぼ錐・三つ目錐・四方錐、ボルト錐（5）・ねずみ歯		—	0
玄翁・槌	ロウ頭	1	大ロウ頭	1	6	4	玄翁・小玄翁・金槌・四分金槌		大玄翁・中玄翁・小玄翁・四分金槌	4
釘抜・釘締	—	—	—	—	9	5	丸型釘締（2）・釘抜（2）・もくねじ廻し		釘抜・釘締など	6
毛引	—	—	—	—	3	2	筋毛引・二枚毛引		割毛引・筋毛引・2枚毛引	3
まさかり・ちょうな	斧頭	1	斧頭	1	2	2	まさかり・ちょうな		まさかり・ちょうな	2
雑道具	三角鑢・砥石	2	磨刀石・砂輪（2）・歯前頭・前頭	5	18	12	目立てやすり（5）・砥石（4）など		目立用上目やすり・裏押・ブリキはさみ・金剛砂砥・合砥木・錐槌	6
計	—	29	—	36	179	72	—		—	55

　i）1943〜45年の大工道具一式は『わが国大工の工作技術に関する研究』（労働科学研究所・昭和59年2月）による。「必要十分な整備」の項は煩雑になるので数のみ示した。
　ii）「現在の状況」は「ほとんどの大工が所持する道具」『大田の職人』（大田区郷土博物館、昭和60年10月）による。

おわりに

　東門島では解放時には瓦葺の民家と茅葺の民家が相半ばするほどであった。ところが、現在では東門島の民家が密集した街なかには茅葺民家は1棟もなく

なってしまった。

　周氏や任氏の住宅は、東門島の中でも特に規模の大きな民家である。そのため、閉鎖中庭を持つ四合院や三合院をさらに囲い込む構成になっている。それらに次ぐ規模の民家は、閉鎖中庭を持つ三合院のような形式である。すなわち、かつての富裕層およびそれらに次ぐ層の民家は、規模の違いはあるが、分厚い煉瓦壁で外周壁を囲い、内部には閉鎖中庭を囲んで、原則として外壁沿いの柱も省略することなく、柱・梁で2階床・屋根を支える木造で四合院や三合院を構成していた。それらの屋根は薄い平瓦を表裏交互に置く陰陽瓦葺である。一方、かつては、一般漁民やそれ以下の層は中庭を持たず、平屋で壁高が1～1.5mほどしかなく、その上を茅葺屋根で覆う、素朴な造りの民家であったようである。

　日本と中国の大工が所持する道具の有り様は、それぞれの大工仕事の特色を反映している。日本の大工は精緻な継ぎ手・仕口を身上とするため、常に鋭利な刃物を必要とした。そのような加工に適した鑿を多く持ち、道具を最上の状態に維持するための砥石・目立て用やすり・鉋の台を調整するための台均し鉋などを持っているのが特色である。一方、中国の大工は額縁などの細部を飾るための多様な鉋を持つのが特色であろう。

摘要

民居与木工工具

津田良树

　　石浦镇位于象山半岛的南端，东门岛是与之隔海相望的面积 2.8 平方千米的小岛，自古以渔业闻名。岛的西南部，以炮台山为中心的山脚下，有王将军庙、妈祖庙和城隍庙。村落房屋集中在其前方海岸较为平坦的土地上。

　　周氏和任氏的住宅是东门岛规模较大的民居。在拥有独立庭院的四合院或三合院的外围，更筑有石墙。规模小一些的民居，多是拥有独立庭院的三合院形式。过去的富裕阶层和仅次于他们的阶层，其民居虽然有规模上的不同，但基本上都是木头建筑，不省略外壁的柱，靠柱和梁支撑二楼的建筑及屋顶，整体布局为四合院或三合院的形式。屋顶采用由薄瓦正反交错的阴阳铺法。与之相对，过去的普通渔民及其以下的阶层，其民居则十分朴素，多为壁高仅有 1 至 1.5 米的平房，没有独立庭院，屋顶由茅草铺成。解放前东门岛的民居，瓦顶和茅草顶大致各占一半，而现在岛上住宅集中的街上已经看不到茅草顶的民居了。

　　日本和中国木匠所持有工具的状况，反映了各自木工活儿的特色。日本的木匠最为重视的是精致的接榫，所以需要锐利的刀具。其特色，是大都持有许多适于此类加工的凿子，以及为了维持工具最佳状态的磨刀石、锉子和调整刨台用的刨子等。而中国木匠的特色则是拥有多种刨子，用于框边等细部的装饰。

漁業と漁民習俗

田島　佳也

はじめに

　東門島は浙江省第一位の漁業村といわれ、四海といわれる中国の主要漁場、渤海、黄海、東海（東シナ海）、南海（南シナ海）にあって、東海漁場に面する古くからの漁村である。この海域は南西に1970年以降の資源減少まで大黄魚（フウセイ）産卵地の一つといわれた猫頭洋魚場（現在は鯛、蝦、ワタリ蟹、鰻、テナガミズテングが獲れる）、浙江沿岸水流と台湾暖流が集まり、帯魚（太刀魚）、鯧魚、跋魚（サワラ）、大黄魚、烏賊、鰻、鰤魚などが獲れる全国有数の魚山列島漁場、10km北東に、1980年初めまで岱衢洋に次ぐ大黄魚の産卵場である大目洋漁場（現在は鯧魚、鰤魚、黄鯽、小蝦、テナガミズテングが獲れる）などの豊かな漁場を控え、海流に乗れば舟山、岱山と衢山両島間にある岱衢洋など舟山群島の漁場（嵊山や中街山、洋鞍、長江口などの漁場。広義には舟山漁場と呼ばれている）にも近い（丁爵連主編『象山東門島志略』2000年8月 133～137頁）。

　これらの漁場には豊かな海洋水産資源があり、開発・利用できる魚類も300種類余、蝦類が60種類余、蟹類が10種類余おり、また藻類、貝類、水母類などがいる（前掲『象山東門島志略』2頁）といわれる。とくに「魚」と「余」は同じ発音で、ゆとりのある年の祈願用として魚をつかった料理が春節（正月）には欠かせない（包特力根白乙「中国における水産物需給問題」『水産振興』第448号　27, 32頁）中国にあって、その魚などを供給する東門島漁村の役割はけっして小さくない。

　その東門島には2003年現在、300艘以上の漁船、1200世帯、1900人以上の

漁業従事者がいる。そこを、4年間にわたって聞き取り調査を行ってきた。本稿では、その調査のなかで確認できた石浦鎮東門島の漁業とそれに関連する漁民の民俗について報告することにする。

1. 東門島の来歴と島内村民集団の特徴

東門島の来歴　東門島は寧波市の南、寧海の東にある象山半島の南にある石浦鎮の前海に位置し、北から南に細長く延びる東高西低の島である。寧波までの距離は87海里（約161km強）である。島は東海に臨み、北方は銅瓦門水道に沿い、北東には牛欄基島、東南には壇頭山、南南西には対面山や南田島などの諸島に囲まれている。島の総面積はおよそ2.8km^{2}であり、海抜128.4mの炮台山の高台にある気象観測所が島の中で一番高い。島は霧に包まれることが多く、その日は年間55日ほどもあるという。そのうえ、島の東北は針葉樹林などのある山が海に迫り、地勢が厳しく、住民たちは約1.2km^{2}の田畑（うち水稲田330畝）や765畝の塩田のある島の、南部や西部の傾斜海岸地帯に約2051戸、約6300人前後から6500人が額をつき合わせて住み、生活している。しかも、その住居は石造りやコンクリート造りの集合住宅形式で、村の中を迷路のように通じる狭い路地を挟んで密集しており、決して整合的に村造りされて出来た住居地ではなく、思い思いに住み着いて形成された村と思われる所である。

古には「浙海の明珠」ともいわれた東門島には、すでに唐代以前から住民が住み着き、農漁業や狩猟をして暮らしをたて、明代には倭寇との古戦場にもなったと伝えられている（前掲『象山東門島志略』1～5頁）。さらに、東門島の歴史を長年、研究している丁爵連氏（石浦鎮の学校の元教師）の説明によると、東門島は唐の時代から商人たちの港で、『唐史』には635年に東門廟が存在していたと書かれており、『寧波地方志』には寧波や温州へ行く船はこの媽祖廟のある東門廟に寄って参詣しないと難破するという古くからの言い伝えがあったことが、記載されているという。また、宋の時代には東門島は「東門駅」、元の時代には「ジュクタク所」ともいわれ、明の朱元璋の時代には舟山島にいた軍隊が東門島に移駐し、重要な軍事拠点となり、烽火台が作られ、城隍廟も（2002年現在、616年の歴史をもつ）建てられた。清の順治帝の時代

（17世紀初め）になると、台湾で割拠する鄭成功一味の抗清活動を阻止するためと、沿海住民が鄭成功に味方するのを防ぐために1661（順治18）年以降、数回、遷界令を発布して山東・江蘇・浙江・広東・福建など5省の沿海住民を30華里（1華里は約0.5km）内陸に強制移住させ、境界には溝や垣を築いて遮断し、海禁政策を行ったが、このとき東門島の住民は主に寧海県などへ強制移住させられた。この、遷海令が廃止となったのは康熙22年（1683）のことであり、それまでは無人島であったが、強制移住させられた者や新たに台州・寧波・福建から漁民などが島に移り住み、乾隆48年（1783）には漁船が80艘以上になった。ただ、その漁船の中には当時の政情不安を反映して、銃装備の「富豪船」もあった。また、島には「大和」という名前の漁業会社もあったという（丁爵連氏談）。

だが、紆余曲折があるものの全体として1949年7月9日の東門島解放、そして1951年の東門郷人民政府の成立まで、東門島は貧しい漁村であった。実際、1947年（民国36年）初めには東門島には漁船が72艘あり、島民全体のなかで富裕な魚商が7％、中等漁民が42％、貧しい漁民が51％であった。そのなかで実際に出漁して働く漁民は246人であったといわれ、魚商と漁業経営者を除いたおおよそ90％の漁民が小漁船（1チーム3〜5人）や大型漁船（1チーム6〜15人）に乗組んで漁撈に携わっていた。

しかも、その漁撈に従事する方法には当時、3つあった。雇用制（長元制）と合作制（硬脚制）、混合制（抜分制）である。雇用制は漁船や漁具、資金を所有する経営者が固定給で漁工（漁撈民）を雇うもので、給料の支払いは年末1回払いであった。合作制は漁民たち自らが漁船や漁具、資金を調達して漁業を行い、収入は漁民各自の技術力や労働量によって配分された。混合制は経営者と漁民が共同で漁業をする形態である。時には漁工を雇うこともあった。この形態では経営者が漁船や漁具、資金などを出し、収入は経営者と参加漁民との間で配分された。漁工を雇った場合、その漁工は給料制であった（前掲『象山東門島志略』104頁）。

島内村民集団の特徴　解放直前まで東門島の漁業はこうした形で遂行されてきたが、東門郷人民政府ができる直前の漁民は559戸で2157人いた。そのなかで魚工や貧困漁民は243戸（漁民全体の43.5％）であった。相変わらず貧しい

漁民が多かった。『象山東門島志略』（63頁）によると、漁船は大型漁船が24艘、中小漁船が16艘、舢舨船（近海や川湖などで使う櫂付きの小船漁船で、2～3人乗り）が30艘あった。漁民の住居についてみると、木造屋が12軒しかなく、住民の80％は茅屋に住み、襤褸を纏っていたとある。それらのことから推測すると、おそらく大小の漁船のほとんどや木造屋は大部分、村役人か魚商の所有であったとみてほぼ間違いなく、東門島の漁民たちは少数の村役人や魚商たちに雇われて貧しい生活を送っていたとみてよいであろう。

　そうした東門島にも改革の波が訪れた。1951年から53年までに土地改革と漁区民主改革が行われ、島の人びとも組織化の対象とされ、6つの階級に分けられたのである。その階級とは、漁船も漁具もなく、自分の労働力のみで働く漁工（雇工ともいい、雇農に相当）、若干の生産道具をもつ貧しい漁民（農村の貧農に相当）、一般漁民（ある数の道具をもち、生産技術を身につけて自分の労働で漁撈を行い、時には漁工を雇う。農村の中農に相当）、漁業資本家（多くの大中の漁具をもち、漁工を雇い、あるいは漁具の貸付による貸付料や利子を取る。富農に相当）、魚行主・漁覇（多くの漁具や資金をもつ。魚市場主などで、漁具や資金の貸付によって他の漁民に寄生する網元など。大概、一地方の権力者となる）である。1953年段階、東門島には559戸の住民のうち、魚行主・漁覇が各6戸、漁業資本家が5戸、一般漁民（中農を含む）と貧苦漁民（貧農を含む）がそれぞれ169戸、146戸、漁工（雇工）が97戸おり、漁業関係者は79％を占めた。しかもその57％がいまだ貧しい漁民たちであった（前掲『象山東門島志略』105～106頁、および「1953年漁改時東門島重新画定階級成分如表」）。

　これらの階級はその後、中国共産党の指導によって漸次解消されていくが、この動向と軌を一つにして、1952年10月、それまで南田区文山郷の管轄地から象山県に編入され、新たに南田区檀漁区に再編入された対面山島（別名、大門山ともいう）が東門郷に入れられた。面積が4.6km²と東門島より大きい対面山島は島の南側の下湾門に挟まれた水道の間にあり、東門港や石浦港の天然障壁をなしているだけでなく、1952年以来、東門島住民の山林や蜜柑畑なども作られ、対面山島の住民と共存しつつ利用されている。

　東門郷には1954年、ほぼ全島の漁民500戸が参加して漁業生産合作社が作ら

れ、58 年には人民公社ができて石浦人民公社に編入された。その年の10月、東門島と対面山島の住民、1000 戸、4000 人余が東門大隊として編成された。それは石浦人民公社が農業や漁業、手工業、協同組合、信用組合をまとめて「五社統一」「政社統一」体制を創ったことによる。その後、1992 年 5 月には東門郷が廃止され、東門島は石浦鎮の管轄となり、東門島の漁業やそれに付随する商業や工業が発展した。いまや「海島漁鎮」東門島の名声は石浦鎮全域に広まったものの、1980 年ころでも島の生活は相変わらず貧しかったといわれる。

写真 1　気象観測所の上からみた東門島の密集した集落と手前の溜池

　その東門島には従来、島の西南部にある垟頭自然村と、東部と南部にある東門漁村が存在し、丁爵連氏によると、1949 年の解放以前までは東三村、東農村、東漁村、南匯村の4つの村があったという。それが、前述したように1954 年に漁業生産合作社に編成替えされ、1958 年に東門漁業生産大隊に統合された。『象山東門島志略』（79、80～92、109 頁）によると、少なくとも1972 年から改革開放（1978 年）以後の98 年までに、東門漁村と東門漁業大隊、東三漁村と東三漁業大隊、東垟漁村、東門農村と東門農業大隊、南匯漁村、南匯農村に分けられたようである。このうち、東門農村と南匯農村以外は純漁村である。これらの漁業大隊と、先の東門漁業生産大隊との歴史的関係がいまのところ曖昧であり、その有様も現在知りえないが、時系列的繋がりがあるとすれば、東門島の漁業は歴史的に1958 年からは東門漁業生産大隊、1972 年からは東門、東三（東垟）の各漁業大隊によって担われてきたといえる。

もっともそこの住民は、いつごろからかはっきりしないが、各村の一定の地域内に地縁的に居住しているわけではなく、他村地域に移動して雑居している場合が多い。王阿火氏（漁民。1929年生まれ）によれば、以前、島内の住民は地域ごとに住む地縁的集団を形成しており、それはおおまかに11組あったが、組には組織としての厳格な基準はなかったという。たとえば、ある人が最初aの地域組に所属していた場合、bの地域組に移転してもaの地域組に所属したままであったという。つまり、村人は村の成立期は地縁的集団であっても、歴史的変遷を経て、地縁を離れて島内他村に散居するようになったわけである。島内で新たな行政組織や生産組織が村単位に編成される時には、村人が島内の他村に居住していようが、その村の原籍にもとづいて村人はその都度、その行政組織や生産組織に編成されたと推測される。すなわち、島内住民は地縁的集団を基底に有しながら、その地縁的集団と根底では分かち難く結びついた人縁的集団として存在しているとみてよいだろう。したがって、生産大隊が組織化されると、「原籍」のある地域の生産大隊に所属させられ、そこで漁業に従事したとみて間違いなかろう。もっとも、それが可能だったのは島という狭い限られた地域であったことによるといえる。

　なお、現在、東門島では18歳以上の住民に選挙権があり、3年に1回の選挙で男女の別なく、村民委員会のメンバーを選出することになっている。主任（村長。1人）や副主任（2人）、委員（4人）である。その選挙には現住村での投票ではなく、「原籍」のある村に出掛けて行って投票することになるが、村民委員会は村の重要事項を決定する。

2. 東門島の東門漁業生産大隊漁業

(1)東門漁業生産大隊組織と漁業

　東海に臨む東門島は数多くの島に囲まれ、その沿岸は沿岸冷海流と台湾暖流から派生した南シナ海暖流と混ざり合って流隔を形成し、海洋生物の繁殖にも有利な漁場のなかにあった。したがって、島の周り自体が多様な魚種が集まり、豊かな漁場になっている。

　とくに魚種のうち、大黄魚（フウセイ）、小黄魚（キグチ）、烏賊などは以前から経済的価値の高い魚類で、東門島の漁民たちは昔からおもにこれらの魚を求

めて漁業を行ってきた。解放後の1954年、漁業生産合作社が組織化され、1958年に人民公社が作られ、東門漁業生産大隊となった以降もそれは変わらない。

　だが、その生産性は低迷し続けたままであった。というのも、打ち続いた戦争と内戦による解放直後の国家の疲弊で漁船・漁具の改良が進まなかっただけでなく、人民公社は漁民たちを一元的に、形式的平等によって組織化したからである。人民公社では漁船・漁具を国有にするとともに、漁民たちに基本給とボーナスを出すようにし、そのいっぽうで漁民生活全般の改良に努め、かつ公社からの一元的指揮命令の逸脱を許さなかった。とくに教育や食住の保障を徹底させ、東門島に学校を建てて子供の教育の機会を増やし、理髪を含めたその経費を無料とした。それだけでなく、三軒の食堂を建て、公社入社の漁民たちの食事代と住居費を無料とした。すべてが集団でなされ、集団行動が優先した。操業場所や漁具、漁獲魚種などに関して、たとえ漁業に疎い上司であっても、彼が命令して決めた。その結果、上司の失策や上意下達的政治的要求の優先される関係が漁民たちの嫌気を誘い、生産意欲を挫くことになり、漁獲量も減った。そうしたなかで当然、漁民の給料も下がったが、漁業経費や漁民たちの生活経費が確実に嵩んだ。実際、漁民たち家族の食事代だけでも漁業全収入の34％を占めたといわれる（前掲『象山東門島志略』110頁）。

　第1表は解放後の東門漁業生産大隊の状況を5年ごとに示した表である。ただし、東門漁業生産大隊の成立は1958年であり、それ以前の状況も『象山東門島志略』には示されている。この表で、東門漁業生産大隊の状況を把握しておきたい。

　まず、漁船を見ると、1964年まで小対船、大捕船が主力であったことがわかる。小対船はおそらく2艘引き小船と推測されるが、54年に21艘から59年の5艘に減じて以降、69年には記録に現れてこない。『象山東門島志略』掲載の表では61年に2艘まで減じ、65年には15艘まで増えたことがわかるが、69年には小対船の漁船としての役割が終えたといえる。表からみると、79年以降、大捕船は59年をピーク（実際は58年が44艘でピーク）に年々減少しているが、少なくとも69年までは大捕船が中心漁船であった。79年から大捕船の存在が消え、86年から単に漁船（漁輪）という名称の船が出てくるが、おそらく大捕船に替わる機械漁船であったと考えられる。そうであれば、漁船が大捕船から

少し大型の漁船へと転換したものとみなしてよいように思われるが、78年の9艘から79年の0艘へ、と小対船の存在が忽然と消えてしまうのは理由が不明である。しかし、小対船に反比例して機帆船が89年には142艘まで増え続け、漁撈の主力が機帆船に移行したことが顕著である。それにつれて、漁獲総生産量も54年の3973担から74年には25倍の約10万担にふえている。この間の60年代は2万担という生産量の低迷に見舞われ、漁民の年間収入も50元前後を推移し、苦しい生活を強いられたことが知りうる。だが、70年代から生産量も飛躍的に増大したことがわかる。

表1 1954～1998年東門漁業生産大隊の状況（各種漁船、生産量、収入）

年代	漁船（艘）					小網（頭）	総生産量		1人当たりの収入（元）
	機帆船	大捕船	小対船	漁船	小機船				
1954	－	35	21	－	－	－	3973	担	－
1959	4	43	16	－	－	375	40800	担	54.67
1964	6	38	－	－	－	100	20949	担	49.11
1969	18	27	－	－	2	65	31055	担	欠
1974	25	21	－	－	7	300	99244	担	193.00
1979	26	－	－	－	16	－	3841	噸	405.00
1984	24	－	－	－	16	－	2926	噸	388.00
1989	142	－	－	6	－	－	4274	噸	1234.00
1994	－	－	－	192	－	－	38300	噸	8594.00
1998	－	－	－	225	－	－	48014	噸	11820.00

『象山東門島志略』象山東門島志略編纂委員会 2000年8月 124～125頁

表2 漁船の推移

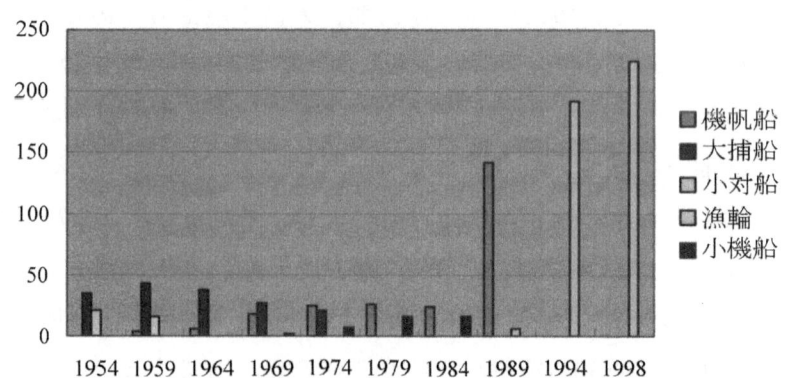

1979 年から生産量の単位が噸に変わったが、1998 年には 79 年の 13 倍の 48014 噸と生産量を伸ばしている。漁民の年間収入も 60 年代の苦難の時期を脱して 90 年代はじめには 1000 元台に達している。東門漁業生産大隊では機械漁船の導入を増やすことで漁網の効率的操業を実現し、生産量を増大させてきたことを知りうる。

解放前、16 歳のときから漁夫の見習いとして漁業に携わった任青山氏（1931 年生まれ。住所：小路谷田 7 号）は、60 年代の東門漁業生産大隊の漁業低迷期を体験したひとりである。福建からの移住者が多い東門島にあって、任氏は寧波からの移住者の子孫であり、移住してから 6 代目に当たる。ただし、自身は男 4 人、女 2 人の 6 人兄弟の 3 男に当たるが、男兄弟の間で均等配分された親の財産相続によって家を継いだ（娘には親の扶養義務が無く、したがって財産相続権はなかった）。家族は 7 人家族（子供は男 2 人女 3 人）である。また、民国 4 年（1915）に祖父が造った島の燈台を村人とともに守ってきている。

この任氏やほかの漁民たちの体験談にもとづく漁業生産隊の組織と、内実は以下のようであった。1989 年まで存続した東門漁業生産大隊は 3 つの漁業生産隊、すなわち生産隊東 1、生産隊東 2、生産隊東 3 と、1 つの農業生産隊からなっていた（なお、1963～1964 年に生産隊東 1 と東 2 は東大隊に編成替えされて、2 つの生産隊に改組された）。任さんは生産隊東 1 の所属であった。生産隊東 1 は 300～400 人の漁民たちによって組織されている。各生産隊には天気予報を聞くためにラジオが 1 台支給された。

生産隊は共産党支部の書記を総括責任者として、その下に生産隊長、生産隊副隊長、小隊長（漁船 1 艘の船長）、隊員（漁民）の組織からなっていた（下図参照）。小隊長は隊員の仕事量（歩合＝工分）を記録する役目も持つ。

党支部書記 → 生産隊長 → 生産隊副隊長 → 小隊長 → 隊員
　　　　　　　　　　　　　　　　　　　　　　（1 船の船長）　（漁民）

任氏の話では、1994 年ころに鉄鋼漁船（第 1 表の漁船か）が導入されるまで、生産隊東 1 には帆付き木製大捕船が 40 艘あったという。第 1 表には 79 年以降、その存在は記されていないが、その漁船は長さ 13～14 丈（39～42m）、横 2.6 丈（7.8m）で、帆布は横 8 丈（24m）、高さ 7 丈（21m）の木綿製である。大捕漁船は石塘鎮箬山で聞いた、同時代の烏郎鼓船（長さが 7、8m）より規模

が大きく、漁船も地域によって、あるいは社会に占める地元漁業の役割の軽重によって大きさも機能も異なっていたように思われるが、大捕漁船1艘あたりの乗組漁民は8人で、おもに2艘引き網漁を行った。この大捕船による操業の場合の歩合（工分）は漁船の種類や船長や隊員などの職分の違いによって異なり、小隊長（船長）が12工分、隊員はその職務によって11～8工分に分けられていた。炊事係（焼飯）、見習い（新学習）にも歩合がついた。その工分はそれぞれ7工分、5.5工分であった。機帆船ではまた工分の割合が異なったようである。

ところで、東門島では一般的に網漁が中心であり、漁網の網目は対象漁獲魚によってその都度変えたという。時には網目を小さくして蝦を獲る場合もあった。とくに、大捕漁船による遠出の出漁は食糧や飲料水の搭載量から3日3晩が限度であったらしいが、時には舟山列島や嵊泗列島、さらに江蘇省・山東省近くまで出漁したこともあった。この舟山列島の岱山島岱山には18世紀はじめに、東門島出身者が購入した建物（5～6室あり）――東門島の漁民たちから「大使館」と呼ばれた―があり、漁場に出漁したときにはそこが常宿となり、漁獲物も漁場近くの市場に陸揚げして売り、売れないときには舟山の塩問屋などから塩を購入（1回当たり2500kg.ほど）し、塩蔵処理をして持ち帰ったという。

こうした遠出であれ、近場であれ、ラジオの天気予報があっても天候の不確実性が高かった当時、出漁には風見、すなわち風の吹く方向が操業には重要であった。とくに嵐の予測はなかなかできず、夜の20時ころから24時ころまで観測を続け、東風が翌朝まだ吹き続いていると、これから3日間、雨が降り続くといわれた（「東風打過、更雨落門外降」）。つまり、西から曇り雲がくると豪雨に見舞われた。東門島ではこうした風見に関連させて「無雲不下雨、無媒不成親」（雲がなければ、雨は降らない。紹介人がいなければ結婚できない）という諺が生まれたともいうが、東の方角に毎日、曇り空が3日間続くと、必ず台風が来るともいわれた。

以上のことは、馮永紀氏（1934年東三村の出生）による経験談によるが、魚群探知機や船の方位確認機などの装備が不十分であった改革開放前まで、実際の漁撈には天候や風のほかに、潮流の見分け方も大切であったという。東門島では西南風の風が吹いたら潮の流れは小さくなるが、東風であれば大潮とな

る。毎月1日、15日、16日（農暦）にも大潮になった。ほかの魚については潮の流れとの関係が明らかでないが、大潮のときは大黄魚が多く獲れたという。さらに、海流も漁獲には重要であった。漁場には流速の遅い穏やかな海流と流速の早い軽い海水があり、その接点を「隔水」と呼ぶが、潮の色も異なっていて隔水がよく判ったという。一般的にこの隔水には魚がたくさんおり、とくに大黄魚や帯魚がここでよく獲れた。大黄魚の場合、産卵期になると、潮の色が青色と黄色に濁り、蛙の鳴き声に似た声（ガァーガァー）を発するので漁船の甲板に静かに聞き耳を立てるとその声を聞け、容易に漁獲できたという。帯魚の場合も隔水辺で獲れ、居場所は潮の色が青色になっていることで知り得たといわれる。

　こうした帯魚などの漁獲には操船が大事で、その局面、局面で掛け声が掛けられた。海上が凪の場合は七五調のタンコウを歌って漁船を漕ぎ、帆を揚げるときは一六調の掛け声を掛けた。1981〜97年、2001〜02年までと2回、東三村の村長を務めた謝友芳氏（1943年東門島生まれ）によれば、労働歌や網揚げ音頭のようなものはなかったが、網揚げのときはエイサァ、エイサァ、エイサァ、小船の帆上げや船の陸上げのときにはひとりがホロ、ホロ、ホロ〜〜〜〜、アイヤ〜、というと、一斉にアイヤ、アイヤ、〜、〜と掛け声を唱和し、共同作業をしたという。

　また、実際に網を下ろしているときは船長が不寝番をし、網を下ろしていないときは漁民たちが交代で不寝番を務めるというように、漁撈に当たっては予め役割分担が厳格に守られていた。日本では一般的に「船板一枚下は地獄」といわれるが、中国でも一致団結した協業にもとづく労働が要求される漁業においては、労働規律が何よりも重要だったからである。

　魚群探知機が無いとき、漁業は漁民たちのこうした経験知や規律によって行われてきたことは日本のみならず、世界のどこの漁民たちも同様であるといえるが、その対処の仕方がやはりそれぞれの国民によって異なることもまた当然といわざるをえないであろう。それはとにかく、東門島近海では漁民たちの経験知を駆使した漁撈活動によって、一般的に漁獲物は春農暦の2〜3月から秋にかけて大黄魚が、秋に鯛・鰻・帯魚・蟹・海老などの小さな魚が、冬（11月〜1月）に小黄魚が獲れた。そのなかで当時、1〜2時間の操業で一番多く獲れた

のは大黄魚で、その価格は半kg当たり1角4分（2002年頃、200元）であった。

(2) 漁民の給金と小販稼業

　漁獲物の売上金は、漁業生産大隊において操業に携わった漁民の給金の一部になった。給金は「按労分配制」（漁獲高による歩合制）にもとづき、3ヵ月ごとに支給された。だが、漁獲量がまったく無いか、極端に少ない場合、給与は支給されず、漁民の日々の生活費は政府から漁民個々人に貸与金として貸し与えられ、のちに返済を求められた。漁業生産大隊の時代は、豊漁時に給与が1ヵ月200元に達したときもあったが、1958年、59年ころには給金が月わずか3～5元であったという。このことは第1表からも確認でき、漁民たちは米や他の食べ物も買えず、親類などから借米し、生活は苦しい状態にあった。実際、食料を得るために白菜や大根、トマトなどの野菜を山で自耕栽培し、生活防衛を強いられたようである。だが、70年代に入ると漁獲量も増え、収入も4倍近く多くなり、生活にも余裕ができるようになった（前掲任氏談）。

　東門島の漁民は60歳を迎えると、定年になり、漁業から身を引いた。任氏も1990年に定年を迎え、漁民生活にピリオドをつけたひとりである。70年代末以降における東門漁業生産大隊の漁業生産量の増大の恩恵を受けて、第1表にみるように、漁民の年間収入も1000元以上に増大した。任氏も収入が増え、内部留保を進めたようで、退職後、魚仲買を始めている。

　というのも、東門島では1971年8月に県の改革宣伝隊が東門島の漁業生産大隊に進駐して債務を整理し、漁業生産隊の責任体制の明確化と利益の配当を行い、1978年からは改革開放によって一定の範囲内での漁業請負制が導入された。公有の漁船・漁具などを有料で希望の漁業経営者に契約にもとづいて貸し出すようになったのである。漁業経営者は生産を人民公社から請負い、指示されたノルマを達成したあと、余剰があれば自己の収入となり、漁船・漁具の利用費や修理代、公益金や管理費などを支払うだけで利益を取得できるようになったのである（「承包制」）。さらに、84年からは「単船計算」という漁船1艘ごとの責任体制が実施され、漁船や漁具などを個人や会社などが分割払いで安く買い、公益金や管理費を出すだけで済んだ。つまり、一定の枠があるものの、漁業は漁業経営者や漁民たちの自由裁量に委ねられ、それが漁撈意欲を刺

激したのである。その結果、1978年から1989年までに漁船が39艘から148艘に増え、生産量も79611担から165480担に増大した。当然、漁民の年平均収入も83元から1234元まで増えることになった。また、94年には漁業株式合作制が進められた。96年以後、船の株式合作制から個人制へ変換され、1船の多種操業が認められると、それが刺激となり、遠洋漁業の発展を促した（前掲『象山東門島志略』112～116頁）。それらはとりもなおさず、漁民たちの自発的活動を保証するものであった。

こうした一連の流れのなかで任氏は退職後、200～300元の元手金で小販（個人魚仲買商）をはじめたのである。

小販は東門島に10人前後おり、図1のように小船から漁獲魚を買い集め、その多くを数人の日本の水産会社や商社の代理人に売ることを生業とした。小販の商い漁獲物はほとんどが干小蝦や干帯魚であった。それらは石浦鎮の魚市場（水産城）に漁獲物を搬入する漁船から生鮮魚を仕入れ、干して代理人や「小小販」に売った。石浦鎮の魚市場では一般の人には魚は売らない。小販になれるのは信用やある程度の財のある地元の人だけである。小小販は町場の市や行商で一般の人びとに売る小魚仲買商である（図1参照）。

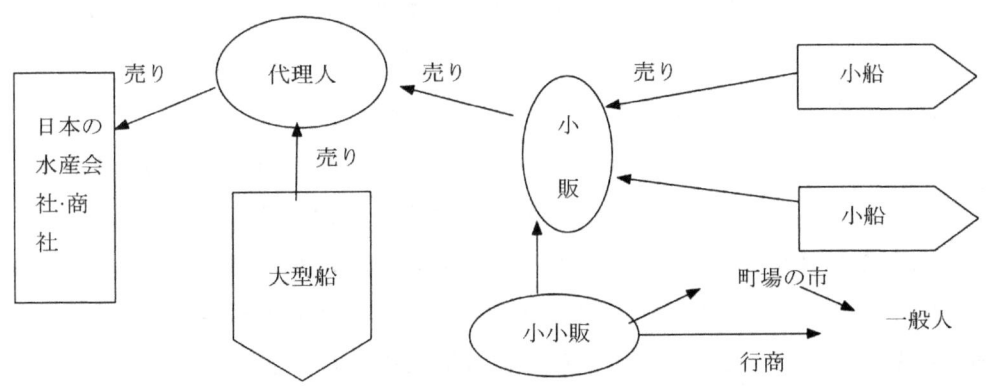

図1　小販による魚の販売ルート

売買に当たっては小販仲間内に仕来りがあったという。それは魚の買付けにあたって、ひとりの小販の買付け商談が終わるまで他の小販が割り込んできて買付け交渉をしてはいけないこと、また買付け商談の終了後は商談の決定内容を変更できないことなどである。小販は日本の水産会社や商社の代理人に売る

本来の仕事以外に、時には少量であるが、知人や知人以外の人にも売る場合があった。売買方法は相手方の資力を勘案して口約束で売るときもあるが、大概は現金商売であったという。任氏の小販稼業は68歳をもって終った。いまは隠居生活を楽しんでいる。

　17歳から1979年まで漁業に従事した潘阿才氏（1952年生まれ）も、改革開放後の80年に水産城（市場）出入りの魚商に転身したひとりである。漁民であった当時、政府の運搬船に乗って杭州や寧波などに魚を運んだ経験もある。魚は人民政府管轄下における漁業生産大隊による漁獲物であり、当然、漁獲物の運賃は政府持ちであった。

　魚商になったときの元手金については教えてもらえなかったが、魚市場（水産城）において2、3人の魚商が組んで、漁獲物の売り手との直接交渉で大量に生魚だけを現金で買いつけた。「耀」というものも、また売掛・買掛商売もなかったという。魚の仕入れ場所である水産城の使用料もなかった。一般的に春は水産城に集荷される魚が少なく、秋は多くなる。とくに漁業の解禁日、開漁節の9月16日から漁獲魚が多くなり、帯魚・小黄魚・鯧魚が大量入荷したという。冬も多かった。

　水産城で仕入れた生魚は委託業者のトラックに積み、トラックに自分も便乗して杭州や寧波・上海に運び、売り払った。利益を出すために、できるだけ小さい魚は箱の下に、大きい魚は箱の上に並べ、高く売りつけるようにしたものであるという。普通は日帰りであり、売買はすべて現金商売である。現在は携帯電話で魚商同士、情報のやり取りをして仕入れ漁獲物を売っているが、当時は情報のやり取りができなかったので損をすることが多かったという。

　ほかの魚商が日本の長崎まで魚を運んで売ったことがあるが、その当時の日本への販売魚はもっぱら塩蔵か干魚などの加工魚であった。

　任氏とは異なる、かなり大規模な魚商が改革開放後、生まれたことがこの潘氏の例から知ることができる。中国の改革開放は漁民の生き方に多様性を提供した政策でもあったといえ、明らかに運搬業者や仲買人などの新たな業者の出現を可能にしたのである。商才に長けた者が商機を生かし、富裕になったのである。とはいえ、その成長過程や流通過程の実態は不明である。この流通過程には政府の政策関与が薄く、闇の組織が牛耳っていると風聞するが、その一方

で貧富の格差は漁民たちの中にもはっきりした形で、すなわち漁船の所有者、頑丈で立派な家屋の建設など目に見える形で生まれたのも事実である。

3. 東三村の帯魚漁業と蝦漁業

東門島の漁村のなかでは東三村が東門村、南匯村と異なって沿岸で独自な漁業を営んできた。それは蝦漁業であるが、沿海や遠海で帯魚（太刀魚）漁業も操業してきた。そこでまず、最初に帯魚漁業について俯瞰しておこう。

(1) 帯魚漁業

前出の漁民の馮永紀氏によれば、改革開放（1978年）以前の東三漁業大隊のときには帯魚を対袴網（ナイロン製）で漁獲した。その漁法は漁船（長さ7m、幅3mの3噸船）2艘で対袴網を降ろし、網を曳航しながら漁獲する2艘引き網漁であった。

対袴網は図2のように、長さ35mの囊網と縦15m、横30mの垣網からなる。帯魚の取り込み口は20mあった。この網で黄魚も獲った。

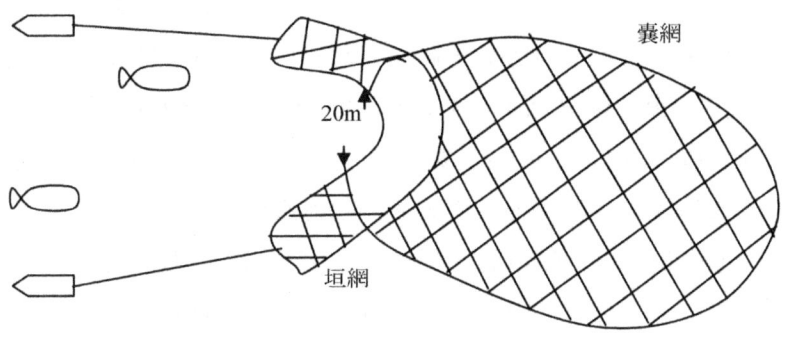

図2　対袴網

遠海出漁には必ず主船と附船（手伝い船）の2艘で出漁し、対袴網はエンヤホー、エンヤホーという掛け声をかけて網揚げし、漁獲物は主船に揚げた。多く漁獲した漁船には割増金、すなわち歩合（工分）の3％が余計に支払われた。ちなみに主船の船長の工分は一般的に140工分、附船の船長は120工分、漁民は100工分であった。1970年代になると、平年漁の場合は主船の船長の給料が年に1400元、漁民のそれは年に1000元に達した。また、積極的に漁獲高を上げた漁民は優先的に共産党に入党できるという優遇策もあったようである。

開放後、1980年代半ばから1990年初めまでは漁船は有力漁民などの共同所有となり、漁船の所有者は多い人で年10万元も稼いだという。漁民は年、2000元くらいである。1990年代初めは漁民でも年、6000～1万元は稼いだが、以降、不漁に見舞われ、年1500元に落ち込んだ。2002年以降は船長で1ヵ月3000元、副手で1ヵ月1800元くらい、平漁民で1ヵ月1100～1300元であるという。

(2) 蝦漁業

　東門島でもっとも著名な漁業が沿海と遠海で行われた蝦漁業であり、島内の東三村は石浦鎮第一の蝦獲り漁村といわれた。

①1983年の改革開放前まで小蝦網

　陳良生氏（1932年生まれ）は東大村生まれの漁民であるが、東山村の漁民と一緒に蝦漁を行った経験をもつ。東山村の漁民のなかには1971年ころから遠洋漁業に携わる人もでてきたが、それまではもっぱら沿岸における蝦漁業が中心であったという。この陳氏の説明によれば、1950年代の小蝦仕掛け網の構造は図3のようであった。蝦網は海底の土中に打ち込んだ鉄杭に結び付けられたロープ（藁と竹で編んだ紐）付きの定置網である。網の材質は開放前の1965年までは麻製、以後は聚乙烯（ポリエチレン）製である。網の長さは11～12m、網の開口には四角い竹枠（5m×5m）があり、その竹枠の四隅には約7mのロープが錐の形で結び付けられ、さらにその先には海底に打ち付けた鉄杭と繋がる約5mのロープ（水深が10m位の時）がある。したがって、蝦網漁とは潮の流れに沿ってロープによって吹流しのように脹らみ、竹枠で造られた網口からその吹流しの網に潮の流れに乗って蝦が入るのを待つ、待ちの漁法であった。蝦網のなかには、蝦を誘い込む餌は置かれていない。

　この漁法は100年前から行われてきたという。1950年代の東山村には20～30艘の漁船があり、漁船（小船で長さが15～16m。6～7人乗り）1艘あたり小蝦網を50枚程度所持し、この網を沿岸の海中に敷設した。1990年代になると、漁船1艘で70～80枚の小蝦網を所持する者も出現したが、網の仕掛け場所は個人が銘々好き勝手に2、3日で50枚ほど設置した。この網には自分の網とわかる目印が網の木枠に漆で付けられており、見つけることが可能であったが、あらかじめ仕掛け蝦網の敷設位置を、漁船の沿岸からの到達時間や沿岸との方位

中国江南沿海村落民俗志

などを記憶しておいて出船し、木枠の漆目印で確認したという。漁獲蝦は網袋の後ろの結び目を引き上げ、結び目を解いてそこから漁獲した。

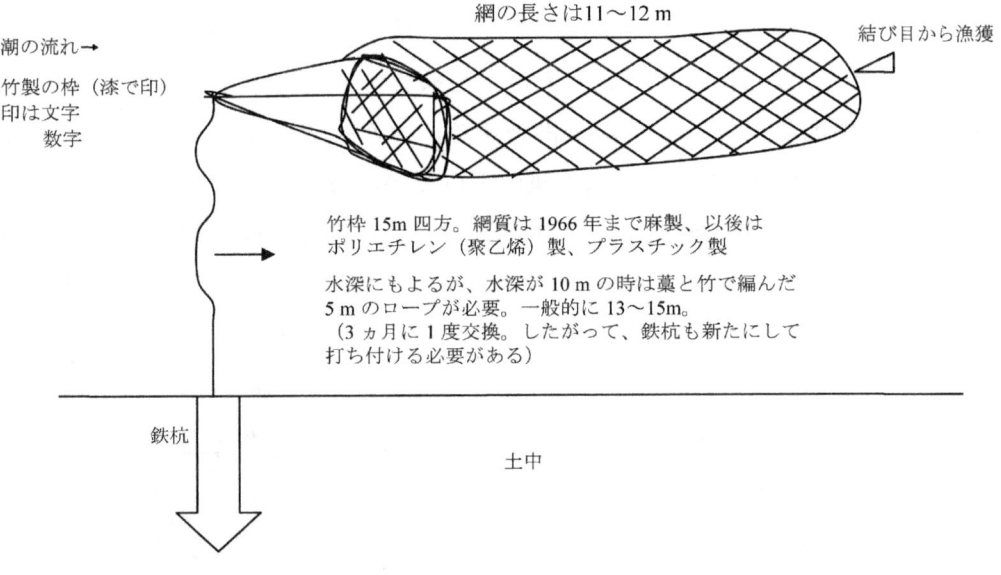

図3　蝦網

　古くなった網や破損した網を新しく替えるときは、海中に打ち込んだ鉄杭からロープを切り離し、新たにロープを結び付けた鉄杭を海底に打ち付けて敷設する。以前に海底に打ち込んだ鉄杭はそのまま放置された。時には以前の鉄杭の上に新たに鉄杭を打ち込む場合もあったようである。
　海にはかなり多くの蝦網が仕掛けられていたので、ときには漁船によって蝦網が破られてしまうこともあった。だが、誰の漁船が蝦網を破ったか、特定するのが難しかったので、保障という問題は起きなかったといわれる。また、定置蝦網がたまたま大嵐や台風に遭遇して流されたとき、損害保険のような保障もまったくなかったのである。
　それはともかく、終漁時には鉄杭につけたロープを切り離して蝦網を引揚げたが、鉄杭は海底の土中に打ち込んだままである。蝦網をあらたに定置する場合、海底の土中に新しい鉄杭を打ち込む必要があり、漁業のたびに海底に無数の鉄杭が突き刺さったまま放置されたことになる。いずれ漁場の公害問題が生起する恐れが出てくるように思われる。なお、蝦網を使って冬と春は小蝦、夏

はメンシャ（梅蝦）、秋はパイシャ（白蝦）を獲った。

②改革開放後の遠海船引き蝦大網漁

東三村では、遠海での船引き蝦網漁業は改革開放後の1995年頃から始まった。この漁業は蝦獲り専門鉄鋼船（7～9人乗り。長さはおよそ30m、巾は6.3m）が東門島から5～6時間離れた遠海で操業する。蝦漁業は図4に示したような蝦大網を漁船が曳航しながら漁獲する。網の材質はポリエチレン製であり、網の長さは10mある。この蝦大網の価格は300～400元した（2000年ころは約1万元。購入先は島内の製網会社から購入）。また、鉄鋼漁船（220～230噸）の建造費は約100万元であった（造船材料は出資者で各自調達し、地元造船所で建造し、建造費の支払いは1回払いであったという）。

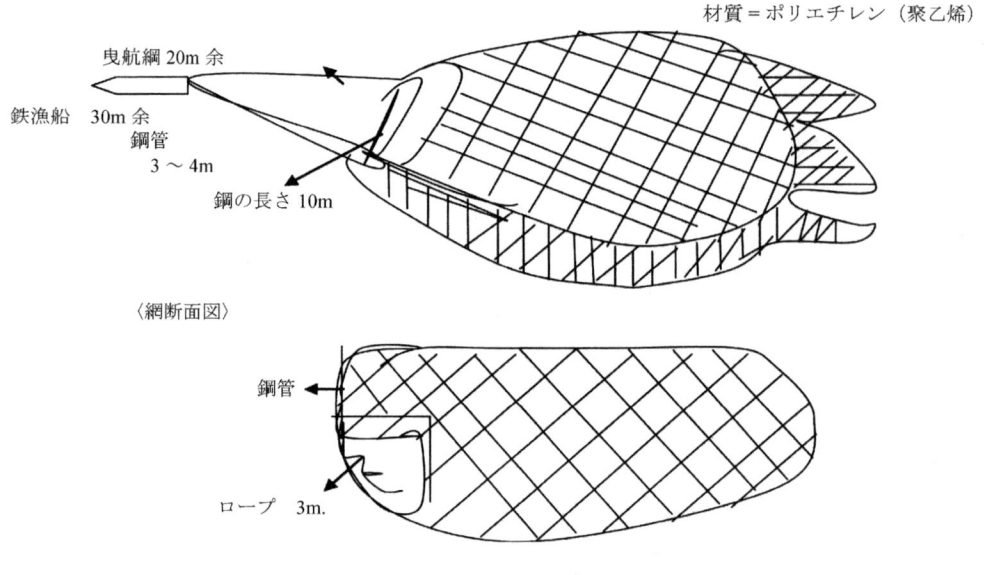

図4　蝦大網

なお、この鉄鋼漁船の煙突の側面には多くの場合、「発」と「豊」の文字が記されている。「発」が儲け祈願を、「豊」は豊漁祈願を表す。ほかに仲間船として村共通のマークを煙突に描くこともあるようである（東門島漁民、李万春氏67歳談）。また、各漁船には日本のように、「〇〇丸」などという船名は付けられていないが、一般的に漁船などを船長名で呼んで区別していた。

現在では舳近くの船体に記された番号、すなわち東門島所属の漁船は5桁の数字で識別されている。たとえば、船体に記された番号が31019の場合は最初

の数字3が東門島の番号を、2番目の数字1が東門島内の東山村を、それ以下の番号は東門島とは関係なく、漁船の登録順番を表す。このうち、2番目の数字は0番が東大村、2番が南匯村、3番が胡礁湾、4番が東大村である。4番は東大村の漁船が増加して、近年番号が新たに造られたことによる。

さて、蝦は図4のように開いた網口から取り込んでいくが、その網口には網を引くための鋼管（3〜4m）が付けられている。漁船はその鋼管に結び付けられた約20mある2本の引き綱を曳航しながら、南から北へ、東北から西南へ、約1〜2時間かけて蝦を漁獲する。当時は一般的に漁船1艘当たり1網による操業であるが、破損などに備えて予備にもう1網もって漁場へ行ったという。その蝦大網は轆轤で船上に引き上げた。

石浦鎮には2004年現在、個人持ちの鉄鋼漁船が7〜8艘あるが、6月16日〜9月16日までの禁漁期にも、蝦を漁獲することが許可されていた。しかし、2004年からは禁漁期に蝦を漁獲することが禁止された。それは、1994年ころから世界的に著しくなった混獲による市場価値の低い魚種や小魚、幼魚の海上投棄がとくに蝦トロール漁業などで起き、FAOでも漁業資源の持続性から問題としたからである。中国も、この問題に無関係ではなく（小島仲治「世界の水産の動き」『水産振興』第373号　22〜23頁）、1999年、2000年ころから過剰漁獲による海の荒廃化が進み、漁民の年間漁業収入も2〜3万元に減少したのである。最も多いときには7〜8万元の水揚げ高があったが、2002年には生活費ギリギリの水揚げしかなく、加えて1漁期の漁船（230噸）の燃料使用量が約100t、金額にして4〜5万元も掛かって経費が脹らみ、最近では国から借金をしている状態となったからである（石浦鎮沙塘湾漁村、8代目村長　劉位亮氏談。40歳）。

(3)漁獲物の販売

1951年の東門郷人民政府の成立期、石浦鎮の新道埠頭に魚市場（水産城）が造られ、55年に県水産供給販売会社が設立されて仕入と販売が統一されるまで、漁獲物は県の購買・販売協同組合の組織のもと自由に売買された。漁獲物はおもに上海や杭州・寧波・穿山・椒江・瑞安などに盛んに販売された。しかし、55年からは設立された県水産供給販売会社による売買の統制がはじまり、わずかに水産合作商店や漁民個人による小売を許可されたにすぎない。58年以降になると、国が統一して（地方の人民公社）買い集め、販売するようにな

り、政府が造った水産会社にすべて納入するようになった。その際、政府は大黄魚、小黄魚、烏賊、太刀魚、鯛、鰤魚、鱚、小蝦（虾米）、蝦の干物（虾皮）、水母など16種類の魚類（経済的魚類）を第二類水産品に指定して買い集めたが、のちすべての漁獲物を買い上げた。さらに、1960年代、石浦鎮に政府の水産冷凍会社が造られると、東門島の漁民の漁獲物はすべてこの会社への売却が義務づけられた。1978年の改革開放以後はこれまでの漁民の販売実績にもとづいて基準を決め、水産冷凍会社が買い上げ（派購）、基準以上の場合は話し合いで値段を決めて買う（議購）ようになった。翌々年からはさらに規制が緩和され、漁獲物と、漁業に必要な資材（木材・鋼材・網材など）や燃料（重油）などとの交換、たとえば大黄魚や小黄魚1tと重油5tの交換も許可された（前掲『象山東門島志略』278〜280頁）。

とはいえ、漁獲物の販売が完全に自由になるのは84年ころからであり、この84年にはじめて個人経営による冷凍会社の設立が認められたことによる（前出謝友芳氏談）。以後、石浦鎮には輸出水産会社が3社、石浦鎮内には大小合わせて数千社の水産会社ができ、漁民はそれらの会社に自由に売ることができるようになり、なかには改革開放後生まれた小販に売り、小販が鮮魚小加工業者に売ることも可能となった。ただ、その漁獲物の扱い量は少ないと、謝氏は説明する。

写真2　石浦鎮の水産城（魚市場）

現在は、漁獲物を販売するのに①石浦鎮魚市場と、②水産会社に売る二つのルートがある。前者にはさらに二つの方法があり、A）漁場から漁獲物を魚市場に運んできた漁船がそれぞれ以前からの買い手と個別に取引する仕方と、B）各漁船によって魚市場に運び込まれた漁獲物を数人の買い手の間で値踏みをして取引する場合がある。A）は、旧来からの信用取引といえる。B）は買い手の間で買入値段を決めることから、一種の糶のようなものであろう。ただ、日本の場合とは様相は異なるようで、値踏みを競うほどではないようである。

　ただ、こうした「競争入札」的な買入は1996年以降の不漁から顕著になり、魚の買入競争によって魚価の高騰を招いている。しかし、水産会社が漁民たちから漁獲物を買い入る場合、水産会社間の買入競争も、経済変動による取引の混乱もあまりないという。それは最初に魚を買ってくれた会社との継続取引を重んじる風潮がいまだに強いからという。だが、長期的にみて流通ルートを水産会社や魚商などに握られている漁民たちにとっては、魚価の高騰を期待できない状況もあると判断される。とくに近年、海上の漁場で直接、各漁船から漁獲物を買い集める氷鮮船6艘（冷凍会社などの合同出資建造船）が石浦鎮に配備され、鮮度の保持（魚価の安定化・高値化に直結）と漁獲物の効率的買入が図られているが、この事態も翻ってみれば魚価の低価格を強いているとみなすこともできよう。また、近年、魚商などによる前貸支配も強まっており、それも魚の買い上げ価格の低下を招いているようである。

　いずれにしろ、こうした事情のなかで小蝦の需要は近年急成長で伸びており、冷凍技術の発達もあって剥き蝦の商品価値が高まり、剥き蝦冷凍品製造が多くなっている。謝氏の勤務する1995年設立の飛日水産会社（日中合弁加工会社）も、剥き蝦冷凍品の製造にも関わっているが、全体の扱い漁獲物のなかでは少ないという。会社では氷鮮船を所有せず、漁民たちから購入した漁獲物をもっぱら日本や韓国向けに鮫魚片（鱶の切り身）や、帯魚のすり身加工と調味付け、雑魚の塩糠漬けなどに加工して販売している。日本や韓国との取引決済は銀行振込による決済である。東門島の漁民たちからの原料漁獲物の買入はすべて現金買いである。前貸しによる仕入れは一切なく、ただ、漁民たちに乞われて漁船のガソリン代（現金）を貸すことがあり、その額は少ないといわれる。ガソリン代の返済もすべて現金払いである。漁獲物そのものによる返済は

ない。というのも、漁船持ちの漁民の場合、漁民の仲間同士が保証人となり、銀行から無担保で融資を受けることができるからであるらしい。融資額は大体3〜5万元くらいであるという。

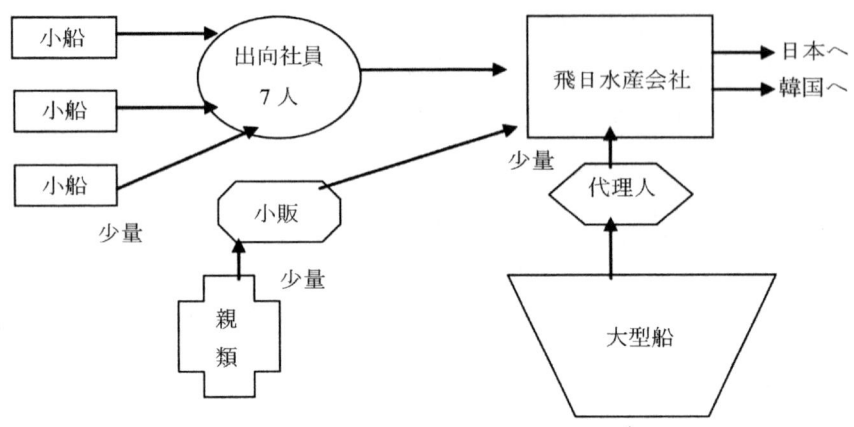

図5　飛日水産会社の漁獲物仕入れルート

4. 漁業にかかわる漁民習俗

　日本では漁民の経験や知見に頼って漁業や廻船業が行われていた時代、「船板一枚下は地獄」といわれるほど海での作業は常に危険と表裏の関係にあった。しかし「一網打てば千両」ともいわれ、自営漁民はかなりの利益を手にすることができた。だが、日本と同様に、中国でも流通過程を魚商などに牛耳られ、漁民は貧しい生活を強いられてきた。それは先に東門島の史的概況を俯瞰してきた際にも確認されたことである。とはいえ、洋の東西を問わず、中国でもとくに海上漁場を稼ぎ場とする漁民たちは、突然の海上気象条件の変化にいつも翻弄されて続けてきた。時には操業中に突然の嵐に見舞われ、多くの同僚たちが海の藻屑となり、家族を塗炭の苦しみに陥れることも数々あった。そうしたことが相対的に減少したとはいえ、天気予報や羅針盤・無線電話の発達、気象条件の科学的な確認や漁撈・操船技術の発達した現在でも、突然の自然の猛威の前に海難が生起しているのである。ましてや以前では、危険は神仏のみが知る事柄であり、そこから漁民たちの自然に対する畏敬の念と神仏に対する尊敬の念、神霊への依代信仰、神仏への帰依が殊のほか強く、独自な習俗も生

まれた。それを次に探ることにする。

東門島の村民委員会委員で婦人会長周雅芬氏（1955年生まれ）によると、東門島には生産習俗や四時習俗に伴う次のような年中行事がある（前掲『象山東門島志略』390～401頁も参考）。

- 1月 1日　（農暦）正月行事。大晦日の夜7、8時ころ船上から花火を打ち上げ、翌日には果物や「元宝」（模造紙幣）を持参して墓参をする。
- 1月15日　元宵　魚提燈行列
- 2月12日　「百花娘子」生誕日として姑や婦人、娘が炒糕頭（餅）を一緒に食べる。
- 3月 3日　清明節（先祖の墓参りや供養）。子供が他人の家の墓参りをしていたら、墓参された家の人はその子供にお金を与える習慣があるという。また清の時代、皇帝の娘は胃が悪く、東海の海島の岩礁にある法螺貝を食すれば治るとの言い伝えから東門島の老若男女が法螺貝を拾って献上し治ったので、今も清明節には法螺貝を拾い、それを10人のひとが背負い、這いつくばっていかに早くゴールできるか競う行事も行っている（福建省からの移住者が多い沙頭湾の漁村では、いまも法螺貝を多く食するという）。さらに午後の干潮時には歌や踊りをし、魚灯や魚を担って走る行事もする。このときには京劇・歌合戦・太極拳・ヤンコー踊りなどが催されている。いずれも、大漁祈願の意味合いが込められている。
- 3月23日　（農暦）媽祖神の生誕祭（天后宮祭）。漁民たちは作業を擲っても媽祖廟に参拝する。
- 4月 5日　（新暦）墓参
- 4月 8日　牛誕生祭
- 5月 5日　端午の節句
- 6月22日　（農暦）各漁船は日ごろの感謝のため媽祖神や菩薩に参詣し、媽祖廟や城隍廟、王将軍廟で越劇を催して感謝する。
- 7月 5日　（新暦8月22日）盆（墓参なし。親戚・兄弟が集まり、来客もある）

7月7日　　（農暦）七夕祭り

7月15日　　鬼の日。旧時は疫病が流行った。その厄除けと無病息災、海上亡魂を祈って城隍廟や王将軍廟などで盂蘭盆会が催され、翌16日、海上で「元宝」（模造紙幣）などを飾った灯篭流しが行われた。

8月16日　　旧中秋月（他地域では15日）。月見を楽しみ、月餅などを味わう。

9月9日　　重陽節

9月16日　　開漁節（漁業の解禁日）

10月1日　　国慶節（特別な行事なし）

10月14日　　餃子の日

11月　　　　冬至

現在の東門島のこうした四時や生産の習俗から、とくに漁業に関わる習俗として注目されるのが媽祖信仰である。東門島の住民には仏教徒が多く、しかも福建省からの移住者が多いこともあって媽祖信仰が強い。

出漁以前　1995年から1999年にかけて禁漁期（6月15日～9月15日。休漁期ともいう）が設けられるまでは、年間を通じて漁業が行われてきた。そして、少なくとも解放前までは旧暦の禁忌にもとづいて出漁の可否が決められてきた。東門島ではそれだけでなく、漁業を開始する（「開洋」）前に神様の加護を祈って媽祖神（天后宮）に参拝し、漁期が終了すると、終漁の感謝（「謝洋」）をこめてまた媽祖神に参拝する（散福）ことが続けられてきている。東門島にはこの天后宮のほかにも王将軍廟や城隍廟があり、出漁前後に必ず参拝する慣わしがある。その際、島以外にあるお寺にも参拝するほうがよいといわれている。島には魚の供養塔なるものは存在しないが、寺院に大黄魚の干物などを奉げて供養をする。

媽祖神は東南アジア世界に広く信仰されているが、東門島の媽祖廟は伝説では清代からあり、福建省の福田から媽祖の父親が東門島に来て媽祖廟を建てたといわれている。この媽祖神に漁船の安全を託す漁民たちは絶大な信頼を寄せている。

前出の任青山氏（1930年生まれ）によると、まず、漁民たちは漁業に従事する前に、島にある3つの重要なお寺、媽祖廟や王将軍廟（病気治癒祈願が多い）、城隍廟（長寿祈願、亡くなった家族の昇天祈願が多い）に必ず参拝し、

島外の寺院にも参拝したほうがよいといわれているという。なかでも、とくに媽祖神を招聘し、供え物をし、越劇を奉納して漁撈の安全と豊漁を祈願している。供え物は豆腐や大黄魚、小黄魚とその浮き袋の揚げもの、ほかに小魚などである。それは土地神などに供える供物、鶏や豚の頭とは異なっている。

　媽祖神には5日間、香を焚いて豊漁と漁船と海上での安全を祈願するが、香炉の灰をカップのような容器に入れ（割香）、その割香を赤布袋の中にいれて、船神として三層立てになっている漁船の船底の小部屋の柱にピンで留めるか、船長室に吊るして出漁する。割香をもっていくことは媽祖の霊性が高くなると信じられているからである。無事に帰船したら、また媽祖廟に戻す。このほかに兎王を操舵室に安置することもある。羅針盤や魚群探知機などがなかった木造漁船のころ、事故が起きたり、漁獲が少ないことがあり、割香が漁船の安全や豊漁をもたらしてくれると信じられていたのである。したがって、柱に掛けてある割香袋の真上は神聖な場所であり、そこに座ることは絶対に許されないという。

　6月23日～28日（農暦）にも、漁民たちは午前5時ころから1000人以上の人びとが集まって媽祖神祭りをする。芝居も行われる。それは天から媽祖神が降臨してくる芝居、越劇である。祭り後、漁船に魚灯や台閣（楼閣）を造り、旗を靡かせ、爆竹を鳴らしながら2～3時間かけて東門島を一周する。この祭りには島外からの見物人も大勢集まる。

　この媽祖神信仰と関係があると思われるのが、女性の乗船、同行漁撈の禁止（禁忌）である。理由は明らかでないが、媽祖神が女性で、女性を漁船に乗せると嫉妬して漁船を危うくさせるという言い伝えもあり、それは現在でも受け継がれている。一説には、女性の生理の問題とも関係があり、不浄観念から嫌われているという（前出、任青山氏談）。だが、福建省の閩南地方では女性も漁船に乗り込んで漁撈をすると伝えられており、先祖に福建省の出身者が多い東門島でそのことが継承されていない理由は定かでない。女性は乗船だけでなく、漁船の舳先に近寄ってもいけないという。それは舳先には龍王がいると信じられているのが理由である。だが、龍王と女性の関係が明確ではない。漁船は漁民が生計を立てる大切な漁具であり、霊性があると信じられている。とくに、舳は龍の頭のように大切な所であり、舳には女性の産室に入った男も近寄

ってはならない。舳での放尿なども禁止である。

　産室に入った男は1ヵ月間、出漁できないという慣習がある。その理由も、またその懲罰期間が何故1ヵ月であるかも明らかでないが、過去に手伝い漁夫がこの事実を黙秘して漁に加わり、操業中に網が破れ、その事実が発覚したことがあるという。そのとき、手伝い漁夫は漁夫仲間から怒られた。漁が終わり、帰ってからは人手が足りない場合は叱るだけで済まされたが、そうではないときには解雇処分が下されたという（前出、謝友芳氏談）。

　これらのことだけでなく、女性が帰船した漁船からの漁獲物の荷卸や運搬などにも一切関わらないという。女性の無関与の説明には今ひとつ理解しがたい点があるが、いずれにしろ、女性は漁船に一切関与しない。日本の漁村に一般的に観られる女性の漁業への関与とは随分異なっている。

　ところで、1995年から漁獲資源の減少と海の荒廃化によって設けられた禁漁期（6月15日～9月15日）の解禁日、9月16日には開漁節（「開洋」の日）が行われるようになった。前出の周雅芬氏の話によると、この開漁節にも媽祖像の参拝が行われるが、それに先立つ1週間前ころから東門島の漁民と家族たちは石浦鎮で開漁節行事を行っているという。行事とはTシャツを着て海洋資源の保護や海の環境保全を訴える襷などをつけて練り歩くもので、一種のキャンペーンである。現在、海の荒廃化が刻一刻と深刻さを増しており、漁獲減が島民の生活を直撃し、漁民たちの自覚を促しつつあるのも事実である。このあと海祭行事も行っており、祝い酒を飲み、養殖の蟹や蝦、魚の放流、4人乗りの漁船10艘による競船行事が行われている。

　出漁中　　出漁によって漁民たちは多くの漁獲物を得なければならない。魚群探知機がない時代、魚群をどのように見つけ漁獲するかは潮見や鳥群（たとえば、鰹の群れに群がる鳥群＝ナブラ）、流木への寄り魚など先祖から相伝の経験知によるしかないとはいえ、死活問題である。魚群の発見を託すべく、2000年ころまで中国の漁船には船眼が描かれていた。これは舟山列島の漁船などにも描かれており、東門島の漁船のみの特徴ではない。

　しかし、東門島には明清の時代と思われる船眼の伝説が残っている。それは、漁民の父親がふざけて娘（名前は「海囡」）の目に魚の涙を塗り付けると、突然、海のなかが見えるように変化し、娘の指図の下でいつも大漁となり

生活が豊かになった。だが、そのことを知った網元が娘を「海の妖怪」だと言いがかりをつけて捕らえ、執拗に眼の秘密を暴こうとしたが、もう逃れられないと悟った娘は面会に来た父親に自分の目をえぐり取って与え、父親に漁船の船首に付けさせたことから船眼が生まれたという伝説である。東門島では「文革」期に船眼は迷信として船から消された（『象山東門島志略』393～394頁）。聞き取り調査では漁民たちからはこの伝説の内容を聞くことはなかった。ただ単に、魚の居場所を探すために描いた目であるという話がほとんどであり、のちに新しく付加された伝説もない。船眼の伝説が正しくに漁民たちに伝承されてこなかったことが窺える。

さて、漁民たちにとって―海上を稼ぎ場とするあらゆる人びとにとっても―自然の恵みや猛威の前にはただただ神仏の加護を祈るしか術のない時代には、禁忌が神仏の怒りを避ける唯一の証でもあった。それのみならず、協業が要請される漁撈では身勝手な行動が漁獲に影響を及ぼすだけでなく、事故をも起こしかねない。こうしたことから船上での様々な禁忌が生み出されたといえる。

東門島の漁民間では次のような出漁中の禁忌がある。

　　イ）船外に足を伸ばさない（水鬼が足を引っ張り、水中に引きずり込む）ロ）座って頭が膝にぶつかるままで屈まない（泣き姿勢で不吉）ハ）口笛を吹かない（風や波を招く）ニ）手を叩かない（得るものがない）ホ）箸を飯茶碗の上に置かない（舟が浅瀬に乗り上げる）（以上、前掲『象山東門島志略』391頁）。

このほかに、

船尾に座らない（危険だからか）、膝以下を手で敲かない（仕舞った、何も捕れなかった）、船中では酒を飲まない（喧嘩になりやすく、緊急事態のとき対処できず、危険）

という禁忌があった（前出　任氏談）。

当然、禁忌だけでなく、良いことを積極的に行うことも奨励されてきた。獲った魚を頭から食べることもその一例であり、それは漁船の一帆順風を願うことでもある。しかし、こうした風習は1949年の解放後、迷信といわれ悉く退けられてきたが、漁民たちは心の中で密かに遵守してきたという。

注月すべきは漁民たちが海上で水死体を見つけたときの処置である。日本で

は寡聞にして聞かない注目すべき行為である。これは男女を問わず、またどんなに腐乱した水死体でも漁民たちは「元宝」と看做し、必ず救い上げて帰村しなければならないという慣習である。元宝を持って帰らないと、不漁になると言い伝えられているからである。ただし、理由は定かでないが、王存玉氏（漁民　1994年生まれ）によると、顔が下を向いている男性と顔が上を向いている女性の死体は不吉な死体として拾わないという。

　梁騰発氏（前出）の話では元宝には裸の元宝と服を着ている元宝があり、元宝を拾った漁船は死臭が強くても前者の場合、服を着せるか掛けるかして甲板に置き、後者の場合はそのままで、ともに水などをかけながら（氷があるときはそれを死体に掛けて）すぐ、村に帰船したという。ほとんどの場合、船長が費用を出して元宝を埋葬するが、謝友芳氏（前出）によると、その埋葬方法は次のようにするという。まず、村びとを2グループに分け、1グループが協力して水死体を「義也」と呼ばれる場所に埋葬し、別のグループは導師に頼み、導師が符を焼いて、符を入れた水、すなわち符水を元宝を運んできた漁船に降りかけ、つぎに米・塩を船の両舷に撒いて清める。その際、符水は必ず、導師から入手したものでなければならず、つぎに導師か、あるいは元宝を運んできた漁民が拝み、購入した経を書いた紙を焼く。経を書いた紙を自分で作成してもよく、数珠をもち、経を唱え、拝むことが大切であるといわれる。重要なことはこの埋葬は一過性のものではなく、船長が身内の墓とともに末永く墓守りをして、身内同様に参拝を継続させていることである。この風習はいまでも続いているという。

　こうした風習が漁の有無とは関係のない運搬船や客船などでもあるのかどうかは今後の調査課題であるが、元宝が親族縁者に出会ったら顔から血を流すともいわれており、漁民たちにとって遭難などによる不明死体となることはいつまでも俗世界を霊魂が彷復し、成仏できないという恐れがあるものと思われ、そうしたことがこうした慣習を持続させてきたものと推測できる。

　帰船後　漁民たちは帰船後、漁獲物を石浦鎮の市場などに荷揚げする。このときも女性たちはその作業に関与しない。漁民たちは漁の感謝を込めて、出漁のときと同じく媽祖廟に参拝する。

　とくに、もっとも豊漁であった漁船は船長が拠出金を出して出漁時の豊漁願

掛けにしたがい、媽祖廟の中にある儀式用の舞台で豊漁感謝の越劇を催すのが恒例である。越劇はもともと中国の南方で流行った、女優だけで演じる劇団の劇であるが、近年は男優もおり、劇団の仲介人が媽祖神の生誕日や昇天日、村の行事日、豊漁時などに廻村して越劇の注文を取り廻り、必要となれば劇団を連れてきて演じるものである。越劇は出漁時にも演じられるが、媽祖神の生誕・降臨祭、豊漁の感謝に演じられるのがもっとも重要である。

こうした感謝祭以外、漁民たちは娯楽の乏しい島にいるときには、暴風雨に備えて漁船が流されないように繋留漁船の監視を仲間交互に行ったり（日本と違い、漁船の繋留場所の権利は決まっていない）、船乗り仲間など5〜6人と日常会話や飲酒、マージャン、トランプ、銅板、小板、納六問などに興じたりする（前出　謝友芳氏談）。儀礼的な会合もないといわれる。

ただ、自耕地を所有している漁民たちは野菜栽培などの畑仕事もする（前出　任青氏、王阿火氏談）。とくに禁漁期が設定された以後の近年、以前にはほとんど見られなかった石浦鎮へ遊びに行くことや杭州へキャンプに行ったり、カラオケに行ったりすることがみられるようになったという（前出　周雅芬氏談）。だが、多くの漁民たちは船の修復や網の修繕をしている者が多い。網の修繕には60歳で漁民を退職した老人や妻、娘、子供が手伝っている。

おわりに

これまで、過去の調査にもとづいて東門島の漁業と漁民習俗について俯瞰してきた。だが、漁村の女性の役割についてはほとんど言及してこなかった。確かに、これまでの東門島の実際の漁撈活動には女性は関与していないが、夫の留守を守り、陸上でできる漁業関連の仕事に従事している。

その代表的なひとつが漁網の修繕や網綯いである。東門島では退職した老漁民夫婦や、漁民たちの妻・娘・子供たちが現在でもこれらの仕事に携わっている。周雅芬氏（前出）の話では、1980年前後には島内生まれの女性たちの80％が結婚相手を自分で見つけ、残り20％が親や親戚、紹介人の紹介による結婚をするという。時代をさかのぼるほど紹介婚が多かったようで、実際、2005年現在70歳以上の人に多い。それでも島内の者同士の結婚が大半であり、島外からの結婚移住者が増えるのは1995〜96年になってからといわれる（前出　任青

山氏の妻傅月青氏談。1925年東門島生まれ)。こうした事情から考えると、東門島の女性のほとんどが小さい時から網綯いを体験しているのであり、その延長線上で今もその仕事を続けているとみられる。

　東門島には古くから漁網会社があり、そこから網糸を購入して簡単な網の修繕をし、あるいはその会社に雇われて製網に従事している。大半は内職である。漁網には小網と大網があり、島外から嫁いできた潘粮梅氏（1941年石浦鎮黄埠村生まれ)によれば、小網の綯い方は村の年上の女性から1ヵ月ほどで習い覚えたが、大網の場合は綯い方が難しく、村で費用を出して寧波の専門家に来てもらい、若い人12～13人が一緒に網繕いを学んで漁網を製造するようになったという。王阿火氏の妻、謝金娥氏（1934年石浦鎮平岩村の生まれ）によれば、その大網の綯い作業は約12日間、小網の綯い作業は約10日間を要したという。日当は2003年現在、1日10数元であり、網綯いの効率を高めるために製網会社ではどれほど早く網を綯うことができるか、の網綯い競技会を時々行っており、勝者には毛布や寝具類を賞品として与え、生産性の向上を図っているということである。

写真3　路上で網を綯う女性

こうした網綯いの内職金はすべて妻の管理に属するだけでなく、夫の稼ぎもすべて妻が管理するのが東門島では一般的である。つまり、財布は妻の管理下にあるのである。したがって、財産も夫と共有であり、離婚した場合、財産は折半が一般的である。聞き取りをしていると、陸に上がった漁民たち、とくに引退した漁民（60歳以上）の若いころは家事労働を一切せず、酔って妻に暴力を振るう夫も間々あったようであるが、むしろ家庭内の権限は妻が握ってきたというのが真実のようである。

　女性の地位が高かったといえるが、こと漁船内へ入って掃除をすることも含めて、漁船に関わる仕事に女性が一切関与できないというタブーには理解し難い点がある。とくに、閩（福建）からの移住者が多い東門島にあっては。

　というのも、住民の多くが福建の慣習を引きずっていると考えられるからである。宋や元の時代以前から福建の女性たちは家庭の経済生活において地位が実質的に高く、宋や元の時代になると、まるで男のように朝夕、魚や蝦を売り、農事に励み、薪を採って夫とともに働き、儲けた金で男に学問をさせたともいわれる。しかも、その働きぶりは明清時代になっても変わらず、とくに海辺の女性たちは男とともに漁をし、財産を持って嫁入りし、その財産を自由にする権利を有していたという。さらに、積極的に市場に出掛け、取引をしたことが知られているからである（前掲『東アジアの女神信仰と女性生活』26〜27頁）。

　これらの事実から推測して、東門島の女性に関わる慣習がどのような理由から生まれたのか、もっと追究すべき残された課題である。また、これらの慣習がこれからの国際化の影響によって変化していくのかどうか、も注視していく必要がある。その変化の過程でこの問題の解答が垣間見られるかもしれない。また、そうしたタブーが崩壊した後、東門島の漁村秩序がどのような変容を遂げていくのかも興味深い今後の課題である。

摘要

渔业与渔民的民俗

田岛佳也

中国主要渔场之一的东海之滨的石浦镇东门岛，现在是浙江省首屈一指的渔业村。本稿旨在报告东门岛解放至改革开放前后的渔业状况以及渔民的习俗。

东门岛面积狭窄、地势险峻，岛内田地少，清代曾一度几乎因迁界令而废弃，但在现在岛上有 300 艘以上的钢铁渔船（含一部分木船），渔民有 1200 户 1900 余人。居民大多数是渔业从业者及其家属，或是其他关联企业的职工。

岛上有 4 个村落，东渔村和东三村是渔村，东农村和南汇村是农村，1949 年之前，80% 的居民住在茅草房中，衣衫褴褛，渔民隶属于渔业经营者和鱼商。解放后，渔民得到了自由，生活也有了改善。1954 年东门渔业生产合作社设立，几乎全岛的渔民都参加了合作社。1958 年合作社成为东门渔业生产大队。大概从这个时候起，旧村的地缘关系变得淡薄，东门岛的居民离开原来的旧村地域，开始混住。

1972 年以后，渔业由东门、东三各渔业大队分担，各大队下组织生产队。其中，东三村为石浦镇首屈一指的沿海捕虾渔村。大队组织与"村落"同义，大队的责任人是书记，其下的各生产队长统筹管理各船长和渔民。渔民的工资按照捕获量折合为工分发放。1978 年改革开放之后，承包制承认了一定的自由决定权，1996 年以后个人逐渐成为渔业的主体，渔船数量增多，船体规模增大，促进了远洋渔业的发展，渔民的收入飞速增加，同时也出现了作为中介的小贩。

在此期间，众多的传统和习惯在渔民社会中得到保存。以渔民长年的经验为基础的大黄鱼、带鱼的各种拖地网捕鱼一直持续到今天。该地区妈祖信仰浓厚，这也许与由福建迁移而来的渔民为数众多有关。渔船出海之际要携带妈祖庙香，即"割香袋"上船，而禁止女性乘船、随船打鱼、搬运捕获的鱼类等关于女性的禁忌至今仍为渔民们所固守。从前，在福建省闽南地区，女性也曾经参与渔业作业，但这一传统为何没有在众多居民出身福建的东门岛得到继承，当地的渔民也不知所以。

漁村の民俗的性格

中野　泰

はじめに

　中国漁業については、古くは羽原又吉や、中村治兵衛の研究があり［羽原 1961、中村　1995］、中国側の研究も蓄積されている［張・楊編　1983］。だが、中国漁村の研究例は、とりわけ、1949年の解放以後においてはたいへん少ない。日本人としては、稀有の例であるが、田畑久夫・金丸良子の一連の研究は、山東省や浙江省の民俗誌的事例の報告に加え、理論化をも志向しており、貴重である［田畑・金丸　1991、1994］。

　本稿では、中国の漁村の性格を民俗学的に明らかにすることを目的とする。この性格を究明していく上で、村落の共同や扶助の様相を把握することが重要だと考えられる。漁村という生業の特質からみて、共同や扶助の具体相は、個人、家や家の連合という軸と、漁船や漁業組織という軸において展開していると考えられる。

　調査地は、浙江省寧波市象山県石浦鎮の東門島に設定された。東門島民の多くは漁民として、沖合、遠洋漁業に従事し、浙江省の中でも漁業生産高が多く、東門島の名は広く知られている。東門島内には、複数の行政村が存在するが、今回は、実際に調査することのできた東門漁村、旧東三漁村を中心に報告をすると同時に、上記の目的に添って、若干の考察をする。

　この報告で、注目するのは漁業組織のうち、漁船である。改革開放以後、漁船は、集団所有から個人所有が可能になった。これまでに、農村における土地所有形態の変化については明らかにされてきているが［田原　1997］、漁村における所有形態が、どのようになされ、変化してきているのか、これまで必ずしも充分に明らかにされているとは言えない。東門島の漁船をめぐる人間関係に焦点

をあて、中国漁村の性格の一端を明らかにすることが、本稿の課題である。

1. 調査地の概観

　東門島は、浙江省寧波市象山県石浦鎮に属する。東門島の名前の由来については、東の方が門のようで、この島の入口が東向きだから東門であるという。

　東門島は、民国期は石浦鎮に属した。解放前は、近隣に、昌国・東門・金星・檀頭山の4つの郷があり、東門郷は人口約6000人の小郷だった。

　東門島には、清の時代に、台州、寧波、福建省などから移住してきた人が多いという。東門島に大姓は少なく、祠堂は現在ない。東漁村の任姓は、台州市の三門が祖籍で、任姓の祠堂もそこにあり、清明節などの際に帰郷して、祖先祭祀に参加するものであった。東門漁村の秤姓は、東門島でも珍しい姓で、先祖は少数民族のモンゴル人であったという。石浦に秤姓の親戚が200人ぐらいおり、祖先の祭祀は石浦城隍廟で行っている。また、東門島には単姓村はなく、村内の姓は多様である。例えば、東門農村の場合、姓は、金が一番多く、その他、張、江、林、沈、周などがある。周孟士氏の先祖は、数百年前に台州から来たと伝えられているという。

　東門島は、近年まで、6つの行政村で構成されていた。その内容は、東門漁村、東三漁村、東門農村、東門居民委員会、南滙漁村、南滙農村である。東門漁村、東三漁村、南滙漁村は、名称の通り、漁業中心の村であった。東農業村、南滙農村は、農業中心の村であった。居民委員会は、漁・農以外の仕事をする人々が住む。

　土地や経済を効率的に利用できるように、範囲が狭い小さな村を合併することになり、東三漁村と東門農村は2004年7月に、南滙漁村と南滙農村は2005年3月に合併した。現在の行政村の概況は表1の通りである。

表1　東門島の概況（村民委員会出納資料、2005年8月より）

	東門漁村	東豊村	南滙	居民委員会
人口（人）	3785	880	525	530
戸数（戸）	1235	280	180	220
漁船数（隻）	235	47	36	－
耕地面積（畝）	－	159	－	－
山林面積（畝）	1799	218	600	－

2. 改革開放以前の村落

解放前の地域行政　東門島の解放前の行政区分は、保甲制によれば、10保・11保に該当した。1〜9保は老区といい、石浦鎮に該当し、10〜11保が東門島、12〜13保が延昌であった。解放まで、東門島は2つに別れ、東門港の中心の道を真ん中に、東側が第10保、道の西側が第11保であった。

地主と佃戸　民国時代、地主は30〜40戸ぐらいいた。また、漁船を所有する者は老板と称され、東門島で、20〜35戸ぐらいいたとされる。1戸の家が、いくつもの漁船を所有し、工員を雇って、魚を捕っていた。ある話者によれば、3隻の船を持つ人が3〜4人おり、船の所有隻数はこれらの人が最も多かったという。このような富裕者は、土地や船を所有するだけでなく、商店も開いていた。商店では、「魚行」（魚問屋のこと）といって、魚を乾かして売っていた。後に、こうした人々は、地主と判定されて、漁船は人民公社に没収された。地主は、「うち倒れた」「貧乏になった」と言われる。改革開放の後は、旧地主であっても、他の村民との間に特に社会的な差はなかったとされる。

解放後の変遷　東門郷は、1958年の人民公社の成立とともに、消滅し、人民公社が「政社」として、行政村の上位の単位となった。

高級社　東門郷は、合作期に漁業生産合作社を組織し（1954年）、1956年に合作社は高級社となった。漁業生産合作社には、土地を持っている富農や反革命の者は入らなかったが、その他全ての東門島の人が入り、漁業を中心とした経済活動を行った（1959年に人民公社が成立するまで）。漁業生産合作社は、①下海、②網廠、③漁業加工廠の3部門に分かれていた。下海とは、海で魚を漁獲することを意味する。およそ35隻の漁船が、大捕漲網、施網、対網などの漁法で、黄魚、帯魚、鯧魚、墨魚、馬鮫魚、青鮎魚などを漁獲した。網廠は、網をつくる外、破れた網を補修する工場である。漁業加工廠は、漁獲した魚を捌き、塩に漬け、乾燥させる工場である。

人民公社　1958年に人民公社が成立した。東門島の人民公社は、石浦公社の管轄となり、生産大隊として東門大隊が形成された。人民公社には、主任、党支部書記、委員などの役職があった。村主任は、まず2人を指名（提名）した後、その2名のどちらかを村の人が選挙して決めた。党支部書記は、村の中の

党員から選挙によって決めた。委員も同様で、選挙によって決めた。

生産大隊 生産大隊の組織は、時に合併や分離を繰り返し、その変遷は行政村によって異なっていた。その変遷を詳細に明らかにする方法として、聞き書きでは限界があるため、ここでは、『象山東門島志略』の記述を表2にまとめ、この記述に則り、聞き書きで得た内容を補足する。

1958年に成立した東門大隊は、原則として行政村ごとに生産隊を構成し、1961年に各々の生産隊は大隊となった。翌年に、東門漁業大隊は、3つの大隊に分かれた。3つの大隊は第1大隊、第2大隊、第3大隊と数字で分けられたが、その内容は、第1が遠洋捕撈、第2が遠洋捕撈、第3が近海漲網であった。第1と第2の違いは特になく、1963年に合併した。これによって、東門漁業大隊（略して、東漁大隊、東大隊という）、東門第三大隊（略して東三大隊）、東門農業大隊（略して東農大隊）、南滙漁業大隊、南滙農業大隊が成立した。その後は、大きな組織的な変化なく、改革開放を迎えた。

生産大隊は経済大権を有し、命令を発し、生産小隊がその任務を遂行する。生産小隊は生産権を有し、魚を捕る。生産大隊のもとでは、規模が大きな場合には、漁船は2隻で1対となり、1つの生産小隊を構成した。例えば、東漁業大隊の場合、36隻で18対、つまり、18の生産小隊で構成された。東三漁業大隊は、8隻の船で4対、つまり4つの生産小隊があった。漲網の方法で白いエビを捕った。

表2　東門島村落組織の変遷（典拠［象山東門島志略編纂委員会編］2000：72－911）

	1954	1956	1958	1962	1963	1983	1992	現在
時代	合作期		人民公社時代			改革開放期		
上位体	東門郷		石浦人民公社			東門郷	石浦鎮	石浦鎮
東漁村	東門漁業生産合作社	東門漁業生産合作社（高紀社）	東門大隊	東門第1第2漁業大隊	第1第2合併	東門漁村	東門漁村	東門漁村
東三村				東門第3漁業大隊	同左	東三村	東三漁村	東豊村
東農村				東門農業大隊	東門農業大隊	東門農村	東門農村	
南滙漁村				南滙漁業大隊に分離	南滙漁業大隊	南滙漁村	南滙漁村	村名未確認
南滙農村				南滙農業大隊に分離	南滙農業大隊	南滙農村	南滙農村	

生産小隊（漁船）

〔東三大隊〕東三大隊に属していた男性の場合、漁船がまだ小舟だった時代には、1隻のエビ漁を行う漁船に7人が乗り込み、7人で漁獲したという。船は1日に3回操業し、港に戻ってくる。時には、船員であっても、一方で網を揚げ、他方で船の中で漁獲物の加工をすることもあった。各漁船には乗組員とは別に、専門に加工をする者が10人所属しており、船の帰港後、魚を加工する。また、これらの者は船の修理も行った。

1隻の漁船の7人の乗組員は、1年間ほとんど変わることがない。仲が良い場合は次の年も継続して同じ乗組員で漁業を行った。仲が悪くなってしまった場合は、その者が他の漁船に乗るということもあった。だが、その選択は個人ではできず、生産大隊が決めた。

乗組員には各々役割があった。老大（1名）、頭鈎（2名）、水手（2名）、輪机（1名）、机動（1名）である。老大は船長である。船長は、ほとんどの場合、同じ船長が継続して同じ船の指揮をとった。頭鈎は、海に入れた網を引き揚げる役割である。水手は網の袋を開く。輪机は、機械を扱う。机動は雑務で、船長の命令であらゆる仕事をする。船長は水手から一歩ずつあがり、船長になった。

〔東門農業大隊〕東門農業大隊は小さく、当時、60戸ほどで構成されていた。ほとんどの耕地が対面山にあった。畑が180畝ほどあり、綿花、小麦を作っていた。水田は20畝ほどあった。ほとんどの者が農業に従事していたが、僅かな人が、漁業にも従事していた。

生産大隊の下に生産小隊があった。生産小隊は2つであったが、政府の方針によって、2つに分けられる時もあれば、4つに分けられる時もあった。改革開放の際、集団所有の財産を分けた。水庫や碾子場の畑などの一部の土地を分けた。この分け方は、家族の人口にあわせて分けた。

〔南滙農業・漁業大隊〕南滙農業大隊は、東門漁業生産合作社から分かれて成立した。南滙農業大隊は、生産小隊が第1と第2の2つに分かれていた。水稲が120畝あり、山地では番薯（トマト）を栽培していた。南滙漁業大隊に生産小隊はなかった。小舢という船が20隻あり、近海漁でエビ（施蝦）を獲った。他に、近海で黄魚も獲った。この漁船は、小対船という小さな漁船が2隻で組みになり、操業を行った。小対船は5対（10隻）であった。

財産の分配　改革開放により、東門島では、1984年に人民公社(生産大隊)の財産を公社の社員へ分配した。『象山東門島志略』により、その概略をまとめると、財産とは、船籍、工具であった。東門漁業大隊の場合、16対の大形機帆船、7隻の単汽船、計39隻の汽動船と大隊機械修理廠を有償で譲渡し、債務を同等の金に換算して弁償、完済したのち、生産権が船や戸などの作業単位に移った。また、冷凍工場、船舶修造工場、柑橘畑と林畑は分けて、請負経営の入札を募集することとなった［象山東門島志略編纂委員会編　2000：114］。

東三漁業大隊に属していたある老人は、漁船は若い人に分け、その者が海で稼いだ収入からお金を支払ったという。具体的には、生産の手段、すなわち、船や網などの魚を漁獲する道具をみなお金に換算し、その金額と引き替えに社員に分けたということであった。原則として、土地や建物(部屋)などの財産は集団のものなので、分けずにそのまま村が所有した。例えば、農地は、包産到戸といい生産責任制のもとで、村人が、各自好みの作物を植え、家を単位に経済活動を行った。

東門漁村の場合、集団の財産であった漁船を売り、倉庫を分けた。倉庫は10数間あった。2～3人で1間などと自由に組み合わせ、しばらくは、数人で共有するなどした。共有した倉庫は漁網などの漁具や魚を保存する場として使った。後に、政府(村)はそれらの倉庫を改修して、金に余裕のある個人に賃貸しをした。賃貸しによる収入(租)を老年協会の経費として利用した。東門漁村では、漁船を分けた際、工具、網などの財産も分けたという。漁船の配分と購入については、生産隊から直接、漁船を船長に売ったという。旧漁船の船長だけでなく、船員も漁船を求めるなど、購入希望者が多い場合は、くじを引いて決めた。希望者の数だけ紙を用意し、1枚に「船」と書き、他の紙は白紙のままで、希望者が1枚ずつ引いていった。「船」の字が書かれた紙を引いた人が、その船の船長になった。漁船の動力(帆の違い、あるいは、櫓漕ぎの船か、発動機がある動力船か)などで、希望者が異なり、抽選方法も異なっていたという話もある。

3. 現在の村落

人民公社の運用は生産責任制へ変わった。その背後には次のような問題があ

った。成本、すなわち、原価コストがあがると、収入が少なくなる。生産資料、つまり、支出が増える。網の生産や修理費用、船の修理費用などがそれで、公社の人には、収入が少なくなったという責任がないため、問題視されるようになった。その結果、生産責任制へと移行した。こうして人民公社（1958～1983年）は、村民委員会と村経済合作社への体制へと移行した。これに伴い、東門島の行政村は、東門郷へ属することとなった。1992年、東門郷は石浦鎮に属した。

行財政組織　改革開放が進められ、人民公社や生産大隊がなくなると、1983年には、各行政村に村民委員会と村経済合作社が個別に成立した。行政村の名称は、東門漁村、東門三村、東門農村、南滙漁村、南滙農村となり、東門郷へ属した。行政は村民委員会で、経済は合作社で、各村において管理し、行われるようになった。

各村の村経済合作社には、社長が1人おり、その下に委員がいる。委員の数と種類は、少ない村の場合は3～5人、多い村の場合は7～9人と、村の規模によって異なる。東門漁村などの大きな村の場合、社長は、村の人の推薦によって決めた。人民公社の時代には、同じ人物が大隊の長と村の主任とを兼任していたが、東門三村などの小さな村の場合、同じ人物が社長と党支部書記をつとめた。

東門漁村の場合は、漁業を管理し、東豊村の場合は、農業と漁業を管理した。東門三村の村の名は、その後、東埫村と変わった。村が位置する西側の海が泥灘状であり、その状態を、埫と表現する。この埫という語の発音が東三村の三と似ているため、2004年から10年ほど前には、いつの間にか名称が変化していたという。

各村は、改革開放以前に集団で所有していた土地を、老人協会の活動や収入にあて、その他、個人へ貸与し、社会福祉や経済活動の基盤を提供している。

老人協会　敬老院は東門島に2つある（東門漁村と旧東門三漁村）。旧東門農村は、人口が少なく、敬老院がないので、旧東三漁村の敬老院を利用している。

東門漁村の敬老院は、1988年に建物が建設され、1989年にできた。老人がこの建物を管理しているが、所有権は、東門漁村にある。名前を「東門敬老院」という。

敬老院の経済的な基盤は、建物の賃貸料と敬老院の使用料によっており、この収入の一部が、老人福祉に用いられている。収入としては、建物（隣や野菜市場の建物など）を村人に貸して、賃貸料の収入がある。また、敬老院には、10あまりの麻雀台があり、麻雀をする人は、1人5角を払う（一度払えば、1日中使える）。これらの収入を、老人の生活保障費として、老人に支払う。60歳以上の男性の老人に渡す（女性の分はない）。この保障費を受け取る老人は、東門漁村に180人ほどいる。保障費は、もともと1ヵ月に50元を各人へ払っていたものであるが、9月、正月は4ヵ月分（200元）をまとめて支払うようになった。

　年配者は、敬老院で休んだり、娯楽をしたりする。普段は、麻雀、将棋、碁のほか、昔話をしたりする。若い人も来るが、年配者が多い。午前は少なく、午後が少し多い。

　旧東三漁村の敬老院は、1986～7年にできた。改革開放の際、生産大隊の財産を人々に分けて、お金が少しあったので、そのお金で新しい建物（2階建）を建てた。漁民は、60歳まで魚を捕り、60歳を超えると引退する決まりである。この決まりは、生産大隊が、1980年頃に決めた。満60歳以上の男は、敬老院に加わることができる。現在、30～40人ほどが加わっており、年齢も55歳以上となった。

　これらの老人は、毎月50元を生活費として貰える。9月9日の重陽節は老人の日なので、9月は150元を貰い、正月も150元、残りの月は50元を貰う。そのお金は、1年間に4回、まとめて貰うようになった。各老人は、定められた数日の間に、敬老院へ行き、直接、お金を貰う。

　敬老院の建物や、1階建の倉庫の所有権は旧東三漁村に属している。これらの建物の管理は、敬老院の老人にある。倉庫などの部屋の管理を任されている老人達は、それらの部屋を、他人に貸し、賃貸料を徴収している。この収入は、老人達の生活費の財源となっている。もともと、各部屋を貸したお金で、敬老院ができたといわれる。他の島では、建物を分けて売ったあとのお金を分けたが、この老人に管理させるやり方は、東門島だけのやり方で、他の島では、建物を売って分け、そのお金を分けたと言われている。

　村の儀礼　毎年、農暦の3月23日、或いは、閏年には4月の初めの8日に、

船長、すなわち船老大が媽祖廟に行って、仏袋（平安符）を求める。仏袋は船腹（船内の寝るところ）の前にかけて、毎日、線香を焚く。船老大は、新しい服を着て、廟に行く。この際、お盆（托盤）の上に仏袋を置いて持ち、もう1人は傘を持って、前の人は銅鑼を叩いて向かう。傘を持つ人は副船長が一般的だが、他の人でも良い。銅鑼を叩く人は特に決まっていない。盛大な宴会を開いて、客をもてなす。終わってから、廟の門を出た所で傘をさし、2つの饅頭と、赤い煙草を家に持って帰り、子どもに食べさせる。この理由は菩薩が食べたものだから、子どもが食べるともっと可愛く、きれいな子どもになれるという。そうして、定海の台山などに魚を捕りに行ったという。

　中国の海洋漁業には禁漁の期間がある①。この禁漁がとけると、漁船が出漁することになる。この出漁にあわせて、9月14～16日に行事（文芸）が行われる。文聯が主催するもので、6年前に始まった。14日に、砂浜（皇城沙灘という）に集まり、歌、ダンス、ゲームをしたりする。正式の行事日は、15日であるが、行われる内容は3日間とも同じである。

　相互扶助　ここでは、日常生活における相互扶助の例を、葬儀に焦点を当ててまとめる。

　かつては、ある家で人が亡くなると、一般的にはその息子の友人が来て葬儀を手伝ってくれた。手伝いの内容は、例えば、通夜、墓造り（做墳墓）椅子、野菜の購入やテーブルの貸借などであった。

　現在は、墓を造ったり、椅子や机を借りたりすることはあまりない。東門漁村の敬老院の中で専門的に行っている人があり、そこから椅子、テーブル、鍋を借りて行っている。この人物は、敬老院の組織というよりは個人的に行っている。この人が専門的に始めたのは2000年頃からであるという。

　葬儀の際に行われる正式な宴会の料理は、料理を専門に作る人へ依頼している。葬儀前後の数日の間、正式でない料理（通夜など）を作る場合は、亡くな

---

①　中国では1986年に中華人民共和国漁業法が成立し（2000年に新魚業法に改訂）、1960年代以来の「水産資源保護条例」や「水産資源繁殖保護実施細則」が法として結実した。こうした内容を実施すべく、1995年に農業省により、東海や黄海の夏期休漁が実施され、浙江省では7～8月に設定された［三富1999：31-8］。寧波市でも、1995-6年に行われた休漁の効果が見られたことから、休漁期を6月15日～9月15日に設定している［練2003：49-50］。

った人の娘や、その外の親戚などが協力して作る。

　新しく共同の墓（公墓）が1995年にできた。共同の墓は、東門島に2つある。1つは大きな墓で、死体も入る。1つは小さい。いずれも東門島の全ての地域の人が利用できる。火葬は丹城（象山）でする。丹城では2001年ぐらいから火葬を始めた。

　死亡した者の友人達は、葬儀に来る際、お金を持って来て、息子に贈る。このお金を「送人情」という。このお返しは行わない。「還礼」「還人情」というのがあるが、これは、次にこの友達の家で誰かが亡くなった時に持っていくお金を指す。誰がいくらのお金をくれたかを記録するノートがあり、それを帳冊という。

　葬儀に協力してくれる友人は、一般的に男であり、女は含まれない。娘の友達も送人情はする。娘の友達も出殯の時は、亡くなった人を山に送るが、手伝いはあまりしない。

　友達が少ない場合は、工人を雇うことがある。子どもが昔は多かったので、友達も多いのが普通だった。4人の息子がいれば、通夜でも順番に、第1日目の夜は長男の友人、2日目の夜は次男の友人などと分担して協力してくれた。通夜にかける日数は必ずしも決まってない。友人が少ないと手伝いの人も少ない。出棺（出殯）の日は、自分で選んで決める。

　死者の子どもが娘だけの場合は、財産が沢山あれば亡くなった人の兄弟が来て、手伝い、彼らもこの財産分与を受ける。子どもが娘1人だけの場合、特に遺書（遺言）がなければ、出棺の際に白い帽子と喪服を着た人に、財産がみな分けられるためである。そのため、死亡者の兄弟だけでなく、それら兄弟の息子も手伝いに来ることがある。これは民間のやり方であったが、現在は、法律に従って、娘に遺産を相続させることができる。財産が充分にない場合、娘の夫が息子として、夫自身の友達も呼んで手伝う。

　近所の人も葬式を手伝う。亡くなった人の家族が少なく、金がない場合は、同じ村の人が手伝った。昔は、単身漢（単身）の人は近所の人が葬式をしてあげたが、今は政府がお金を出すようになった。単身とは、親族も妻もいない人である。外地から来た人の場合もあるし、東門島の人の場合もある。近所の人のほか、村に威信のある人が、他の人に声をかけて、お金を出し、集めてくれ

る。このような人について、特にここでの独特な表現はなく、標準語と同様、威信のある人（有威信的人）という。例えば、廟長などがそうした人にあたる。廟長とは、廟会の管理者である。

また、東門漁村には、寧という姓の者がいた。この家の人達は心が善良で、海から持って帰った死体も、単身の人に対しても葬式をしてあげていた。寧という人は、古くから東門島に住んでいる。その人の名を寧暁夏という。

漁業と葬儀　漁業組織と葬儀とは特に関係がないが、ある漁業者が家において病気で亡くなった時は、普通の人と同じように葬儀を行う。一般的には船長と船員は親族なので、手伝いに行く例が多い。ただし、親戚でなければ、手伝いに行かない。もし海に出て、船の上で船員が死んだ時、船長は葬儀のために、お金を多く出す。

近海では、大きな困難はなく、遭難も少ない。かつては、幟を使って、他の船に遭難を伝えた。この合図は、この村だけの特別なものではなく、一般的な方法だった。その後、ラジオによって、台風の接近を知ることができるようになり、遭難の数も減った。通常、遭難した船があれば、生産隊みなで助けるし、他の船の者も、可能であれば、救助した。

現在、石浦漁業政府部門に属する3隻の救助専用の船がある。1隻は、大きな船で、250トン、15人乗り、小さな船は2隻あり、15トン、16トンであり、ともに東門島ではなく、石浦に碇泊している。遭難の情報が入れば、海に出かけて、その船を救助する。救助専用の船は、以前はなかった。6年前まで指導船としてあった。寧波漁業部門で作り、石浦漁業政府部門に属している。救助して貰った場合、感謝の意を伝えるが、特別に感謝の意を伝える場合は、旗を作って部門に贈る。

遭難した際、船の関係者や家族は、媽祖廟に行って、遭難者の命が助かるよう祈願した。その結果、助かった場合には、食べ物、例えば、果物や飴を持って媽祖廟へ行き、感謝を伝えた。また、祈願をしてくれた僧侶にお金も払った。一般的には、船長と船長の家族とが行ってお礼をした。

遭難で亡くなった際、葬式は船に乗る所、すなわち、碼頭（港）で行った。僧侶に依頼して念仏を唱えてもらい、死んだ人の魂を呼んで貰った。この時には、亡くなった者の家族、親族、友達、妻の親族などがみな参集した。

以前は、遭難し、海上で乗組員に死者が出ても船主に責任はなく、政府が、葬式のお金を払った。改革開放以後、船主が船の責任者となり、保険制度ができてからは、死亡者が保険に入っていれば、その保険金を貰うことができるし、また、船主からも葬儀へのお金を貰った。船主は、一般の者（弔問者）よりも、多少多めのお金を出すようになった。保険がなく、死亡した者の家族が少なく、かつ、貧しい場合には、同じ村の者達が、手伝い、お金も多く集めて寄付した。

4. 漁船に基づく社会関係

　改革開放によって、漁船を会計の単位とすることが合法化され、経営方式を大隊によらず、個人の采配に委ねることも可能となった（1985年[①]）。集団所有であった漁船は、個人で所有できることになり、漁船所有の形態も、股（株）という形で所有の権利、及び、利益を取得する権利が分割され、個人、あるいは、複数の人間により、共同で所有されるようになった。この共同所有は、「股份合作制」と呼ばれ、全国的に進められたが、東門島では、1989年に象山県の水産部門の勧めによって始められた［象山東門島志略編纂委員会編 2000：114－116］[②]。ここでは、漁船を所有する者が、どのような社会関係によって成り立ち、移り変わってきているのか、いくつかの事例を提示してみていく。

　［C氏の事例］C氏（68歳）は東門漁業大隊に属していた。C氏は、船を買う時、船長が船員みなを代表（出面）してくじを引いて、例えば、1号、2号、3号などの中から3号などと自分の買う船の番号を引いて、船が決まったとい

[①] 共産党中央、国務院が連合して出した「水産業の発展を加速させる緩和策についての指示」による［三富 1999：30］。

[②] これに先立ち、東門島の対岸に位置する沙塘湾漁村では、1979年、生産経営の自主的な権利と収益の分配権を漁民が獲得するものとして、「大包干」の制度を提唱し、従来の「大鍋飯」を克服しようと試みていた。「大包干」とは、一括請負、完全請負などと訳され、上納する基の数値を定め、その数値を超えた部分は請負者が取得できる制度である。また、「大鍋飯」とは、生産大隊という共同組織に寄生した、共同責任は無責任という（親方日の丸的な）体質をいう。「股份合作制」は、1985年に全国的に進められ、1997年の寧波市において、既に97％の漁村と98％の漁船が「股份合作制」を実行していた［練 2003：76－7］。

う。船1隻の価格は5万元で、その一定のお金を政府に払うことになった。すぐに払うのではなく、徐々に返した。海に出て魚を捕ってそれを売ったお金の一部を銀行に預け、そのお金から5万元を払った。しかし、彼の船の船員はお金を払いたくないというので、彼独りで3年かけて全額支払った。購入した船は木造船だった。30人の船員がおり、船は網船と尾船の2隻だった。この木造船は買ってから、6、7年経って壊れ、売った。その後、C氏本人は鋼船に更新（購入）せず、1985年から冷庫を経営した。売却した漁船の他の船員のうち数人は、合資して鋼船を買い、漁業を続けた。

　船長をつとめていたC氏によれば、乗組員は、以下のように集めるものだったという。一年目は告示を貼り（募集広告を出す）、工員を雇って、漁業を行う。次の年には一般的には古い工員が自分の友達を連れて来て紹介するので、その人を雇う（人帯人）。乗組員は、労力の強い人、まめまめしい人（労力強、勤快的人）、技術のある人（技術高的人）が良い。技術を持っている人は副船長などとして雇い、給料（薪金）も高くした。漁船（木造の機帆船）乗組員の人数と利益の分配は、表3の通りである。

表3　C氏による乗組員の人数と利益の分配（1983年以前）

網船	人数	工份	尾船	人数	工份
老大	1	14分	老大	1	12.5分
副船長	1	12分	副船長	1	11.5分
輪机	1	12分	輪机	1	11.5分
網師	1	11.5分	—	—	—
副網師	1	11分	—	—	—
船員	残り	10〜11分	船員	残り	10〜11分
実習	残り	6分	実習	残り	6分
計	21	—	—	9	—

〔I氏の事例〕東門漁村のI氏（47歳）の例について、I氏の父（74歳）より話を聞いた。I氏は、男2人、女3人の5人兄弟姉妹の長男である。生産隊の船を降りて、初めて船を購入した時は、6人で漁船を一緒に購入した。この関係は、①本人、②妹の夫、③妻の兄弟、④妻の妹の夫、⑤友達2人の計6人である。

　次いで、漁船が古くなり、新たに購入したのは1994年であった。同じ6人

で、2隻の船を買ったが、お金が儲からず、損をしたので、1年後、2隻とも中古漁船として売った。

1995年に、石浦から中古船（機帆船、60〜70トン、300馬力）を、妻の妹の夫と2人で買った。必要な修理をし、合わせて60〜80万元かかった。股の比率は、半分半分で、本人50%、妻の妹の夫（主人）50%であった。この船は、現在まで10年間乗っている。

　〔S氏の例〕『象山東門島志略』によれば、S氏は、2人の息子と4人の親戚と一緒に新しい鋼船を購入した（1993〜94年頃）［象山東門島志略編纂委員会編　2000：522−524］。S氏は、8人兄弟姉妹の長男で、彼自身に2人の息子（実の息子）と、引き取って育てている1人娘（領養という）がある。漁船を共同で購入した親戚の内訳は、聞き書きによると、この8人兄弟の中の兄弟であるという。現在、長男は相変わらず海に出ているが、次男は運送の商売をしている。次男の代わりに、ほかの人を雇い、漁業を行っている。股は次男のものなので、利益は次男に与えられる。S氏は、高齢になったため、現在は出漁していない。

　漁船所有形態の変化　事例が少なく、不均等な内容であるが、上記の3例から、若干の考察を加えておく。

　C氏の場合、改革開放から「股份合作制」へ移行する過程で、漁業から退いている。そのため、漁船の所有や経営の権利についての問題が未分離であり、改革の恩恵を充分に受けられなかったケースと思われるが、I氏、S氏は、いずれも、改革開放、「股份合作制」の恩恵を受けた事例と見られる。

　漁船の共同所有の股数（あるいは、人数）は、1989年の「股份合作制」以後、約30人から6人、2人などと減少してきていることが分かる。『象山東門島志略』に掲載された「東埠漁村対船産量及収支情況」によれば、1生産単位（対船や単船）における1991年当時の股份数は、最大で14、最小で4であり、股数が減少の過程にあることを窺える［象山東門島志略編纂委員会編　2000：127］。『象山東門島志略』によれば、1996年以前の股数が一般的に8〜12股份であったところ、1996年後、2〜5へと減少し、対船股份は次第に、特定の人に集中し、老板制（個人経営の商店の店主）の傾向を帯びてきていたという［象山東門島志略編纂委員会編　2000：116］。この理由については、漁船の股主

が裕福になり、自分がボスになりたいと思って（想自己当老板）、他の人の股を買っていった結果、全体の股が減ったと説明される。中には漁業をしたくなく、ほかの仕事をしたい人もいるので、自分の股を信頼できる人に売っていった。そのため、一隻の漁船の股の数は以前よりも少なくなった。このように、股は、民間のものであるため、書面材料はないが、譲ったり（転譲という）、買ったりすることができる。

　富裕な者であれば、鋼船を購入するのは1人でも可能だが、複数の者で買う場合が多かった。例えば、2隻を4〜5人で買うという場合などである。漁船を所有する者同士の関係は、漁船の更新や売買に伴い、一定していない。だが、全く無秩序というわけではない。例えば、よそから来た人でも、股を買うことができるが、今までのところ、東門島の外から来て漁船を買った人は一人もいないという。漁船を売ってしまって、東門島から出てしまった人が、戻って再び股を買うという事はあるが、一般的には、島の外の人も買いたがらないし、島民も外の人へは売りたがらないそうである。

　実際に、漁船を所有する間柄は、親戚、友達が多い。複数で購入する場合、他人は信じられないため、一般的に親族や友達と一緒に船を買う場合が多い。親族の場合、姻族と買うことも多いという。友達の場合、話をして、有能で、信用できる人を選ぶ。金を持っており、人とつきあう能力があり、人気を持っている人が良いという。

　姻族とは、妻や妻の兄弟である。この例としては、上記したI氏の例が該当する。I氏の父によると、兄弟は、妻の親戚よりもお金のもめ事が多いという。特に、男と男の間は直接で、荒々しいつきあいになり、兄弟の関係は壊れる可能性が高い。他方、妻の兄弟や妻の親類との間は、妻が間に存在するため、間接的で、柔らかくなる。「丈母娘的亲戚走的近」という表現があり、漁船の所有をめぐっては、妻の母の家の親族との仲が良い。姻族とは、実の兄弟よりも、金銭に関わる話を簡単に進めることができるからだという。

　股を転譲した人達の大部分は東門島に住んで、ほとんど運送の仕事をしている。海産物の新鮮さを保って、上海、北京、天津、寧波、杭州などの町に運んで、そこの会社に売る。近い所では、石浦、丹城（象山）、寧波へ行って仕事をする人もいる。たいていは、魚を保鮮するなど、漁と関係のある仕事をしている。

中日联合江南地区民俗调查报告辑

おわりに

　東門島においては、葬儀を支える社会関係は、親族と友人である。死者の子供に男が少ない場合、死者の兄弟が葬儀に関わり、その上、財産分与にあずかる点に、父系を重視する社会関係を窺うことができる。一方で、地縁に基づく近隣の社会関係が持つ意味は不明瞭である。また、操業中の死亡の場合には、漁船の船長から扶助がなされている点に（改革開放以降）、漁業組織の重要性を見て取ることができる。

　漁業組織のうち、注目されるのは漁船に関わる人間関係である。漁船に基づく社会関係は、所有者間の関係と、雇用者と被雇用者の間の関係に分類できる。今回の調査では、後者については充分な調査ができなかったが、前者について、少数ではあるが、父系の親族との間で所有する事例とともに、妻などを介して、姻族との間の所有を志向する事例を記録することができた。父系社会と称される中国の漁村において、このような姻族の存在がいかなる意味を持つのかは、今後の課題となる。中国漁村における漁船の股所有について、親族や姻族レベルに焦点を定めた詳細な研究は、管見の範囲で見あたらないからである。

　この課題は、大きく3点にまとめられる。①人民公社時代の漁業は、土地改革以前の地主や老板が所有する漁船を接収することに依拠して始まったと言える。従って、土地改革以前の漁業状況を再構成するとともに、人民公社への移行のプロセス、すなわち、初級互助組、中級互助組、漁業生産合作社、人民公社への移り変わりを、漁船（労働）組織に焦点をあてて明らかにすることである[①]。②改革開放の際、漁船の所有形態は、集団から、共同へと変わった。新たな所有者は、それまでに乗っていた漁船の乗組員がそのままスライドすることが多かったとされる。従って、後の時代の漁船所有者の親族、姻族の関係性を明らかにしていく上では、人民公社時代の漁船、すなわち生産大隊や生産小隊の構成を詳しく調査する必要がある。③改革開放期以後、特に、1989年を境に、股数が

---

　　① 中国漁村におけるこの移り変わりを、協同組合組織の再編成に焦点を当てて整理した研究としては、［王・広吉　1993ab］を参照。浙江省寧波市の山村（鄞県天童郷勤勇村）を調査した上田信は、当地の初級合作社の構成員が、解放前の同族関係を引き継ぎ、それを軸として形成されたと指摘している［上田　1986：下7－13］。

減少するとともに、少数の者による漁船の所有、すなわち、老板化が、工場経営の発展とともに、進んでいる。経済的な動向とあいまって、この現象は、市場や外部社会とのネットワークと無縁ではないだろう。そうした社会状況の中で、村落がいかに再編され、老板化が、村落の社会関係において、いかなる意味を有しているのかが課題になる[1]。日常の相互扶助、葬儀や廟の祭祀など、非日常の扶助などにも配慮し、総合的に検討していくことが肝要である。

中国における漁業村落の研究は非常に少ない。他地域における、資料蓄積とともに、比較研究も求められている。

参考引用文献

上田　信、1986「村に作用する磁力について（上下）：浙江省鄞県勤勇村（鳳渓村）の履歴」『中国研究月報』455・456、1−14, 1−20頁（中国研究所）

FAO、1997「中国漁業の概況」『世界の農林水産』704、23−36頁

王衍亮・広吉勝治、1993a「転換期における中国の漁業協同化運動−協同組織の再編成の経過とレヴュー」『漁業経済研究』38（1）、47−70頁

---

[1]　山東省と浙江省の漁村を調査した田畑と金丸は、経営主体の規模により、中国漁村を以下の4つに類型している［田畑・金丸　1994：68−85］。①個人経営、②単一の漁業集落による経営（漁業生産隊を形成）、③複数からなる漁業集落による経営（漁業生産大隊を形成）、④漁業郷による経営（漁業公社・漁業公司を形成）。別稿で田畑と金丸は、1980年代以降の漁村の大きな変革の特徴を、数名の漁民が自己資金を出し合い、個人船を共有すること、及び、国際間の合資によって漁業公司を設立することに見いだし、中国漁村や水産業は、経営主体が大きく二極分化すると指摘している［田畑・金丸　1991：23］。再編された漁村の協同組織について、王衍亮と広吉勝治は、多様に認められる所有制形式、経営方式の差異として類型化し、人民公社時代の経営体との間の変化を、継承型、解体再編型、新生型の3類型に分類している。それによれば、所有形式では個人所有制と混合経済所有制が多く、経営方式では個人経営、請負式経営及び仲間との協同経営などが多く、経営体は、集団、漁業協同組織、個人、個人の共同、その他などと多極化していると指摘している［王・広吉1993a：54−9、1993b：上38−9］。やはり、水産業の盛んな山東省と遼寧省における渤海周辺漁村を取りあげ、水産の郷鎮企業についての産権制度を検討した冷傳慧によれば、中国漁村集団経済のモデルともなっている山東省の邱家漁村のように、渤海周辺漁村では人民公社式の集団経営体が多く、従来の集団所有組織の傘下に請負制、或いはノルマ制などを導入している。他方、個人経営体の場合は、連合経営或いは新たな集団経営体へ変化する傾向が多いという［冷　1998：47−8］。FAOによれば、改革開放以降、漁村が採用した責任制度は、所有や経営の問題と関わって選択肢が複数存在し、そこに旧来の制度が維持されているという［FAO　1997：26−7］。現状は、地域や漁村によって様々で、相当複雑であることが想定される。

王衍亮・広吉勝治、1993b「中国における漁業構造の激変と協同組織の再編成－－就業構造変化の問題を中心として（上中下）」『農林統計調査』43（8）－（10），34－39，54－58，38－40頁

象山東門島志略編纂委員会編、2000『象山東門島志略』

田畑久夫・金丸良子、1991「中国舟山諸島の漁村－現地調査による比較研究－」『民俗と歴史』23、1－27頁

田畑久夫・金丸良子、1994「中国漁村に関する研究：山東・浙江両省を中心として」『比較民俗研究』9、53－99頁（筑波大学）

田原史起、1997「解放後の江西農村にみる耕地再分配パターン」『史潮』42、52－70頁（歴史学会）

張震東・楊金森編、1983『中国海洋漁業簡史』、海洋出版社

中村治兵衛、1995『中国漁業史の研究』（中村治兵衛著作集2）、刀水書房

羽原又吉、1961「中国漁業の沿革」『社会経済史学』26（4・5）、90－104頁

三富　亙、1999「中国漁業の変遷」『水産振興』33－5、1－52頁

冷傳慧、1998「中国における水産郷鎮企業産権制度改革」『地域漁業研究』38巻2号、37－49頁

練興常、2003『寧波海洋与漁業研究』、海洋出版社

摘要

渔村的民俗性格

中野泰

  与中国的渔业研究相比，渔村的研究时日尚浅。特别是日本人的研究，多集中在解放前，对于解放后的研究，寥寥无几。

  本稿的目的在于从民俗学的角度分析中国渔村的性格。村落性格最为重视的是村落生活中的共同共有及相互扶助。而为了揭示其在渔村中的具体状况，重要的是观察渔业组织与家联合的相关关系。本稿通过对象山县东门岛的调查，得出了以下的初步结论：

  在村落生活中的共同共有及相互扶助中，比起地缘上的近邻关系，父系血缘凝聚力更为瞩目。这在葬礼时对财产的继承中可以窥见一斑。

  改革开放后，东门岛的渔船也逐渐为个人所有，渔船的所有权和利益取得权，以股份合作制的形式分配于个人之间。血缘关系家庭的联手与渔业组织的关系上，以股份形式共同拥有渔船的人际关系十分重要。这种人际关系，一方面具有父系取向，另一方面正如俗话"丈母娘的亲戚走得近"说的那样，也重视姻亲关系。

  为了理解中国的渔村，有必要观察渔船的所有关系，进一步分析其中显示出的家联合的方式。这一课题，应该考虑到改革开放的影响，历史性地研究。

渔民家的妇女与女神信仰

刘晔原

2003年至2005年，笔者三次来到中国浙江象山石浦东门岛进行海岛民俗文化考察。东门岛号称"中国东南第一渔村"，有着悠久的渔业生产传统，保留了传统的渔村风俗，同时由于渔业经济的发展，又充满了现代气息。关于东门岛，已经有丁爵连先生主编的《象山东门岛志略》，记载颇为详尽，为考察提供了线索。限于篇幅，该书没有关于女性生活和地位方面的资料。因而本人在几次的调查之中，着重调查了妇女的现有生活状况和有关传统，力图梳理出女神信仰和现实生活中妇女的作用二者之间的发展轨迹。

第一位采访对象周亚芬是村里的妇女主任，中学毕业，2003年48岁。东门岛在1990年还被称为东门公社，1993年并入石浦镇，就改称为东门渔村，是石浦镇最大的渔村。东门渔村的村民委员会由七人组成，其中主任一人，副主任二人，治保主任一人，妇女主任一人，船务主任二人，一位在海上，一位在岸上。周亚芬是村民委员会中唯一的一位妇女，她的家里挂着上级奖给她的组织妇女活动的小三角旗。妇女主任主要是完成上级政府和文化部门所交办的各种与妇女有关的工作，比如计划生育、调解矛盾等常规工作，组织渔村的妇女参加各种石浦镇政府出面组织的节庆活动。

她所组织的活动有农历三月三的"踏沙滩"活动。"踏沙滩"是一项各个渔村之间具有比赛和娱乐性质、类似文体节日的活动。三月三是大潮期，下午东门岛的沙滩才能够全部露出来，因而活动要在下午才举办，一般要连续举办三天，从三月初二开始延续到初四。妇女参加的活动有如下几项：一是织网比赛，在规定的时间里选手们以织出的长度比赛输赢，要选织网熟练的女人参加。第二项是挑鱼比赛，在一定的时间里从船上到指定的囤积点，挑固定的分量，根据来往次数多少定输赢，因而体力好成为参加这项比赛的条件。三是被称为"辣螺姑娘"

的背篓比赛，两队对抗，背着背篓从船上卸货，固定时间里多者取胜。后两项活动表现了渔家妇女在船靠岸之后的典型劳作情况。

在这些生产性的比赛之外就是文艺活动，妇女们打腰鼓，参加初二、初四晚上和初三白天的扛台阁活动、对歌。对歌在海上进行，形式是一对八式，即一条大船上站着男歌手，在大船前面一排女歌手乘坐舢板，男女对唱，采用熟悉的曲调自编新词。2004年对歌用的是传统的老电影《刘三姐》中的对歌曲调，还有当地流传的马灯调，这一活动在当地是有传统的，渔民本身就有对歌的习俗。此外，一年一度的开渔节也要组织妇女参加，每年都要搞出新花样，所以妇女主任一要有组织能力，二要热心公益事业才能为本村争光。周亚芬的家在海边，是一座三层小楼，丈夫谢康满比她小1岁，以前做船老大，有股份船，现在村里做小买卖，联系业务，2004年已经把生意发展到石浦，做渔业生意。由于村里没有饭店，政府派下来的各种工作组都住在她家，也在她家吃饭。宁波市文联的张琳是两次考察活动的方言翻译，她就曾经作为工作组的成员，在周亚芬家吃住过半年，现在还保持很好的友谊。

根据周亚芬的陈述，村里妇女的情况可以按年代分成3代。

老一代渔家妇女。老辈渔民家女人是指70岁左右的渔家妇女，她们出生于20世纪二三十年代，基本上遵守当时的社会习俗。在五六岁的时候就被裹脚，尽管渔村坡坡坎坎都需要走路，担负的劳动也很重，但是却不能免于双足被摧残。今年81岁的金老太太，是我的第二位采访者。日常是念佛、玩麻将，身体仍然很健康。她谈起裹脚形象地说："衣服大襟做鞋面"，意思是说人还很小，脚也很小，做衣服大襟剩余的边角就够给小女童做一双鞋的面料，也就是5—6岁的年龄就要被缠足。否则，父母要被笑话，长大之后难以找到合适的婆家。解放以后才被允许放开，但已经无法恢复自然状态。70岁以下的东门岛渔家妇女，一般就没有再缠足，岛上相对于陆地农业村庄风气开化较早。这一代的妇女主要是做家务，生产性劳动的大项是织网、补网。织网的技术一般是由家里长辈传授，补网则要拜师学3年徒。补网不是女人专属的工作，每条出海的船都要有一个补网师，自然由男人担任，上岸之后则由女人在岸上补。

渔民的家务劳动相对简单，主要是照顾老人孩子的一日三餐。相比而言管理家庭责任重大。丈夫在家的时间有限，即使不出海也不管家，也只做一些船舶的维修等劳动，完全不负责家中的任何管理工作，因而家中所有的事务都由女人管

理。用渔民的话说是"男人出海，女人掌舵"。一个家庭形象地比喻成一条船，女人才是舵手。不仅全部的现钱由女人管理，支出、人际交往、金钱借贷也是女人出面，东门岛的借贷都在个人之间进行，女人出面才有信誉，家家都是女人管钱，男女共同去卖鱼的时候，也是男人管称，女人背包收钱。形成了渔民女人的特殊地位，也培养了渔家女人很强的管理能力和坚强的性格。渔船进港之后女人可以上船帮助收拾或往冷冻车上搬运。老一代的渔村妇女要负责做衣服，丈夫出海的灯笼裤、厚夹衣都由妇女来做，因此非常劳累。

东门岛老一代的女人也有婚嫁到石浦镇的，这在当年一般都是童养媳。我的第三位采访对象余老太 2005 年 92 岁，婆家姓邱。她 12 岁从东门岛嫁到石浦镇当童养媳。据她的口述，婆婆很好，没有更多的打骂行为，对此余老太感到很满足。当童养媳的时候她最多的一次是回到岛上住了 10 天，然后就回婆家，从不赖在娘家。18 岁成婚，这六年里她学会了做家务、做衣服，也学会了婆家的规矩。童养媳结婚的时候也摆酒收人情，但没有花轿和吹打，娘家也不来人。请的都是婆家的亲戚和邻居，第二天婆婆叫人带上酒菜到岛上去送给娘家人，正月里请娘家人吃酒席。因为石浦是东门岛渔民卖鱼和购物的地方，她在石浦有家，娘家的父亲来镇上有落脚之处，很引得渔民们羡慕。她的公婆很乐意招待她的娘家人。当童养媳也有彩礼，余老太娘家兄弟四个，父亲是种田的，当时生活比较困难。直到弟弟长大了，开始捕鱼，家里也富起来。婆家有铁铺，丈夫是铁匠，打修船的钉，他们育有四个儿子一个女儿。遗憾的是丈夫 42 岁的时候肺病去世，余老太当时 40 岁，小儿子只有 5 岁，女儿 8 岁，还有一个年迈的婆婆。像所有的渔家妇女一样，余老太坚强地挺起了全部的家庭重担，孩子由婆婆在家管，自己出去赚钱。主要的工作是给来到石浦的福建商船、渔船洗衣服，也给来往的戏班子洗烫戏服，肥皂由对方供给，衣服拿回来到有泉水的地方去洗，主要是手洗，这对戏衣很少损害。石浦一带庙戏很多，她勤苦耐劳，人们愿意把活路交给她，也常给她一些旧衣服和鱼，余老太的弟弟在东门岛捕鱼，也常有接济。余老太就这样抚养了所有的儿女，现在仍然头脑清晰，耳聪目明，自己一个人住在女儿的隔壁，生活由女儿照料，自己收拾得很整齐，仍然代表着东门岛妇女的要强。90 岁以后她就没有再回过东门岛，以前侄子经常来接她回去，对于东门岛仍然充满着留恋。

相对于农民家庭的女性出嫁以后没有经济权利，对于娘家要尽义务少，渔民

的妇女掌管着经济权力，对于娘家的事情参与较多，经济往来能够做主。因而在20世纪40年代，渔家妇女已经有了较多的经济权力。习惯于出头露面，谋划和主持大事。

中间一代渔家妇女。第二代的渔家妇女是指40—60岁的人。她们主要生活在中华人民共和国成立之后，接受了一定的教育，有很强的表达能力，也享受了上一代所没有的轻松。她们继承的是上一代持家和交际的能力，同时又有很强的心理优越性。因为20世纪50年代中国特有的户籍制度和渔民生活的保障性不断得到加强，社会地位相对高于农民，女人嫁到渔家只做家务，没有繁重的农业劳动，因此渔民的女儿只愿意嫁给渔民，伙食好，劳动强度轻，男人出海后，有很多的空余时间可供娱乐和休息。更主要的是渔民户口在管理体制上高于农民户口，渔民由国家供口粮。在变更户口的时候渔民的户口很容易变成农民户口，而农民户口不允许轻易变成渔民户口，这更增加了渔民女性的自我认同和心理上的自豪。因而这一代的女性出身渔民的婆家往往比较富足，与丈夫年貌相当，而外来农民家庭出身的女性的丈夫和家庭或者经济状况较差，或者相貌较差。形成这种状况最根本的原因是渔民的收入远远高于农民，1年渔业的收入往往顶农民5—10年的收入。

周亚芬就属于第二代妇女的典型。家里的所有大事都由她来管理，连收养孩子这样的大事丈夫也不管不问，完全顺从女人的意见。周亚芬就收养了一个女儿，是一个石浦女孩，名叫林宁，7岁的时候父母因事在外，女孩跟奶奶，奶奶年龄太大照顾不了，周亚芬和小女孩的爸爸认识，看到这种情况就带回来教养。小女孩儿一住四年，称周亚芬为妈妈。四年之后林宁的父母回来了，接走了女孩，这一切丈夫从未过问。丈夫回来第一个动作就是把一包钱交给她，然后就不再管其他的事情。交钱的时候笔者也在场，她的丈夫显得很自然很本色，其态度本身形象地说明了这种家庭管理模式的久远和普遍。

第四位采访对象邵女士，2005年50岁，豪爽健谈，她几辈都是本岛人，与丈夫是表兄妹。她23岁结婚，丈夫17岁下海捕鱼，身材高大英俊，人也老实厚道。邵女士的父亲参与了第一部电影《渔光曲》的拍摄，谈起来很自豪。现在她的娘家是搞工业的造船户，丈夫家搞渔业，生活条件很好。邵女士自己一辈五姐妹三兄弟，同父同母。在她那一代很普遍。现在一般要两个孩子，邵女士一个儿子在岛上捕鱼，一个女儿嫁在外岛捕渔家，已经有了一个外孙，邵女士去看看，

过年拿钱给外孙。邵女士也是第二代渔村妇女的典型,她们都不会做针线,穿用都是集市买来,丈夫出海后看电视打麻将成为主要的消遣,赌注很小,一天20块人民币左右。此外也拜拜佛、念念佛,因为家务活仅限于烧饭,男人出海后伙食也很简单,每天有大块的闲暇时间。东门岛的民风至今很淳朴,没有离婚的现象,妇女们正正经经地守着家,等着出海的男人,形成了互相监督的习俗。现在也有男人因为生意的关系在外面传说有了女人,但不敢带回岛来,邵女士说,如果有谁敢把小婆带回村里,村里的人会帮忙打死。她的陈述再一次补充了"女人掌舵"的情形。她在家管钱、管支出、出面借钱,参与买卖。丈夫除了下海就完全不管家里的事,一个月或20天才回来一次,回来也只是准备下一次出海,修修网,维护机械,家里的事情连问都不问,需要买东西就伸手向女人要。家就是女人的,男人只管到海上去闯,到世上去赚。男人回家的第一件事就是把钱交给女人,以后就是听戏玩耍。女人要把男人像一个大孩子一样管起来。

渔民孩子的哺育和教育都由母亲负责,村里的儿童教育主要在村内解决,村里有小学,一般7岁上学,接送都是妈妈负责。上中学去石浦,因为隔海要乘渡轮,来往不方便都住校。母亲要负责打理住校的所有需要。东门岛的孩子一般都读到初中毕业,上高中、上大学也不在少数。这些事情直到现在过问的男人也很少。

渔民的主妇很尊敬丈夫,因为男人出海在外的时间多,很辛苦,相聚的日子较少,所以夫妻之间吵架的很少。丈夫在家的日子,都要尽量改善伙食,让丈夫有酒喝,有菜吃,有玩伴,身心得到恢复,因此上岸的日子对于渔民来说如同假日,放心地把自己交给女人去安排。

年轻一代渔家妇女。第三代渔家女是指20岁的一代,她们都有文化,相当一部分已经走出了海岛。周亚芬的大女儿中专毕业,地质专业,现在象山县城建局工作;二女儿师范毕业,在石浦管辖下延昌镇幼儿园工作;三女儿上大学,在浙江工业大学学习艺术设计。这些走出去的和正在走出的渔家姑娘,已经完全融入了现代的城市生活,对于渔村没有眷恋,她们区别于农村或城市青年的特点是她们的海产品知识较多,对鱼类、贝类有很好的品尝能力。初中毕业没有考上高中的女青年回渔村的只是少部分,大部分喜欢在外面打工,很多人就在外面成家立业,所以村里年轻的姑娘比较少。风俗的传承主要是靠第二代的妇女,她们现在一般仍然在管理着家庭,掌握着财权,她们领着已婚的渔家当代女人,参加村

里的活动，使年轻的渔家妇女也成为村里风俗的继承者。

妇女除了承担家庭管理之外，另一项大事是人际交往。渔村里保持着传统的互助习俗，婚丧嫁娶、孩子满月做生日都有人情往来，亲戚圈的交往都靠女人来维持。周亚芬的外婆家6个表兄弟姐妹之间的儿孙辈都在来往，几乎每个月都会有人情，这些都要靠女人之间传递信息，维持良好的礼仪关系。当地讲究"喜事请到门，白事送上门"。意为办喜事对方会主动来告诉你，请你到时去吃喜酒，自然也要相应的礼物和礼金。白事指丧事而言，中国人的传统孝服是白色，挽幛挽联也都为白色，因而得名。办丧事的人家并不会请你，而亲戚朋友要主动关心，从老人病重开始就要不断地问候，老人过世，一般要选日子下葬，普通的7天、10天，这期间都有亲友不断地慰问，家里需要有人招待，女人要视自己家与死者关系的远近前去吊问帮忙，所以女人在外交方面的能力也是维护家庭地位的重要一面。

渔民豪爽大方，渔家的妇女谈话爽快，在人情往来中出手大方。东门岛现在讨媳妇要花6万现金，电器、房子都是男家置办，女家如果富裕一般出3万，否则也可少贴些。贺喜的邻居每人一般是1000元，办喜事要100桌，每桌40个菜，要有七种以上名贵鱼类，这大大高出同时期的农村。在80年代中期，是渔村收入成倍提高的时期，女人一年要打三四万元的真黄金首饰。渔家的婚俗也很有特色，总的说来是重聚餐，办一次喜事男家要管客人3餐，女家要管客人两餐，因而办喜事常要邻居或亲戚家里同时招待客人。在结婚的当天，男方可以上门接，女方也可以自己来，路上遇到熟人会拦住新郎或新娘讨要喜钱，新人要拿出50或100元，叫作买糖钱，来吃酒的人临走的时候也讲究不空手，都要带一包海鲜。随着商品经济的发展，村里也开始有了为村民服务的商业场所，在主要的村道上，小店一家挨一家，基本上做到了日常需求不出村，其经营者以前基本上都是女人（近几年由于渔业收入减少也有年轻的男人不愿再上船，或雇佣外地工人而自己在家经营的）。

第五位采访对象叫罗娇莲（1949年生人），她是村里唯一一家礼堂的经营者。过去村里主要的公共场所就是庙，村里招待集体的客人、举办大型活动都在庙里。连老人过世收到的花圈也都放在庙里。但是庙里不能为个人家办丧事和喜事，在我们采访的日子里，有两户人家办喜事，都是在自己家和邻居家举行，由于地方狭小而显得凌乱。还有一家老人过世，场面就更大，当地习俗重丧不重

喜，喜事大场面不多，老人过世却要大操大办，常常几天连续有客，这对于村道窄、房屋连房屋的岛上渔村来说是比较为难的。现在罗娇莲经营了礼堂。以前村里吃水困难的时候，她家用船运水卖，后来村里修了水管，从石浦引来淡水，她就在村里开一个公共浴室，生意还好。现在家家装修之后，都有了洗浴设备，她把浴室改为礼堂，供村里人举办婚礼和丧礼使用，因为村里只有这一家，所以生意很多，最多的年份每个月都会有两到三单的生意，她在原来的院子里盖了塑料棚顶，把原来的浴室改建成厨房，备有蒸笼和锅灶、盆碗等，满足65张大圆餐桌的使用，足够村里人家办大事的排场。遇到年长而子孙众多的老人过世，65桌仍然不能满足需求，常常会两三次，当地叫作"翻桌"。这样的经营规模应该说不算小，但是只有罗娇莲和她的一个媳妇两个人经营，儿子只帮助管理维修。当办酒席的时候，会临时找两个厨师，带上七八个小工来专门做，支出都由办事的人家直接与厨师结算，罗娇莲只管出场地和帮助联系。办酒席所用的原料由送菜人直接送来，送一桌原料5元，因为办事的人家都有自己的渠道，所以原料的采购由办事人家自己负责，在整个过程中，罗娇莲要帮助招呼客人，但是不到席面上吃饭，主要的工作是客人走之后要收垃圾洗地，洗碗盘，收拾桌椅也很劳累，常常要干上两三天，每年的收入1万元左右。从谈话中罗娇莲对于自己的经营感到很满意。她的丈夫虽然不上船了，有时也帮助出主意，但是完全不参与经营。

现在东门渔村的一个普遍的习惯是找"月嫂"，这是指妻子生孩子的时候专门找一个女佣为产妇做饭并照料孩子，这都是婆婆家负责。我采访的邵女士自己生孩子也找了月嫂，她的女儿24岁，今年生孩子也请了月嫂，说明这一风俗至少已经有了30年。老一辈的时候是婆婆帮忙。当月嫂的有的是农家妇女，也有本岛人，月嫂要在产妇家帮忙两个月，请不起月嫂的人家一般会受到议论，娘家也会有意见。这一切都要靠女人来张罗。

妇女经营着自己的家，也要对自己娘家的事务负责，娘家有了大事，要出面帮忙，出钱出力。父母过世女儿也有义务，当地称儿子办丧，女儿打灯，做女儿的要糊一只大大的灯笼，当地叫作"血糊灯"，造价在200元以内，同时要请和尚来念经，最少要念5天，这样的费用女儿也要承担一部分。此外逝去父母的铺盖，当地称为灵床被和寿衣要完全由女儿承担，灵床被要达到10多条，寿衣要多达7套。

总之从方方面面来看，岛上渔民的生活基本上是由妇女在操持，男人只管在

海上劳作，回到岛上也只是围绕着船和船上的工具忙碌。船是男人的世界，渔民把船称为龙船爷，女人不上船，哪怕是接新娘，新娘也只能放在杂物舱里。对此老渔民有自己的解释，船上地方狭小，颠簸，男人在船上都很随意，对于掌舵的船老大来说在风浪大的时候，离开舵把从容小便的时间都没有，所谓灯笼裤裤管很宽，如果感到需要小便，由其他船员拿一个竹桶从裤子下伸进去，一边工作一边解决，可以想见，妇女在船上的不便。同时海上作业需要集中全力，有女人在会因情感或性引出男人之间或男女之间的问题，"一女在船，十男不便"。久而久之便形成了船对女人的禁忌。与此相印证的是当船停在码头，妇女就可以上船去收拾物品并帮助卸船，船对女人就不是禁地，只有出海的船才是女人的禁地。产生禁忌的主要原因是由于妇女的生理条件。因而出海成为男人区别于女人的生产方式，男人以此为骄傲，大海是渔民男人的用武之地。而女人则是男人岸上永久的家，永远的记挂和期盼。男人是作为单纯的生产者而存在，而作为人生路上的一切世俗的活动都要由女人来安排。因此女人是男人的心灵上的依靠，也是生活中的依靠。因此不难理解，渔民中很盛行妈祖信仰。

第六位采访对象叫韩素莲，是东门岛的妈祖庙内的女主持，2004年54岁，她虽然不像周亚芬一样是名正言顺的妇女主任，但也是村里的重要角色，因为敬妈祖、到妈祖庙活动是东门岛渔民的常规活动，庙里的很多事情由她出面。她更代表了生活中的渔家妇女，能够号召对妈祖庙有兴趣的妇女，到庙里志愿服务，经管着庙里的香火和卫生。东门岛的妈祖庙建于清朝嘉庆，祭祀的历史已经很长，农历三月二十三日是妈祖的生日，每年此日船老大都要穿戴整齐，到妈祖庙烧香，然后把装有妈祖庙香灰的红香袋送到定海岱山与屿山一带，那里是黄鱼的出产地，渔村的渔民在那里加工黄鱼，用老酒糟起来，卖到宁波、绍兴。也有渔民把妈祖像请到船头，举行供奉仪式，庙内一连几天唱戏庆祝。因而祭妈祖是每年春天东门岛的大活动。男人们轰轰烈烈，女人自觉地管理起所有的幕后的工作。2005年6月23日到28日庙内举办了盛大的庆祝活动，庙内摆酒105桌，一桌10人。1000多人的大仪式，在一般的村子里是少见的活动，厨师都是自愿报名，来会餐的人都自己带钱，完全是民间的活动，其中多数工作都是岛内的妇女完成的。

渔民对于妈祖的虔诚，有很多民间故事的支持，包括对于妈祖生前救助海上父兄灵迹的传讲，妈祖在渔民遇到风浪之时，在空中亮出红灯，指引着渔船走出

风浪，找到避风港，甚至能够知道在海上遇险的渔民能否平安回来。这些妈祖信仰之中常见的材料常常让我思考：渔民的习俗是禁止女人出海的，海上的救助应当是男人的行为，女人对大海的陌生和体力的限制不可能担当非常状态下的海上救助，因此现实中不存在这样的基础。妈祖的诞生和妈祖信仰在渔民中盛行应该有它另外的意义，通过对浙江象山石浦东门岛渔村（其他渔岛的渔民生活材料也可以印证）的妇女在渔民生活里的状况和地位的考察，梳理出妈祖信仰的现实基础。渔民说"男人出海，女人掌舵"，男人出海是劳作，女人掌舵是掌握着家庭中所有成员包括出海的男人的生活。它形象地说出现实中渔民对于妻子的依赖。男人到海上劳作，到渔港换钱，把自己的收获交给自己的依赖者。女人生存在陆地上，漂泊在茫茫海上的男人们心里边都有一块可靠的陆地家园，只要回到这里，便会身心放松，尽情地娱乐休息，自己的劳作才有了意义，而家园的代表就是家里的女人。从符号上说男人代表着漂泊在海上的船，女人则代表着坚实的陆地，见到了女人就见到了海岸，就有了保护和生存中的一切。正是这一现实和期盼之中催生了妈祖信仰，妈祖是渔民所依赖的女人的最高体现。因而在海上搏击的渔民才会幻化出一位女神来实施海上的救助，所有的男人那样真心虔诚的崇拜着妈祖。在袅袅的香烟里把自己的心灵交给妈祖，如同交给了自己的女人和自己陆上的家园。因而在东门岛上虽然有很多庙宇，但是渔民心灵相通、生活相关的只有妈祖女神庙。了解了海岛上女人的现实作用和她们的符号力量就会知道二者之间必然的联系。妈祖信仰来源于渔民对于女人的依赖，来源于渔民对于陆地家园的依赖。

摘要

漁村の女性と女神信仰

劉　曄原

　　東門島の漁民は、中国沿岸の多くの漁民と同じように海の守り神である媽祖を信仰している。東門島の媽祖廟は清嘉慶年間に建立された。3月23日が媽祖の誕生日である。漁民は媽祖像を船の舳先に安置し、伝統的な漁民の作業着を着て祭祀儀礼を行う、廟内では5日連続で歌や踊りを行い祝う。多くの民間故事や、媽祖が誕生前に海上の漁民の命を助けたという伝説まで、漁民の媽祖に対する信奉は強いが、それは漁民が時化に遭った時、媽祖は空中に赤い灯火を掲げて漁船を波風から嵐避けの港に導くという信仰に依る。媽祖には海上で遭難した漁民が無事帰還できるかどうかさえ分かると言われるような媽祖信仰に見られる要素は魅力的である。漁民が海上で救いの神を熱望し、神を創造することは理解できるが、何故それが媽祖なのか、すなわち女性の形で現れて、漁民の普遍的な信仰を獲得することができたのであろうか？　漁民の習俗から言えば女性が海に出るのはタブーであり、海上の救助は男性の仕事である。女性は大海には慣れていないし、体力的にも非常事態の時に海上救助は出来ないので、現実的にはあり得ない。

　　媽祖の誕生説話と媽祖信仰が漁民の間で盛んなのは、他の意味があるのであろう。本稿は象山県石浦東門島の漁村における女性の生活状況と地位を調査することを通して、媽祖信仰の現実的基盤を明らかにし、現実の漁民女性の地位をスケッチする。漁民は「男性は海に出て、女性は舵を取る」という。男性は海に出漁し、女性は家の舵を掌るという意味である。実際に漁民は海上で労働し、漁港に戻って現金収入を家に入れる。生産地域の分業から言えば、女性は陸上に居るが、茫漠たる海上に漂う男性の心はみな確実な揺るぎない陸上の家庭にある。家に帰りさえすれば、心身ともにリラックスし、思う存分楽しみ休

息でき、自分の労働の意義すら感じられる。シンボリックに言えば、男性は海上の船に漂うことを現し、女性は堅実な陸地を現す。女性を見ることは、海岸を見ることであり、保護と生存の一切を獲得することになる。これら全てのことが媽祖への信仰を産みだし、媽祖は漁民の現実生活中で頼れる最高の女性である。故に海上で波と戦う漁民は、海上救助の女神を創造し、全ての男性は心から媽祖を崇拝している。線香の薫りの中で自分の心を媽祖に捧げると同時に自分の身近な女性と陸上にある家庭にも捧げる。従って東門島には廟が沢山あるが、漁民の心と通じ合い、生活と関連しているのは媽祖女神廟のみである。東門島の女性の現実的役割と彼女達のシンボリックな力とを理解すれば、両者の必然的関係が分かる。媽祖信仰は漁船の陸地への依存と、漁民の女性に対する依存と信任から生まれたものである。

精神生活中的菩萨戏

陈勤建

1. 多元地方神灵组合的庙宇艺术文化空间

东门岛渔民精神生活中的菩萨戏，是东门岛特定生活场景——多元地方神灵庙宇所构架的独特公共艺术文化空间。这里的文化空间，是按照联合国文化遗产保护中所指的：一个可集中举行流行和传统文化活动的场所，或为一段通常定期举行活动的时间，这一时间和自然空间是因空间中传统文化表现形式的存在而存在的独特的文化艺术样式。

东门岛，地处象山半岛南端，与石浦隔港相望，是一个著名的海岛渔业村，也是一个闻名遐迩的神灵福地，全岛仅约 2.8 平方千米。历史上，岛上寺庙屡有兴废，计有庙庵 14 座。从西向东，现尚有财神庙（圆峰庙）、平水大王庙、东门庙（祚圣庙）、王将军庙、大雄宝殿（现王将军庙后殿）、天妃宫（妈祖庙）、城隍庙、关圣殿（关帝庙）、药禅寺（在建中）、东景庙等。平均 0.2 平方千米就有一个庙。如果按照它在海岛依渔民居住地实际布局，主要的庙宇几百米就有一个。该岛现实际居住人口 4000 千余人，故不论是按面积，还是按人员，其分布的密度都是罕见的。

东门岛庙宇众多，渔民崇信的是宽广的泛神空间，大抵是民族的多元的民间神灵。他们不像佛教、基督教、伊斯兰教等宗教的信徒那样，皈依于一派寺庙教主和教义，而是同时信奉几个庙的神灵菩萨。被调查的渔民几乎异口同声：不同的菩萨，有不同的神力。如妈祖，是海上保平安的。打鱼人出海风险大，性命不安全，相信妈祖菩萨会保佑，所以，每逢鱼汛期出海捕鱼，总要到天妃宫妈祖庙去求拜。现在，摇橹的木船变成了钢质的机动船，又有气象预报和卫星导航，安全性能极大提高，可是，天有不测风云，人们心里信仰依旧。平时，人们会按不

同的需要向具有不同神力的菩萨祈求。调查中，我深感当地渔民不知道西方异教徒之间的水火不相容和宗教战争，不曾想到自己朝拜的菩萨之间是否会不和，也从未感到这有什么不妥，显现了与宗教不一样的平实自然信仰的异彩。

在民间，祠堂是血缘关系组合的宗族的公共活动场所，庙宇是地缘关系组合的公共活动场所。人们俗说"红庙黄寺"，供奉地方神灵的庙，外墙涂暗红的颜色；供奉佛教的寺，涂黄色的颜料。红庙不像佛寺，比较宽松、随意。平常随便什么人都可以任意走动。东门岛的庙宇，大多是中国传统的地方红庙。平时，它们大多是人们日常休闲聊天、交换信息的公众活动场所。其中三个最大的庙宇：王将军庙（俗称泗洲堂）、天妃宫（俗称天后宫）、城隍庙内均有大的古戏台，可以在祭祀菩萨、祈求菩萨、感恩菩萨等信仰仪式活动中，举行民间戏剧展演，从而构架了地方神灵信仰烛照下，风格独异、信息量更大的公共艺术文化空间"菩萨戏"。

据我们实地调查，当地人相聚密度最高，一年四季最经常化的文化空间场景，是在庙里看菩萨戏。庙里演戏通常是以下几种：一是菩萨生日，二是过年节，三是遇大事求菩萨，四是知恩还愿菩萨。这些娱神又娱人的艺术文化空间，成了当地民众人神交融、思想交流、情感宣泄、艺术观赏的理想场所。在没有影视，特别是电视机的年代，它具有独特的优势。到了今天，家家有电视的时光，它还没有失去昔日的光彩。因为，人们观赏菩萨戏，不仅仅是为了看戏，而菩萨戏，这种艺术文化空间，名谓"戏"，实际展示给观众的并不仅是戏剧意义上的"戏"。

2005年8月7日我去东门岛调查，发现王将军庙内正在演出菩萨戏。赶到庙中随访得知，是私家出资祈愿王将军福佑一中年男子康健的祈求戏。我在现场仔细观察：王将军金像大殿的正对面，是一座精美的古戏台。大殿神案前的空地及两侧，大殿的台阶、至殿院天井空地，密密麻麻布满家用的小板凳、靠背小竹椅。大约演出前半小时，人们纷纷赶来。老人小孩居多，也不乏中青年，有的还是时髦的女性。有坐有站，大殿里外挤满了互相招呼、交谈聊天的人群，情景不亚于江南古镇的茶馆茶客们的热情交流。开场了，还有好几位身穿吊带背心，打扮入时的女孩，三三两两，脚蹬拖鞋，旁若无人，簇拥鱼贯而入，矗立在观众前，在戏台下，嬉笑议论台上的演员和古装戏。两者在庙宇底下，立即形成了强烈的对比。我注意到，她们的出现，似招摇，似张扬，不时引走一部分人的眼

球，招来窃窃私语。台下观众目不斜视，一心观摩者，似乎不多，大部分观众，聚在一起，边看边聊，似乎有说不完的话题。庙殿上下，戏场里外不断有人进进出出，一群小孩子嬉戏，走马灯似的不停地欢奔腾跃。更有几位善女信徒，口中念经，手里折纸锭，双眼观戏，一身三用，各不相扰。

台上演员演出的"路头戏"——《父子同春》，演员一时断了唱腔，对不上说白，变成互相提示，台下人看得清清楚楚，也不碍事，因为观众都知道这"路头戏"本身是没有标准脚本的，戏好坏，有戏没戏，全在演员临场情景情致的戏剧性发挥，让人觉得有味，而不在乎一两句的破绽。甚至，有的演员扮演古代的婆婆媳妇，婆媳摩擦，讥讽话语，说的是当代流行的俏皮话。众人听了，不觉意外，反哈哈大笑，感到特别的来劲。

日场戏，通常是演两场。据戏班相团长介绍：首场戏的程式是固定的"庆寿戏"。一般分"八仙寿"和"天官寿"两种。前者演员分别扮演王母、八仙、童男、童女，至少要有11人；后者天官和仙女的扮演者最少要16人。在面积不大的庙宇和戏台中，两者的演出队伍不算小了。"庆寿戏"是菩萨戏中最具有明显神灵信仰祭祀形态的艺能。所谓艺能，泛指不脱离信仰祭祀活动的艺术形式。这种戏演出时，台上台下祭祀、娱乐同时展开，整个场景，似演戏，又不似演戏。是庄严的祭祀，又有欢笑的戏文情景。以当天下午的"八仙寿"为例：开演后，扮装王母、八仙的演员，先后由童男童女导引，在戏台上分别粉墨登场亮相，说白道贺，然后，全体排成一行走下戏台，鸣锣开道，绕大殿一周。至大殿正中，王将军塑像前，演员个个神情肃穆，虔诚地焚香磕头，祈求福佑。朝拜完毕，又开道，上戏台。演员下来祭拜时，大殿上下，观众情绪，随着舞台八仙的队伍而激荡起来。纷纷站立，扭身观赏，不时发出评头论足的啧啧声。演员重返戏台的时候，台上殿下，人声鼎沸，只见戏台上，扮演神仙的演员们扶着挂满红色果子的蟠桃树，正欲往台下送去，台底下，十几个顽童，争先恐后涌向前去，欢腾雀跃，高举双手，大声嚷嚷："给我！给我！"庙外，爆竹声，阵阵骤响，一时间，王将军庙内，成了热闹非凡的欢乐海洋。戏台上下演员和观众交流，俗信和艺术交融，菩萨和凡人神会，已分不清是在演戏还是在祭祀，或是欢娱。菩萨戏这种独特的艺能，使人们享受着纯戏剧艺术或其他纯观赏艺术所无法带来的精神感悟。

2. 国家民族历史意识的民间阐述和接受

东门岛大部分未受过正规历史教育的民众，其精神世界中的历史观，基本上是从长年累月观赏菩萨戏中对历史的民间化演义获取的。菩萨戏，顾名思义，就是与菩萨信仰联系在一起。在一些人看来，菩萨就是迷信，菩萨戏是宣传迷信的艺术，当然不可取。其实不然。东门岛的菩萨和菩萨戏，除了确有迷信成分以外，还有它独到的深刻的历史文化内涵和教育意义。

东门岛的菩萨信仰与官方认可的宗教信仰不一样，属于民间的俗信。不论是过去还是现代，东门岛庙宇供奉和渔民祭祀的菩萨以地方神灵为主。一类是影响大，为大家所熟悉的地方神，如福建、浙江、台湾等沿海及海岛广泛流行的女神妈祖。一类是东门岛所独有的地方神，如王将军。他们与中国绝大多数的民间神灵一样，生前为一凡人，因有益于地方百姓，身后被当地民众追思崇奉为祭祀的神灵。王将军曾为元代庆元路学录东门巡检司事，原名为王刚甫，尊称王公。2000年8月版《象山东门岛志略》云："王公，象山人，祖籍福建。元至正中，受命于兵起盗发之际，檄摄东门巡检司事。雄勇智谋，纪律严明，爱抚百姓，体贴士兵。居六年，盗不犯，民安之。刚甫明而能断，民趋其令。相讼者不之邑，而之东门，闻一言释憾而去。后枢密院使恶其不附己，罢之。及刚甫去官，东门被破，民追思刚甫，歌慕之。明洪武初，兰、秀山民兵为乱，袭象山，县丞王茫入于海，王公散家资，募民为兵，率勇敢之士，袭其营，迎令丞以归。然刚甫不以此为自豪，卑身下士，人有遇难，不问利害，以身援之，弗责其报。晚年受诬入京师，狱中卒，年六十八。里人感其德泽，在泗洲堂旁王公庙，塑立像，颂为将军。"嗣后，王将军庙经历代修缮，保存完好。庙前砖条石包檐红墙，有石库门式的山门3座。中门上书"王将军庙"，左右两门各书有"为国""为民"大字。足见民心敬仰所在。由此可见，王将军一类神灵原是地方上为民办事造福的好官。后人不忘他们生前积下功德，塑像建庙，祭祀纪念。而他们构成了当地民间神灵信仰的主流，渔民精神生活的源流。东门岛庙里的菩萨，虽然互不相同，但是人们供奉和崇奉这些主体，理由大都是这样。

东门岛，地处偏壤海隅一角，历代为海防一线。传统社会里的渔民少有读书受教育的机会，渔民们的国家意识，及对历史的领悟、民族的认同，靠的大多不是官府的教育，而是地方神灵信仰烛照下菩萨戏里的形象启蒙。

东门岛的渔民对宋元明清时，本岛曾作为海防要塞的东门寨、昌国卫等的历史，多有所耳闻。对岛上残存古城墙、抗倭等保家卫国遗址和传说，也略知一二。留在人们记忆中的家谱表明，有些渔民本身就是某位卫戍军士的后裔。这些也构成了渔民们对国家意识、历史史观、民族认同的基础。然而，真正的认识，是自古至今，绵绵流长的庙宇戏台艺术文化空间的菩萨戏。

首先，菩萨戏所娱的主要对象——所在庙宇的菩萨，本身就是一个具体的乡土历史教材。在东门岛的老人们的心里，他们供奉的地方菩萨，都是当地历史上有名有姓的为国为民的模范，是他们开创了东门岛的历史，奠定了东门岛的国家和民族归属。2003年8月8日，我反复追寻一个疑惑：东门岛众多庙中为什么唯在王将军庙、天妃宫庙和城隍庙中有古戏台？又为什么要在这些庙里演菩萨戏？当地老渔民王麻有（86岁）不假思索，脱口而出道："表扬民族英雄，保护自己国家的海洋。这些庙里的菩萨，都曾是有功劳的人。"

其次，庙里的古戏台也框定了菩萨戏的历史观。每个古戏台，都是古色古香的楼台建筑，并配有楹联。高悬在王将军庙的古戏台的上联云"优孟衣冠启后人"，下联云"戏台方寸悬明镜"，横联为"鉴古今"；天妃宫戏台的上联为"两副面孔演尽悲欢离合"，下联为"一曲越剧唤醒今古奇观"，横联是"观古今"；城隍庙戏台的上联是"我这里轻饶那个快回头，莫去害人"，下联为"你背地做些什么好大胆，还来瞒我"，横联也是"鉴古今"。三个古戏台，宗旨只有一个：以戏为镜，察古今历史变迁，明人间是非曲直。

还有菩萨戏的内容，更是充满了民间性的历史、民族、国家阐述。菩萨戏按形态，当地民众分为"武戏"和"文戏"。武戏中按内容而言，王麻有老人认为，大部分为"国戏"。他说的国戏，大抵上是指由传说、逸闻、别史、野史构建，民间化历史演义的安邦定国、宫廷争斗、改朝换代的一类戏文。类似于我们今天所说的历史正剧，但往往与历史正剧有不同视角、内涵的历史性戏文，如：桃园三结义，赵子龙浴血长坂坡，薛仁贵征东、征西，杨家将大战洪寿涛，穆桂英拜帅，狸猫换太子等三国、隋唐、宋元、明清征战和宫廷戏。所以，为啥看菩萨戏，按王麻有老人的话，"看戏，看朝代兴衰，看忠奸，看忠孝，看皇帝（好坏）"。他们就是通过菩萨戏一类戏文认识自己国家民族历史的。

另外，当地的菩萨戏演出，也是亲友交际的情感纽带。人们常常借此机会，邀请亲朋好友相聚，增强了亲友间的凝聚力。特别有意思的是，此时，邻里之间

还发展出另一种特殊的友情，即借人客。我主家来人客5人，邻居家来客3人，相互商定，合在一起，一桌8人，由我主家招待，下次，我主家来客3人，由你处款待。这又加强了邻里的感情，促进了社会的稳定和民族的团结。

3. 生活经验和人生观的教科书

两年来，3次实地调查，我深感到菩萨戏在东门岛渔民精神生活中，占有比较重要的位置。除民族国家历史意识的感悟外，更多的是精神的依托，对生活经验的形象体验和人生观的潜在塑造。菩萨戏犹如人生的百科全书，启迪你如何做人，艺术地潜移默化制约并规范着受众的人生道路：怎么择偶？怎么对待丈夫或妻子？怎么教育子女？怎么面对人生坎坷？怎么处理婆媳、妯娌、邻里关系？等等，不一而足。

我曾多次询问东门岛不同年龄，不同身份的人另一个问题，就是你喜欢不喜欢菩萨戏？喜欢的，为什么这么执着？王麻有老人有他独到的见解，他认为："戏文就是教你如何做人""婆婆媳妇儿子怎么过日子"。女性喜欢看菩萨戏，主要通过戏文，明白人生社会的各种事理，如果"做媳妇的不看戏文，就笨了，看看戏文就不会上人家的当"。几句朴实无华的话，说出了民间戏文菩萨戏的全部真谛。

菩萨戏演出，不同"菩萨"，有时会有不同的戏文要求。如天妃宫，有的文戏如"狸猫换太子"，因为讲娘娘坏的，故不可以演。城隍庙不能演"关羽走麦城"，因为戏中讲城失守——走麦城，城隍庙老爷是保护城的，怎么能在他面前演城没有守住呢！特别的纪念日，如五月十三，原关兴殿要专门演出"桃园三结义"。但是，总体上，菩萨戏演出以文戏、武戏相别，总量上是文戏多，武戏少。文戏中，又基本上是太平戏——言情戏。因为，如前所述，四个开演菩萨戏的场景，大部分是高兴的日子。在2002年采访时，叶小花老人（女，72岁，文盲）说："如一个人外出上海开店，能不能成功，到庙里请过愿，成功了，来还戏，演了一天一夜，都是太太平平，欢欢喜喜的戏，没有杀人的。另外，三月初九菩萨生日，六月二十三成神仙的日子，都是太平戏。"这里所谓的杀人的戏，即是一些武戏。太平戏是什么内容的呢？叶小花老人当场举了几出戏文：《打金枝》《三状元》《五女拜寿》《女驸马》等。当年，我在考察天妃宫古戏台时发现遗留在后台墙壁上的妈祖三月二十三生日时演出的两套菩萨戏剧目。

一是冠名"新昌越剧团"的剧目：《碧桃花》《宝莲灯》《三戏白牡丹》《三打九龙寺》《玉皇宫》《汉宫怨》《姐妹抢状元》《追鱼》《辕门轩女》《飞龙带》。具体年份，没有记录。二是署名"台州市金山越剧团"加演、演出的剧目：《泗洲城》《三姐下凡》《庄子劈棺》《火云洞》《杨文广礁山取宝》《下河东》《虹桥赠珠》《三皇爷》《沙滩救主》《清唱舞蹈》《二堂放子》《哀哀琼公泪》《南北和》。时间：二〇〇一年三月二十三日。上述这些剧目，属武戏的，大约仅有《三打九龙寺》等几则，绝大部分为文戏。为什么这样？我以为，与当地民众精神生活中，追求安宁康乐，期盼和平，阖家和睦有关。另外，写戏人——专门筹措菩萨戏活动的人，虽然一般都是男性（有权威的老人居多，这是另外一个话题，拟另文论述），但是，看戏的大多是妇女、老人、小孩。现在这样，过去也是如此。为什么呢？原来，菩萨戏演出的时间，除了年关，大部分时间，男人们下海捕鱼去了。如妈祖诞辰的菩萨戏至少要演三天三夜，或五天五夜。男人们在第一天，轰轰烈烈祭拜请神后，第二天带着妈祖的福佑赶早去岱衢洋捕汛期的黄鱼了。余下的戏文都留给家中的老人、妻子、孩子看。在他们的内心深处，海上要风平浪静，不要有任何的风险，家中也应该平平安安，不能有任何的不祥和灾难。所以，太平戏成了主要的选择。

8月8日，菩萨戏开演前，我随机采访了王将军庙一位35岁的女香客，她丈夫现在石浦开冷冻厂，有一个10岁的小女孩。全家平时住在石浦，今天特意随婆婆回东门老家。她在婆婆指点下，烧香跪拜，求王公公。我问求什么？她说："女儿送给王公公做小囡，改姓王，今后在外还是自己的姓，到这儿庙里，就姓王。在此拜拜王公公，保佑丈夫生意兴隆，小孩子读书聪明，家中平安。"询问了另外的一些香客，祈求家庭康宁、平安，似乎是到庙里祭拜和菩萨戏的主要愿望。而当日演出的菩萨戏《父子同春》，主题就是婚嫁不论贫贱，家庭婆媳、妯娌如何正确处理相互关系的。台下观众，男女老少，个个目不转睛，津津有味，观众席上，只有人进来，不见人出去。

当然，不同性别、年龄层次的人，对这类太平戏的期望还是有差别的。我特别调查了几位年轻的女孩，你们来看什么？年轻的姑娘潘双敏、潘赛敏异口同声地说，"主要要看家庭戏，戏文好，演员长得好看，唱得好听。"我心中一直有个疑惑，这类与现代生活相去甚远的古装家庭戏，为什么还能夺走一些年轻人眼球？调研后发现，现在生活环境虽然发生了很大变化，但是，家庭的组合和人际

关系的基本格局还是一样的。生活的哲理古今相似。这些戏文，成了一些还未组建或将要进入人员的家庭生活的实验剧。一些年轻打扮入时的姑娘，如前所述，不经意的修饰，不仅是观戏，也是入戏。她们以演员的相貌比照自己，在乡亲众人面前张扬自己。同时以戏为鉴，看戏看人，看戏学生活。把戏文作为自己未来婚姻、家庭生活的一面镜子。

总之，东门岛渔民精神生活中的菩萨戏，形式上与俗信、迷信相连，但是，内涵上却与当地民众爱国情操、家庭伦理、人生理想的孕育与成长密切相关的，具有一定的积极意义，也为中国传统戏剧，在当代市场经济条件下发展提供了很好的经验。1908年我国现代思想文化的伟人鲁迅先生，在《破恶声论》中，早就看到了我们民间这一文化问题，提出要理各地宗庙，去粗取精，发扬光大。今天，我在此抛砖引玉，以期指正。

摘要

精神生活中の菩薩劇

陳　勤　建

　象山県東門島の漁村では、現代多くの地方神をまつっている寺院で演じられる芸能としての「菩薩劇」が盛んにおこなわれていて、これが島民の精神生活中に一条の明るく美しい彩りを添えている。

　菩薩劇、「廟劇」とも言うが、これは人々がまつる廟宇の舞台で、神々や人々に奉納される各種の芝居である。宋、元、明、清の伝統的社会から今日にいたるまで、新年や祭日のたびに、あるいは廟中にまつられている菩薩の誕生日などの吉日に、あるいは出漁したり、外地で生計を立てたり、養育や婚礼、また天災人災など人生の重大事件に遭遇する度に、東門島の多くの人々は、現実的な生活上必要な注意をはらうのと同時に、特定の或いは自分が特に信仰する菩薩廟の祭祀に出かけたり、また民間の劇団に依頼して菩薩劇を上演してもらう。一般の人にとっては、これらはみな民間の迷信であり俗信であろう。しかし何回かに亘る調査研究の結果、菩薩劇は単なる魔除けや厄除けだけではなく、幸福を希求する民間信仰であり、当地の人々の精神生活上において、宗教的な娯楽行事を通して具体的に人生の成長を教え伝える『百科全書』的意味合いを持つことが分かった。人と神とが共に楽しむうちに、国家・民族の歴史的意識を啓蒙され、基本的な人生経験や人生観などを会得し、一層友人達と親しくし、ひいてはこの地の漁民独特の精神生活世界を形成する。

廟の祭祀と民俗宗教

須永　敬

　東門島の主要な廟として、媽祖廟、王将軍廟、城隍廟の3廟を挙げることができる。各廟の信仰は多様かつ重層的なものとなっているが、その信仰内容の特徴を見ていくと、媽祖は「漁業」「産育」、王将軍は「戦闘」「医療」、城隍廟は「死」といった性格が挙げられ、あたかも生・老・病・死に対応する廟信仰の役割分担がなされているかのようである。また、大きな廟はいずれも寺庵を併設しており、そこに居住している僧侶が廟の祭祀や仏教儀礼を執り行っている。95％以上の人が仏教信者である（周静書氏のご教示による）ことを考え合わせれば、寺庵と廟との併設は東門島の廟祭祀や民俗宗教のあり方を特徴づけるものとして注目すべきであろう。

　また、漁村という点に着目すると、廟の神と船の神との関係にも興味深い事例が認められる。東門島の漁船には、媽祖や観音などの神仏がまつられており、その形態は、神仏像、令箭（赤い旗）、仏袋といったものである。これら漁船にまつられる神仏は、3月23日の媽祖誕生日の際に廟から船に迎え入れ、6月23日の媽祖賽会の際に再び船から廟の神前へと戻される。つまり船の神は廟の神と同一視され、廟から迎え入れるものと認識されているのである。この2度の祭礼が漁期の区切りともなっていることを見ても、廟の祭祀と海の民俗宗教との強い関係性を窺わせる。

　また、今日の東門島には新たな神が次々に生まれ、民俗宗教に新たな展開が認められる。本報告では、浜辺で拾った神像の手をまつった城隍廟の「陳十四娘娘」、原因不明の病気となった女性が「廟を建てろ」「菩薩を作れ」といった霊夢に導かれて建てた平水廟、高さ5mもの巨大な媽祖像の建立などの事例を取り上げたい。

なお、祭日等についてはすべて旧暦で記している。また複数の廟の呼称や神名がある際には表記を統一した（例：天后宮→媽祖廟）。

1. 東門島の廟と民俗宗教

(1) 王将軍廟

廟の祭神　中央の殿は「娘娘（王将軍の妻）」（左）と「王将軍」をまつる。その左には「土地公公」の殿、右には「財神」の祭壇がある。

王将軍は「太一先生」とも「王公公」とも呼ばれている。島を守った将軍だと伝承されており、「昔、東門島に100人くらいの敵が攻めてきたとき、媽祖と王将軍が島を守るためここに来て火をつけ、敵を倒した。」という話が語られている。1997年に廟内に掲げられた「元東門巡検司巡検学録王剛甫将軍」という案内板①や『象山東門島志略』（以下『志略』と略す）には、王将軍とは元東門巡検司の王剛甫のことで、明の洪武の初年（1368年～）蘭秀山の乱の際に民兵を募って戦い敵を破ったと伝える（374頁）。なお、『志略』には、福建人の出資で明の永楽13年（1415）に重建され、清の嘉慶15年（1810）に村人によって重修されたとある（同頁）。

また、「王将軍は医者で、皆に優しくしたので死後神としてまつられた。」という伝承もある。特に病気平癒に霊験があるとされており、例えば、「ある人が病気になったところ、王将軍が夢に出てきて薬を飲めと言ったので夢の中でその薬を飲んだところ、病気が良くなった。」という話が語られている。

また、廟の梁の上に船の模型が供えられているように、大漁祈願や海上安全を祈る対象ともなっている。

---

①　廟内の案内板（1997年作成）を参考のため記す。なお、文中の年号の西暦は、至正（1341～1367年）、洪武（1368年～）、洪武十二（1379年）である。

　　元東門巡検司巡検学録王剛甫将軍
　王剛甫名某以字行先祖自閩徒象山父芝剛甫少倜儻負気
　節荐馬慶元路蒙古字学録至正中檄撰東門巡検司事居六年盗
　不敢犯民安之後枢密院使悪其不附己觸之明洪武初蘭秀山民
　兵入境虜県丞遂散家資募民為兵率勇士襲破之迎令丞帰郡以
　其状聞詔賜白金二十両県図其破賊状於鳳躍山佛寺壁由是名
　聞浙水東晩受誣逮京師洪武十二年正月三日卒年六十八
　丁丑年十二月東門島郷人立　　邑人林志龍撰文　　史久月謹書

王清庵（大雄宝殿）　王将軍廟の裏には王清庵（大雄宝殿）がある。王清庵には、「地蔵」（左）、「釈迦」（中央）、「観音」（右）がまつられている。

王将軍廟井　廟の境内には「王将軍廟井」がある。この井戸は一年中水が涸れないという。廟にいる僧侶や近所の人などが使っている。

王清庵裏の水窟〔写真1〕　王清庵の裏側には、岩からしみ出す水をたたえる水窟がある。岩には「佛」の一字が書かれている。この水窟もどんな渇水にも涸れることがないと言われている。また、福建人が東門島にやってきて、この窟の水で楠木を煎じて飲んだところ病が治ったという伝承もある（『志略』385頁）

写真1　王将軍廟裏の水窟

祭日　6月23日は王将軍の誕生日（神となった日）である。朝1時頃から順番待ちでお参りをし、11時頃までお参りの人が続く。祭は15日～24日まで行われる。芝居は3日間、昼と夜の2回行われる。

船の持ち主は必ずお参りするし、受験する家族がいるひとも必ずお参りする。また、願いが叶ったためお礼参りに来る人もいる。

14時からと17時からの2回、芝居が行われる。芝居の人がどこから来ているのかは分からない。

王将軍廟での供え物　普通は5品くらい（卵、豆腐、麺、肉、魚など）供えるが、誕生日（8日）なので9～10品ほど供える。（小黄魚・トマト・饅頭・桃・豚肉・スイカ・卵・ナツメ・紹興酒）供えたものは家に持って帰って皆で食べる。

「文革」と王将軍廟　「文革」期には王将軍廟は文化館として使われ、その後発電所となった。村民たちがお金を出し合って現在の廟が作られたのは15～20年くらい前である。村の老婆たちが作ろうと言い出した。その人たちの名は碑文に残っている。

(2) 城隍廟

城隍廟と祭神　城隍廟の外壁は明時代の城壁であったといい、廟の前には「明抗倭海防遺址」の石碑（1997年）が建てられている。『志略』には、明の洪武20年（1387）に倭が攻めてきたときの防衛基地が置かれていたと記されている（371頁）。

城隍廟の神像配置は、中央の殿に「妻」「城隍」「妻」（紙製の古いもの）。左殿に「土地公公」「土地婆婆」。右殿に「龍王」がまつられる。この龍王は雨の神様で「雨調風順」を祈願する。

また、廟の両側には向かい合うように祭壇が設けられている。左側の殿の神は不明であったが、右側の殿にまつられているのはあの世の入口にいる4人の鬼の像であるという。

城隍廟の祭日は6月3日の城隍誕生日である。

令箭　城隍は老人を守る神様であるとされている。城隍の神前には「令箭」という赤い旗が供えられている。これは、城隍に老人が亡くなりそうだということを報告するものであるといい、臨終が近づくと令箭を廟に持ってきて神前に供え、延命を願う。

大雄宝殿　城隍廟の裏には大雄宝殿がある。中央に「釈迦」その前には「弥勒」。左殿に「地蔵」、右殿に「関公」をまつっている。また手前左側には3つに仕切られた祭壇があり、向かって右から「孟婆娘娘」、「陳十四娘娘」「三官（天官・地官・水官）」、「済公」、「龍王太子」などがまつられている。いずれも普陀山から呼んできた（買ってきた）ものである。

孟婆娘娘　孟婆娘娘は亡くなった人にお茶をあげる。この娘娘をまつれば、彼女が茶を届けてくれるので、あの世に行ってから茶を飲む必要がないという。1月15日が誕生日で、この日は神前で経を唱える。この経を焼いた灰をお茶に入れ、亡くなった人の家族が飲むと、故人があの世で茶を飲む必要がないという。

またある人は、死んだときに孟婆娘娘の持っている汁を飲むと、生きているときの記憶がなくなり、あの世へ行けるのだという。

済公　済公は心が良く、いつも人を助けて悪い人を罰する。夫婦が喧嘩をしているときや、自殺したいと思っているときに、扇子を使ってその日を知り、

人を助けてくれるという。

陳十四娘娘〔写真2・3〕孟婆娘娘の横にまつられている陳十四娘娘像の後ろには、人間の手と同じくらいの大きさの手が付けられている。この神像を寄付したのは、鄭才木氏（77歳）である。

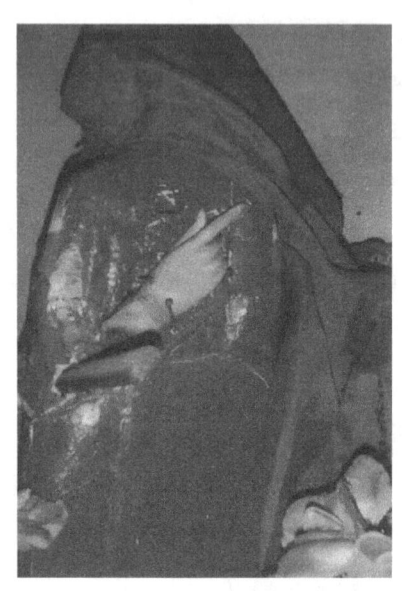

写真2　城隍廟の陳十四娘娘（正面）　　写真3　城隍廟の陳十四娘娘（背面）

　この手は、氏が20年ほど前に石浦の近くの海辺で拾ったものである。何かの神像の一部と思われるこの手を捨てるのはもったいないと思い、タオルでくるんで持って帰り、船の棚に置いて線香と蝋燭を供えてまつった。この手を拝むようになってから、沢山の魚が取れるようになった。

　その後、石浦のある女性の占い師にみてもらったところ、観音の言葉として「それは石浦の廟にかつてまつられていた「陳十四娘娘」の手なので、仏像を造ってまつったほうが良い」と勧められた。

　鶴浦鎮には陳十四娘娘をまつる廟がある。恐らくこの手は、「文革」の時に壊されて海に捨てられた神像の一部であろうと鄭才木氏は言う。

　また、城隍廟には関公の妻の像が2体あるが、新しい像のほうは鄭才木氏が寄付したものである。

長寿牌　三官などがまつられた殿の裏には、地蔵菩薩がまつられ、長寿牌が並んだ部屋がある。長寿牌は死後百日目に作られる牌であり、装飾の施された

朱塗りの木枠の中に故人の名や命日が記されている。また、写真が貼られているものもある。

　この部屋で供養されている長寿牌は、供養をする息子の居ない人のもので、東門島民で息子が島に居ない故人は全てここにまつられ供養されているという。家族や親類に代わって、僧侶が7日ごと7回の読経、供養を行ない元宝を焼く。長寿牌を置くためにはだいたい1000～2000元のお布施が必要である。長寿牌をまつるための部屋は昔からあったが、大きくしたのは6年ほど前のことであるという。また、それ以前は各家庭でまつっていることが多かったという。

　部屋の壁には、最近亡くなった人の位牌と元宝が吊され、その前には机と椅子が置かれている。机の上には、蝋燭、香、ジュースなどが供えられている。椅子の下には、洗面器が置かれ、その上に一枚の木が渡されていて、その上に故人が使っていた靴が置かれる。現在は洗面器だが、本来は故人の使っていた「火炉」（暖房用具）を使うという。また、この周りには故人の使っていた杖や、亡くなった際に故人を寝かせた莫蓙の一部などが置かれる。この机の上には、あの世のお客さんが使う分のコップや箸も置く。亡くなった人があの世でお世話になるからである。人が亡くなるとあの世の人びとにいじめられ、とても苦しい思いをするが、経を読んでもらうと苦しみから逃れられるという。祭典は7日ごとに「頭七」「弐七」「参七」「肆七」「伍七」「陸七」「満七」が行われる。ご飯も四十九日まで供える。四十九日目には元宝や靴などの供え物を焼く。これは東門島独特の習俗であるという。「百日」で弔い上げとなる。

　城隍廟の改修　廟の建物は2004年前半から建て直しを始め、新暦6月に完成した。

　東門島のある人の娘が上海に住んでいるのだが、その主人（石浦出身）が癌にかかった。病気が良くなるようにこの廟に祈願したところ、癌が治ったので、お金を出して建て直した。この際約300年前に描かれたという梁の絵も塗り直した。改修したのは上海の職人である。改修のあと6月3日に祭礼があったが、その芝居には主人も来ていた。

　また、今後城隍廟の上の空き地に大雄宝殿を作る計画も進められている。現在募金中で60万元が集まっている。2004年10月に着工の予定である。

　「文革」と城隍廟　昔は神像があったが、「文革」の際に全て壊されてしま

った。「文革」の後、廟には神の姿を描いた絵をまつるようになった。その後、上海の熱心な仏教信者の人が神像を寄付して現在にいたっている。かつてまつられた絵も、捨てることはせずそのままつまつってある。

(3) 東門廟（祚聖廟）

　廟の祭壇は2つに区切られており、向かって左から、「土地公」「財神」「霊峰」「三千才（3体）」。そして「関公」「天門都督仏」「南斗」「北斗」がまつられる。かつては小さな神像がまつられていたが、「文革」の時に壊されたという。現在の建物、神像はいずれも新しいものである。

　祭日は4月10日である。この日には3元出して経を頂き、家に持って帰って墓の前で焼いたり、廟に供えたりする。

　廟の横には円通宝殿があり、千手観音がまつられている。千手観音像をまつったのは十数年前のことであるという。建物の規模は円通宝殿のほうが大きい。

　この円通宝殿であるが、『志略』には「祚聖廟」の額の掛かった写真が掲げられ、天門都督神像・千手観音像をまつっているとある（370頁）。しかし、調査時には「円通宝殿」の額が掛かっており、天門都督神像も横の小さな東門廟へと移されていた。「円通宝殿」と千手観音を主体とした仏教的な信仰が強くなっている様子がうかがえた。

(4) 天門庵

　門頭山の麓、天門館の後方にある。中央には「観音菩薩」をまつり、向かって左側には「土地婆婆」（左）「土地公公」（右）、右側には「天門公公（都督大元帥）」をまつっている。特に祭日のようなものはないという。

　2003年8月調査時には、明後日（新暦8月9日）に行われる「七月半」や「海水燈」のため、僧侶と数人の老女が庵内で作業をしていた。

　老女たちは「灯籠経」を唱えながら色紙を切り貼りして紙製の「灯籠」を作っていた。秤乾初氏（66歳）は、東門島は七月半の行事が盛んで、無縁仏への同情心から供養をするという。また、海水燈は灯籠を流す行事で、水死した人を供養するために行うという。七月半の行事の際には、死者のために作った紙製の服、ズボン、靴、布団などを山に持って行き、元宝とともに焼くという。

(5) 土地廟

　「文革」の際に仏像は全て壊され、建物は倉庫として使われた。土地廟は

「文革」後も復興されることなく、現在その敷地は東門衛生院（病院）となっている。また、廟前の埠頭には「土地廟道頭」の名が残っている。

(6) 平峰廟

祭壇は3つに区切られている。左から「土地婆婆」「土地公公」、「三千才」「太千才」「二千才」（3人兄弟）、「財神」がまつられている。

太千才（長男）は何でも守り、二千才（次男）は漁業者を守り、三千才（三男）は健康を守るとされている。

3年前に作られたばかりの新しい廟であり、東門島の人々がお金を出して作った。三千才は東門島を守る神とされており、昔から廟はあったというが、「文革」で壊されてしまったため、新たに作り直した。

(7) 円峰廟

南滙村にまつられる。祭壇中央に「円峰大帝」（右）と「円峰娘娘」（左）、両脇に武官（左）と判官（右）がまつられる。また、左側祭壇には、「土地公公」（右）と「土地婆婆」（左）、右側祭壇には「財神」がまつられる。廟があるのは南滙村だが、参拝者は島内からもやって来る。祈願内容もさまざまであり、何を祈っても良いという。たとえば「息子がほしい」と祈願したところ、本当に男の子が生まれたという話もある。観音の誕生日に村人が集まって経を読む。廟の前には劇の舞台があり、劇を上演する際には桃の木を伐ってきて飾る。これは観音への贈り物という意味がある。

廟境内にある石碑「円峰廟記」（1998年）には、清朝光緒年間にまつられた廟で、1956年の81台風の被害で破損したものを、1978年に再建したことが記されている。以前あった廟は今よりも大きなものだったが、再建時にはお金がなかったので小さな廟になったと言う。

(8) 平水廟

南滙村にまつられる。祭壇の中央に「平水大帝」がまつられ、両脇には日月神将の「月」（右）と「日」（左）を表す神（名前は不明）がまつられる。右側祭壇には「漁師元帥」、左側祭壇には「土地婆婆」（左）、「土地公公」（中央）、「財神」（右）がまつられている。また、廟には清の道光年間（1821－1850）の棟札が残っている。

境内の石碑「平水廟記」（1998年）には、道光2年（1822）に建てられ、そ

の後1976年に村人が重修した旨が記されているが、この重修以前の「文化大革命」の際には廟や神像が壊されたと言う。

平水廟は昔は灯台のような役割を果たしていた。霧のかかる日などには、船に乗る人が廟の灯籠に火をつけに来て、海上で遭難しないようにしたという。

また、雨乞いにも利益があるとされ、2002年に雨が降らなかった際には、南滙村の人々がここへ来て雨乞いをした。

また、この廟の祭壇には、神に供えた供物を僧侶が食べるときに用いる木製のフォークとナイフ状の道具（長さは35cmほど）が置かれていた。

(9) 平水廟〔写真4〕

城隍廟裏手の山の中腹にまつられる平水廟は、私設の廟ともいうべき性格をもっている。廟を建てたのは、林金玉氏（76歳）・鄭阿花氏（63歳）夫妻であり、実質的には妻の鄭阿花氏が1人で管理をしている。

廟の中央には「平水大帝」（右）と「夫人」（左）、左の殿には、「土地爺」（左）と「財神」（右）がまつられている。また、右の殿には「三千才（太千才・二千才・三千才）」（左）と「観音」（右）の小さな像がまつられている。

それ以前は家に小さな菩薩をまつっていただけであった。「文革」期に宗教が禁止されていたときにも家で隠れてまつっていた。改革開放後、寄付が集まるなどしてこのような廟を建てるに至った。

写真4　平水廟の祭壇

夫の林金玉氏は漁師で、今は夫婦2人で住んでいる。2人とも東門島出身である。妻は東門島の家々を回って経を読むなどして寄付金を集め、廟を建てた。神像は、いずれも人々の寄付したものである。例えば「土地爺」は子供の病気が治った人が寄付したもので、「財神」は発財した人が寄付したものである。「観音」も東門島の人が寄付したものである。神像の値段は、大きな菩薩で約1600元、小さな菩薩で約500元である。

　東門島は漁民が多く、海で仕事をする人が多いので、海上安全などが祈られる。また、ほとんどの人が仏教を信じている。

　鄭阿花氏は33歳位のとき（30年ほど前）に重い病気になり、死にそうな状態であった。家を出ると胸や頭が痛くなってくるので3年間家から一歩も出ることができず、ただ家の中で寝たり立ったりしているだけ。食欲もなかった。そんなある日「廟を建てなさい」というお告げの夢をみた。夢を見てから廟を建てたいと思った。そのときはお金がなかったので、近所の老人を家に誘って、平水大帝に読経するなどしていた。この時代は「文革」期であったので、神像などはまつらなかった。「文革」が終わったころ、お金が貯まってきたため、先ず1600元で平水大帝の神像を造った。その後毎晩のように「もっと菩薩を作れ」という夢を見るようになった。お金はなかったが夫は廟を建てることに賛成してくれて、漁で設けたお金はほとんど廟を建てるために使った。

　廟の場所は「平水大帝」が自分で選んだ。8年前に今の場所とは別の場所に廟を作った。しかし、夢に大帝が出てきて「違う」といった。何度も作ったが「違う」と言われ続けた。ある時、これから3年のうちにこの土地（今の廟のある場所）を手に入れるだろうという夢の告げがあった。当時は現在の場所に島外の人が住んでいたが、ちょうど3年が経った頃にその人が引っ越したため、今から5年ほど前に現在の場所に廟を建てることができた。この廟を建ててからだんだん身体がよくなってきて、いつ病気が治ったのかわからないくらいであった。廟の大部分のお金は夫婦で出したが、5〜6軒の家からも寄付があった。また現在でも、お金が貯まると廟の修理をしたりする。

　以前の場所に廟を建てた頃から、海に出る前に供え物を置いて海の無事を願う人が来るようになった。大漁になると決まって廟に魚を供えに来た。そのような人は、海に出る前にはだいたい参りに来る。

現在、平水廟で仏事を行う際には、島の僧侶を頼んで行っている。鄭阿花氏は、媽祖や平水大帝は仏教でまつるものであるという。また、東門島に道士はいないし、彼らの言うことは正しくないという。

2. 媽祖信仰

媽祖廟 創建年代について、『志略』には、宋代とも元の至正年間（1341～67年）ともある。また楼門の梁に「嘉慶24年重建」（1819年）の墨書があると記されている（378頁）。伝承では、媽祖廟は元の時代からあるという。媽祖は福建省のフネというところの出身で、媽祖の父の兄弟は東門島に漁に来たことがあり、それを記念して媽祖廟を作ったのだという。また、「文革」で壊されてしまった昔の神像は、どれも福建省から持ってきたものだったと言われている。

媽祖廟の神々〔写真5〕 中央に「媽祖（聖母娘娘）」がまつられており、その左側には「武財神」、右側には「送子娘娘」をまつる祭壇がある。また、媽祖の祭壇の手前左側には「順風耳」、右側には「千里眼」がまつられている。さらにその手前には「土地神（土地祠）」（左）、「財神殿」（右）をまつる殿が左右に設けられている。正月、毎月の1・15日、媽祖誕生日には多くの人が参拝に来る。また、毎朝媽祖廟にお参りするという人も多い。特に漁民は熱心に信仰しており、漁師が漁に出る際には先ず媽祖をまつらなければならないというほどである。また、漁師の妻も夫の海上安全を祈るために媽祖廟に参る人が多い。

写真5　媽祖廟の祭壇

媽祖廟の観音　媽祖廟の2階には観音をまつる祭壇が設けられている。「地蔵王」（左）、「観音菩薩（南海観音）」（右）の2体の像があり、観音の前には小さな「龍女」（左）と「善才」（右）の像がまつられている。毎月旧1日と15日にはここで経を読むなどしてまつっている。また、媽祖は観音の弟子だという言い伝えがあり、参拝者のなかには先ず観音に参ってから廟に参るという人もいる。

「文革」以前には、媽祖廟の隣に観音をまつる小さな建物（閣）があったが、「文革」の際に壊されてしまった。今その土地には人が住んでいる。ある島の有力者は、現在観音像は廟の2階に置かれているが、将来は廟の後ろに観音をまつるための建物を造りたいと考えているという。

祭礼　3月23日の媽祖誕生日に祭礼があり、廟で越劇も上演する。船の上の神を廟から船の上に招くという意味があり、5日間にわたって行事が行われる。

3月23日には、正服を着て厳かに媽祖廟に参り、船長が媽祖にさわってから船に乗る。また、赤い皿の上に赤い花を乗せ、黒い傘をさして船まで運ぶ。これには、媽祖とともに船に乗るという意味がある。以前は船長自身がしていたが、最近はあまり来なくなっている。それは「自分に能力がないことを認めて参拝している」と思われてしまうからである。このため、今は妻が媽祖像にさわってくることが多い。

また、漁期の終わりである6月23日（〜28日）には媽祖賽会が行われる。「漁灯」や「抬閣」などが出て祭りを盛り上げる。小さな媽祖像を抬閣に乗せて港まで担いでいく。船は色とりどりの旗で飾り付け、媽祖像が船に乗せられると爆竹を鳴らす。港から、さらに東門島を一周して（2〜3時間かかる）から廟に戻る。廟に帰ると僧侶が読経を行い、線香と蝋燭を供えて迎える。

「文革」後の媽祖廟　媽祖廟の建物は、「文革」後小学校として使われ、その後は「学堂」という幼稚園のような私塾として使われた。生徒は全島から集まっていた。先生は東門島出身の先生もいたが、他所から来た人もいた。廟の建物が現在のようになったのは5〜6年前のことであり、それまで媽祖は王将軍廟にまつられていた。

巨大な媽祖像　現在、東門灯塔の近くに巨大な媽祖像が建っている。この媽

祖像は、高さ5m、重さは6tという石像で、海外で造り東門島まで運んできたものである。媽祖廟とは直接の関係はない。

　この媽祖像を建てることは丁爵連氏（65歳）が考えたという。また、費用の面については象山県台城の工芸品会社や東門島内の飲食店を経営する女性オーナー（東門島在住者）が中心となり、東門島民が寄付金を集めた。

　2003年3月23日に祭りを行う予定であったが、SARSのため中止となり、同年6月28日（新暦7月27日）に実施した。当日は、マカオの人たちなどで構成される媽祖文化連宜会の人など1000人を越える人が集まり、媽祖廟で盛大な祭りを行った。また、越劇団を呼んで劇も上演した。また、この際には、長服（礼服）を着た8人の船主が廟の媽祖像を「抬閣」に乗せて担ぎ、東門島から船で石浦まで渡り、町中を渡御をしてから島に戻り、宴会をした。

　この大きな媽祖像を目的に観光に来る人も多い。埠頭から歩いて行く人も、他所から船で直接媽祖像下の埠頭まで来る人もいる。

　漁家太鼓　かつて舟山・石浦で中学校教員を務めていた丁爵連氏（65歳）と何人かの人たちが太鼓を始めた。2004年のことである。太鼓の先生は文体局の斉先生で、この先生が「開漁節」などの曲を作曲した。

　演奏には30人ほどの女性が参加する。太鼓は12個、シンバルの小さいものも12個ある。また、太鼓を乗せる台は昔の船の形をモデルにして作ったものである。男性は漁に出たり働いているので参加しない。女性は暇であるし、自分の芸術についての資質を高めるために参加しているのだという。年齢は24〜38歳くらい。有志で行うため参加しない人もいる。

　演奏の際に使う旗や、太鼓・シンバルなどの楽器は文体局が用意し、演奏衣装は村の費用で用意した。道具は普段門頭の倉庫と媽祖廟に保管されている。

　初めての演奏は、2004年3月3日、沙頭で行った。東大村のグループと東三村のグループとに分かれて演奏をした。また、沙頭へ演奏に行く前に、東門島の埠頭でお披露目公演をした。その次は石浦鎮で3月23日に演奏し、その次は象山丹城で5月3日に行われた寧波市第2回農民文化芸術祭〔写真6〕に参加して演奏した。演奏も振り付けや演出が入ったり、参加する女性が多くなったりと、段々大規模なものとなってきている。調査後の9月16日にも演奏をするとのことであったが、その際には恐らく4〜50人規模での演奏になるというこ

とであった。練習は週1〜2回、演出などが入ると3〜4回行う。

太鼓を始めた理由は、東門島の女性は皆することがなくて暇なので、昼間はカードや麻雀ばかりしていて良くないからだという。演奏する女性に聞くと、太鼓を始めてから「幸せになった」、「身体が丈夫になった」、「精神的にも良い」「麻雀やカードをする女性が少なくなった」といった答えが返ってくる。また、太鼓は「漁業文化の一部」であり「伝統的な芸能だから」これからも続けていきたいという人もいた。

3. 海の民俗宗教

廟と七月半　「七月半」という法要は、死んだ人にお金を送って供養する儀礼だという。特に水死した無縁の霊を慰めることが重要視されており、7月15・16日には蝋燭を入れた灯籠を海に流し、媽祖廟と波止場で紙銭を燃やして供養する。また、七月半の間は「送子娘娘」の殿前に、死んだ人の魂をまつる場所を設ける。この際、死者は「黄」色の世界へ行くというので、黄色の紙位牌を立ててまつる。

写真6　漁家太鼓の公演

また城隍廟にも無縁仏の祭壇が設けられる。一つは、長方形の机を2脚の長椅子に乗せたもので、120cm位の高さのところに牌位と香炉が置かれた祭壇である。これは高い位の鬼に供えるものだという。また、その横にはただの四角

い板を地面に敷いて、その上に供え物などを乗せた祭壇がある。これは足のない鬼に供える供物だという。また、丸机の上に牌位や香炉、供物が置かれた祭壇が2つ作られる。この2つは無縁の鬼に供える供物だという。

また、天門庵の事例にもあったように、七月半行事の作り物（紙灯籠、元宝など）の作業場として廟や庵が使われることがある。作業に携わる人の多くは村の老女で、経を唱えながら作業を行う。

漁と媽祖・観音　漁師の媽祖や観音に対する信仰心は強く、先述のように、漁に出る際の漁師や夫の海上安全を祈る妻などの参拝が多い。

船にも媽祖がまつられている。航海中に何かあったときにはこの船中の媽祖に祈願する。たとえば、悪い天候のとき、船の媽祖像を海に入れたところ、天気が良くなったなどという話もある。また、漁がないまま時が過ぎ、船の油が足りなくなって漁場から引き上げなければいけなくなった時、手を合わせて媽祖に祈ったところ、魚が沢山とれたという話もある。

船にまつられる媽祖は神像とは限らない。たとえば「令箭」という旗（赤い布に「媽祖娘娘」などと書かれている）は媽祖を象徴したものであり、これを船に乗せるということもある。また、「聖母娘娘」「媽祖娘娘」などと書かれた「仏袋」が掛けられている場合もある。この袋の中には、廟で焼いた線香の灰が入っている。

解放前までは、3月23日になると「令箭」「仏袋」を廟から船に持ってきて、6月23日にこれらを廟へ帰すということをしていた。最近の若い人たちはそれを迷信だと思っているので、現在は行う人はいないという。

媽祖は船中の居住空間（居間や寝室のような場所）や操舵室などにまつられており、毎朝早くに媽祖の前に蝋燭や線香を立て、経を読んでまつる。また、漁が少ないときに媽祖に祈願したり、大漁になったときに媽祖に感謝することもある。

また、船に媽祖像ではなく観音像（「娘娘菩薩」とも呼ぶ）をまつる人もいる。やはり媽祖と同じように船中でまつったり、像でなく観音像の代わりの旗をまつったりする。また、3月23日に観音を船に乗せ、遠方へ漁に行き、6月23日に再び帰って観音を廟に戻すということも行われている。

水死体を元宝としてまつる信仰　水死体を見つけたら必ず拾わなければなら

ない。水死体は「元宝」と言う。「元宝」には「発財」の意味があり縁起が良い。水死体を拾うとお金が貯まるし、何事も順調にいくという。男はうつぶせ、女は仰向けに浮かんでいると言う。また、女の仰向け、男のうつぶせを拾うと縁起がいいという人もいる。もしも気付かなければ水死体はずっと海に漂っているという。

　水死体を拾った場合、もしも家族の人が分かった場合はその家族が葬る。もしも家族が分からなければ、船長がそれをまつって大漁を祈願する。拾った水死体は土に埋め経を読んで供養する。どこに葬っても良いという人もいるし、門頭の埠頭のあたりに水死体を葬る場所があるという人もいる。また、埋めてしまったあとで供養をすることはない。現在では、水死体を見つけたときは保安機構に連絡する。

　海上での禁忌　「口笛を吹くと、波風がすぐに立つ。」「人の後ろで悪口を言ってはいけない。」「悪い話や汚い話は不吉なのでしてはいけない。」「海にものを捨ててはいけない。石でもいけない。」などがある。また、「船がこわれた」「嵐になる」「水死体」など、船の上で縁起の悪いことを言ってはいけないという。生活上でも「魚を食べるときにはひっくり返してはいけない。」「魚を食べるときには必ず自分に近い部分を食べ、その反対側を食べてはならない。」という禁忌がある。

参考文献
象山東門島志略編纂委員会（編）2000『象山東門島志略』

摘要

庙宇祭祀与民俗宗教

须永敬

东门岛主要的庙有妈祖庙、王将军庙和城隍庙3座。各庙的信仰多种多样，层次重叠。从信仰的内容特征看，妈祖负责"渔业""生育"，王将军负责"战斗""医疗"，城隍负责"死"，3座庙似乎分担管理着生、老、病、死的人生大事。大庙都并设有寺庵，居住于此的僧侣负责着庙宇祭祀和佛教仪式。考虑到95%以上的居民信奉佛教，寺庵与庙的并设规定了东门岛庙宇祭祀与民俗宗教的特点，值得重视。

另外，作为渔村，东门岛庙神与船神的关系饶有兴味。东门岛的渔船上，祭祀着妈祖和观音等神佛，其形态为神像佛像、令箭（红旗）、佛袋，等等。祭祀于渔船的神佛，在三月二十三日妈祖诞辰时被请到船上，六月二十三日的妈祖赛会时再由船上送回庙中。在渔民的心中，船神就是庙神，是由庙中请来的神。而这两次的祭祀仪式也是捕鱼期的分期标志，由此可以看出庙宇祭祀与海洋民俗宗教存在着紧密的联系。

今日的东门岛，新的神灵还在不断诞生，为民俗宗教添加着新的风采。本报告还将介绍城隍庙祭祀着的在海边拾得的"陈十四娘娘"神像之手、患疑难病的女性因为灵梦的指示而修建平水庙及高达5米的巨大妈祖像等事例。

神庙祭祀与村民合作

刘铁梁

1. 神庙和祭神仪式

阳庙和阴庙 东门岛的神庙和祭神仪式，是表达岛上的历史和居民文化认同的显著民俗文化现象。古老庙宇比较多，其中有城隍庙、王将军庙、天后宫、东门庙和平水（禹王）庙等。除了平水庙在岛的北部，其余都集中分布于南部现东门渔村及其紧邻地区，并且都是坐北朝南，依山面水。这些庙宇硕大而恢宏，也体现出东门渔村处于东门岛的中心位置。

历史最久的庙宇是东门庙，建在地势比较高的官基山东首，所奉神灵为天门都督。据说过往商旅曾无不致敬，地方史志中还记有情节相类似的两则传说，分别在唐代贞观年间和永徽年间：有知名商客过此，因祈祷不周，险遭风浪。清顺治间民迁庙废，康熙二十三年（1684）村人重修。此庙大殿门上现有题为"祚圣庙"的横额，传其名为宋高宗赵构所赐，殿中有天门都督和千手千眼观音的神像。庙前置有旗礅一杆。旧时，东门人到附近地区读书、工作，常被人称为"东门都督"或"东门元帅"。现在，可能是因为所处位置距离民居较远，东门庙没有隆重的庙会举行，但作为东门岛的标志性建筑，成为观光者必到之处。

城隍庙和王将军庙的历史分别可以追溯到明洪武年间和永乐年间，建筑虽经过重修，但基本是早年的留存。洪武二十年（1387），昌国卫从舟山迁来东门岛，二十七年（1394）又迁于陆上后门山，即今象山昌国镇。城隍庙是集当年的卫公署和庙宇于一身的建筑，庙前还有坚固的城墙遗迹，位置在岛的东南端，紧靠岸边的岩石之上，显示出扼守港湾的气势。王将军庙，所祭为元代的地方豪杰王刚甫，其人曾官任庆元路学录、东门巡检司巡检，晚年受诬，在京师死于狱中。现在东门百姓以王将军为能治疗疾病的神灵。将军庙建在城隍庙东南约750米处，

地势最低，现已被民居所包围。

村民称潘妙清老人是王将军庙的"庙主"，因为她曾热心组织重修此庙。在一次访谈中她告诉我，王将军庙是"阳庙"，而城隍庙是"阴庙"。意思是说，王将军不管死人，只管活人，和妈祖是一样的，所以只有城隍庙才组织七月十五的"放水灯"。王将军最大的本事是能够给人治病，乡民家中有病人多来庙中祈求他。此外，出门在外的人也会得到王将军的保护，因此妇女们常到庙里来祷告，希望出海的男人能够平安无事。

乡民传说，早年间，福建一名姓张的钓船老大得到王将军托梦显灵，带生病的独生子来东门，取山泉水和"王公祠"旁的樟树叶煎汤治病，终于痊愈，所以从福建运来杉木修造了这座华丽的庙宇。访谈对象周阿友还对我讲到一段往事：解放前，东门的100多只船曾与奉化的400多只船在台山发生大规模冲突，有一位奉化人对东门人说："有个将军在帮你们打。"东门人最终打胜了，回家后才知道，守庙老太太每天早上都看见王将军浑身有汗水。

乡人为老人准备的棺木，会存放在王将军庙或城隍庙，但不能存放于妈祖庙。城隍庙还是东门渔村"报庙"的地方，刚死人的人家须在庙外烧一双新鞋，死者是男人烧蒲草编的"蒲鞋"，是女人烧稻草编的"草鞋"。同时还要烧纸钱和银箔，给死者在去另一个世界的路上使用。

开洋祭妈祖 天后宫的位置大体在城隍庙与王将军庙东西一线的中间、东门村直街的北端。创建年代不详，但现在的门楼栋梁上有"大清嘉庆二十四年重建"的墨迹。天后宫的建筑格局不是像城隍庙和王将军庙那样有三进的深度，但却与它们一样都有与大殿相对的戏台。城隍庙和王将军庙的山门是石库门形式，天后宫的门楼却是木结构、五开间、由三扇大门组成，门前有宽阔的石阶，廊下有石栏杆。如果东门岛不是海边重镇，不可能有如此气度的天后宫建筑。

东门岛的三大庙宇：城隍庙、王将军庙和天后宫（妈祖庙），依次象征性地表达了地方民众服从国家政权、认同地方政治权威、维护渔村集体利益的观念。尽管当地的一般群众未必有这样的理解，但是文化人士在宣传这些庙宇的历史价值时，显然更加重视与这些庙宇在古代地方政治与文化传播方面的意义。例如在1998年重修庙宇后所撰碑文《天妃宫记》中，关于天后（妈祖）神异事迹的叙述就加进了"相传东门有妈祖，福建人，随父兄来岛讨海，妈祖能言人祸福为通贤神女"的地方传说。这反映出东门岛已有出海捕鱼的长久历史，特别是大约在

雍正年间开始模仿福建人造大捕船，从事离开家门口的海上渔业生产，所以自然就接受了对于天妃妈祖的信仰。

可能从清代中叶起，在20世纪60年代以前，每年农历的三月二十三或者四月初八，东门渔民都要集体出海，前往岱衢洋岱山岛进行捕捞大黄鱼的作业，至农历六月二十才归来。出海之日必举行祭拜妈祖的仪式。本来，凡结成船队出海捕鱼都叫作"开洋"，归来时叫作"谢洋"，但去岱山的这一次"开洋"仪式，船只最多而规模最大。这一天，无论男女老少都穿上新衣服，各个船户的主人由妻子陪同，先到天后宫上香献供，有钱人家的供品至少有猪头等，谓"三牲福礼"。礼毕，船主或老大，捧红漆盘，放一尊"船龙爷"雕塑，并点有一对红烛和三支香，由船老二撑一顶黑色布伞保护，沿直街从妈祖庙一直走到船埠，然后上船将船龙爷放进后舱的神龛内。70年代后，因渔业资源枯竭，岱山渔业基地作废，这种全村一致的祭妈祖活动一度消失。现在，由于国家规定每年有两个月的休渔期，公历9月15日成为"开渔节"，东门举行由政府组织的集体"祭海"仪式，但渔民以船户为单位到妈祖庙祭拜的习俗也恢复起来。现在是以船为单位，在船上吃好饭，再去妈祖庙，取得"香火袋"或者小旗子，带回船上。每个船员分得红馒头和红鸡蛋各两个，带给家里的小孩吃。

庙戏　东门岛请戏班作庙戏，每年主要有三个日期：三月二十三"开洋"时，在天后宫演戏；六月二十左右"谢洋"时，在王将军庙演戏；七月初到十五前后，在城隍庙或其他庙演戏；正月期间仍是在城隍庙演戏，因为城隍庙也是统领各庙的"总庙"。本人曾在奉化地区莳山村调查到，村落庙会分为"庙会戏"和"祠堂戏"，但是在作为渔村的地方可能很难见到祠堂和祠堂戏。东门渔村的庙戏演出经费是由各个船户自愿承担。在墙上张榜公布的捐资者名单上，每个姓名后面都有"单位"二字，以船主的名义代表一个生产单位，因为现在通常是由一对船即网船和偎船各一只组成一个作业小组，进行张网作业。

2004年8月到东门岛作第四次调查，7日（农历六月二十二）正赶上王将军庙有越剧团来演出，就是"谢洋戏"。这个剧团名叫"嵊州市飞燕剧团"，此次前来演戏三天三夜，也就是三个下午和三个晚上。接着他们还要到其他地方演出。目前在浙江广大农村，随着传统村落仪式活动的恢复，大批乡村剧团重新又有了生存的机会，甚至外地人都进入剧团打工，飞燕剧团里就有从河北保定来的一位电工。盛夏的天气酷热难耐，可是以老人为主的观众却兴致很浓，演员自然也不

敢怠慢，汗水都湿透了戏装。9日下午，演出结束，村民柯大毛、蒋如金负责将暂时请去看戏的各庙菩萨送回。我看见柯大毛捧着一个大茶盘，上面有许多香筒。香筒中都插有小红布三角旗，写有"令"字，它们就分别代表了各庙的菩萨。蒋如金举一把遮阳伞，遮在柯大毛的头顶。他们首先将妈祖送回天后宫。到达时，先将妈祖香筒放回原处，插一支香并点燃，然后跪拜。再将其他神灵的香筒依次放回和跪拜。二人走下大殿后，燃放了三只双响爆竹。接着，他们又虔诚地前往东门庙、城隍庙、门头庙等处，去完成送神的仪式。

放水灯和除瘟疫　东门的渔民每年七月半在城隍庙制作水灯，请僧人做法事。十六的夜晚，趁潮水退去将这些水灯放于海面漂流而去。在对面的石浦镇没有这个习俗，因为这是有渔船的人家才关心的事情。放水灯表示对于孤魂野鬼的祭奠与送行。同时，各家做好的纸箔被收敛起来，拿到三岔路口烧掉，是送给没人照看的鬼魂，可以说是"纸币结缘"。

过去，海岛上如果遇到瘟疫，夜里就有三个胆子大的人在街上敲锣、喊叫："客人该上船了！""潮水涨到八分了，你们该走了！"三人中，一人提灯，一人敲锣，一人呼喊。也有人做一只小木舟，在退潮时让它漂走。小木舟大约长1.5米，有棚、帆，还放上做饭的锅和油盐，还有用纸扎成的人物和长枪等。在这种危机时刻，比较有威信的人物会在夜里到城隍庙"请酒"，摆上一桌酒和菜，跟鬼一起喝酒。其实是用一桌酒菜供给鬼，希望它吃过以后早早离开。老人们记得，1943年发生过最后一次瘟疫，村民邵光福在城隍庙当过陪酒的角色，他的威望来自会造木船，又在1933年电影《渔光曲》剧组来到岛上取景时做过替身演员。

2. 村民协作

渔汛和渔场　清末至20世纪70年代，东门岛渔民按照渔汛日期组织捕捞生产，渔汛分为春、夏、秋、冬四个汛期。按捕捞的鱼类来说，又分为小黄汛、大黄汛、乌贼汛、带鱼汛和海蜇汛等。小黄汛分春季和早冬两次；大黄汛在立夏以后的两个多月；带鱼汛在立冬以后近三个月；海蜇汛分为梅汛和伏汛，即夏至以后一个月和立秋以后一个月。80年代以后，因捕捞过度，上述渔汛或者不能形成或者汛期缩短。国家从1979年起几次颁布保护海产资源的条例、法规，1995年起实行两个月禁渔期（6月31日—9月1日），1998年起禁渔期延长为三个月

（6月15日至9月15日）。禁渔期是各种鱼类迅速生长时期，现在鱼类的数量有一定恢复。

在渔业资源还十分丰富的五六十年代，渔民为了得到更多收获，形成了一年四季到不同渔场捕鱼的习惯。农历三月二十三至六月二十三，到杭州湾外的岱衢洋捕大黄鱼，每十五天叫作一"水"，每一水中间有八九天，即每月的二十七至初五、十二至二十，是涨潮的日子，适于进行对船张网作业。第一水、第二水的大黄鱼最好，收购的价格也最高。六月二十三，回到离东门比较近的大目洋等渔场捕捞海蜇、小梅鱼等。至九月二十三，渔船需要修理，大约有20天。十月十五，到嵊泗列岛渔场捕带鱼，一般到冬至后才回家。正月和二月又在象山附近渔场捕小黄鱼。渔民不同于农民，没有所谓冬闲时间。

近20年，随着冷冻运鱼船的出现，东门渔船开始沿着大黄鱼等鱼群的洄游路线长期进行海上作业，例如从十二月起，先远航到福建海域，再折返浙江海域，在来回的路线上一直不停地捕捞，至二月才结束。90年代，有了钢质渔轮以后，更是远到外洋争取国际渔业资源。

岱山客栈 东门渔民在20世纪60年代以前，根据立春节气是在年前还是年后，在农历三月二十三或者四月初八，集合在一起，前往北面的岱衢洋赶大黄鱼汛。东门人称岱山岛上有他们的"客栈"，其实就是海上捕捞生产的后勤基地。船老大的妻子也跟随渔船一起到岱山，在那里生活近三个月。她们的作用是等候渔船靠岸，给船上的人做饭、洗衣裳。因为那时还没有今天的冷冻运输船，渔船需要经常靠岸卸鱼，或者根据潮汐变化，在作业间隙的日子里进行休整和补给。

岱山人一般不从事捕鱼业，他们主要是进行渔产品的腌制、运输，也利用渔港做日用品的生意。东门人与岱山人结成了合作关系，除了租用他们的房屋，还用捕得的鲜鱼来换取蔬菜等食品。岱山人将加工好的鱼鲞、糟鱼贩卖到杭州、绍兴等地，又从那些地方贩来绍兴黄酒等渔民喜欢的产品。集体化时期，在岱山有财产属于东门渔村的库房，用来存放被褥、器皿、渔具等，以备东门人每年前来岱山捕鱼时使用。

娶岱山妻子 东门渔民中有很多人娶岱山的女人为妻。所以，当六月二十三船只从岱山返回，可能就有渔民将妻子第一回带回家门。明年的三月二十三，就是岱山妻子第一次回娘家的日子。娶岱山女人，不需要很多财礼，给对方一些鱼就可以了。因为妻子的娘家大部分是岱山岛上山里的人家，仅从事种植，生活十

分贫寒，所以愿意把女儿嫁给那些家境也不算好的渔民。妻子过到东门岛时也不带什么嫁妆，拿一件包袱就够了。在来东门的行程中，妻子不得靠近船头，因为那里有"船龙爷"。她只能坐在盛放杂物的最差的前舱中。

将妻子接到东门后，一般不举行正式的婚礼，反而要在门口撒一些"盐米"，也就是将盐和米掺合在一起，是用来驱邪的东西。不邀请客人，不办"喜酒"，但要送一碗"喜面"给妻子吃。渔民如果从其他地方娶妻，正式婚礼的场面就大不相同，一般要乘彩船，坐花轿，办喜酒。新娘下轿时，有人搀扶踩麻袋进门，谐音的意思是子孙兴旺"代代传"。前来喝喜酒的人都要送"红包"，500元或1000元不等，都记在账单，俗称"人情簿"上。

相比之下，娶岱山妻子的结亲仪式不仅简陋而且有歧视女方的表现，这反映出虽然都是住在海岛，但在不同地方之间，因总体经济状况不同，在姻亲关系上存在着社会等级差别。这也反映出渔村家庭中夫妻间的地位关系。平常的日子里，妻子做好饭以后，不管有多么晚必须等丈夫回来，"男人不到饭不吃"。丈夫一进门，妻子端上热水给丈夫喝，舀好洗脚水。

船老大 捕鱼生产不同于农民的种植，由于受到汛期限制需要紧张作业，更面临海上风暴的威胁，所以必须加强合作，结成一个统一行动的船上组织。每条船上的指挥者被称为"老大"，在生产过程中具有绝对的权威。他对于海上的天气变化有预见的能力，对于鱼汛情况十分了解，在克服风浪和安全行驶方面比别人有更大的把握。在船上，不管大家有什么想法，行动上都必须听从老大的指挥。

远近闻名的船老大是一个渔村的骄傲，他的名字是同他所在渔村的名字紧紧连在一起的。东门渔村历史上出现过多名这样的船老大。民国期间，有一位老大，人称"老定老大"，他的真名林昌夫却几乎被人遗忘。少时在老板丁希德家帮佣，后升任老大。有一次，所有渔船都出海了，只有老定老大的一对船停在港边。渔行老板来告诉他别的船已经走了。他对老板说："这我知道。你赶快回去！不然就要淋雨。"老板相信他，快步跑回家，前脚走后脚雨就来了。驶出门头外的渔船也都回来了。老定老大虽然有预测天气、安全掌舵的经验，但并不满足，到沈家门大对船著名老大车茂明处做伙计，又学习到很多技术。土地改革不久，他在外面病故，遗嘱回东门岛安葬。

1958年被授予省劳动模范的罗大发、1982年被授予省劳动模范的杨光第，都是东门的著名老大。他们善于总结经验，熟悉天气变化、渔场环境，了解鱼类

习性、洄游规律，进行技术改革，创造高产纪录。船队集体出海时，有著名老大指挥的船称为"带头船"，所以，著名老大也被叫作"带头船老大"。人们都知道谁是全乡的带头船老大，谁是全县的带头人老大。令东门人骄傲的是，在整个舟山渔场一带，所有的渔民都信任东门的带头船老大，愿意跟随他们的船队一起远航。

在渔村，凡能起到示范带头作用的生产技术能手，一般都被称作"老大"。根据其技术特长，分别称为"大捕老大""小网老大""养海带老大"等。

义兄弟 石浦、延昌、鹤浦一带的男人，在10多岁时常有结拜义兄弟的情况。在东门，这种习俗尤其普遍。义兄弟一般是8个人以上为一伙，最多不超过12个人，因为人数太多就不能在一张桌子上吃饭了。根据年龄大小排兄弟间的顺序，分老大、老二、老三等。一个人可以进入一伙，也可以进入几伙义兄弟当中。此一现象在解放初尤其盛行。访谈人都认为，结拜的目的是在外面不受人欺负。义兄弟的关系是由于在小时候一起玩耍，慢慢地自然形成的，老人不加干涉。义兄弟之间的亲密关系如同亲兄弟，结婚以后，他们的妻子之间也就是妯娌之间的关系。

结拜的日子一般选在五月十三，因为据说当年刘、关、张桃园三结义就是在五月十三。但是，东门岛有关帝殿在城隍庙里，结拜仪式却不到那里举行，而是到妈祖庙，在妈祖面前拜一拜。可以感觉到，虽然义兄弟们很少在一组对船上合作，但是他们的关系却如同在海上同舟共济，海上的风险难以预测——"三寸板里见娘房，三寸板外见阎王"，所以大家的命运是连在一起的——"一只船一条命"。最普遍的结拜形式是到某一兄弟家里一起吃一顿饭。

当过船老大的蒋兴福告诉我，父亲的话可以不听，义兄弟中老大的话却不能不听。义兄弟中如果有谁的儿子或女儿要结婚，老大就对兄弟们说每个人应该送多少钱。老大不在时，老二做主。义兄弟们对每人家里的上三代、下三代都有义务。某一家有老人去世，儿子的义兄弟都会到家里去尽孝，但穿的孝服与儿子不一样。送葬时请来抬棺木的人，不需要义兄弟们来抬。

当然，渔民中也有不愿意结拜义兄弟的人，如船老大称乾初（68岁）就没有义兄弟，他认为：只要你时时关心别人，不结拜兄弟也可以有很多朋友。如果你对别人不好，亲戚关系也会闹翻。再有，结拜兄弟也容易使关系更加复杂，不容易团结更多的人。他还说，他没有结拜的原因是因为自己穷，没有钱来招待朋友。

称乾初是在石浦镇上出生的，他解释了称姓的来由：祖上是北方的少数民族，姓作"秃秃"。明朝初年时，秃秃丞相和刘伯温打仗，战败，从福建逃到浙江这边。一次，在商家门口被人问起姓什么，见墙上挂着一杆称，于是就谎称自己姓那件东西，从此他就姓"称"了。后来还被人称"秃秃称"。称乾初1岁时母亲去世，3岁时（1945年）来到东门外婆家。当他刚出生时，母亲曾把100银圆放到外婆家，是等将来给儿子结婚用的。因为外婆家是富户，存在他们那儿可以放心。娘舅是渔行主，还买有土地。收租时称乾初就帮他的忙。在土改时娘舅的财产都分掉了，称乾初就成了生活比较穷的人。18岁，他开始出海打鱼，后来成了有名的船老大。24岁结婚，妻子娘家在东面的檀头山岛。现在称乾初和一个女婿、三个儿子一起办有两个冷库，最近两年冷库重修，规模扩大。2004年夏天他正在忙，但还是抽出时间热情接待我们，拿出梅子泡酒给我们喝。他家就住天后宫西墙边上，但他对于庙里的仪式、演戏活动等从来都不感兴趣。

股份合作 集体化后期渔民收入分配由记工分制转为渔船作业的股份制。比较多的情况，是每一组对船有7人作业，在分配收入时总共按7股计算。其中，老大占1.2股，副老大（头手）占1.1股，三肩占1股。剩下的3.7股由4位船员分占。比例与记工分时十分接近。现在，渔船个人所有，数量和吨位大大增加，好多船户开始雇佣外地渔民和农民作工，酬付固定月工资。老大的工资需要3000元，一般船员在2000元左右，根据收入可能再有奖励。船主则主要依靠贷款来筹集每年出海作业所需的全部资金。两艘合计达700马力的对船，每年可获得4万元以上，或达到7万－8万元的赢利。

1949年以前，船只出海的费用是由渔行贷款给船户，并规定捕捞上的鱼必须卖给渔行，所以，渔行能够进行鱼的大宗收购、加工和贩卖。丁、任、周等姓，在东门被视为大户，因为这几姓人家在土改以前都是著名的渔行主或者兼商人，如丁希德、丁希贤、丁希圣三兄弟、任筱和、任筱孚二兄弟、1947年做过太和渔业公所董事长的周万兴等。东门渔民到岱山捕大黄鱼，主要是由船主在得到贷款后，采取包薪雇工的方式来进行组织。据称乾初说，工薪是用大米来支付，船老大7石，副老大6石或5石半，一般伙计3石。一石大约合160斤（80公斤）。如果情况好，可能再有一些奖励。冬汛捕小黄鱼时，采取股份组合的方式，总共17股。船主占5股（包括船占4股，网占1股），老大占1.2或1.3股，副老大占1.1股，一般伙计们占余下的股份，每人占从0.9分到0.6分不

等。小黄鱼直接有鱼贩到东门港来收购。

讨糊辣羹　东门渔村的人来自五湖四海，人们都非常看重邻里关系，这体现在许多节日和人生仪礼的习俗当中。正月初一早上的第一件事是"敬天地"。在正房堂间，向南朝向门口摆一张供桌，最前面放好两组"茶米"，每组茶米有3杯茶叶和2杯米，围成弧形摆放。一只香炉放在两组茶米的正中间，香炉后面摆放糕点。主人持香朝门外拜一拜，然后将香插入香炉。敬天地后，大人们要到天后宫敬妈祖、到坟上给先人拜年。路上碰到谁都作揖或握手，互道"过年好"。从初二到初八，先到岳父家，再到其他亲友家拜年。拜年期间，大人们带着小孩，不论到谁家，主人都会拿给孩子好吃的糖果。从敬天地到拜年，实际上是村民走出各自家庭，与周围社会紧密交往的行动过程。

正月十四晚，小孩们到各家各户去讨要"糊辣羹"，这是东门村最有特色的节日风情。这一天家家做糊辣羹，是将发芽黄豆切碎，将咸猪肉、贝类肉、豆腐干等切成小丁，再放进虾皮煮熟，用番薯淀粉调成糊羹。晚上，孩子们拿着碗筷，到各家去讨要，进门就喊："吃发财羹了！"各家长辈都会高高兴兴地把糊辣羹舀给他们一瓢，不管对小孩子是熟悉还是陌生。据说小孩子们串门越多，要得越多，吃得越多，就会变得越加聪明。

清明扫墓不在清明这一天，而是一定要在节前半个月当中的某一天。小孩子在这一期间常常跑到山上，寻找机会去给扫墓人家"打坟头桩"，意思是帮助这一家人清除坟墓周围的杂草。其实他们只要在坟墓旁边站一站，扫墓的大人就会分给他们一点儿钞票，也不管认识不认识，认为这是"子孙兴旺"的征兆。

如果有人家给儿女定亲，男方给女方长辈送来的桂圆、糖果、饼干等，女方家总要拿出一些分给周围的邻居们。男方从女方家带回馒头、蛋糕和红鸡蛋，也分给自己的邻居们。生小孩的时候，为让邻居也一样高兴，分送切面条给各家，叫作"落地面"。

摘要

寺廟の祭祀と村民の協力

劉　鉄　梁

　象山県石浦鎮の東門漁村は舟山群島の南向きの沿岸一帯で最も有名な漁村であり、1994年浙江省の副省長は「浙江省第一の漁村」と呼んだ。東門島は象山半島の南端石浦鎮の真向かいに位置し、湾を隔てて東西に向かい合っている。全島の面積は2.8平方キロメートル、南北に長く、東西に短い、山地、岬、砂浜があり、石浦湾北側の天然の障壁を成している、さらに南側の向かい合う山々と共に東門港を形成し船が出漁する際の、湾の出口の水路を成している。東門漁村は東門島西南側に位置し、島内最大の行政村であるばかりでなく、象山県で最大の村である。住民は1300余戸、先祖はほとんど寧海、台州から移住してきたが、一部の家は福建省などから移住した。住民の姓は多種で「百家姓」と称される。村民の寄付によって修建された媽祖廟の功徳碑に載る姓名を合計してみると、東門島を中心とした島民には少なくとも74種の姓がある。これは清代後期海禁政策が弛緩してから、東門島の漁村は次第に発展し、早くから漁業、商業、手工業などを含む海辺の一大集鎮を形成していたことを裏付けている。

　東門漁村の社会民俗に関する全体的印象は、浙江省の内陸農村部に比べて、宗族文化が未発達で、現在はわずかに周一家の祠堂跡が残っているのみである。また長江の三角州地区の農村と比較すると姻戚関係を紐帯とする社会関係のネットワークは弱い。しかし島内での寺廟祭祀活動は逆に活発であり、村落共同体としての共通意識は鮮明である。信仰の対象となる神々と演劇を主とする祭祀形式は浙江省の農村と同じであり、また東南沿岸の漁村とも同じである。義兄弟の契りを結ぶ習俗などと関連付けて見ると、寺廟儀式の活動が漁村生活上の秩序を強調しているのは、海上での協同作業の関係から付き合いを重要とすること、また同時に沿岸地方の社会は国の政治的制約を受けていることを現していると言える。

廟と村の関係

橘川　俊忠

はじめに

　今回の調査における筆者の最初の目的は、「中国海岸部村落の教養と文化」を、残存しているであろう文書資料を収集分析することによって明らかにするところにあった。しかし、実際に調査を始めてみると、「文化大革命」のために文書はほとんど残存しておらず、聞き取りで調査できる範囲も限られており、調査の目的を達成することは困難であることが判明した。そのため、二回目の現地調査以降調査の目的を変更せざるを得なくなった。

　そこで、とにかく島内をくまなく歩くことにした。歩き回ってみて、特に印象付けられたことは、廟をはじめとする宗教関係施設の多さであった。社会主義中国が誕生してから五十年以上が経過し、「文化大革命」という宗教にとっては厳しい時期を経てきたにもかかわらず、予想外に多くの宗教施設が存在していた。とくに、調査地では、いわゆる民間信仰関係の廟が、最近になって建立されたものを含めて小さな島としては、相当多数にのぼっていることがわかった。

1. 東門島の廟の現状

　2000年に刊行された『象山東門島志略』（象山東門島志略編纂委員会編、以下『志略』）によれば、かつて東門島には、14座の廟あるいは庵があったが、そのうち同書編纂の時点では8座が残っているとされている。しかし、筆者の実施した調査の結果では、廟の数および廟の祭神などの点で、『志略』の記述とは異なる点がいくつかあった。そこで、同書の記述を参照しつつ、聞き取りと実

見の調査結果を踏まえ、東門島の各廟の現状について報告しておこう。

東門廟 この廟は、炮台山（128.4m）の中腹に建ち、眼下に東門島の市街地および東門港を見下している。「北座朝南」の正殿、その東に神像をまつる小さな建物、さらに物置兼炊事場の小屋、西に黄色に塗られた二階建の僧房、僧房の傍らに「祚聖廟」の額を懸けた門からなり、敷地面積380m²の小さな廟である。

『志略』によれば、清の乾隆年間編纂の『象山県志』に「唐貞観時建」とあり、また、唐以前からあったという説もあり、確定的なことは不明であるが、象山県内「最早七座寺廟之一」であるという。さらに、宋の建炎4年、高宗から「祚聖廟」の額を賜ったとある。このことから、この廟は、祚聖廟とも称されることになった。その後、何度かの興廃を繰り返し、現在の廟は、1982年、潘妙青さんという女性が世話役となり、東門島民から資金を集め再建されたもので、さらに96年に修復されている。なお、以上の内容は、修復の際に建てられたと思われる再建記念碑「東門廟記」にも記されている。

また、『志略』には、「天門都督神像及千手観音大仏一尊」がまつられているとあり、同書掲載の写真では、正殿には「祚聖廟」の額が掲げられているが、この点は、筆者の調査時点では、大きく変わっていた。まず、正殿内部は、千手観音を中心に向かって左側に地蔵菩薩、右側に白衣大士、その周りに左右16体の三十二相仏の像がまつられており、外の掲額には「圓通寶殿」とある。「祚聖廟」の額は、物置の薪置き場に放置してあった。さらに、東側の建物には、天門都督及び関帝の神像が、左に歳神・土地神、右に南斗・北斗を従える形で安置されていた。

『志略』によれば、東門廟に隣接して関帝廟があったことになっているが、おそらく現在、天門都督と関帝がまつられている東側の建物がそれにあたるのであろう。つまり、正殿から天門都督が元の関帝廟に移されたものと推測される。東門廟の歴史から見れば、主神の変更がおこなわれたことになるが、それを主導したのは、廟を再建した潘妙青さんであった。

潘妙青さんは、筆者が聞き取りをおこなったときには66歳、熱心な仏教徒で、松門鎮にある仏教会の会員で、東門島の仏教徒のまとめ役であった。東門島の対岸石浦鎮の黄埠というところの出身で、17歳で嫁いできたという。妙青

は法名で、元の名は潘月清といった。廟の主神を変更するについては、天門都督はもともと仏教の守護神であるから、観音を主とする方が正しいということで村人を説得し、賛成を得られたからと主張していた。

なお、潘妙青さんは、東門島で唯一の仏教協会の幹部で、東津廟、天妃宮、王清庵（王将軍廟に付属している）、東門廟の責任者を務めており、「文革」以後の宗教施設の復興に中心的役割を果たしてきたという。

城隍廟　この廟は、島の東南、象鼻山の中腹海抜60mほどのところにあり、市街地および石浦鎮との間の水道を見渡せる位置にある。海をにらんだ城砦にふさわしい地形に立地しているといってよい。『志略』によれば、明洪武20年（1387）、昌国衛が舟山からここに移り、城砦を築くと同時に建設され、廟内には、種々の軍事施設が施され、倭寇に抵抗する軍事指揮の中心になったという。廟入口の壁には、「明抗倭海防遺址」と刻まれた碑が埋め込まれている。

建物は、前面に石垣を積み上げた上に建ち、敷地面積1600m^2、中庭を持つ立派な廟建築で、中庭側に舞台を持つ門楼、南面する大殿、その背後に後殿、東西の廂楼から成る。この建物は、清の道光13年（1833）に重修されたものが、その後何回か修復されて今日に至ったもので、現在は海防文化研究上の価値を認められ県の文物保存点に指定されているが、1988年までは、東門漁業隊の倉庫になっていた。また、後殿の両側には、壁を黄色に塗られた僧房が建てられている。

大殿の中央の祭壇には、両側に娘々という女神を従えて城隍老爺が主神としてまつられ、その前方両側に文判官、武判官の像が安置されている。さらに、東側の祭壇には龍王が、西側の祭壇には財神爺と土地爺がまつられている。大殿の東・西の壁には、賞善・罰悪の文字が大書され、また、東の廂には周公公、西の廂には蘇公公という冥界の番人が三体ずつ配置されている。城隍老爺は、死者の世界を支配する神とされ、日本で言う閻魔大王的性格を持っており、この廟にまつられている神々にもそうした性格が見られる。

後殿は、大雄宝殿の額が掲げられており、観音菩薩をはじめ数体の仏像がまつられている。また、その両側にある僧房には、僧侶が常住しており、その僧侶は象山県の中心地である丹城にある丹城西寺から来ているとのことであった。城隍廟では、その僧侶によって仏式の法事もおこなわれていた。また、教

師をしていたという顔小平さん（32歳）の話では、城隍廟の南側の崖下には、不運にも育つことなく亡くなった嬰児の遺体を収める小さな堂があったという。いずれにしても、城隍廟とその周辺は、人間の生死に関わる領域として島民に観念されていたようである。

王将軍廟　王将軍廟は、東門島の街中にある廟で、城隍廟と同じ三進二横（建物で囲われた中庭を持ち、正殿の奥に後殿がある形式）で、立派な舞台を備えている。正殿の中央には王将軍、向かって左には王将軍の妹あるいは娘とされる女神像と土地爺、右側には財神をまつっている。後殿は、王清庵（ただし、正面に掲げられている額には「大雄宝殿」とある）と名づけられ、中央の厨子に阿弥陀仏三体、右側の厨子に観世音菩薩三体、左側の厨子に地蔵菩薩三体の仏像が安置されている。この王清庵は、前にあげた潘妙青さんが発起人となって整備されたという。

この廟の主神である王将軍は、『志略』あるいは廟記によれば、祖先は福建出身の象山の人王剛甫という人物で、元の末に東門巡検司として派遣され、「雄勇智謀、紀律厳明、愛撫百姓」にして、在任六年で「盗不犯、民安之」となったが、枢密使に憎まれたため、自ら官を去った。しかし、王が去った後島の治安が乱れたため、島民は王を懐かしんだという。さらに、明の洪武の初め、象山一帯で兵乱が起こった時、王は資財を投じて兵を募り、それを鎮めた。晩年、人の讒言を受け、京師で囚われの身となり、獄中で亡くなった。時に68歳という。その死後、島民は、王の徳沢に感謝して、像を造り、王公廟を建て、将軍として讃えたのが、この廟の始まりという。

その後、明の永楽13年（1415）に福建人の出資によって立て直され、さらに清の嘉慶15年（1810）東門島人によって修築されたが、解放後は漁業用の倉庫になっていた。1988年先に述べた潘妙青さんらが中心となって廟として復興し、現在に至っている。

この廟は、街中に位置することもあり、多くの島民の信仰を集めているが、王将軍は医者でもあったという伝承もあり、その信仰の目的は、主に健康・病気平癒祈願にあるという。

天后宮　福建を中心に台湾の沿海部に広く見られる媽祖をまつるこの廟は、天妃宮、媽祖廟とも呼ばれ、市街地の最も中央、船着場からまっすぐに伸びる

東門島のメインストリートの突き当たりにあり、敷地面積も約 2000m² と最も広く、中庭や立派な舞台を持つ廟建築で、東門島の信仰の中心になっているように見える。媽祖信仰については、ここでは詳述しないが、廟の創建年代について『志略』では、一説として元の至正年間（1341－1367）創建説をあげているが確実なことは分からない。現在の門楼の梁に「大清嘉慶二十四年重建」の墨書があり、少なくともそれ以前からあったことは確実である。

　この建物は、民国14年（1925）から初級小学校の校舎として使われていた。1986年学校が出来てから、潘妙青さんがここでも発起人となり、東門島の漁船を単位として寄付を募り、原型に復し、さらに1998年許良玉さん等が中心となって資金を集め、舞台を修復して現在に至っている。

　正殿中央の厨子には、媽祖をまつり、向かって右側の厨子には官を与えるという男神（名称は不明）が、左側には送子娘娘がまつられている。正殿の左右の壁には、四大金剛像が二体づつまつられ、中庭の両側には、財神祠と土地祠が設けられており、財神、土地爺・土地婆の像が安置されている。

　媽祖は漁民の間で信仰され、福建省から沿海部に広がっていったといわれているが、ここでも漁業に関する信仰が中心になっている。漁民は、出漁に当たって香炉の灰を袋に詰め、航海の安全と大漁祈願のお守りにするという。また、禁漁期が明けて最初の漁でとれた魚（大黄魚・いしもち）の一番立派なものを奉納する習慣もある。ただ、島民は、この廟には、漁業に関することだけではなく、家内安全・一族繁栄など、現世利益に関わることは何でも祈願するという。（東門島に居住して7代目になり、17歳から漁業に従事していたという張存王さん（61歳）からの聞き取りによる。）

　以上四つの廟は、潘妙青さんによれば、東門島にある廟の中で政府の許可を得た全宗教施設であり、その責任者は潘さんが務めているとのことであった。また、このうち、天妃宮、王将軍廟、城隍廟は、島民の意識の中では相互補完的関係として捉えられているように思われる。すなわち、天妃宮は、豊漁・繁栄など現世利益を与えてくれる神の廟、王将軍廟は、健康・病気治癒など個人にかかる災厄を免れさせてくれる神のいるところ、城隍廟は、生死、賞善罰悪をつかさどり、来世の運命を決定する神の世界、とそれぞれ性格がはっきりしており、島民はこの三つの廟を島の三大廟としていることも、聞き取りによって確

かめられた。

　島内最古とされる東門廟を含めて、これまで述べてきた四つの廟は、別格として、残る島内の廟についても報告しておこう。

　東津廟　この廟は、市街地から東に数百メートル離れた畑の中に建つ小さな廟で、その裏側には宋代の東門塞が置かれたとき以来という井戸があり、壁には「東門塞遺祉」と記した石板が埋め込まれている。創建年代は不明だが、解放後は一時東門農業隊の倉庫になっていたという。また、1956年台風で損壊し、後村人の募金によって再建されたらしい。その時に作られたと思われる功徳碑には「重建土地小廟」と刻まれており、また、掲額には「東景廟」とあり、名称が一定していないが、元は東津廟と呼ばれていたと推測される。

　まつられている神は、『志略』では、真ん中に海神菩薩、両側に土地菩薩となっているが、調査時点では、中央に趙将軍、向かって左に土地爺・土地婆、右に観音がまつられていた。趙将軍とは、宋代の将軍という以外に、どういう神格か分からなかったが、病気治癒に効験があるという。

　また、この廟には僧名海徳師、本名楊思淡（67歳）という僧侶が夫婦で住み着いている。その夫婦は、3.4年前に天台からから移ってきたといい、現在は、島内の仏事の手伝いなどをして生計を立てているといっていた。まつる神像の変更は、この夫婦が行ったのかもしれないが、正確に確認することはできなかった。

　平峰廟　この廟は、東門島の市街から一山越えた元の石切り場と思われる場所に建つ。本殿はモルタル塗りと思われる相当大きな建物で、他に平屋の付属屋がある。ただし、この廟については、『志略』には記述がない。以下の記述は、この廟にお参りに来ていた石小鳳さん（70歳）からの聞き取りと、廟に建てられていた石碑による。

　石小鳳さんによれば、この廟は、今は造船所になっている海岸近くにあったが、「文化大革命」の時に破壊された。1999年ごろある村人に夢告があり、6万元を集めて再建することになったが、元の土地はキリスト教徒の所有地だったので今の場所に建てたという。廟の門の壁に埋め込まれた石碑には、「新建平峰廟各戸楽助名単流芳功徳無量」あるいは「新建平峰廟各船廠楽助名単流芳功徳無量」と刻まれ、年号等はないが、この廟が新しく建てられたものであること

は明らかである。そして、今ここにまつられているのは、中央に左右に三千歳、二千歳を従えた大千歳、その向かって右に財神、左に土地爺、土地婆である。

　この話と『志略』に載っている薬師庵と土地廟の記述を合わせると、平峰廟は、この二つの廟となんらかの関係がありそうである。『志略』によると、この二つの廟は、壎頭地区の海辺に隣り合って建っていたが、1977年と1978年に相次いで破壊されたという。現在の壎頭地区にはこの平峰廟しかないことを考えると、その二つの廟を地区内に復活させようという動きがあり、それが平峰廟という形で実現したと想像しても、それほど無理ではないように思われる。先に述べた石碑に刻まれている人名や船名を調べれば、その点は確認できそうだが、そこまでの調査はできなかった。

　なお、石小鳳さんは、この廟と城隍廟、天后宮、王将軍廟を合わせて四大廟といわれているといっていたが、この話は他では聞くことはできなかった。

　円峰廟　この廟は、東門島の中心的市街地から北へ離れた集落のはずれ、南匯山の山裾にある。石碑に刻まれた廟記および『志略』によれば、円峰廟という名の廟は、清の光緒年間に、島内二ヵ所に建廟された。一つは壎頭に、もう一つは、南匯山麓に。前者は、1974年東門船廠の建設に伴って破壊された。後者は、1956年に台風で損壊したが、その後南匯村人が資金を集めて修復し、1988年に一新した。実際、廟は小さいながらも舞台を持ち、こじんまりとまとまっていた。

　廟には、円峰大帝、円峰娘々を中央にまつり、その左右に文判官・武判官、さらに財神、土地爺、土地婆を配置している。円峰大帝は山の神としての性格を持っているらしいが、村人は安全・健康などを祈願するといっていた。

　平水廟　東門島の最北端の、本土との狭い水道を見下ろす小高い丘の上にあるこの廟は、禹王廟ともよばれ、洪水を治めるのに功のあった古代の聖王禹を、平水大帝としてまつっている。『志略』によれば、清の光緒年間に創建されたという。しかし、廟記には、「大清道光二年建」とあり、廟に残されていた古い棟木にも、道光の文字がたしかに墨書されていた。現在の建物は、1976年に、南匯村人によって再建されたもので、さらに1996年に修繕が加えられている。村人によれば、この廟には、台風・水害などの自然災害から免れることを祈願するのだという。

魚師廟　東門島の最南端に建つこの廟は、海神廟とも呼ばれ、海神の石像一体をまつっている。30m²ほどの小さな廟であるが、『志略』によれば、清代に創建されたという。しかし、この廟へは、一度見学に訪れただけで聞き取り調査もできなかったため、これ以上のことは不明である。

　なお、この廟の上部に、観音菩薩をまつった建物があったが、それについても同様に詳細は分からなかった。また、最近この近くに大理石の媽祖像が建立されたが、廟といえるような施設は作られていない。

　平水廟　城隍廟の斜め上部にあるこの廟は、最近ある個人によって建てられたものだという。廟の正式の名称は不明であるが、廟の棟瓦に平水大帝と書かれているところから推測すれば、平水廟というのであろう。小さな建物の内部にはいくつかの神像が置かれているが、禹王と寿皇爺の二つ以外はどういう神格かは確かめられなかった。案内してくれた教師をしているという顔小平さんの話では、元は土地廟で、7年前に建てられたという。

　大宏宝殿　この廟は、城隍廟の真上にある、2003年から建設中の未完成の廟である。顔小平さんの話では、丁亜玲さんという40代の女性が中心になって、会社、漁船、村民から132万元の寄付を集めて完成させる予定であるという。間口30mほどもある大きな建物で外側はほぼ出来上がっているが、内部には石造りの台座だけが据えられている。中央の台座には南無阿弥陀仏と消災延寿薬師仏を脇侍として釈迦牟尼仏を安置し、向かって右に普賢菩薩、左に文殊菩薩、そしてその前に十八羅漢を九体ずつ配置するそうである。

　その他の廟　以上のほか、『志略』には、五つほど廃絶してしまった廟があげてある。それらの廟は、薬師庵（薬師廟）、土地廟、泗洲堂、太平庵、土地祠である。このうち前二者は塝頭にあった廟で、前述したように平峰廟に引き継がれている可能性がある。ただし、薬師庵については、その功徳碑が城隍廟の壁に埋め込まれており、別の可能性も考えられるが、今のところ不詳としておくしかない。後三者については、『志略』の記述以外には不明なので、ここでは不問にしておかざるをえない。

2. 廟と村の関係

　これまで述べてきた廟と村とはどういう関係にあるのだろうか。この問題を

検討する前提として、まず現在の東門島の行政組織を概観しておこう。

東門島は、今は全体として対岸の石浦鎮に属しており、島をまとめる行政組織はない。島は、行政的には、東門漁村、東門農村、東埠漁村、東門居民委員会、南匯漁村、南匯農村の6つの単位に分かれ、それぞれ村民委員会が組織されている。この組織単位は、解放後の生産大隊がもとになっており、地域性と漁業、農業その他の生業とを組み合わせたくくりになっている。つまり、地域的には、東門、埠頭、南匯の三地区に別れ、それぞれ漁業、農業という生業にしたがって区別されているのである。東埠漁村にはそれに対応する農村がないのは、島の西側の海岸部の埠頭地区を中心としているため、農業を生業とする家がほとんどなかったためであろう。また、居民委員会は、東門、埠頭に散居して、商業、造船業、文教関係、衛生関係、公務従事など、漁業・農業以外の生業を持つものによって組織されている。

しかし、1972年に設定された大隊編成を基礎にした現在の村民委員会の実情は、それが設定された当時とは相当に変わっている。まず、居住の状況からいうと、かつては独立した集落であった東門と埠頭は、完全に市街として連続してしまい、住民も混住するようになっている。また、生業の点でも、漁業が盛んになることによって、農業から漁業に転換するものが多く、漁村・農村という区別は必ずしも実態を反映しているわけではない。したがって、こうした行政単位として「村」の状況を考えると、廟と村の関係を検討する場合、現在の行政単位を前提にしてもあまり意味を持たない。

廟との関係を検討するための「村」は、それでは一体何か。それは、『志略』で「自然村」としている三つの村である。『志略』は、自然村として、東門自然村、埠頭自然村、南匯自然村の三つをあげている。「自然村」という概念がどのように規定されているかは明確ではないが、少なくともそれは、解放以前、民国時代から清代にまでさかのぼりうる独立性のある集落という地域的単位であることは間違いがなさそうである。その地域単位が、現在どのように住民によって意識されているかはよく分からないが、むしろ、廟との関係を考えることによって、その意識のあり方が分かるのではないか、という仮定の下に検討を加えてみたい。

まず、はっきりしているのは島の住民は、全体として東門島を自分たちの属

する一つの地域単位として意識していることである。島のどこで「この廟はどこの廟ですか」ときいても、どの廟も東門島の廟であるとの答えが返ってくる。面積約2.8km²ほどの小さな島であり、郷という単位で長い間まとまっていたことを考えれば、当然といえば当然であるが、島が一つのまとまった世界と考えられていることは間違いない。

　次に、南匯という地区も一つの「村」として意識されていることも比較的はっきりしている。地理的に島の北部にあり、集落として独立性が高いことによるのであろうが、平水廟も円峰廟も、その廟記や功徳碑に「南匯村人建之」などとあり、この二つの廟が、南匯の人々によって維持・管理されていることは明らかである。しかし、「廟にお参りする人々はどこから来ますか」ときくと、「東門島全体から来る」という答えしかきくことができなかった。維持・管理は村で、信仰は島全体ということであるが、それは信仰としての「普遍性」を表現しているととらえるべきかもしれない。

　それに対して、東門と墈頭の場合は、事情が異なる。実際にこの地区は、現在市街として完全に連続しており、その境界もはっきりしていない。王将軍廟のあたりが境界になっているようだが、明確に境界を示すものもなければ、指示してくれる島民もいなかった。「村」が生業によって区別されているため、地域単位としてあまり意識されなくなっていること、実際に混住が進んでいることなどによると思われるが、とにかく明瞭な線が引けないことはたしかである。

　「村」がそういう状態であるから廟との関係もはっきりしない。特に、墈頭地区は、「文化大革命」の影響ばかりではなく、埋め立てや造船所、冷凍施設、倉庫、集合住宅の建設などによって、古くからあった廟が廃絶してしまっているため、廟との関係を検討する材料さえほとんどない。わずかに、平峰廟での聞き取りで、この廟を含めて四大廟という話が手がかりになりそうだということぐらいである。というのは、東門地区では三大廟ということは何度もきいたが、四大廟ということは一度もきかなかったからである。そのへんに、墈頭地区の人々と東門地区の人々との間に意識のずれがあるといえるかもしれない。

　それでは、東門地区の方はどうかといえば、これも必ずしも「村」との関係ははっきりしない。東門地区での聞き取りでは、東門地区と東門島全体との区別がはっきりしなかったからである。また、漁村と農村との区別も、少なくと

も廟との関係ではほとんど意味を持っていないようであった。

　廟と村の関係が明瞭ではないことの原因の一つは、廟の維持・管理のための資金の集め方にもある。そういう資金は、誰か特定の個人が発起人となって、船や会社、個人を単位として募集する「楽助」というやり方が一般的で、組織としての「村」は、まったくそれには関わっていないのが実態である。また、廟を中心とした信仰集団や組織があるわけでもなく、漠然と地域社会によって支えられているという印象が強い。これが、古くからそうであったのか、最近の現象なのか確かめることができなかったが、現在の実状はそうなっている。

おわりに

　以上述べてきたように、廟と村との関係は、まったく無関係でもなければ、組織的に関係しているわけでもない、という漠然としたものであるとしか把握できなかった。この点は、どこの廟にもある功徳碑や重建記念碑などにある楽助者の名簿を詳細に記録し、その船や個人がどこの地域に属しているかを調べ上げれば、もう少しはっきりしたことが分かる可能性があると考えられるが、今回の調査ではそこまで調査する時間的余裕がなかった。

　調査ではっきりしたことは、中国の廟と村の関係は、日本の神社と村との関係とは明確に異なるということである。村の鎮守というような観念や、多くの場合村と重なる氏子組織といったものも中国には存在しない。このような違いは、「村」という地域社会あるいは「村」と個人の関係のあり方における根本的な性格の違いによるものと考えられるが、その問題の検討は今後の課題とするしかない。この報告が、現在でも変化し続けている東門島の廟の現状記録として多少の意味を持つかもしれないというところで満足すべきであろう。

摘要

庙与村的关系

橘川俊忠

本稿的目的在于分析东门岛上的庙与地域社会的关系。为此首先由调查、把握岛上庙宇的现存状况入手,对现存的11处庙宇进行了实地调查,确认了各处庙宇的建筑与所祭祀的神,并采访了被认为负责庙宇维持、管理的岛民。

调查的结果,发现东门岛上存在着以天后宫、城隍庙和王将军庙这3座庙为中心的独自的信仰圈。这3座庙分别掌管着渔业丰收与财富、生死与来世、健康与消灾,为全体岛民所信仰。

从庙宇的现状看,可以说"文化大革命"的影响已经基本消除,恢复到了从前的状态。但是,有的庙宇尚未恢复,有的虽然新建或重建,但所祭祀的神灵发生了变化,有的还在创建之中,岛民的信仰世界呈现出流动的态势。

我们无法确切地了解东门岛在中华人民共和国成立以前的状态,但是根据《象山东门岛志略》的记载,岛上有3个"自然村"。虽然不知道可以上溯到什么年代,但在考虑庙与地域社会的关系时,不妨暂且将这3个"自然村"视为地域社会的组成单位。

对这3个"自然村"与11座庙宇的关系观察的结果,位于岛北部的2座庙宇与1个"自然村"的关系得到确认,其余的庙宇则看不出与特定的"自然村"具有特别的联系。也许可以认为这些庙宇是作用于东门岛全体的,是全岛的庙。

虽然现在东门岛在行政上下属于对岸的石浦镇,但在信仰圈上是独立的地域单位,在岛民的意识之中也是这样。

竹根彫とその形成史

菅　豊

はじめに

　竹根彫は、根彫と呼ばれる中国美術の一種である。根彫は根芸ともいい、樹木の根を使い、その自然の姿、風合いを失わない程度に加工し、造形を施す彫刻の一種である。普通の木の根を用いる根彫である樹根彫、藤を用いる藤根彫とともに、竹根彫は根彫の一部をなしている。

　竹根彫の創作は、浙江省、江蘇省、湖南省、四川省、広東省など、竹の豊富な華東・華南地域で行われている。根彫は、遥か古代から中国の人々に嗜まれてきたとされる「芸術」である。竹根彫は、明清時代に最盛期を迎えたといわれ、数多くの流派をなし、それぞれで名人を輩出したといわれる。

　浙江省・象山県では、特に竹の根を用いた竹根彫が盛んに行われ、この地の特産品となっている。竹根彫は同じ浙江省の寧海、奉化、安吉などでも行われているが、現在の製作の中心はここ象山であり、それは浙江省のみならず、中国全土においても中心的な地位を占めている。そのおかげで、1996年、中国政府文化部より、象山県は「中国民間芸術之郷」に指定されている。

　象山で竹根彫に携わる人は、すでに400人を超えている。浙江省全体で1000人ほどというから、その数からも、象山での盛況ぶりがうかがえる。作り手によって技術に差があり、そのほとんどが土産物や一般向けの特産工芸品として売却することを目的としている。一方で、美術品としての竹根彫を目指す作家が、一握りであるが存在する。現在、象山の竹根彫の発展を推進してきたのが、そのような竹根彫作家の周秉益、鄭宝根、張徳和氏の3氏である。2005年現在、中国の根彫の全国組織・中国根芸美術学会（後に詳しく述べる）に、31

名の中国工芸美術大師という根彫の名人がいるが、この3名もそれに含まれる名手である。彼らは、竹根彫を専門に営む人々の専業委員会の幹部でもある（張氏が主任、鄭氏が副主任、周氏が秘書長）。本章では、その竹根彫に関わる、これらの中心人物をドキュメントし、その芸術の成立過程について報告することを目的とする。

1. 竹根彫の3名人

　周秉益氏は、1965年に象山県大徐鎮で生まれた。元来、画才があり、絵画芸術の道に進むことを希望していた。そのため、1980年、初中卒業後に地元の文化館（文化行政・サービスの部署）に通い、彫刻や油絵の写実技法を、陳継武氏（後の寧波市人民代表）に学ぶ。将来は、中国美術学院への進学を希望したが、その夢は叶わず、80年代初頭に、他の芸術とともにこの地で盛んになりつつあった竹根彫を開始した。そのころには、すでにこの地の竹根彫の開祖である張氏、鄭氏は、象山の竹根彫を、特産として売り出していた。周氏は、1988年、広州交易会に竹根彫を出品。商業的な観点から竹根彫に携わっていた。翌89年には、竹根彫の会社を設立して、竹根彫の販売を本格的に始めた。

　さらに、1994年には、娯楽中心（カラオケなどのある娯楽施設）の事業に手を広げたが、2003年には竹根彫に専念するために、その事業から撤退した。彼は、若手の有望株であり、多くの若手が創設者である張、鄭氏に師事しているのに対し、独学で竹根彫を身につけた。道具から加工の技法まで、独自の工夫で開拓している。その斬新さは高く評価され、近年、中国根芸美術大師の仲間入りを果たした。根彫の作家には厳然と、その能力と経験でランクがつけられている。たとえば、周氏は、中級専業技術職務としての工芸美術師として、寧波市人民政府から資格認定を受け証書が発行されている。その資格とは別に、学会が特に認定した資格、及びランクがある。「紅顔」「節」「正気凜然」「皆大喜歓」」「昭君出塞」「浄化人心」などの作品で、国家級の展覧会などコンペティションにおいて金・銀賞を受賞している。若いけれども、象山竹根彫界のナンバー3の地位を占める。

　周氏は、現在居住する丹城（象山県の中心）に自分の工房を置き、さらに故郷・大徐鎮に工房を開設し、4人の従業員を雇っている。周氏の場合、自身は

芸術作品としての竹根彫製作を行うが、一方で工房の従業員たちには象山の特産工芸品としての竹根の彫刻を製作させている。そのデザインは周氏が考え、見本を作って製作させる。この工房の従業員には、工人的にルーティーンの仕事をこなすものばかりではなく、将来独立して竹根彫作家として独立することを目指す若者もいる。

鄭宝根氏は、現在、中国根芸美術学会理事。高級美術工芸師であるとともに、中国根芸美術大師でもある。彼は、竹根彫を始めて以来、本名を「根」の文字を入れて改名するほどの入れ込みようである。

彼は1957年、象山県茅洋郷南充村で生まれる。子供の頃から、絵を描くことが好きであった。15歳で初中を卒業。「文化大革命」により、十分な教育が受けられず、家も裕福でなかったため、16歳から渓口人民公社で家具作りの職工として修行を開始。家具作りは、単なる組み立てではなく、その細部への彫刻なども行う。それによって培った技術が、今の竹根彫に生かされている。

鮑斯秋という「木匠（家具、建具などの職人）」が「師傅（師匠）」であり、そのもとで72年から74年にかけた3年間手伝いをして、家具作りの基礎を学んだ。一般に、いわゆる修行は3年程度であった。「師傅」は、取り立てて美術の才があるわけではなかったが、伝統的な家具、建具に施す彫刻技術を鄭氏に伝授した。当時の家具職人は、特に工場や工房に所属しているのではなく、家具を必要とする家や単位の求めに応じて、そこに赴き製作する。「師傅」が忙しいときは、一人でお客のところへ派遣されることもあった。修行の最初の仕事は、紙ヤスリで製品を磨く作業である。次に、糸鋸の使い方を学び、順々に基本的なことを習得していく。職人の間では「一日為師、終生為父（一日師と為せば、終生父と為す）」といって、「師傅」を敬い、現在でもつきあいがある。

75年に「木匠」として独立。自分で、仕事を請け負うようになる。1978年から開始された改革開放政策を機に、新しいものに挑戦したいという好奇心から、張氏ら仲間とともに、竹根彫を始めた。それまでは、農民が芸術活動を行うことが制限されていた。住んでいる茅洋郷から象山県の県城・丹城鎮まで出ることすら自由でなかった。78年開始以降も、すぐには組織だって竹根彫をやることはできなかったが、創始のメンバーは徐々に研鑽し、技を磨いていった

という。鄭師は骨董にも造詣が深く、「木匠」のかたわら骨董商のようなこともやっていた。竹根彫を始めた頃は、金にならないとのことで、両親から反対された。しかし、近在各地の竹根彫を見学して回るのが好きだったため、本業「木匠」に関しては手につかなくなってしまった。

　鄭氏は、開始から80年代にかけての、10数年間は、各地で散見した、古い作品をいかに真似るのかということに精魂を傾けた。この期間は、いわゆる模倣の期間で、技術やデザインに関し多くのことを学んだが、独自性という点では、あまり見るものがないと、彼自身考えている。80年代後半から、展覧会等への出品を開始、86年に初めて浙江省レベルの展覧会に出品した「沙僧」が認められ、アメリカ・ロサンジェルスにおける芸術博覧会にも出品されて、金賞を受けるという栄誉に浴している。その後、しばらく中国根芸美術学会の品評会等に出品し、審査、寸評を得て、自分の技術に反映させてきた。その甲斐あって、1997年には「王昭君」によって、中国根芸界で最も権威のある中国根芸美術優秀作品展（第6回）において「劉開渠根芸賞」の金賞を受賞し、その後、国家級、省級の展覧会で受賞し、2000年には同じく中国根芸美術優秀作品展（第7回）において出品した「両小有猜」「窺視人間」という2作品が、同時に金賞を受賞するという快挙を果たした。いまや、中国根芸界の重鎮の一人である。

　張徳和氏は、鄭氏と同じく、中国根芸美術学会理事、高級美術工芸師であるとともに、中国根芸美術大師でもある。鄭氏とともに、象山竹根彫を創始した人物であり、また、現在の象山竹根彫を支える中心で、象山竹根彫の代表的作家といっても過言ではない。1955年生まれる。彼の父や親類など、身の回りに「木匠」が多くいた。そのため、小さい頃より「木匠」の技術を見よう見まねで身につけていた。子供の頃から、彫刻家になるのが夢で、自分のお手製の彫刻刀を作るほどであった。やはり「木匠」であった叔父の画集を見ては、絵を学び、また、それも摸して彫刻を作っていたという。70年、初中卒業後、彼は絵をいかに家具に応用できるかを学ぶために、弟子入りした。そして、絵画作製の仕事が終わった後、彫刻を「木匠」であった叔父から学んだ。その甲斐あって、2年後には、「木匠」として独立を果たした。

　78年に、鄭氏らとともに竹根彫を開始。最初に彫った作品は、鶴であった

が、それは竹と巧く調和せず失敗した。しかし、彼は諦めず研究を続けた。日常においても常に彫刻のことばかりが脳裏をよぎる。鏡を見ては、表情の多様なあり方を学んだというほどである。彼は、感情の表現法は、自分の顔から学んだのである。

　張氏は、ある時、自分の技術を歴史的題材に応用することを試みる。作品にいわゆる古色を、十分にもたせるために、何度も異なる方法で工夫をしたが、なかなかうまくいかない。最初は、色を表面に塗ることを試してみた。しかし、筆で塗ることは、彼が望むような十分な色合いを出せなかった。次に、絵の具と防かび剤を入れて、作品とともに煮る方法も試してみた。何度となく試行錯誤して、絵の具と防かび剤の調合薬品で煮沸する彩色法を編み出した。これによって、彼の象山竹根彫に、退色しない古色のテーストが加わることとなり、現在のような歴史的題材を扱う際に不可欠な風合いを醸し出している。

　さらに、張氏は、竹根の細い根を逆立てる技法を編み出すことによって、竹根彫の表現力を拡大した。後ほど述べるように、現在の竹根彫は多様なモチーフを描き出すが、それを表現するためには、さまざまな技法が必要なのである。そういう技法を先駆的に開発したものとして、張氏はこの象山竹根彫に大きな功績を残している。

　1980年代以降、張氏は、浙江省の著名な正統的な美術家（画家や彫刻家、書家）たちと交流を持ち、正統的な芸術理論を学んできたという。その結果、いままでの量産するというあり方を止めて、一作品ごとに優品を作り上げるという、正統な芸術家たちと、同じ道を歩み始め、また、コンセプチュアル・アートの領域にも手を広げた。

　彼は、他の作家に先駆けて表彰されており、1994年の中国根芸美術優秀作品展（第4回）において作品「眷恋」が、1997年の中国根芸美術優秀作品展（第6回）では「洪荒時代」が、そして、2000年の中国根芸美術優秀作品展（第7回）では「酣」が、最高の賞「劉開渠根芸賞」の金賞を受賞している。

2. 選ばれる竹根

　竹根彫で、まず重要なのは、その材料＝竹根の入手、選別である。竹根彫に使用する竹は、毛竹（モウソウチク　*Phyllostachys heterocycla*）であり、象山

県は毛竹に恵まれており、西周鎮、墻頭鎮といった象山西部の山間地が、その一大産地となっている。

　竹の性質は、それぞれの地方の風土によって異なる。海に近く強く風が吹いて、光が十分にあたるところに生えた竹がよいとされ、一方、奥山で日射が悪く、風の通りが悪いところの竹は好まれない。生えている場所の土質によっても竹の性質は変わり、たとえば、黒土で育つと節が短く堅い根となり、黄泥で育つと節が長く肉厚で色のよいものができるという。普通は、黄泥に育ったものが好まれるという。竹根は、また、取る時期によって質が異なると考えられている。冬場に伐採された竹には、虫がついていないのでその時期のものが好まれる。

写真1　西周鎮の竹林

　竹根彫に使う根は、普通2年以上の年月をかけて育ったものである。年の経ったものは、特に大きくなるということはないが、色合いがより黄色みがかる。周氏は、普通3年ものの毛竹根を用いる。周氏は、2年以下の若い根は、水分が多いため、製作の後に変形しやすいと考える。竹の根は、稈（イネ化の中空の茎の部分）よりも肉厚であり、節が12程度あると考えられている。この節の間隔や配置も、実際の造形に大きく影響を与えるため、根須とともに、竹根彫の製作者は、購入時に注意して見る。

この地方において、竹は稈よりも根の方が価値がある。現在は特に、竹の利用は限定的であり、根の方が商品価値が高い。竹は、それぞれの村で管理されており、切れば切るほど増えると考えられているため、生えて3年程度のものは順次伐採される。

　周氏は、象山において竹根彫の材料を揃える。周氏は、通常、象山県墻頭鎮方岩村、西周鎮儒雅洋村、芭蕉村、横山村などで入手する。その地域は、山の中腹まで毛竹に覆われている。この地の農民たちは、竹根彫と結びついて、その材料を供給・販売する。周氏には、長年にわたって取引を繰り返す馴染みの農民がいて、彼らが周氏の元に年に数回売りに来る。デザインが先に思いついたときには、自分で産地に足を運び、イメージにあった竹根を探すこともあるが、普通は、農民たちが取ってきた竹根を購入する。農民たちは、ある程度よい竹根が集まると、顔なじみの竹根彫作家に連絡をする。作家は、普通数十本まとめて購入し、ストックしておく。保管する際には、通風のある暗い場所がよい。少々の雨に濡れるのはかまわないが、通風が悪いと変色しやすく、また、直射日光に当て続けると裂けるので気をつける。周氏は、作業場とは別に竹根の保管場所を確保している。

　竹根は、大まかに普通型と自然型との2種類に分けられる。普通型は、土中でまっすぐに伸びた根で、何の変哲もない。数も多い。一方、自然型は、自然の中でひねて、変形したもので数が少ない。自然型は、全体の5パーセントにも満たないといわれる。形が独特な自然型は、土壌の栄養が少なく、石の隙間や砂礫の上など成長に制約のあるところで発生しやすい。そういう場所に生えた竹は、色も独特で、茶色が濃くなるという。また、主根から伸びる根須（側根）が普通とは異なり数が少ないという。こういう竹は、一般

写真2　竹根

の籠の細工や家具類に用いるには不適であるが、竹根彫には最適である。竹根は普通型で20元程度で取引される。普通型の場合、広い場所でゆったりと育ち根須が多く分出したものが加工の幅が広がり重宝される。ただ、竹根彫にとっては、やはり自然型が価値があり、購入時には100～400元前後で取引される。

　周氏は、美術品製作を指向するため、同じものが二つとしてない自然型を好む。この自然に形象される自然型が、根彫の基本であり、その形象によって想起され、見立てられるイメージを元に製作する。普通型で作られるものは、イメージ・見立てに限界がある。また、その分、加工を過剰に施す必要があり、形として驚きを生み、高い評価を受けるものを製作しにくい。しかし、量的に入手しやすく、廉価なため観光土産品、輸出工芸品としての竹根彫にはむいている。

　竹の色合いや風合いは、作るもののデザインによってよくもなれば悪くもなる。すなわち、形のみならず色合いや、風合いも、デザインを規定する重要な要因である。たとえば、竹根の表面の色合いが均質な場合、若い女性の顔を彫り上げるのに適している。しかし、不均質な場合、それがシミ状になり、女性の顔としては美しくならない。ところが、そのような素材は、老人をデザインする場合には、自然のシミとなって、老獪さを自然と表現してくれるため効果的である。色合い、風合いは、その場所に何を彫り込むかということをある程度規定する。製作者は、その自然の質感を保ったまま、色合い、風合いを生かして、部分部分に加工を施していく。

　形からすぐにイメージの湧く形の根から順に、すぐに製作に取りかかる。しかし、なかなかイメージが湧かない根も、しばらく立って見直すと、斬新なデザインを考え出すことがあるから、やはり大切にとっておくのである。

3. 竹根の見立て

　竹根彫の製作の第1段階は、やはり全体のデザインである。竹根彫作家は、すでに製作されているさまざまなデザインを熟知し、竹根の形態、風合い、色合いに応じてデザインを決めていく。いわゆる、定番のデザインというものがあり、形が一般的なもの、あるいは自然型でもひね方が珍しくないものは、そのような定番のデザインがなされることが多い。そういう中、新しいデザイン

を考え出すことは容易ではない。ただ、素材は似ていても同じではない上、同じモチーフでも「風格（芸術のスタイル、様式）」と技法、そしてそれを応用する技術程度が異なるので、どれ一つとっても全く同じという作品はない。この、デザインの段階が非常に重要で、作品の成否の鍵は、この段階にあるといっても過言ではない。

　主なモチーフとして、竹根彫はいくつかに分類できる。竹根彫作家は、特にそれを分類していないが、竹根の形状、性質は見立て方、表現において限定的であり、あらゆるものを造形できるというわけではない。同じ根彫でも樹根彫は、その変形が多様で、多様な見立てが可能なのに対し、竹根彫は変形の幅が樹根彫に比べ限定的である。その限定の内部で、いかに精緻で美しい作品を作り上げるかということと、さらに、その限定を乗り越え、いかに斬新なデザインを施すのかという2面が、竹根彫作家の腕の見せ所である。

　基本的な作品をモチーフで分類するならば、下記のようになる。

Ⅰ．人物
　　Ⅰ－1 女性：西施などの美女、女官、老婆
　　Ⅰ－2 男性：布袋、弥勒仏、鍾馗、寿星（寿老人）、達磨、老人、漁夫、僧侶
　　Ⅰ－3 童子
Ⅱ．動植物：猫、虎、猿、水牛、蟹、果実（仏手果）樹木
Ⅲ．事物
　　Ⅲ－1 船、船と人物（小舟と漁夫、八仙過海、十八羅漢）
　　Ⅲ－2 竹器
　　Ⅲ－3 魚籠と魚（年年有余）
　　Ⅲ－4 魚籠と蟹
　　Ⅲ－5 農夫と水牛
　　Ⅲ－6 蓮
　　Ⅲ－7 春牛図
　　Ⅲ－8 茶壺
　　Ⅲ－9 家屋と人

　竹根彫の基本的なモチーフは、人物、動植物、事物、そして抽象物の4つに

写真3　人物（女性）

　大まかに分けられる。人物には女性像と、男性像、童子像それぞれが、基本的なモチーフである。女性像は、女性のたおやかな全身の線を、緩やかに曲がった竹根で表現する美女像が基本である。西施や楊貴妃といった歴史上の美女が好まれる。また特定の美女ではないが、伝統衣服をまとった古代の女官もまた、頻繁に表現される。老婆もないわけではないが、その数は少ない。一方、男性像は、老人がモチーフとなる場合が多い。特に漁夫は男性像の場合、格好のモチーフであり、多くの作家がその製作を競っている。また、鍾馗などの伝統的に縁起がよい図像も好まれる。人物には、その人物全体を表現するもの以外にも、面のように顔だけを表現するものがあるが、これは全身像とは根の使用する部分が異なる。全身像は、細身の竹の屈曲を巧く身体の線に見立てて使うのに対し、顔面像は、太めの根の根須を髭や髪に見立てて使う。同じ人物像でも、見立ての発想が異なる。素材の特徴が、表現される年齢、性別、職業、性格といったものを、ある程度決定するのである。

　動植物は、人物に比べてモチーフとして選ばれることはそれほど多くない。特定の動植物に、造形が集中するということもなく、根の形態に合わせてイメージされた動植物が形作られたようである。ただ、仏手柑（ブッシュカン：*Citrus medica var. sarcodactylis*）を模した「仏手果」は、吉祥の図柄であるが故に人気は高い。

事物は、道具、風景、故事などが表現されることが多い。よく使われるモチーフが川船である。それには、漁夫が同時に彫り込まれることが多い。さらに、川船と同じような形で、船に八仙（八人の仙人）が彫り込まれたものも、よく見られるモチーフである。これは、「八仙過海」という、次の故事にちなんだものである。昔、西王母の誕生祝いの帰路、八仙たちは酒に酔って船に乗り込み、海の仙女をからかった。仙女は怒って海を時化させ、船を沈めようとした。このとき、漢鐘離は芭蕉扇、張果老は道籤（卜占用の竹）、呂洞賓は斬妖剣、李鉄拐は薬瓢筆、韓湘子は順風笛、曹国舅は陰陽板、藍采和は花かご、何仙姑は如意笊（ざる）または蓮の葉を持っていたという。八仙はそれぞれが持っているもので戦って、無事に乗り切ることができるようになったという。今では「八仙過海、各顯神通（其能）：それぞれがそれぞれのやり方でやるの意」という成語に用いられ、絵画や美術装飾の題材となっている。船ではないが、同様な形態に十八羅漢を彫り込むものもあるが、デザイン的には同系統のものとして位置づけることができる。

事物では、この船型とともに、魚籠がポピュラーなモチーフである。これは、竹根の太物を用い、籠の表面を彫り込み、さらにそれに装飾の魚紋一対や、籠から逃げる蟹を表現する。魚紋一対は、中国で一般的に吉祥の図柄として有名な「年年有余：年々あまりが出る（豊かになる）ようにという意で、「魚」と「余」という発音の似た字をあてたもの」である。また、太い竹根は、水牛に人物がまたがる図柄にもよく使われる。

さて、このようなモチーフが、作品のデザインを決める重要な要素である。このモチーフを選定する前に、作者は、その根の形状、色、風合い、節の幅などを注意して観察し、それにふさわしいモチーフを選択するといえる。したがって、モチーフ決定には、それ以前の根の特徴が重要な意味をもつ。

モチーフの決定にかんして、まず第1に、その竹根の細さや長さは重要な要因である。それによって、モチーフはある程度決まってくる。先に紹介した人物の美女像などはその典型で、細身で屈曲した竹の稈が、女性が身体をくゆらせる線を表現するのに重要である。しかし、腹を突き出したふくよかな弥勒仏や寿星を表現するときには、根の最も太い部分をつかって量感を出す必要がある。また、魚籠のような、丸みを帯びたものも、丸く太い根が必要である。

第2に、竹の奇形度は、モチーフ決定に重要な意味をもつ。竹根にはよく二つの竹が癒着したものがあるが、そういう素材は、たとえば2人の人物、2匹の猿などが寄り添うような構図にむいているし、また、腰からしたの大腿部を表現できる。

　第3に、竹を縦に使うか、横に使うかによって、表現するモチーフは異なる。たとえば、小舟と漁夫、八仙過海、十八羅漢などをモチーフにするとなると、当然、形状は船型になり、竹を横に寝かして配置するデザインとなる。逆に、人物像などでは、全身像にしろ顔面像にしろ正対するものが多いので、縦に立てて配置するデザインとなる傾向がある。

　第4に、竹を正立させて用いるか、倒立させて用いるかによって、モチーフは大きく異なる。多くのデザインは、稈の部分を下にし、節が密に入る根の部分を上になるように、倒立させて用いるが、根須を髭のように長く用いる必要のある老人の顔面像などでは、逆の正立で用いることもある。そういうものは、置物系の竹根彫というよりは、壁掛けなどの掛け物系の作品に多い。

　第5に、筆立てなどの実用に供するか、純粋に置物として鑑賞用に供するかによって、やはりモチーフが異なる。実用に供するものは、その用途によって制限を受ける。たとえば、竹の曲線を生かした人物の全体像などを、筆立てにデザインすることはない。おおかた、筆立てなどは、竹を円筒状に加工し、その表面に浮き彫りを施すものが、オーソドックスなデザインで、通常のデザインよりも人為的な加工の度合いは大きくなる。

4. 竹根への手仕事

　竹根の形状によりイメージされたデザインが決定すると、まず、よく洗浄して、土を落とし乾燥させる。細かいところにこびり付いた泥や砂は、鋼糸刷という金属製のブラシでこそぎ落とす。その後、「打坯（荒削り）」である。技術のない素人ならば、デザインに沿った下書きを竹根の上にチョークなどで引くこともあるが、プロの作家は、イメージに合わせて、直接形を整えていく。まずは、のこぎりで、全体の大きさを決め、その後、大まかな輪郭を削る。モチーフ、デザインに必要のない余分な根は、あらかじめ剪刀（はさみ）で切り取っておく。また、「榔頭（木槌）」で、根を打って形を整えることもある。さ

らに、この時点で、虫がいないかどうか念入りに確かめ、必要ならば消毒をする。そして、次の段階で局部の細かい彫刻を行う。

　細かい本格的な彫り込みを「修細」という。この作業が、竹根彫の最も重要な工程である。手や顔、その他デザインに沿った細部を緻密に、慎重に彫り込んでいく。ここで、彫り損ねると、修復は難しいので、各部分ごとに細心の注意を払って、技術のすべてを注ぎ込む。しかし、このとき細部にこだわるあまりに、全体のバランス（「整体統一」）を見失わないように注意しなければならない。

　「修細」の段階で使用する基本的な道具が、「刀具（彫花刀：彫刻刀）」である。本来、彫刻刀と、ノミ（鑿）は区別されるのであるが、ここ象山では、「刀具」を鑿と称している。「刀具」は、基本的に形が異なった平鑿、三角鑿、円鑿、反口鑿の4種類で構成されている。

写真4　修細

　平鑿は、刃先が平板ないわゆる平刀で、広い面を彫ったり、角を丸めるときに使用する。三角鑿は、三角刀であり、鋭利で細い線を彫るときに用いる。円鑿と反口鑿は、ともに丸刀である。刃の削った面が、湾曲した刃の内側にあるものが円鑿（いわゆる内丸）、外側にあるものが反口鑿（いわゆる外丸）である。円鑿は、柔らかい大きな曲線や、深く彫り込むときに用いる。反口鑿は、細部の柔らかい線を出すのに用いる。このような、道具は市販されている

ものもあるが、その数は少ないため、竹根彫の実用の場面では不足する。したがって、表現を豊かにするのに必須の特殊な形状、異なった大きさのものを揃えるために、作家自身が「鉄匠（鍛冶屋）」に大きさ、形状を指定し、作ってもらうことが多い。

写真5　刀具

　この4種類を基本的な「刀具」とし、さらに、細密な線を描くニードル状の道具も用いる。全体がスチールでできたものを鋼条鑿、刃先のみスチールでできたものを鋪鋼鑿と呼ぶ。鋪鋼鑿は、刃先のみスチールなので、使用の過程で研ぐと摩耗して、早く使えなくなるが、鋼条鑿は全体がスチールなので、長持ちする。これは、市販されていないので、たいてい自作する。周氏は、自転車のサドルについたスチール製の金具が、この道具を作るのに最適として、それを加工して代用している。

　それぞれの「刀具」は、「刀口（刃の角度）」や大きさが異なるものが複数あり、彫る部分の形状と、デザインに合わせて逐次選択する。大小や「刀口」の異なるものを合わせて、一人の作家で100本以上の「刀具」をもつ。「刀口」は、使用しているうちに鈍ってくるので、常時、研磨して鋭利な刃を維持しなければならない。「刀口」が丸くなると、精細な彫りができなくなるといわれている。

それぞれの作家は、独自の道具に対する思い入れがあり、自分の創意工夫によって他の作家との差異性を意識している。それは、秘伝というところまではいかないが、すべてを公開しているものではない。また、道具の細部に施される工夫は、あくまで個人的に開発されたものであり、必ずしもすべての作家の工夫が共通しているというわけではない。たとえば、周氏の道具は、同氏が技術を習得する過程で工夫されたものである。基本的道具の構成は、他の作家から見聞きしてある程度知っていたが、現実に竹根彫をやり始めたばかりの頃は、数本の「刀具」で開始した。しかし、道具が簡単すぎると、当然、表現する技法の制限となる。そのため、周氏は「鉄匠」に道具の形状を伝え、一つひとつ作ってもらった。表現力に応じて、道具の種類や数、そして形状が進歩するといわれ、経験とともに多くの道具類が、周りを取り囲むことになった。製作を続ける過程で、必要な道具がイメージされるのである。

　周氏の「刀具」の中には、もつ部分を計るために柄に目盛りがついたものがある。この工夫は、他の作家に見られない。周氏が、特に彫刻刀をもつ部分にまでこだわっていることの表れである。また、周氏の「刀具」には、柄の部分を再度自分で削りなおしたものがある。それほど、周氏は握り具合にこだわるのである。一方、鄭氏は、握りより刃の鋭利さにこだわりをもつ。彼は、常に「刀具」の切れ味が鋭くないとよい作品はできないと考えており、日頃のメンテナンスを怠ることはない。

　「刀具」は、指で押しながら削る技法が中心であるが、堅い部位ではそれを木の棒で、叩きノミのように、「刀具」を叩いて削る場合もある。周氏は、この「刀具」を叩く道具にもこだわりを持って、自分で工夫している。ずっと木の棒を使ってみたが、軽すぎたため、鉄の薄板を木の合板で挟んだ一種の木槌を自分で研究し開発している。これは、他の作家にはない道具である。

　竹根彫では、その「風格（スタイル）」と技法を統一することが重要であるとされる。「風格」は、自然により近い形で仕上げる抽象から、具体的なものにより似せる写実まで、作家ごと、あるいは作品ごとに大きく幅がある。ただし、竹根彫を含む根彫の基本的な志向としては、自然を感じさせる「風格」を失わせないことが重要であり、過剰な人為的な加工は戒められる。この点が、根彫が、他の彫刻技術、彫刻芸術と分け隔てられる大きな特徴である。

このような自然の造形に、基本的に依拠する竹根彫のあり方は、さまざまな決まり文句で、表現される。たとえば、「三分人工、七分天成」と表現するが、それは、竹根彫は、70%は自然の造形で決まり、人為の加工は30%にすぎないという意味である。このようなあり方は、人間と自然の一体化の過程としてとらえられており、「天人合一（天と人がひとつになる）」「與天同創（天とともに同じく創る）」という表現もなされる。また、自然の造形に逆らわず、それを生かすあり方は、「因材施藝（対照に応じて、異なった方法で芸術を施す。材料の性格、特徴など、具体的な表現型に応じて、異なった芸術を展開する）」とも表現される。このような性格は、「化腐朽為神奇（腐朽を化して神奇と為す：つまらないものを変えて、非常に珍しいものとする）」「形神兼備、以神為主（形と心を兼ね備え、心をもって主となす）」「妙在似與不似之間（妙は似ると似らざるとの間にあり）」という、中国の古典的な芸術思想を踏襲していると考えられている。

　細部の彫刻を終えると、次に「打磨」の段階である。細かい傷や、余計な突起、瘤などを金ヤスリや紙ヤスリを用いて削る。削った屑を落とすために「単刷（ブラシの一種）」という、毛先の柔らかいブラシを用いる。「打磨」も「修細」と同じく、加工が過剰にならないように気をつける。一度削ってしまうと、もう元へは戻らないのである。ここで虫食いとカビを防ぐために薬剤（虫霉霊という薬剤）で処理を施す。

　さらに、次の段階で、色合いの調節を行う。色は竹の自然の色合いを生かす方法もあるが、飴色に染め上げ古びた風合いを出す方法もある。それぞれの作品に応じて、色合いを決める。古色をあえて出す方法は「倣古法」と呼ばれ、古くから伝統家具の作製に使われてきた技法である。この「倣古法」の技法も、作家によって異なり、基本的にその技術は秘伝となっている。たとえば、周氏の「倣古法」では、アルコールと顔料を混ぜた薬品に、竹根を漬け込むという。周氏の場合、表現するデザインの老若男女の別によって、その色合いを変える。美しい女性の顔は、白みがかるように漂白し、また、漁夫などは日焼けした肌を際だたせるために、より濃い色に染め上げる。アルコールやアルカリ水とさまざまな顔料の組み合わせを自分で試し、適切な方法を考え出した。その具体的な薬品名と、その配合法、配合比は秘密にしている。

着色の段階が終わると、最後に磨き上げる「抛光（上光）」の段階である。ロウを全体につけて、「板刷（ブラシの一種）」で磨き上げる。さらに、電動の研磨機を改造して、布で磨き上げる専用の機械を用いる作家もいる。このような、手のかかる段階を経て、一個の泥に汚れた竹根は、人々を感動させる芸術へと高められるのである。

5. 芸術として創られる竹根彫 ― 終わりに ―

工房において、比較的容易に、そして大量に生産される特産工芸品としての根彫の場合、あらかじめ卸売りの商人から受注し、それに応じた数のものを製作し販売する。一方、竹根彫を芸術品として見なし、その製作に手間暇かける作家の場合、すぐに作品を売り払うことはない。こういう作家の元には、芸術品を扱う商人がときおり訪れ、鑑賞し、値段交渉して売買するのである。その販路は広く、地元浙江省はもちろん、上海、北京、福建省、広東省、香港、台湾、海外では日本などからも、買い付ける人々が定期的にやってくる。頻繁に足を運ぶ馴染みの商人がたくさんいるが、そういう気心の知れた友人にでも、すぐに売るものではない。年に何回も行われる展覧会や博覧会、作品展などのコンペティションにも出品しなければならない。よい作品は、そうたやすくできないために、十分に留意して手放すものを決める。

展覧会などのコンペティションは、その作品の価値を上げてくれる。当然、入賞を果たせば、その作品の価値は、普通に売るより遥かに高まる。特に、全国的な展覧会の権威は大きく、そこでの入選を各作家は競い合っているのである。そのようなコンペティションでの成功は、それぞれの出品作品の値段を上げるだけでなく、作家自体の評価も大きく高める。それ自体目的ではないが、その入賞歴により、作品の価格が異なることは当然である。

このように、現在、象山の伝統芸術として竹根彫が定着しているが、このような状況は、実は、ここ20数年来のことにすぎない。それ以前には、そのような「芸術」は、ここ象山に存在していなかった。いや、中国においても現在のような体系的な芸術としての竹根彫は明確に存在していなかったといってもよいであろう。

もちろん、昔から、象山周辺でも竹を使った装飾品は製作されていた。それ

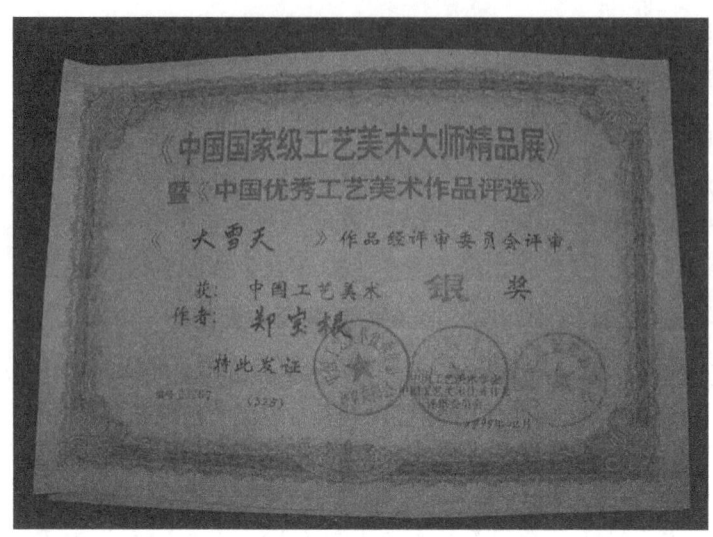

写真6　展覧会の賞状

は、家具や建具などの一部に施される「木匠（木工職人）」の技術であった。実用品の装飾であり、芸術品としては扱われることはなかった。陳小泉という有名な「木匠」が、数十年前にいて、現在でも椅子作りの名人としてその名は知られているが、彼自体はあくまで「木匠」であり、芸術家として扱われていない。現在の芸術品としての竹根彫の成立には、張氏、鄭氏という芸術を興そうとする新しい世代の力とともに、さらにそれを取り巻く社会、政治、経済状況が深く関わっていたのである。

　張氏、鄭氏が、最初に出会ったのは、「木匠」の修業時代である1972年のことであった。彼らは意気投合し、「木匠」の技術などについて交流していた。その彼らが、竹根彫を開始したのは、1978年の改革開放政策の開始を契機としてからである。そのときは、もちろん経済的な動機が大きかったが、やはり元来の彫刻、絵画に対する憧憬を無視することはできない。1978年、張、鄭氏ら独立したての「木匠」は、自分たちの仕事に何か新しく取り込めるものはないか模索していた。ある時、彼らは仲のよい仲間8人で、知人に紹介してもらった寧波の「寧波市工芸美術研究所（正式な名称不明）」に、さまざまな工芸品類を見学に赴いた。まだ交通が不便な時代で、自転車で数十キロの道のりを通うほどの入れ込みようであった。彼らは、そこで木の根で作られた根彫と出会ったという。このとき、自分たちの故郷に豊富な竹根を用いて、同様の工芸品

を作ることを思いついたらしい。

　最初は、いわゆる普通の彫刻と何も変わらず、さまざまな画題を描いた。たとえば、鄭氏の初期の作品に「石榴小孩」という作品がある。これは、柘榴の上に乗った子供の姿を描いた伝統的な吉祥の図案であるが、それは一切元の素材の形状、風合いを残さず、全面を彫り込む「通彫」の技法が用いられている。これは、いわゆる普通の木彫、石彫に使われる技法で、要するに従来あった作品を、竹根を素材に再現したありきたりの模倣であった。このような作品を作り続ける中で、研究を積み重ねて、後に張氏、鄭氏が中心になって現在のようなスタイルを確立していった。

　その研究は、ただ象山のみで行われていたのではない。それは、省さらに国家レベルのネットワークを取り結ぶことによって、そのスタイルは形成されてきたのである。

　1980年前半、根彫を愛好する大連人・馬駟驥という人物を中心に、北京で根彫をめぐる学術団体の創設の動きが起こる。そして、1985年、国家の指導者や各界の著名人をよんで権威ある中国美術館において「中国根的芸術聯展」という展覧会が開催される。さらに、同年末には、中国工芸美術学会の下に根芸研究会が設置され、馬が主任の職に就いている。その組織は、80年代末に整備されるとともに、根彫に関する規範を整えている。たとえば、1987年には、根彫の製作原則として、「変廃為宝、化腐朽為神奇（廃を変じて宝と為す、腐朽を化して神奇と為す：廃れものを変えて宝にする、つまらないものを変えて非常に珍しいものとする）」というスローガンを根芸研究会は唱える。これは会員に通知され、遵守が求められた。つまり、廃物利用という思考は、このような中で作り上げられてきた。

　ちょうどそのころ、同じく87年に、浙江省にも浙江省根彫芸術研究会が成立。中国工芸美術学会根芸研究会は、同年に、現在の展覧会の最高峰・中国根芸美術優秀作品展の褒賞である「劉開渠根芸賞」を設立した。劉開渠氏は、正統な芸術である彫塑の世界の第一人者であり、中国彫塑大師、中国美術家協会副主席、中央美術学院副院長、中国美術館館長という肩書きを持つ、中国芸術界の有力者であった。彼は、根芸研究会創設にあたり、馬氏に協力し、その功績を讃えて根芸界最高の栄誉に、その名を冠したのである。このような褒賞制

度と、展覧会システム、さらに学術討論会、論文集、手引き書発行などを通して、根芸理論の統合と精緻化、そして普及に努めてきた。また、90年代にはいると、研究会は、主管単位が文聯（中国文学芸術界聯合会）となり、国家によって一級学会として認定され、中国根芸美術学会と昇格される（94年）。さらに、根芸美術学術資格評定という、根彫製作者の能力を評価し認定する制度も導入する（96年）ことによって、その権威は不動のものになる。美術が厳格に制度化され、担い手が美術家としての位置づけを獲得してきたのである。

　このように全国規模で徐々に制度化される根彫愛好・研究組織との関わりの中で、象山竹根彫もその形を整えてきた。鄭氏や張氏は、そのような「学会」の雑誌に「論文」を投稿するとともに、討論会へ参加したり展覧会へ出品する活動で、多くの技術や知識を身につけ、組織内での評価を高めるとともに、さらに地位も上昇させている。

　象山竹根彫の創始者である張氏などは、象山竹根彫の「帯頭人（案内人：リーダー）」として高く評価され、96年には浙江省工芸美術学会、省美学学会、省美術評論研究会が連合して「張徳和竹根彫芸術討論会」までも開催されるほど注目されている。

　1978年の改革開放以後に、全国的に根彫という「芸術」は発展した。特に、1985年の中国根彫に関する「学術組織」が立ち上げられると、民間の「彫虫小技（取るに足らない技能）」から「大雅之堂（上流の席）」へと根彫は昇格し、まさにそれは「根芸」と称されるようになって、中国文化における不可欠の独立した芸術分類として認められ、正統な芸術と肩を並べるようになった。このような全国的な民間芸術創出運動の中で、浙江省の一地方の竹根彫も成立してきたのである。

摘要

竹根雕及其形成史

菅丰

竹根雕是在中国被称为"根雕"的雕刻的一种。根雕因其艺术性也被称为"根艺"。在浙江省象山县,由竹根加工的竹根雕盛行,为该地的特产之一。竹根雕在浙江省的宁海、奉化、安吉也可以见到,但现在制作的中心是象山。象山不仅是在浙江省,甚至在全国也占据着中心地位。也因此,象山县在1996年被文化部指定为"中国民间艺术之乡"。

现在,竹根雕作为象山县的传统艺术已经深入人心,但这样的状况其实只是20多年来的事。以前,这样的"艺术"在象山并不存在。不,还不如说在中国,像现在这样作为具有体系的艺术门类之一的竹根雕,也没有明确的存在。

自然,象山周边自古就以竹为材料制作装饰品,多是作为木匠的技术,装饰于家具或门窗上。但那属于实用装饰,并没有被视为艺术品。现在被视为艺术品的竹根雕的出现,与原来的木匠们创造新"艺术"的努力紧密相关,同时也与全国规模的民间艺术创造运动密不可分。

1978年改革开放后,根雕"艺术"发展于全国。特别是1985年关于中国根雕的"学术组织"成立后,根雕被称为"根艺",作为中国文化中不可欠缺的独立的艺术门类,获得了与正统艺术平起平坐的地位。本章的目的在于记录与竹根雕有关的中心人物的经历,并报告这一艺术的成立过程。

Ⅱ 箸山民俗志

Ⅱ　箸山民俗誌

家族・親族と族譜

福田　アジオ

1. 移住の村

　箬山は現在は石塘鎮に属するが、2001年10月に合併したもので、それまでは箬山鎮という一つの独立した鎮であった。箬山は一つの鎮であったように、広大な地域である。出入りのある海岸線といくつもの山並みが海岸まで迫る複雑な地域を形成している。集落としては、海に面した集落から尾根上に展開する集落まで多様な姿を示し、また商店が集中する商業集落まで含まれている。

　今回の調査は箬山全体を対象にすることは不可能であった。調査地域を主として一つの村落に限定することになった。主要な記述対象は里箬村である。里箬村は行政村であるが、古くから地域社会として存在してきたと判断できる。ただし、関連事項について箬山の他の村落の事例や伝承も記述した。その際にはその地名を掲げた。本稿は聞き書に基づく記述である。聞き書のなかで出てきた民俗語彙相当の語と判断した単語については「」を付けて記載した。

　里箬村の戸数は425戸、人口は1400人である。住民の90パーセント以上が漁業、およびそれに関連する仕事に就業している。漁船・漁業に関連する機械工場、冷凍工場に勤める。漁業従事者は男性で、女性は網を編んだり、繕ったりし、また冷凍工場などに仕事に行く。居住者の80パーセントは陳姓の家である。第2位が朱姓、第3位が荘姓、そして張姓である。いずれも解放前から箬山に住んでいた。張姓は陳姓よりも古くから箬山に住んでいたと伝えている。張姓の祖先がどこからここへ来たかははっきりしない。

　この村を含む箬山に居住する人々の最大の姓は陳姓である。陳姓以外の姓は雑姓と地元でも説明されるほど少ない。箬山は陳姓の村々と言っても良い程で

ある。ここに住む陳姓の人を外箸陳という。陳姓は里箸村だけでなく、箸山全体に多いが、祖先は皆同じであるという。祖先は福建省からここへ来たと伝えられている。箸山には祠堂はないが、福建省には大きな祠堂があったという。

荘姓は里箸村で15戸ほどである。祖先は福建省から来たと伝えている。いつ頃、福建省の何処から来たかも分からない。祠堂もない。同じ荘姓でも系統が分かれており、同系統であれば、結婚式などにも招待する。

箸山にはキリスト教信者が少なからずいる。里箸村では村の3分の1がキリスト教徒である。キリスト教は民国時代に信者ができた。教会が打肖呑にあり、毎週1回教会に行く。またクリスマスには3日間の行事がある。現在の教会の建物は4, 5年前に新築された。教会には牧師・神父はいない。巡回してくる。各村から選ばれる「長老」10人ほどがいて、教会の管理、行事の執行などを行っている。クリスチャンは増えてきているという。クリスチャンは以下のような態度・行動をとる。

① 線香を上げない。
② 廟には立ち入らない。
③ 供物を絶対に食べない。
④ 週1回教会に行く。
⑤ クリスマスに教会に行く。
⑥ 正月3が日教会に行く。
⑦ 毎日、各食事前、就寝、起床の5回祈る。
⑧ キリスト教のカレンダーを飾る。
⑨ 「聖経」「讃美詩」を家に持つ。

2. 家族

結婚新房 箸山の人口は数十年前に比べると2倍以上になっている。外からの移住で増えたのではなく、基本的に子供たちがここに暮らすので増えた。子供たちはほとんどここで暮らす。外に出ていく者は少ない。

結婚を機会に新しい家を建てることが多い。これを「結婚新房」と言う。息子の結婚に際して親が家を建ててやることが多い。親夫婦と息子夫婦は一緒に暮らさないのが普通である。親が老齢化してきたら、親は息子たちの家を順番

に回って暮らす。娘の家には原則として世話にならない。長男に家が分けてある場合には、長男の家に暮らす。しかし、両親夫婦は息子たちのところにはあまり行きたがらない。自分たちだけで自由に暮らす方がよいと考えている。両親が娘たちのところで暮らすことはほとんどない。

　家計　夫の収入は妻が管理する。家計の管理は女性の仕事とされる。夫は自分の小遣いを手許に残して残りを妻に渡す。収入のほとんどを妻に渡すという人もいる。

　最近は妻も仕事をしている。漁網の繕い、エビの皮むき、魚の販売など女性の仕事は多く大変忙しい。朝の2時頃起きてエビを売りに農村部へ行き、野菜を買って帰ってくる。昔は女性の仕事はほとんどなかった。箬山には農地はほとんどない。なお、女性は船には乗らない。昔から船に乗り込むのは男性だけであった。人民公社時代には女性が乗船したこともあったが、人民公社がなくなって以降はまた乗らなくなった。

　大庁　家の正面の部屋を「大庁」という。大庁は兄弟間で分割せず、共有の場とする。「紅白」は大庁で行う。紅は結婚式、白は葬式を意味する。昔からの家には大庁があるが、最近の家には設けられていない。

　相続　親が財産分与するのは男子のみで、特に不動産は女子には絶対に分与しない。指輪などは女子にも与える。財産としては少ない。記念になるものを与える。花嫁衣装や嫁入り道具を与える。ただし、男子がいない場合には、女子に家屋を与えることも稀にあるという。財産分与は結婚の時にはせず、親の死亡時に住居を分ける。また、男子がいなければ、女子に財産を渡すこともある。

　均等分割と長孫　財産は男子の間では均等に分割する。長男が取得したい財産を指定する。また、長男の長男である「長孫」には、分割した財産の残余分を少し与える。余裕がある金持ちであれば、意図的に長孫分を設けるが、そうでなければ分与して残った兄弟間で分けにくいものを長孫に与える。これは世々代々決まってやってきたことで、このためにもめることはないという。親から引き継ぐ船は兄弟で持ち合うか、兄弟の誰かが引き取り、相当額を他の兄弟に渡す。

　ここでは、「両親は末子が好き、祖父は一番最初の孫が好き」という表現が

ある。

　里箸村の75歳の老人の話では、解放前には親の牌位を引き継ぐ長男が住居も貰ったという。そして、その相当額を弟たちが貰ったという。

　分家　「分家」は兄弟が財産を分割して独立することであるが、これは末子が結婚したときに行うのがこの地の伝統的なやり方である。近年は長男が結婚する際に分家することも行われている。分家に際しては、妻の一番上の兄弟である「舅々」が来て立ち会い、分与財産を決めてくれる。そして「立字据」とか「写字」と呼ぶ、分割内容を記載した契約書を兄弟の数だけ作成して、それぞれ兄弟全員が署名する。このときには舅々だけでなく、隣近所のつきあいのいい人にも立ち会ってもらい、署名もして貰う。

　親が住んでいる家屋は兄弟の共有である。これは親が亡くなったときに分ける。その場合、兄弟の誰か一人が家屋を引き取り、その家に相当する額を他の兄弟に渡すという方法を採用することが多い。分家後の親の扶養は兄弟平均して負担するのが原則である。

3. 親族

　陳姓　自分たちの陳姓の祖先は湖南省にいたが、後に福建省恵安県に移住したと伝えている。福建に住んだ初代は陳安東という人だった。安東に2人の息子がいたが、その一人の子孫が自分たちになると言う。10代の人には7人の子がおり、その7人がこの箸山に来たという。箸山の陳姓として祠堂はない。福建省恵安県には大きな祠堂があると言うが、特にそこへ出かけるということはない。昔は、子供が生まれると福建省恵安県までそのことを報告して、族譜に記載して貰ったというが、その経験者はいない。

　昔は陳姓の間では結婚できなかった。

　陳氏の伝承　聞き書の結果は現在の族譜の記載と必ずしも同じではない。里箸村居住の男性（68歳）に聞いた内容を記す。

　自分たちの先祖は古くは湖南にいたという。そこで人を殺したので逃れて福建省に来た。福建省恵安に住み着いた初代が陳安東と伝えている。安東の2人の男子の内の一人の子孫が自分たちになる。10代目の人に7人の男子がおり、その全員が箸山に移住してきた。これが現在の箸山の7房になった。11代目が

英で、それから26代の芬まで輩字は決まっているが、現在の一番下の輩は22代の際である。10代目の7人の男子が分かれて、それぞれが房となっている。自分は四番目の男子の子孫であり、第四房という。現在でも葬儀や結婚式には房の人々は参集する。第四房に属する人間は箬山だけでなく、桂仄にもおり、また松門にも多数いる。葬儀や結婚式に行き来するのは箬山の同房の人で、他所の人は招かない。箬山の陳氏には祠堂はない。福建省の恵安県にはあるが、行くことはない。また台湾にも祠堂があるという。

房 箬山の陳姓は全部で七房に分かれている。各房の者が多く居住する地域がある。ほぼ以下の通りである。

第一房	帆 liao	東海村に多く居住。
第二房		主として里箬に居住。
第三房	後庁	
第四房	引後	松門鎮弾烏呑に多く住み、里箬にも住む。
第五房		東山村に居住。
第六房		松門鎮弾烏呑に居住。
第七房		里箬に居住。松門鎮弾烏呑、玉杯県坎門鎮にも居住

7人の兄弟のうち、一番上の子の系統はliaoと言った(対応する漢字は不明)。3番目の子孫は後堂もしくは後庁、4番目の子孫を引後というのは、系統の初代の人は引後という所に住んでいたためである。第四房は箬山だけでなく、桂呑、松門に広がっている。

葬儀の際に集まるのは陳姓全体ではない。七人の各系統の子孫が集まる。結婚式も同様。房の名簿はないが、房に属する人は皆知っていることである。冠婚葬祭に呼び呼ばれるのは箬山内の同房の人々であり、他の地区の人々とは行き来しない。

別の人の語るところに依れば、箬山陳姓の先祖は5人の兄弟であった。それぞれの子孫が前亭、後亭、山頂、二房、載籃の五つの房を形成している。山頂房の陳姓は外箬以外に、松門、黄岩などにもいる。山頂の陳姓は結婚、葬式には互いに行き来する。結婚式には山頂陳姓の人々を200人くらいは招く。これらの人々とは普段は交際はない。

第五房に属するという人の話では、第五房は箬山だけでなく、石塘、温嶺に

もいる。第五房の人は福建省にもいる。福建省泉州に行ったときに、第五房の人たちが集まってもてなしてくれたという。

輩字　11代からの輩字ははっきりと伝えられている。以下の通りである。

英→俊→興→昌→永→兆→其→祥→清→雲→徳→際→輝→煥→芳→芬

このように、26代まで決まっている。現在箬山にいる人で最も下の輩は際である。

また、東海村の陳姓の人の話では、陳姓の輩字として知られているのは、昌→永→兆→其→祥→青→雲→得という文字であるが、全部で60程あるという。得の次で決められている字は終わる。その後最初の字に戻らず、新しく字を選定する。

雑姓　陳姓が圧倒的に多数であるが、その他の姓も古くからある。古くから箬山にいる人々の姓として、荘姓、郭姓、王姓、林姓がある。このうち、荘姓と郭姓は福建省恵安県から移住してきたと伝えている。

郭姓は豚肉を食べない。郭姓は里箬村に昔から2戸住んでいる。今は5戸に増えている。郭姓は水仙花岙に多く住んでいる。郭姓が豚肉を食べない由来を次のように伝えている。昔、郭姓で母親が亡くなり、子供を育てるのに豚の乳を用いた。そのため、豚肉を食べない。現在は食べるようになっているが、それでも祖先には豚肉を供えない。また芝居でも郭姓の人物が殺されるような題目を上演しない。たとえば、「狸毛換太子」という演目は、郭槐太監という人物が殺される芝居であるが、これはこの地では上演しない。

争相罵・打相打　解放前には、よく喧嘩が行われた。同じ陳姓のなかで、二房の者と四房の者がそれぞれ全員出て喧嘩をした。また他姓との争いがあった。その時には陳姓の者は全員出た。このような争いは、口争いは「争相罵」、実力行使の争いを「打相打」と言った。

4．族譜

族譜　この地の陳姓の何人かの人は『琅玕陳氏族譜』という手書き原稿をそのまま印刷した族譜を所有している。その内容や奥付を見ると、2種類であることが分かる。先ず一つは『琅玕陳氏族譜』という表題の総ページが926ページに及ぶ大冊の族譜で、奥付によれば、1983年に台湾基隆市義一路の財団法人

琅玕陳氏宗祠が発行したものである。そこには、箬山の陳姓の人々も記載されている。この族譜を編纂したのは台湾在住の陳其寅という人物である。もともと福建省の人で、資産家であった。民国時代に箬山に来たこともあるという。もう一種類の族譜は『続修琅玕陳氏族譜』と記され、1993年3月に財団法人琅玕陳氏宗祠から刊行されている。全部で242ページである。これも陳其寅の編纂である。これらの台湾で編纂された族譜は、台湾から直接送ってきたという。各房に1冊ずつということで7冊送ってきたいう人もいる。それ以前の古い族譜は「文革」で消失してしまったという人もあれば、もともと箬山にはなかったという人もいる。

　台湾で編纂された族譜に箬山の陳姓の人々も皆記載されている。1990年頃に福建省から陳姓の人が調べに来て記録して帰った。それに基づいて記載されているのだという。これに対応するのは『続修琅玕陳氏族譜』であろう。

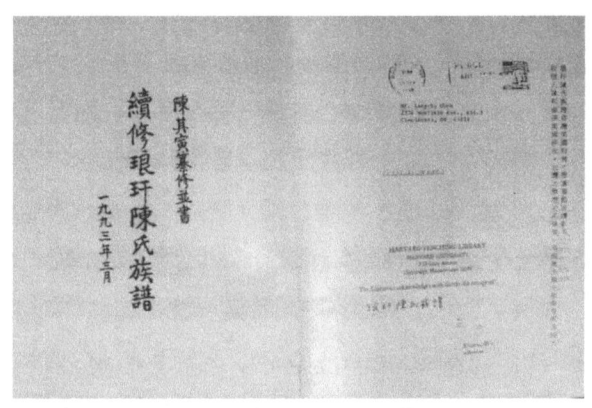

写真1　『続修琅玕陳氏族譜』内扉

　族譜の記載内容　これらの族譜の記載によれば、陳氏は頴川陳姓に属し、琅玕陳氏は600年以前の陳安東に始まるという。福建省泉州恵安県が発祥の地だという。始祖の陳安東は、恵安県安雲舗安頭郷永康里に居住していた。その近くの浜に瑯玕石（玉に似た美しい石）があったので宗号を瑯玕頭と称したという。恵安県に来る前の祖先の地は河南省固始県としている。明代の嘉靖年間に倭寇の略奪に遭い、族譜などはすべて消失したとする。その安東の子ども7人がそれぞれ分立し、7房に分かれた。記載によってそれを示すと以下のようになる。最初に居住した所はいずれも福建省泉州恵安県の郷村である。

安東─┬─政懿　長房・櫨山房　前櫨舗小櫨郷に居住した。櫨山房は七世後に上陳（頂陳）と下陳に分かれる。下陳は明の嘉靖年間に倭寇の侵入のため外に出て帰らず、上陳は留まった。したがって、現在の櫨山房はすべて上陳に属する。後に台湾に多く展開し、北港、嘉義、台北、基隆などに多く居住。

　　　├─政慎　二房・東厝房　東湖郷に居住。三世の瑞の輩のときに、四支に分かれた。乾隆22年の海禁後、子孫は大挙して浙江省温嶺県箬山に移る。また100年前から台湾北部の基隆、台北に展開。また、この子孫の一部は「琅玕峯山陳氏」という。

　　　├─政忠　三房・後庁房　下田宮辺の安頭海尾と大櫨郷に居住。後に後庁、後壁、下田、後架の四刊に分かれる。一部の子孫は箬山潘家門および台湾北部に移住展開。

　　　├─政義　四房・引後房　下田宮辺に居住する。東湖の二房集居の所に移住。また大櫨にも居住。近代に入って一部の子孫は温州、箬山および台湾基隆、高雄、屏東に移住。

　　　├─政長　五房・外庁房　安頭郷に住み、また前坂郷に住んだ。清代初期に一部の子孫は台州、箬山に移住。また台湾には国共内戦後に移住した者が多い。

　　　├─政勤　六房・店上房　坑西と下安郷に居住し、後に大櫨にも居住。一部の子孫は箬山に移住。

　　　└─政美　七房・上理房　店上房と一緒に坑西に集居。近代に部分的に小櫨にも住み。また温州にも居住。その後、台湾台北にも移住。

　これで分かるように、2世の輩字は政である。その後の世代の輩字は、長房の名前からは③瑞→④宗→⑤従→⑥応→⑦彦→⑧錦→⑨奇→⑩志→⑪英となる。そして、それ以降については、明確に族譜の巻頭に記載されている。すなわち⑪英→⑫俊→⑬興→⑭昌→⑮永→⑯兆→⑰其→⑱祥→⑲青→⑳雲→㉑得→㉒際→㉓輝→㉔煥→㉕芬→㉖芳となっている。このように26代までの字が決まっているが、族譜に記載されている名前でもっとも下位の世代は21代の得である。

　族譜巻頭の記載によれば、琅玕陳氏として祖先の陳安東から連綿とつながり、各世代ごとに輩字が統一的に用いられてきたように見受けられる。しかし、記載内容を子細に点検するとこれらの輩字が古くから統一的に用いられていたわけでないことが分かる。そのことは族譜の編者も気づき、次のような各房の比較表を作成して掲載している。

中国江南沿海村落民俗志

表1　琅玕陳氏輩字一覧

代	房								備考
	櫃山	東厝	後庁	引後	外庁	店上	上珵	—	
	長房	二房	三房	四房	五房	六房	七房	峯山	
初代	安	安	安	安	安	安	安	—	
第2代	政	政	政	政	政	政	政	—	
第3代	瑞	瑞	紀	瑞	—	—	瑞	—	
第4代	宗	宗	恩	宗	—	—	邦	—	
第5代	從	從	期	思	弘	—	国	—	
第6代	応	応	文	中	—	—	以	—	
第7代	彦	彦	復	魁	—	—	日	—	
第8代	錦	如	温	可	—	—	世	—	
第9代	奇	爾	楊	志	—	—	—	—	
第10代	志	復	光	份	—	—	—	—	
第11代	文	英	前	兆	英	英	英	—	
第12代	尚	俊	烈	俊	俊	俊	俊	—	
第13代	士	興	興	興	興	興	興	大	
第14代	昌	昌	昌	昌	昌	昌	昌	徳	
第15代	永	永	永	永	永	永	永	家	
第16代	肇	肇	兆	兆	兆	兆	兆	孫	
第17代	其	其	其	其	其	其	其	曽	
第18代	祥	祥	祥	祥	祥	祥	祥	紹	
第19代	青	青	青	青	青	青	青	武	
第20代	雲	雲	雲	雲	雲	雲	雲	維	
第21代	得	得	得	得	得	得	得	—	
第22代	際	際	際	際	際	際	際	—	
第23代	輝	輝	輝	輝	輝	輝	輝	—	
第24代	煥	煥	煥	煥	煥	煥	煥	—	
第25代	芬	芬	芬	芬	芬	芬	芬	—	
第26代	芳	芳	芳	芳	芳	芳	芳	—	

『琅玕陳氏族譜』の記載による。

　これで判明するように、琅玕陳氏の7つの房で輩字が統一されるのは14代の昌からであり、それ以前は7房全部が共通の輩字を採用していたのではなかった。しかも注目されるのは、初代と2代は輩字が共通しているのに対して、3代から10代までは輩字が記載されない房がある。記載されている輩字も房によって異なる。それが次第に統一されてきたのである。11代になって二房、五房、六房そして七房とも同じく英の字を輩字としている。そして次の12代とな

ると四房も同じ輩字となる。13代には長房のみが士を輩字とし、残りの二房から七房までは総て興を輩字とする。そして14代で漸く全部の房が昌という同じ輩字に統一されるのである。現在生存している世代が18代から20代で、輩字が統一されたのは4，5代前のことであり、さほど古いことではない。実年代としては、族譜の記載によれば、18世紀後半から19世紀中ごろの人びとである。なお、二房から分派したとされる琅玕峯山陳氏は21代まで他の房とは輩字を別にし、独自の字を採用している。このような情況は、最初から7つの房が一つの宗族として統一されていたのではなかったことを表現している。もともと別の存在であった各房が次第に一つにまとめられ、房として位置づけられるようになってきたことを示すものと言える。

　箬山の陳姓　箬山に居住する琅玕陳氏については、主として『続修琅玕陳氏族譜』に記載されている。『琅玕陳氏族譜』編纂後に、台湾もしくは福建方面からの情報収集が進められた結果、箬山中心に続修という補遺編が編纂されたのであろう。記載の大部分は、名前のみであり、生没年も墓の所在も、また妻の名前なども記載されていない。簡単な系図といった趣である。

　族譜には、二房東厝に属する人が箬山には多いと記載されている。二房東厝政慎には男子が4人おり、そこから分立したとしているが、現実に箬山に居住する人々から祖先に向かってさかのぼった系譜では、16代までは明確につながっているが、それ以前については必ずしも系譜が明確になっていない。なかには11代までさかのぼるものもあるが、必ずしも多くない。東厝房のなかの長支は同じ房に属すということは記載されていても、世代をさかのぼれば同一の祖先に収斂するようには記載されていない。16代の兆から始まる多くの系統が並列的に記載されている。それぞれが居住地区ごとにまとめられているにすぎない。たとえば、「東厝房長支住外箬山北山頭陳氏世系図」と書かれた所には、兆を輩字とする人物を初代とする7系統、同じ代であるが有を輩字とする2系統、その1代下の其の字を輩字とする4系統、さらに1代下の祥を初代とする1系統の全部で14系統が並列的に記載されている。東厝房長支はこれで終わらない。「東厝房長支住浙箬山外箬衖陳氏世系図」という々所には6系統が並列記載されている。「東厝房長支住箬山鎮石倉衖陳氏世系図」にも16系統が並列記載されている。

中国江南沿海村落民俗志

　箸山に住む二房東厝の下位は二支と記載される系統が多い。これは3代の兄弟4人のうちの二番目に当たる瑞基に始まるとする。箸山に住む二房東厝二支は多くの系統に分かれているが、それぞれ族譜では特定の名称を冠して記載している。たとえば、後大厝、下大厝、下新厝などである。また単に「東厝房衍派二支住箸山陳氏世系図」と記したりもしている。

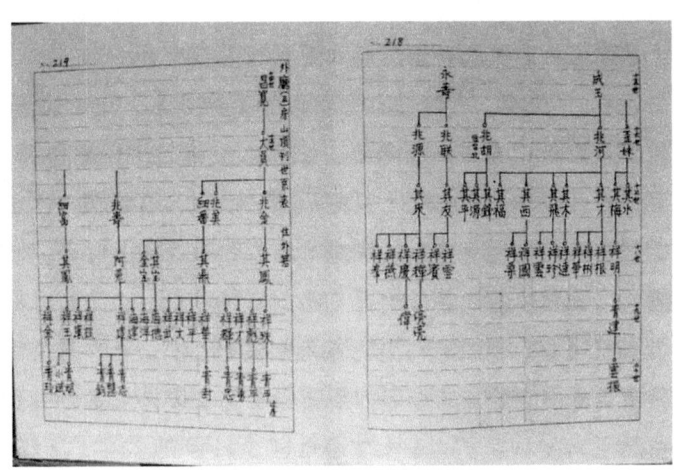

写真2　『続修琅玕陳氏族譜』の本文

　同じく箸山に多いのが二房東厝の三支で、これは瑞鳳に始まるとする。その子孫で11代の英字輩の3人が清の康熙帝中葉に箸山に移ってきたと記している。また四支の系統が箸山鎮桂仄に住み、また三房後庁の系統も住んでいる。

5. 通過儀礼

(1) 婚姻儀礼

　嫁入り婚　結婚は、女性が男性側に嫁入りすることで成立する。結婚の祝いは女性側と男性側でそれぞれ行われる。現在はレストランを会場にして行うことが多いが、その場合でも新娘と新郎それぞれで行う。女性側の祝いは昼食のときが多く、男性側の祝いは夜の食事が多い。自分の家でするときは、隣近所の家も借りて、テーブルを外に並べて行う。

　嫁を迎えに行くのは媒人と婿の妹の2人であったが、最近は男性本人、「童男」、「童女」と言う男女各一人も行くようになった。男性側に来るのは嫁本人のみであったが、20年ぐらい前から兄弟姉妹や「同学」（同級生）が一緒に

来るようになった。一緒に来た人たちは宴会に出るだけで、泊まらずに帰る。昔は花嫁は輿に乗ってきた。輿は男側が準備して迎えに行く。輿はその担ぎ手と共に借りる。輿には種類があり、ランクがあった。

　女性の家では2日間祝宴がある。最初が「告祖宴」であり、二日目は「日子」という。

　迎新娘　婿の家でも3日間宴会が行われる。初日が「暖房子」といい、二日目は「迎新娘」、そして3日目を「下厨房」という。嫁を迎えてくるのは二日目の迎新娘の日である。

　このような女性方2日、男性方3日の結婚式は20年位前まで行われていたが、最近はやらない人も多い。現在では、迎新娘のみを行い、親戚を招いて、レストランでの宴会という方式が多くなっている。

　茶銭　嫁は輩の高い人たちにお茶を出す。それに対して、「茶銭」という祝いの金を「紅包」にして渡す。また結婚した翌年の正月元旦に、新娘は自分より輩の高い人たちの家を回って、お茶を届ける。これを3年間続けるが、近年はあまりやらない。このときには紅包はない。

　回娘家　嫁の最初の里帰り「回娘家」は3日目に行われる。その後、嫁は祝日にはよく帰るが、泊まることはしない。出産は婚家で行い、実家に帰ってすることはない。最近は病院で出産することが多くなっている。

(2) 葬送儀礼

　土葬から火葬へ　箸山では昔から土葬であったが、1997年か98年から火葬が始められた。現在では土葬は認められないが、老人たちは火葬をいやがっている。火葬になってから墓自体も小さくなってきている。「公墓」と呼ばれる墓地が造成され、そこに墓を設けるようになってきている。公墓は個人経営で、箸山にも1ヵ所ある。公墓に夫婦2人の墓を設けると5,000元かかる。石塘鎮にも公墓があり、箸山の人が購入することもある。しかし、石塘鎮の人が箸山の公墓を求めることはない。なお、この地では生前に棺桶を作って準備することはないという。

　墓　公墓以前は各自が近くの山に設けた。ここには特に墓の場所を決める人はいない。自分で古い暦の本を見て、その年の良い方向を確認して、その方向に決める。毎年良い方向は変わる。墓を設ける場所は自分の土地ではないのが

普通である。持ち主から買って造る。昔は墓のためなら買う必要はなかった。

墓は埋葬方式でなく、地上にドーム状の形態である。夫婦で1基造る。向かって左手が「大手」と言い、男性が入る。右側が「小手」で女性が入る。これは結婚式の男女の位置と逆である。

火葬場は温嶺市にあり、そこから自動車で迎えに来る。そのとき火葬場から段ボールの棺を持ってくるので、それに遺体を納める。最近はそれもなく、自動車備え付けの棺に納めるようになっている。火葬を終えて遺骨を家に持ち帰ったら、家の外に仮小屋「篷」を作り安置する。墓への納骨の日までそこに置く。

写真3　山腹に築かれた墓

葬儀　一般には出棺後、部屋を掃除して、爆竹を鳴らす。もしも2階で亡くなった場合には、屋根瓦2枚をはずす。そして、遺体は1階に下ろす。2階でなくなるのはよほどのことであり、一般には下の階で亡くなる。2階で亡くなった場合に、瓦2枚をはずすのは、魂に出ていって貰うためであるという。出棺後に、瓦は元に戻す。

葬儀には僧侶が来て経文を唱える。僧の一人が葬列の先頭に立って、故人の魂を導く。男性が死んだ場合、本人の姉の子が銀紙を撒いて進む。女性が死んだ場合は、実家の兄が銀紙を撒く。葬列は、男女とも参加するが、男性が前で、女性が後になる。そして、戻ってくるときには、一番後輩の者が先頭になって下りてくる。後輩の者は行きの葬列では、白い服を着ていくが、帰途には紅い服に着替える。娘の夫は白い帯を背中で一つ結ぶ。孫娘の夫は白い帯を背

中で二つ結ぶ。故人の息子は麻苧をかける。そして頭に「水浮笠」を被る。水浮笠は、藁を輪にして、そこへ綿花を7つつり下げる。

火葬場に行く前と、お骨になって戻ってきてからの2回儀式を行う。土葬の頃は1回の儀式であったのが火葬前後に分かれたため、2回行われるようになった。

做七 死後七日目ごとに供養を行う。これを「做七」と言う。そのうち1、3、5、すなわち7日、21日、35日が重要とされる。この日には供物を供え、僧尼を招いて念仏をし、故人や祖先に料理を食べて貰う。特に、四十九日には、住居（高さ3メートル程度）、生活用具、テレビ、電話などのミニチュアを作って、それを墓前まで担いでいって、燃す。これは故人である「鬼」に使って貰うためである。そして、女性の場合は、「做藍盆」と言い、中央に置いた盆の周囲を子孫が時計回りに3回、逆回りで3回回る。この回ることで故人の魂は盆の中に入るという。この盆は色紙で作る。

百日 「百日」にも僧尼を招いて念仏をする。紙銭を燃す。

超渡 4年目、5年目の命日にも料理を作り、僧尼を呼んできて、お経を読む。これを「超渡」という。僧尼は寺から呼んでくる。東海村の観音堂に僧はいる。命日に念仏することは永年続けられる。3代までは原則続ける。

牌位 牌位は昔は作ったが、今はほとんど作っていない。「文革」のときに安置してあった牌位は壊し、また牌位を作らなくなった。今も作る場合があるが、ごく少数である。信仰の厚い人は今でも牌位を作る。現在は写真を飾る。写真が飾られるようになったのは20年ほど前からである。写真は家の正面中央の部屋「中堂」の「楼下中間」に置かれる。牌位は自分の家の大庁、中堂とかと呼ばれる建物正面の部屋の上の部屋「上間」に安置されていた。そこへ3, 4代前までの祖先の牌位を並べて安置していた。3代か4代前を共通の祖先とする子孫は皆同じ上間に牌位を置いていた。

牌位は毎日拝むことはしない。牌位を拝むのは、元宵節、清明節、端午、七月半、大晦日である。調理済みの豆、エビ、豚肉、大根、タケノコなどを奇数で揃えて、杯3杯と共に供える。冬至には拝まない。

昔は、同じ房の人々の牌位は同じ場所に集めて安置したという。安置するのは房の一番の長老の家の上間であったという。第七房の場合、牌位を安置するところは東海村にあったが、非常に古いことで、1935年生まれの人の父も祖父

もそこに牌位を置かなかった。しかし、母親が7月15日の「七月半」に、そこへ供物を持参して拝んでいたことを記憶しているという。

牌位は、分家に際しても、そのまま安置し、長男が管理した。現在は写真なので、何枚も兄弟の数だけ作り、各自が家で飾っている。

牌位の由来について伝えられている話に次のようなものがある。

> 遠い昔の話である。母親が息子の所へ食事を届けていたが、息子はいつも遅い、早いといって母親に暴力をふるった。ところが、羊の親子の様子を見て反省し、母親が弁当を持参してくれたときに、走り寄ろうとした。母親は息子が駆け寄ってくるのを見て、また暴力をふるわれると思い、逃げて川に飛び込んで死んでしまった。息子は母の遺体を探したが、発見できず、木を拾い上げた。その木を切ったら血が出た。これが母親だと思い、牌位としてまつるようになった。

FONGEI 埋葬した墓が壊れたりしてきたら、別に新しい棺に納骨し、新しい墓を作って埋葬する。これを福建省の言葉でFONGEIという（該当する漢字は不明、鳳宮か）。一般の大きな墓ではなく、一辺が1メートルから1.5メートルあまりの正方形か長方形の石積みである（写真参照）。これは墓を移転しなければならないときにも行う。また、若い人が病気になる、若い人が亡くなるなど、家族に良くないことが起こったときに、風水師に見てもらい、墓が良くないといわれると、墓を移動させる。そのためにFONGEIを作る。一般には改葬することはない。

写真4　FONGEI

清明節　新しい故人のために墓参する「上新墳」には子供たちが揃っていく。箬山にいる限り、男女の子供、その妻も全員参加する。

清明節の前後3日のうちに1回墓参をすればよい。昼食後に行く。清明節の時には、兄弟・子供それに嫁たちも一緒に墓参りをする。これを「認墳」という。兄弟は揃って墓参しなければならない。揃っていかないと喧嘩になるという。墓参に持参するものは、鍬、箕、紅緑紙、線香などで、食べ物は供えない。墓へ着くと、墓をきれいに掃除し、土をかけ、紅緑紙を墓の表面に貼り付け、線香をあげて拝む。墓前で拝むのは女性で、男性は拝まない。今は造花を持って行って、墓に飾ることが多い。

キリスト教徒も清明節の墓参には一緒に行く。墓をきれいにし、紅緑紙を貼り付けるまでは一緒にするが、拝まない。墓参は判明している祖先の墓の総てである。遠い祖先の墓から順次下の世代の墓へと回る。

墓参はこの清明節の1回のみである。女性は夫の祖先の墓参りに行くが、自分の祖先や親の墓参りには行かない。兄弟がいない女性の場合は、夫の祖先の墓参りが終わった後に、自分の実家の墓参りに行く。兄弟がいる場合は、葬式には行くが、その後の墓参りには行かない。

七月半　「倣七月半」と言い、7月15日、各家で、供物を供え、紙銭には故人の名前を書いて、紙袋に入れて、その人が使ってくれるように燃す。燃す場所は戸外で海に近いところ。これは分かっている祖先総てに対して行う（「列祖列宗」）。この日には「野鬼」も出てくるので、鬼にも紙銭を燃す。これは鬼が悪さをしないためで「施生」と言う。最近の若い人たちは仕事をしていて七月半などをしなくなってきている。

子孫の男子がいない霊のために、嫁いだ娘が嫁ぎ先で、戸外にテーブルを出して、供物を献げ、同じように紙銭を燃す。

海で死んだ身元不明の人に対して、死体を拾い上げた人が七月半に埋葬したところに出かけて供物を供え、紙銭を燃す。最近は供物を供えず紙銭を燃すだけが多い。これは清明節にも行う。

冬至　冬至にも祖先のためということで、七月半と同じように供物を供え、紙銭を燃す。墓参はしない。

拝天地　正月十五、七月半、十月十五の3回「拝天地」を行う。ご馳走を作

って供え、線香をあげる。7人の祖先のために杯7つを供える。

命日 ご馳走を供え、線香を立てて拝む。線香は家であげるときは2本で、廟であげるときは3本と決まっている。

6. 結語

箁山は山の尾根筋、谷、そして海岸部に集落を形成しているが、その規模は大きく、特に里箁から東海・東興にいたる地域は村が途切れることなく連続しており、実態としては巨大な集落である。その各集落で最大の数を占めているのは陳姓である。箁山は陳姓の村である。そして、その陳姓は祖先が福建省から移住してきたことを伝えており、現在でも福建語を用いている。年中行事などでも、近隣の地域には見られない行事があり、それらは福建省で行われている行事と同じという。このような地域特性がある箁山の家族・親族については以下のような特色を確認することができた。

① 箁山は福建省から移住してきた陳姓の人々が大多数を占める、単姓村と言っても良い村である。陳姓以外はごくわずかであるが、そのなかのいくつかの姓は陳姓と同じく福建省からの移住を伝えている。

② 陳姓は規模が大きいが、その全体が共通の祖先を伝えており、またそこから分節した7房を明確に認識している。居住者は自分がどの房であるかは知っており、箁山内の同じ房の人々については親しみを感じ、儀礼の機会には結集する。

③ 陳姓の人々は、福建省との関係はなくなっており、特別に連絡したり、行き来することはない。

④ 箁山の陳姓には祠堂はない。その他の宗族としての基礎財産もない。また箁山の陳姓の人々をまとめる組織もない。

⑤ 福建省から台湾に渡った陳姓の人々は、台湾基隆市を本拠地として宗族組織を作り、祠堂も設けている。そこで編纂した族譜には箁山の陳姓も記載されており、箁山にも配布されている。

⑥ 婚姻儀礼・葬送儀礼は比較的丁寧に行われている。

⑦ 通過儀礼において父方・夫方親族が特に活躍することはないが、母方・妻方親族が大きな存在というわけでもない。

⑧ 葬送儀礼には仏教の僧侶が関与する。

摘要

家族、亲族与族谱

福田亚细男

箬山最大的姓是陈姓。据说陈姓的祖先是由福建迁移而来的,现在也使用福建话。年节仪式中也有一些是与近邻地区不同,而与福建的同种仪式类似的。在具有这样的地域特征的箬山,家族、亲族组织有以下的特色。

1. 箬山由福建迁移而来的陈姓占大多数,可以说是单姓村。

2. 陈姓规模很大,但全体祭奉着共同的祖先,由一脉分出来的7房也有明确的意识。

3. 陈姓已经不再与福建省有联系,没有特别的联络,也没有人际交往。

4. 箬山的陈姓没有祠堂,没有其他的宗族基本财产,也没有总括箬山陈姓的组织。

5. 由福建迁移到台湾的陈姓,以基隆市为根据地建立了宗族组织,并设有祠堂。在那里编撰的族谱之中,记载了箬山的陈姓,族谱也分发到了箬山。

6. 婚礼、葬礼的仪式比较细致。

7. 在过渡仪礼中,父方、夫方的亲族不是很活跃,母方、妻方的亲族也不特别突出。

8. 葬礼有佛教僧侣参与。

渔村的家族村落文化

刘铁梁

1. 家族文化①

闽南移民 箬山人绝大部分认同祖先是从泉州惠安迁移过来的，而且仍讲闽南话。据文化站长陈其胜说已经迁来310多年。石塘那边的人也说自己祖先原籍在闽南，但是他们已不讲闽南话。从姓氏上看，箬山的陈姓最多，其次是吴、郭、庄、林等姓。在陈其胜家里，我们见到《琅玕陈氏族谱》的印刷本，是台湾基隆市财团法人琅玕陈氏宗祠发行的，印刷于1983年。谱中记有老祖宗在惠安东湖琅玕石。陈其胜说，陈姓分为7房，他是第三房的后代。辈分排名为：兴昌永兆其祥青云德际……在陈其胜家里做客时，他的母亲王梅兰在场，说娘家在本镇胜海村，祖先也是从惠安过来的，但胜海村王姓的人很少，也是陈姓的人多。属于原石塘镇的桂岙村有天后宫，其《天后宫简介》碑记："《光绪太平续志》载明正统二年（1437）闽人陈姓始居此，其后居民日众，始建小庙以祀天妃。"这些都说明陈姓在整个箬山及其周围都是大姓，并且基本上都认同一个宗族，承认其祖先是从福建惠安迁来的历史。本地习俗中有同姓不婚的规定，但如果不是一个宗族的同姓是可以通婚的，东海村居民水产公司退休干部陈修祥说，他的祖先原在温岭横湖桥，不是从惠安来的，所以与他的妻子陈秀珠不是一个陈姓。

在箬山一带，实际保留着闽南人的一些生活习惯。如饮食方面，每天吃"一稀两干"，喜欢吃稀饭。每餐必有鱼，必配汤。特色食品有草薯面、糖龟、薯粉片、薯粉糊、松糕等。鱼饼类似于温州的"敲鱼"，即用刀背将鱼肉剁细，成块状煮汤。箬山人觉得他们自己的鱼饼胜过温州的敲鱼。再如，过去箬山人的衣着

---

① 本文所说的"家族"和"家族文化"，都是指在民众生活当中具有姓氏族群认同意义的所有的行为与观念现象，其中包括制度性意义比较突出的"宗族"观念。在本文中，在对一定现象的分析上所运用的家族和宗族概念，没有实质的区别。

服饰，特别是妇女的发髻，也多与闽南一致。

成年礼："满金亭"　箬山人还认为，他们保留了从闽南带过来的节日习俗。"七夕"这一天被称作"小人节"，因为小孩子们是节日中的主角。此一节日的最重要习俗，是为了保佑不满16岁的孩子能够健康、平安，各家举行设"金亭""金桥"祭拜天上七位仙女的仪式。也有村民说是祭拜七位夫人。男孩子是用金亭，女孩子是用金桥。关于这一习俗，人们习惯的说法叫作"满金亭"，因为当孩子满16岁时，大人将为他举行最后一次祭拜活动。

早晨，里箬村的村民多在自家屋前摆供桌，供桌面对门口，最前面一定要摆放纸扎的"金亭"或"金桥"，男孩子用"金亭"，女孩子用"金桥"。上面都还插有穿着绢衣的小泥人，必须有7个以上，同时必须是一出戏文里的人物，如"西游记"中唐僧4人、白马、白骨精和他的手下小兵等。再如"八仙过海"或有众多仙女出现的戏文等。家里有几个孩子就做几个金亭、金桥。镇上有专门会做纸扎的人，家长都在节前已向他们预定和买好。

2003年的七月七（8月4日）我们赶早到打爿岙观看了各家过小人节的情况。居民陈其富（64岁）为孙子作节日仪式，供桌上有香炉一只、红烛一对，两个大盘中盛满金箔做的元宝，叫作"元宝山"。桌中间先放各种鲜果一排，再放各种干果一排，再摆各种山珍一排。最外面是猪肉、黄鱼、鸡蛋、糖龟、松糕、粽子、面条、米线等。其丰盛的程度令人眼花缭乱。摆好供桌以后，大人就先向金亭方向鞠躬，再让小孩子行礼。我们注意到，供品中没有鸡，这是因为小孩子到16岁时才需要增加一只鸡，同时要在金亭上面插上两根"金翅"。

我还在一家看到一个五六岁的小女孩，她看到香烛在慢慢地燃烧，有些不耐烦，就嚷嚷着："快烧哎！快烧哎！"我想，她可能是希望香烛快点烧完，好去拿桌上的东西吃，或者是能够去别的地方玩耍。但是她的母亲却不着急，等到大蜡烛燃尽，已是中午时分了。再一次的行礼过后，将元宝烧掉，再将金亭、金桥烧掉。

这一节日习俗在温岭地区分布的范围非常有限，仅在箬山和石塘一带。箬山这边包括里箬、外箬、小箬和附近的几个岙：打爿岙、石仓岙、花岙、石塘岙。有好几位村民都告诉我：凡姓陈、姓郭的人家都要过小人节，但姓其他姓的人家也都要过。这是一个前后矛盾的说明，真正的意思可能是：凡属于本地某一宗族的人家，都要给自家的小孩子过小人节。他们还说："不做满金亭不舒服，怕小孩子生病。"

其实，每年不只有一次小人节，箬山人他们还同附近讲温岭话的仓岙、大小

黄坭等村的村民一样，要在九月九这一天在自家门前摆供桌，供糕点，祭拜"天公老爷"，同样是为了给不满16岁的孩子祈福。但是在九月九不需要制作金亭和金桥，却需要请客吃饭。这一习俗与其他各地过九月九（重阳节）的习俗刚好相反，因为这一天在其他地方都是老人的节日。不仅如此，调查中还得知，在箬山这里平时也没有给老人"做寿"的习俗。还有一个现象值得注意，本地的大部分人家都不给小孩子单独过生日。将这些情况综合起来加以观察就可以发现两方面的问题：一是小人节的仪式明显具有"成年礼"的性质，因为它包含这样一些文化要素：成熟观念（"满金亭"）、性别区分（亭与桥的区别）、集体过渡（在同一个时间）等。二是，小人节仪式虽然是在每个家庭中举行的，但人们却习惯于强调这些家庭是属于某一姓氏的，这说明这一节日能够唤起宗族认同的观念。二者的联系又说明，在家族生活体系中，祭祖仪式并不是群体认同方式的唯一选择，成年礼意义上的节日仪式以及其他节日仪式，对于稳固家族群体的历史记忆和加强个人、家庭对于家族群体的责任意识也都具有重要意义。关于生活中的家族文化现象还需要给予更多的调查与理解。

扫墓屋 箬山以及附近地区，不仅没有见到祠堂，也很少有家族的公共墓地，即便是直接代际关系的死者的坟墓也不一定能够集中。但是在清明"扫墓屋"的习俗上仍可以看出家族观念的表现。清明节在箬山有比较特别的地方性规定：一、扫墓的时间集中在清明当天下午，只有最近一年里有死人的家庭，才可以在上午去扫墓；二、家里所有的人，不管男女老少，老人只要能下床，孩子只要能被人抱，都必须去；三、所有扫墓的人都要穿上新衣服，女人还要戴首饰。所以，清明下午的山野上是一片熙熙攘攘的景象。为了跟大人一起扫墓，上学的孩子都向学校请假。学校在这一天也不得不放假。

旧时，女儿出嫁后就不能给娘家故去的老人扫墓了，但是如果娘家没有儿子，她也可以代替儿子的角色去扫墓。清明这天下午，媳妇只能随丈夫去婆家的墓地，如果她刚好路过娘家已故老人的坟墓，可以在旁边站一站，但不能有扫墓的举动，特别是不能跪下去哭。否则，她的兄弟会不高兴地责怪："你没有兄弟了吗？还用得上你吗？"

葬礼 人死后，儿子没有"报庙"的行为，但是亲戚们得知消息后都会前去慰问，并给丧家"买水"，为死者洗脸用。选择潮水涨起的时分，到水井旁边先插上一根香，再把井水舀上来送往丧家。这是表示与死者有亲戚关系的行为，所

以，死者的亲戚越多，买水的人也就越多。葬礼的几天中，死者遗体停放在屋中，门外需要搭棚以便设酒席，接待前来祭奠、守灵的亲属们。

将死者从床上移入棺材，是由几个儿子用一幅白布兜住遗体，从四边拽起，协调一致地将遗体放进棺材。盖棺时，儿子们必须将棺盖翻过来，左右地晃动三下，然后再翻正过来，盖好棺材。死者如果有孙子，当送葬结束从墓地返回时，孙子要坐上一顶轿子，就是早年间有身份地位的人才能够坐上的轿子。他要捧着死者的灵位或者死者的遗像，坐轿子回家。其他人只能步行回来。

如果人死在海上，尸体不能抬回家里，也不能抬进村里，就直接葬在村外的荒山上。这与对于从海上捞起的陌生人尸体的处理方式比较接近。渔村的习俗，在海上一旦发现遇难者的尸体，无论谁都必须停下手中的事情，先把尸体捞上来，赶快驶向岸边，找一个荒山的地方把尸体掩埋。渔民相信，这样做将给自己带来好运气，也能保佑你躲过灾难。否则鬼魂就会跟你走，跟你闹。他们把在海上见到的尸体叫作"元宝"。村委会主任陈祥田说，25 年前，他的舅舅曾从海上拉上一个"元宝"，将他埋在落星岛，以后在每年清明时还去给他烧香。

在家庭中，如果有基督教信徒和非信徒，最容易在葬礼上发生矛盾。当地人把两种信仰的人分为"教门的"和"信佛的"，教门的往往不同意给死者烧香，也不愿意下跪磕头，这会引起其他人的意见。在这种情况下，长子是什么态度比较重要，大家在争执之后一般会服从他的要求。

2. 村落与庙

保境的神庙 箬山的庙宇基本是各村有庙，有的村还不只有一处庙。庙宇建筑的分布以及人们关于神灵"保境"范围的说法，特别能够说明自然村村民认同的状况。

表 1 老箬山镇各村的庙宇

行政村	东兴	兴建	里箬	东山	东湖	东海	胜海	小箬	花岙		
自然村	打刂岙	里箬		东山	外箬			小箬	花岙	上咀	下咀
庙宇	禹王庙	(1)禹王庙，(2)玄天上帝庙		天王庙	(1)禹王庙(在胜海)，(2)天后宫(在东海)，(3)张马王府(又称张王庙,在东湖)			(1)土地庙，(2)夫人庙	关帝庙	张王爷庙	(不详)

注：此表是根据陈其胜等人讲述和本人的初步调查与理解。

这些庙宇中，以禹王庙（平水王庙）为最多，其主要意义在于感念大禹治水的功劳，希冀他发挥"保境"的神威，保佑地方风调雨顺、百姓平安。据陈其胜讲，在原石仓峚乡范围内的10多个行政村中也有几个禹王庙，每一个庙也是属于现在的几个行政村的组合，其组合情况为：1. 新峰、新红、新滨、新进；2. 大黄坭、小黄坭；3. 东滨、后山、杨柳、山头。还有新沙村情况不详。由于没有机会直接到这些村里调查，只能猜测禹王庙的"保境"范围，当与原来较大的自然村或几个邻近自然村的范围相对应。

老箬山镇范围内，以其他神灵为名号的庙宇——天王庙、玄天上帝庙、张马王府、关帝庙等，一般来说，不以"保境"作为其象征意义中的核心观念，这些庙宇的象征性应当与其村落的形态、对外交往的特殊历史有更多的联系。也就是说，与禹王庙相比较，它们更能够体现出与邻村不同的村落个性。在有的村里，这两类庙并存。例如在里箬村，玄天上帝庙就是和禹王庙紧靠在一起。这两庙的关系好像是互为配殿，或者说是相互陪衬的关系，但是村民告诉我：禹王庙是管里箬一个村，而玄天庙是哪里都管。

建在属于外箬的东海村天后宫（妈祖庙），其象征意义则不同一般，主要是体现妈祖保佑渔民在海上安全的观念，同时也强调了本地的历史与福建沿海的特殊关系。《妈祖暨外箬天后宫简历》碑上记该庙建于光绪二十四年（1899），地方名儒陈策三撰联："自莆田特出神灵奇迹长昭沧海波澜平万里""从桂峚中分香火侨民有庆箬山俎豆享千秋"。妈祖庙是否具有"保境"的意义不很确定，因为在外箬范围内原先已有禹王庙存在，庙中至今保留的一个香案上书有"道光壬辰"年号，即公历1832年。

我们顺便考察了石塘镇桂峚村的天后宫，也就是外箬东海村天后宫分得香火的母庙。以前在天旱缺水的时候，村民就会到天后宫求雨，抬出妈祖神像巡游一番，据说十分灵验。访谈人庄定川（58岁）告诉我，他30多岁的时候，有一年和别人一起抬妈祖，四个人刚把妈祖抬起，轿子就像有灵，一下子从庙里冲了出来，差一点就撞上门楣，然后飞一般地冲下山。后来就下起了雨。这说明桂峚村民认为妈祖也能够解救陆上的灾情，因此也能"保境"。在民众的信仰中，神灵们的作用是可以互通的，人们通过仪式的实践，可以作出关于信仰传统的多种解释。

抢头阵的逛火镬 里箬村有"大奏鼓"，据说是福建移民的一种鼓乐，在元宵节前后的夜晚表演。乐队除有一支唢呐之外，其余都是打击乐器：鼓、铜锣、

铜钟和木鱼等。两人抬着一座高高的"鼓亭"走在队前,原先是有人站在亭子中间敲鼓,现在是将鼓架在亭子的后身,人跟在后面击鼓。所以,"大奏鼓"其实是后来的名字,据说原来叫"车鼓亭"。文化馆干部在这一传统鼓乐的基础上,又根据乐队在行进中有身体晃动的动作,创编了动作更加滑稽的舞蹈,有8个男扮女装的"老太婆",一边击打小锣一边扭动身体,一个男人角色在"他们"中间穿插。这种"创新"的形式在前些年已经被村民所接受,而且一再表演。但是一些村民还是从音乐上喜爱这一传统的表演,他们仍习惯地称呼它为"咯—噔—库",是对于其打击锣、鼓、木鱼等乐器声音的模拟。人们还喜欢模仿几句唢呐的声音:"啦—哩—啦,啦—哩—啦"。里箬村的"大奏鼓",是跟在抬阁表演队伍的后边。

这一带村落更盛行"抬阁"游行的表演。以前是用四方桌翻过来,底面缚牢两根长杆,上面扎成棚顶,让小孩子穿上戏装站在上面,扮演各种戏剧人物,这就是一副抬阁。这种表演形式的俗称是"迓火镬",因为在每一抬阁之前,还必有被抬起的一只大锅,里面装着燃烧正旺的柴火。有两人不断向锅里加柴,沿路的人家主动向他们提供自己的木柴。这不禁令人想起一句谚语:"众人捧柴火焰高。"抬阁队伍一定是从村中神庙前出发的,例如里箬的玄天上帝庙、东海的妈祖庙等都是出发地,而一只火镬就是取自神灵世界的圣火,一架抬阁就是献给神灵的一出戏文。

据里箬村老人庄道春(73岁)讲,在20世纪50年代以前,抬阁往往雇人来装置和抬起。请一副抬阁需要很多花费,一般是由比较有钱的船户承担。在筹办和比赛抬阁时,各村都争取"抢头阵""当老大"。人们事先不露风声,突然抢在元宵节期间的第一天推出抬阁,到各村去表演。有个规定:如果有第二个人家也请抬阁,只能在第三天才能加入行列,但第一架抬阁必须奉陪到底,继续陪演三天。如此延续下去,抢得头阵者的花费难以预料。这种财力的竞赛是对社会权势的象征性争夺。据说也有为此而倾家荡产的人,甚至被迫走上海匪生涯。

胜海村村民陈兆斌(73岁)跟我讲:最近一些年,村里经常雇佣江西人来抬火镬和抬阁,但扮演角色的小孩子都是本村的。经费来源以船为单位的自愿捐款,给小孩子做衣服就需要花费3万—4万元。小孩子的首饰包括金戒指,都是由他的叔叔、舅舅等人送的。由于附近的村庄很多,所以需要十几天的时间前去表演。每天晚上7点出去,夜里12点才回来。回来的时候,抬工们每人会得到1

瓶啤酒和一些点心，作为夜宵。表演结束时，火镬里的余烬决不可以倒掉，否则不吉利。火种最后需要带回本村，用它来烧纸钱、点鞭炮。

戏台和庙戏 箬山的庙宇大多都有面对庙殿的戏台，成为庙宇第二个主体建筑。一个庙的两个主体建筑之间所构成的场地空间分为两种情况：或者是把戏台建在庙院大门的里面，背靠大门，与殿堂构成封闭空间；或者是把戏台建在庙前街上，与殿堂构成开放的空间。前者如：1. 打爿呑禹王庙，戏台建在院子里，古色古香，场地也比较宽大，每年七月二十一是神诞日。2. 位于东海村的天后宫戏台是在院中，每年有两次神诞日演戏：三月二十三和九月九。后者如：1. 东山村的天王庙戏台建在庙前街上，每年有两次神诞日的演戏，即九月十一的天王诞、六月二十六的黄王诞。2. 位于东湖村的张王庙是建在庙前街上，五月初一是演戏的神诞日。此外还有一种情况，位于胜海村的外箬禹王庙，显然受场地限制而谈不上有戏台，但是院落却十分严谨。不论是何种情况，由于戏台前的空间设置对于地方的公共生活而言十分重要，所以总的来说，在箬山的庙宇与本地狭小的民居之间形成空间上的鲜明对比。

由于妈祖保佑渔民海上平安，而且天后宫演戏的日子与渔民在汛期出海的日子也比较接近，所以演戏也成为"开渔"出海的仪式。演戏前的一些天需要"得戏金"，由"庙主老倌"到船主们家里去凑钱。据热心佛事的妇女江凤莲讲，等到演戏那天，戏台前已经摆好纸扎的人物和马，还有马吃的青草。在神龛前面的供桌上摆上好"三牲"、馒头等食品，把案上的香烛点燃。演出一开始，首先是表演"拜八仙"，让演员们扮成八仙，一个一个地接受人们的敬拜，然后王母娘娘出来，八仙又都向她敬拜。接着，表演"接元宝"，让财神爷出来，他手里端着元宝的盘子走到台口。村民中选出一位父母已经过世，夫妻双双、儿孙满堂的男人到台前接过元宝，用衣衫兜起来送到妈祖神像前。此时正戏就可以演出了。

演出的最后一出戏是《关老爷扫棚》，意思是演出结束。戏演完，将纸人纸马烧掉，表示送妈祖回到她居住的神仙世界。近些年来，献于妈祖的"元宝"最后要分给各条船，同时船主赠红包给演员。元宝的获得是寓意出海一定获得好运。

渔行主 海上捕鱼作业的组织以船为单位，这是不同于陆地农村受土地和居住关系而结成生产组织的最大不同点。另一方面，传统渔业需要及时地捕捞、迅速地加工和必须形成畅通的销售渠道，否则生产就将瘫痪。所以在传统渔村，人

们对于一个生产体系的依赖程度决不能与相对封闭的农村同日而语。因此在渔民的舆论中，作为生产能手的船老大，或者拥有社会和人际关系资源的鱼行主，都是关注与评论的重要对象。

渔业可以说是对于海洋空间的利用与开发，但是渔村的居住群体关系也是这种经济活动得以实现的组织基础。陈祥堂老人（78岁）是以前箸山名人陈和隆的孙子，他向我讲述了鱼行主在渔业经济生活中的位置和作用。1949年以前，他家里"船多、土地少"，在上马乡一带有水田100余亩，但是所拥有的两条机器船和七八条木船，才是当时更重要的资产。除了二三条木船是"钓船"，其余的船主要用于运输。他家贷款给船主，一次贷款一般要二三两黄金，用于购置钓线、大米等。但鱼行主在帮助购买这些东西时有5%的回扣。

在舟山沈家门，箸山人是钓捕技术的能手，收获的鲜鱼比较多。按事先的约定，大部分箸山人都把鲜鱼卖给他家。接着就是运输的过程，将鱼运往汕头一带。在他家用来运输的大船上，鲜鱼得到腌制，这是那时对渔产品给予保存的主要办法。他家所获得的利润是两地渔产品的差价，但需要计算好运输成本。与船主的结算在沈家门就完成了，并不要等到回箸山才结算。一般村民与陈和隆一家的关系还算好，也是由于陈和隆曾在遇到灾害的年份，对村民进行过救济，给他们运来地瓜干和米。

摘要

漁村の家族村落文化

劉　鉄　梁

　温嶺市石塘鎮、即ち旧箬山、石塘、釣浜の3鎮は2001年合併して1鎮となった。台州沿海の東南地域に位置し、台州湾と楽清湾の間に位置する半島の先端にある。住民は古くより近海漁業を生業としているが、魚類の加工や運輸、商業も営んでいる。全鎮の人口密度は浙江省で最も高く1平方メートルあたり2350人に達している。

　本報告中に言う箬山は、2001年郷鎮合併以前に倉呑郷を含んでいた箬山鎮ではなく、最小の範囲を意味する旧箬山鎮である。行政的には旧箬山鎮は箬山鎮より小さく、箬山鎮は石塘鎮より小さい。箬山は半島の最先端部分に位置し、楽清湾の側面にある。一説によると、山上に箬竹がたくさん生えていたのでこの名を得たと言う。地形的には、山並みが取りまいているので、里箬とも外箬とも言われる。箬山一帯の村落は港湾に沿って分布しており、湾口にある幾つかの行政村の境ははっきりしないくらい相互の距離は近い。海上から陸地を見ると村民の家屋は山の上から下まで、ほとんど全山すべてを覆っているかのようである。伝統的な家屋は石と木で出来ているが、木の柱、梁、垂木などは壁や屋根の内部に隠れているし、戸の枠や窓の縁は石で作るのが一般的であるので、全体的には全て石だけで作った家屋のようである。ほとんどの家屋には庭はない、家家が連なって道に沿って並んでいる。このような景観は当地の住民が海に向かって進出し、子々孫々栄え発展してきた歴史的プロセスを映し出だしている。

　箬山の民間における社会組織の形態は家族を基本とするが、しかしまた社会組織相互の「境」の区分と連合も重視する。近代以降キリスト教が伝わり、信者は全人口の25％を占めている、教会と信者の関係はある程度家族と村落との

相互関係を弱めたが、同時に社会と自己を調節する新しい形式をも生み出した。漁業における共同作業は、かつては「漁行」の機能に依存していたが、集団化の時代に組織化され、現在は家族が他人を雇う方法や合資会社形式によるものがほとんどである。

漁村集落の民家

津田　良樹

はじめに

　石塘鎮箬山は東シナ海に面した沿海地区の小半島の先端部に位置する漁業中心の地域である。小高い岩山が海岸に迫る地形であるため、中心となる自然鎮が海岸部の小平地にあるのを除き、集落の多くは岩山の斜面に密集して張り付いている。『温嶺縣地名志』[①]によると、箬山は現在11の行政村からなるが、もともとは1つの自然鎮と1つの片村と6つの自然村からなっていた。戸数は3375戸で、13,297人が住んでいる。

　今回の調査では、かつての自然村のなかから、目視により比較的古いと思われる民家を選び、実測および聞き取り調査を行い、箬山の伝統的民家の様相を探るよう努めた。実測し図面化した民家は7軒である。

1. 調査民家

　個別民家の詳細は以下の通りである。
　陳氏住宅（陳仏送）　　住所：石塘鎮箬山東湖村、話者：荘牡丹
　陳氏住宅には、荘牡丹（70歳）と荘牡丹の亡くなった夫である陳仏送の甥にあたる陳祥恩（46歳）の家族が住む。陳氏住宅の所在する東湖村の人々の多くは福建省から移住してきたといわれている。当陳氏も福建省から移ってきたと伝えられている。当陳氏は移住前の福建省において格式の高い家であったために、移住後の当住宅において、正面から見える両側横屋棟の妻面の漏窓および両横屋内側軒先の蹴らば下部分を赤い焼物や瓦で飾ることができたのだと伝えら

---

　①　『温嶺縣地名志』温嶺県地名委員会、1988年7月。

写真1　陳氏住宅（陳仏送）外観

写真2　陳氏住宅（陳仏送）内部

れている。窓はレンコンを輪切りしたような透かし文様からなる赤い焼物を縦横に3列3行にはめ込んだ漏窓とし、軒先の蹴らば下部分に赤瓦を3段にわたって突き出して飾る。より格式が高くなるとこの赤瓦の段数が増えるともいわれており、当住宅は3段で格式が高い階層のなかでは、中程度ではないかという。

　当住宅の建築年代は明らかでないが、200年は下らないと言い伝えられている。構造手法からみても200年前の建築とみて矛盾しない。

　当住宅は中庭をコの字に囲ったいわゆる三合院形式である。内法で間口約9.5m、奥行約8mを厚さ500mmほどの切石積の外壁で囲い、内部は奥に切妻造2階建の主屋、主屋の両脇から横屋を小さく突き出し、残る正面中央を小さな

写真3　陳氏住宅（陳仏送）大庁（2階）

　天井と呼ばれる庭とする。天井の前のみ外壁を1層部分の高さに押さえ、その壁に出入口を穿つ。

　主屋は上・下階ともに棟割に3室に分けるが、中央「大庁」のみ間口を広く取る。上層の両脇の部屋が細分化されているのは後補であろう。主屋から突き出した横屋は左右・上下ともに1室である。また、当初の階段は「大庁」の背後にある現在使われていない階段のみで、その他の階段は複数の家族が住むようになってからの改造である。

　構造は、「大庁」両側の間仕切壁線に建ち並ぶ直径180mmほどの丸柱と周囲の石積み外壁で水平材を支え、上層床や小屋組を支えている。外壁部分を除けば木造でできている。

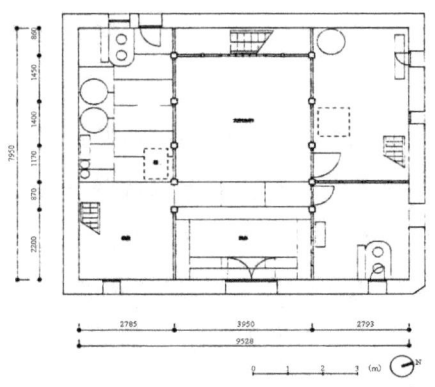
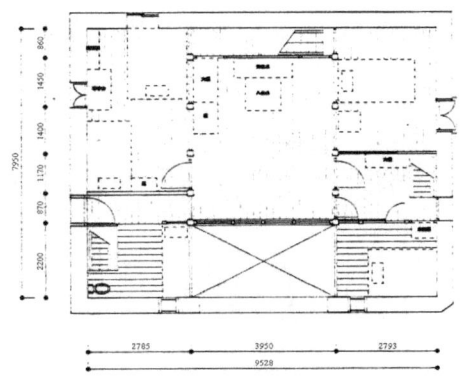

図1　陳氏住宅（陳仏送）1階平面図　　図2　陳氏住宅（陳仏送）2階平面図

林氏住宅　　住所：石塘鎮箬山、話者：陳玉珠

林氏住宅は箬山山頭頂に所在する。現在の居住者の1人である陳玉珠（62歳）の夫林慶興（死亡）の祖父に当たる林成福の住宅とされている。現在は陳玉珠、林成福の弟（名前不詳）の息子林珍勝の妻徐銀蘭（75歳）と同じく息子の林珍順の妻章阿香（82歳）の3家族が住む。

当家住宅は、清の道光帝の代に建てられたと伝えられている。伝承に従えば、道光帝の在位期間は1821～50年であるから、180～160年前の建物となる。構造手法からみても、その時期の建築とみて無理はない。

建物は厚さ450mmほどの石積み壁で方形に周囲を囲んでおり、一見石造建築のように見える。だが、詳細に見れば2階建の主屋と脇棟が凹型に中庭を囲むいわゆる三合院である（当地方では「台門里」と称す）。主屋は切妻造平入りの2階建で、正面両脇に切妻造の脇棟を突き出した構成である。正面を高さ2,700mmほどの石積み壁と三方を建物で囲まれた中庭は、「天井」と呼ばれている。

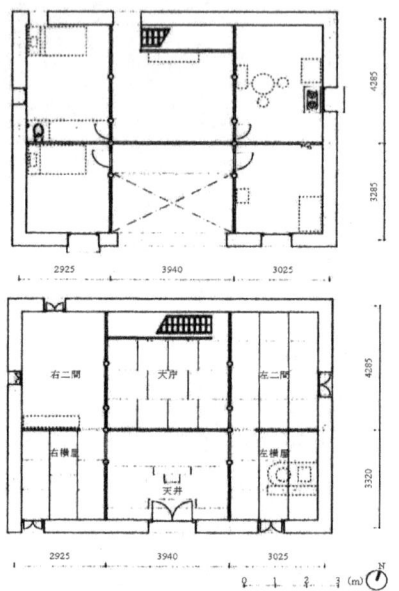

図3・4　林氏住宅1階平面図（下）、2階平面図（上）

すなわち、間口9,890mm、奥行7,605mmの方形に限った平面内を、手前を狭く、奥を広く、六間に分割して、中央手前に閉鎖中庭を取った平面形である。

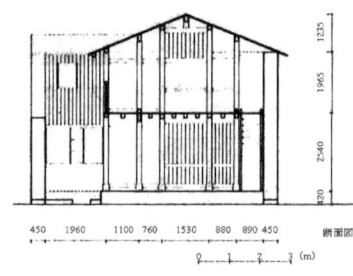

図5　林氏住宅断面図

「大門」と称する正面中央石積壁に穿たれた出入口を入ると、石敷で周囲は囲まれているが、天に向かっては開放された屋外の「天井」である。屋内は、「天井」の奥が「大庁」、「大庁」から「大門」に向って、右が「右二間」、左が「左二間」で、左右「二間」のそれぞれ前方が「右横屋」・「左横

屋」である。これら部屋構成は1・2階同じで、部屋名も1階の部屋名の前に「下」、2階の部屋名の前に「上」をつけるだけで、共通である。

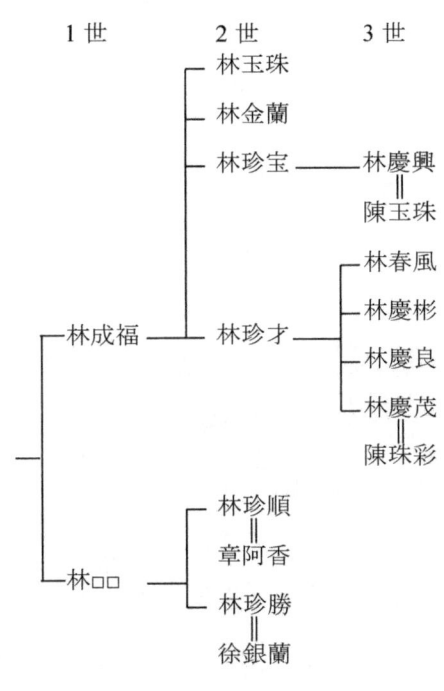

図6　林氏系図

写真4　林氏住宅外観

「大庁」は客間であり、また家族の集まる場で、作業所にもなる部屋であろう。「上大庁」では祝儀、「下大庁」では不祝儀が行われるという。「上大庁」の前面には「廊」と称される透かし格子の入った手すりを持つ外縁が設けられ、外縁と「上大庁」境に透かし格子の建具が冬場は、建て込まれるが、夏場は取り外され開放的である。「上大庁」背面よりには化粧を施した透彫や板壁を設け、その前に「花板」と称する壇を置き、先祖の遺影・観音などをまつる。さらに板壁の背後に上下「大庁」を結ぶ階段を設ける。

「下左横屋」には、石の板を刳り貫いた天板を据えた竈や階段状に外に煙を出す煙突が残っており、その煙突の上に竈神がまつられている。この部屋は当初から台所であった。「上」の左右の「二間」は現在も寝室として使われているが、これも当初からの寝室である。

主屋の構造は3間に分けられた間仕切り部分に、2層分を貫き母屋まで達する通柱を建て、棟木のみは前後の柱上に梁を渡し、束立てとする。この間仕切

部分と外壁の石積み壁で棟木・母屋・2階床梁など水平材を支える。

屋根は平瓦を交互に置く陰陽瓦葺であるが、瓦の上に石を置いて、海岸の強風に耐えるよう配慮されている。

当住宅は中国の解放・土地改革・「文化大革命」などを潜り抜けたにもかかわらず、依然として林氏一族が住み続けている。そのためか、「上大庁」には仏卓上に観音・土地神がまつられ、先祖の生まれた日や時間がかかれた文書を収めた箱が置かれ、背後の壁には8枚の遺影をかざるなど旧来の慣行が今も続いている。

写真5　林氏住宅上大庁　　　　写真6　林氏住宅上大庁から天井をみる

陳氏住宅（毛金鳳）

住所：小箬村B区9号の左隣、話者：毛金鳳（78歳）

陳氏住宅は現住の毛金鳳の亡夫である陳賢順の5世前の先祖が、道光帝の代（在位：1821〜50年）に建てたと伝えられている。

住宅は南西に面して建っている。「矮塔屋」と呼ばれる、切妻造の平側に棟高の少し低い切妻造を突き出した様な造りになっている。この住宅は2階建であるが、上・下階ともに階高が低く、また棟高も低く古様を示している。外から目視した段階では、特殊な造りに見えた。しかし、調査を進めてみると、建築当初には、中庭（「道地」）をコの字に囲む三合院形式であった建物の一部分が残された結果であることが判明した。すなわち、元の建物は、1階の中央に中庭、奥に「上間」をとり、その両側に「焼飯間」をコの字に配し、2階の中央に「上間楼」、両側を「門床間」とする構成であった。かつてはその建物の東側部分に陳賢順・毛金鳳夫妻が、西側部分に陳賢順の弟夫婦が、「上間

楼」に両親が住んでいた。現在は、そのうちの東側部分のみが残されたものである。残存部分は1階に「焼飯間」、2階に「門床間」を設けるのみである。高さの低い建物という意味であろう「矮塔屋」と呼ばれる名称も全体の内の一部が残されてからのことだとみられ近年になってからのことであろう。

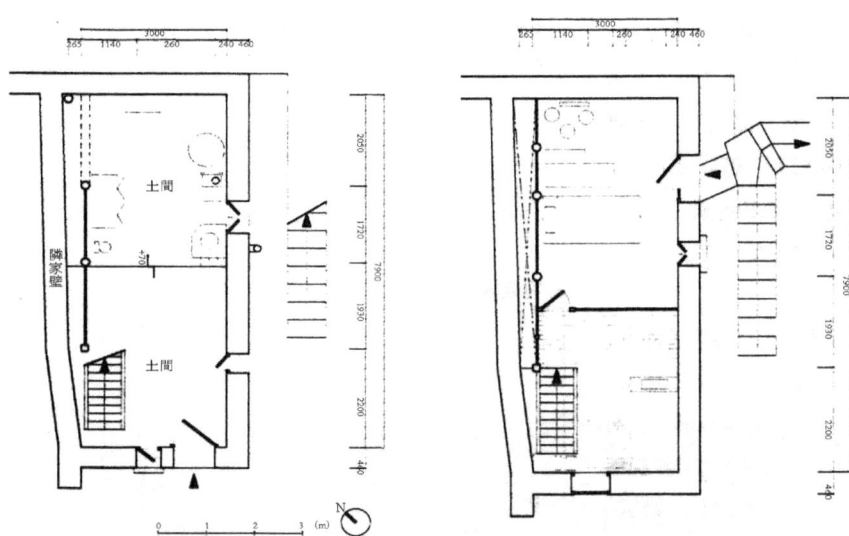

図7　陳氏住宅（毛金鳳）1階平面図　　図8　陳氏住宅（毛金鳳）2階平面図

写真7　陳氏住宅（毛金鳳）外観

当初中庭・「上間」につながっていた西北側は現在は板壁と一部開放であるが、その外を隣家の新しいレンガ積み壁で塞がれている。残る3面は当初からの石積み壁で区切られ、板壁沿いに建てられた柱と側の石積み壁で、木造の2階床・屋根を支えている。屋根は平瓦を交互に葺いた陰陽瓦で、海岸の強風から屋根瓦を守るため置石されている。

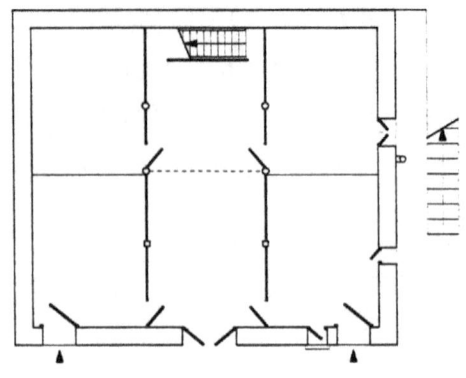

図9　陳氏住宅(毛金鳳)復原1階平面図

石積み壁を形成する石材は角石・乱石とよばれ、地元産の石である。木部は杉材である。

写真8　陳氏住宅(毛金鳳)内部

黄氏住宅（黄春鳳）　　住所：小箬村59号、話者：黄春鳳（67歳）

黄氏住宅は海越しに東海村の媽祖廟を望む小箬島の高台に位置している。前面道路に接し、南東に面して建つ。傾斜地を切り開いて建てているため、背面地盤面は2階床レベルほどの高さとなる。

当家は、部屋を3室横並びに配する長屋形式である。3間長屋形式の2階建で、黄春鳳の祖父の代までは1家族の住宅であったが、父親の代に相続の結果、北東寄りの1間（2階も含めて）が父親の兄である黄兆金のものとなり、

その後、北東寄りの部屋は同じ村の黄銀泉に売却され、現在に至っている。そのため、現在は南西寄り2間（2階も含めて）に黄春鳳の家族が住み、同姓ではあるが、同族ではない黄銀泉が北東寄りの1間に住んでいる。

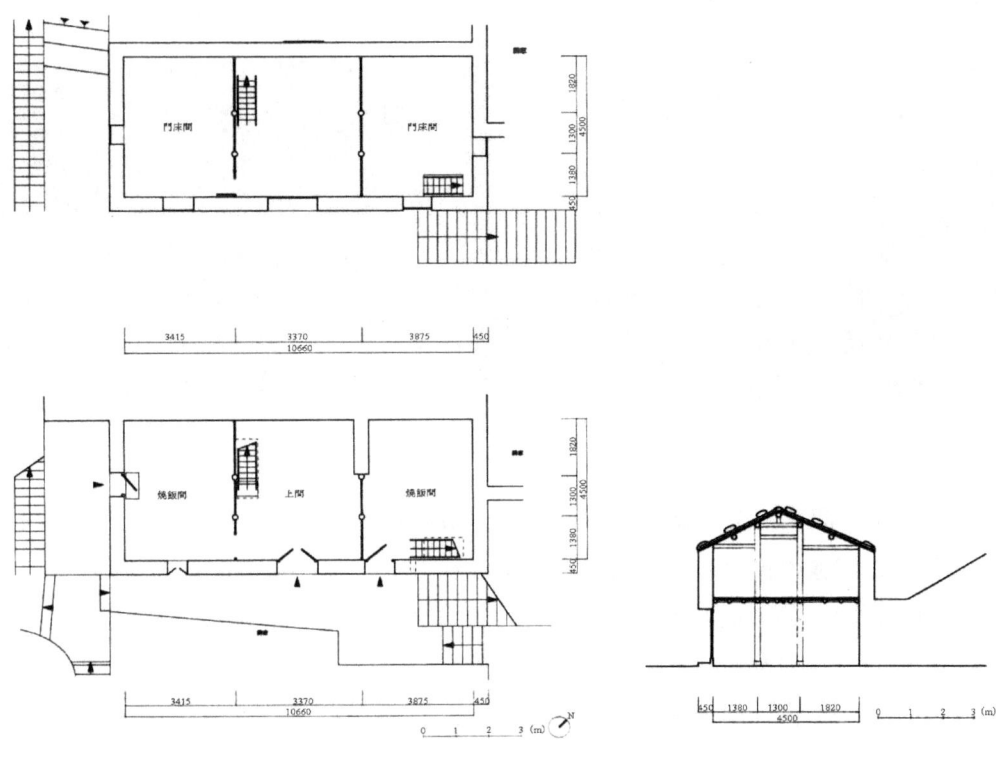

図10・11　黄氏住宅1階平面図（下）2階平面図（上）　　図12　黄氏住宅断面図

当住宅は、150年ほど前に建てられたと伝えられている。黄春鳳の父親の黄子金は、自分の船で台湾への運搬船を運航していたが、1941年（26～27歳の時）に東シナ海において、海賊に襲われ亡くなったという。祖父は小箸島と東海村を結ぶ渡し舟の船長であった。その先代、曽祖父がこの家を建てたといわれている。曽祖父が建てたとすれば、150年ほど前の建築とみて無理はない。構造手法からみても矛盾しない。

1階・2階とも3間からなる平面である。1階は中央間を「上間」、両脇間を「燒飯間」する。「上間」は正面中央に「上間門」に開き、奥の壁際に「供仏卓」を置き、「観音様」「財神爺」「土地爺」「三宮爺」や先祖をまつり、冠婚葬祭などを行う場である。西南側の「燒飯間」は当初からの台所とみられ、

かまどを備え、勝手口に当たる「後門口」を西南側に開き、外には貯水槽も造られている。かまどには竈司菩薩をまつり、陰暦の1日と15日の午前中にろうそくと線香を立ててお祈りする。一方、北東側の「焼飯間」は、この部分が分離されてから台所として使用されるようになったのではないかと思われる。

写真9　黄氏住宅外観

写真10　黄氏住宅1階内部

2階は中央間を「上間楼」、両脇間を「門床間」とする。「上間楼」は階下の「上間」と同様の使われ方であったと思われるが、現在は仮囲いして寝室として使用されている。両脇間の「門床間」は寝室である。南西の「門床間」は黄春鳳の部屋で、「門床（ベッド）」「箱柜」「大橱」「柜」などの家具が揃っている。一方、現在は閉ざされているが、当初は北東側「門床間」へ「上間楼」から出入りできるようになっていた。北東側「門床間」に付けられている階段は後補で当初にはなかった。

写真11　黄氏住宅2階内部

建物の構造は、厚さ450mmほどの切石積の外壁をまわし、内部の間仕切は柱・梁・束によって挙架式小屋組とし、この小屋組と石造妻壁とで棟木・母屋を支えて屋根を構成する切妻造である。石材は地元の麒麟山から切り出され、角石とか石塊と呼ばれる。木部の材種は杉である。屋根は平瓦を表・裏交互に置く、本瓦葺様平瓦葺の陰陽瓦葺である。

小箬では生活水を近年まで天水にたよっており、現在でも天水が主に使用され、当家では「後門口」脇に作られた石造の水槽に屋根に降った雨水が溜まる仕組みになっている。

排便は「便桶」で行い、毎朝、海に捨てる。

黄春鳳からの聞き取りによる建築儀礼は次のようである。

①「奠基式」基礎を定める儀式。奠基式では陰暦の1日と15日を避けて、吉日を定め、8時あるいは10時に爆竹をならし、建物に向かって正面右隅の礎石をまず定め、それから基礎を順次固めてゆく。

②「請進門牌石」マグサ石である門牌石を出入口の上部に据える儀式。出入口両側のマグサ石の下に赤い布を掛ける。この儀式には家族の一生の健康を祈念するという意味がある。

③「上梁式」棟木を据える儀式。儀式の日の前日、親類がマントウ・もち米を持寄る。当日は日の出に棟木を据え、爆竹をならす。

④引越し

朱氏住宅 住所：新建村第六村第八組、話者：陳玉珠

現在、朱氏住宅には陳玉珠・厳徳勝・黄進喜・陳建国が住んでいる。しかし、元々は3年前に亡くなった朱克雄の先祖によって、130〜140年前に建てられた住宅であると伝えられている。すなわち、朱克雄の父親は朱福生で、朱福生の祖父がこの住宅を建てたといわれている。朱克雄は60歳ほどで亡くなっていること、先祖が1世代25年として、3世代で75年と概算して、これらを勘案すれば、130〜140年前の建築とみて無理はない。

その後、陳玉珠の夫である郭秋村が60年ほど前に右横屋の前側を朱氏から購入、次いで厳徳勝の父親が1955年に300元で「上間」脇の左横屋、ほぼ同時期に黄進喜が左横屋の前側を購入している。「上間」脇の右横屋は3年前に死亡するまで朱克雄が住んでおり、現在も依然として朱氏の所有であるが、陳建

国に貸し付けている。朱氏はかつて船持ちの漁師であったが、漁獲高がそれほど多くなかったために、船は没収されたが、地主階級とは見なされなかったため、土地改革で家屋を没収されることはなかった。そのため、家屋の所有権の移動はすべて売買の結果である。

写真12　朱氏住宅鳥瞰

　当住宅は、東傾斜の斜面地を抉り取り整地して建物を建てているため、背後はほぼ垂直に切り立った崖で、南側面は石段、北側面は斜路であるが、いずれも後方に行くにしたがって高くなる。住宅は、「道地」と称する中庭のまわりに建物を配した四合院形式である。奥に最も高い南北棟の切妻造の主屋を置き、主屋両脇に左右の横屋棟を突き出し、前楼棟で左右の横屋棟をつないで、ロの字に中庭を囲う四合院形式である。外壁は厚さ500～600mmほどの石積で、その内部に径180mmほどの柱を建て、上部構造を支える。ただし、壁際に建つ柱は省略され、壁で内側に建つ柱からの水平材を受けている。外観を前から見ると、両側の切妻造の妻を見せる横屋棟の棟から流れに沿って下がり、水平な前楼の軒先につながる石積外面を形づくり、その中央部下方に石積壁を穿って出入口を開いており、まったくの石造建築のようにみえる。

　出入口である「大門」をくぐると「前楼」で、「前楼」、北側は現在貯蔵室となっており、南側は壁沿いに通路があり、通路をへて南面に抜ける偏門となる。「前楼」をぬけると、「道地」で、さらに進むと「上間」に至る。これらの両側には横屋と呼ばれる部屋がそれぞれ2室ずつ並ぶ。

「前楼」下階は石敷きで、大門は頑丈な両開きの板扉、中庭側は開放である。現在上層は取り除かれているが、元は2階があったことが、2階床の根太跡などからわかる。奥の「上間」は、現在、正面側が開放となるが、元は建具が取り付けられていたこと、背面側の壁より柱間1間通りは扉付きの板壁であったことが、痕跡よりわかる。また、「上間」の上部にも2階がかつてはあったが取り除かれている。なお、聞き取りによると、「前楼」・「上間」の2階はともに22年前に壊されたとのこと。左右の横屋部分は、貯蔵室を含め、それぞれ3室に分かれていたようだ。2階部分の部屋割りもほぼ1階と同様である。ただ、各部屋に付けられている階段は後補で、当初は「上間」背後に1ヵ所あるのみであったと考えられる。

鄭氏住宅　住所：箬山東海村中街上路11号、話者：陳彩娥

東海村中街上路を登ると「中興井」と称される共同井戸がある。その共同井戸から石段を登った通り沿いに鄭氏住宅は建つ。

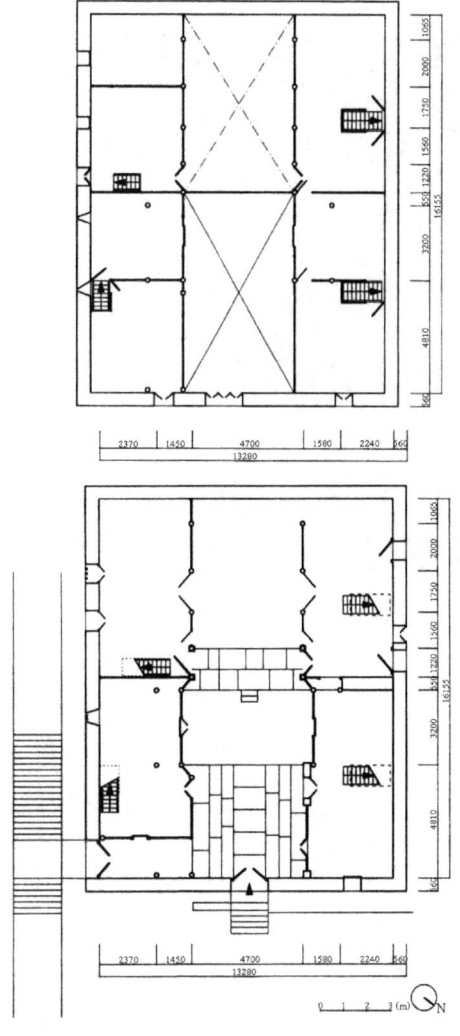

図13・14　朱氏住宅(陳玉珠)1階平面図(下)
2階平面図(上)

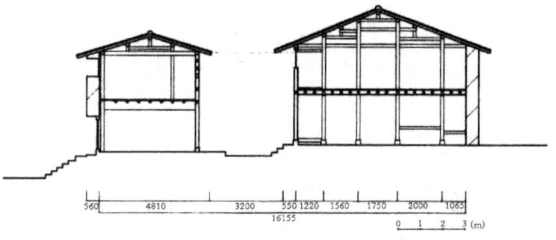

図15　朱氏住宅(陳玉珠)断面図

写真 13　朱氏住宅中庭　　　　　　写真 14　朱氏住宅内部

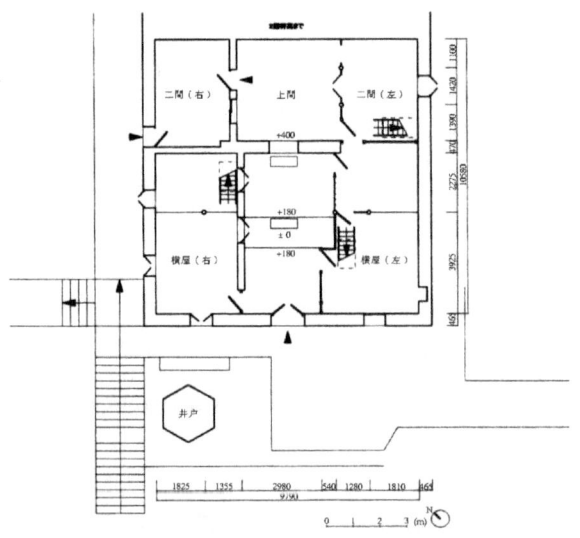
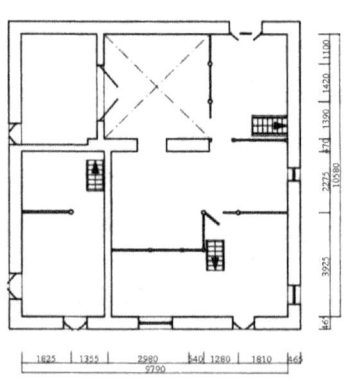

図 16　鄭氏住宅 1 階平面図　　　　図 17　鄭氏住宅 2 階平面図

　鄭氏住宅は、現在、陳彩娥（故、鄭根興の妻）・郭金梅・王小亮が住むが、誰が建設したのかは不明である。しかし、当住宅に使用されている、瓦の裏面箆書に「大清光緒」とあり、清代末期の光緒年間にこの住宅が建築されたことが判明する。鄭氏は60〜70年前に鄭根興の祖父の代に現在の部屋を購入した

中国江南沿海村落民俗志

と伝えられている。郭氏も解放前に郭金梅の夫の母親が現在住む部屋を買ったという。

当住宅は周囲を石積みの壁で囲み、真ん中に中庭をもつ四合院形式である。当家では「三間三横屋」と称している。厚い石積み壁に囲まれたほぼ正方形の平面を縦・横にそれぞれ3分割し、中央列に奥から「上間」・中庭の「天井」・門に当たる「台門間」を並べ、その両側左右に「二間」・「横屋」（2室に分けられている）が並ぶ構成である。しかし、30年ほど前に「上間」に当たる部分が取り除かれ、「右二間」の部分も近年政府の手によって建て替えられた。現在、「右横屋」に鄭根興の妻陳彩娥、「左二間」に郭金梅、政府が立て替えた「右二間」の部分に王小亮が住む。なお、「左横屋」は空家となっている。

写真15　鄭氏住宅外観

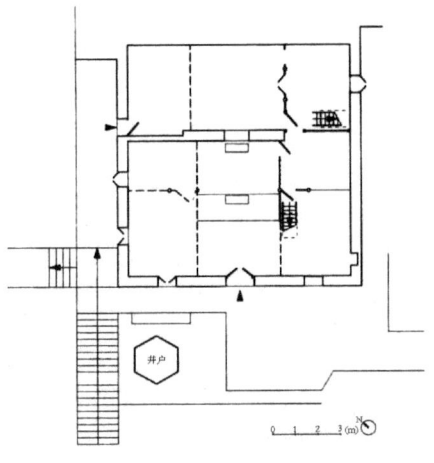

図18　鄭氏住宅復原平面図

写真16　鄭氏住宅中庭

写真17　鄭氏住宅瓦

陳氏住宅（饅頭屋）

　この住宅は、街路に面して建てられた、閉鎖中庭を持たない店舗併用住宅である。現在、饅頭屋を営む楽来清が一階部分を借りて営業しており、2階は陳氏らが住むが、本来は陳氏の住宅である。建築年代は、根拠は不明だが、110年ほど前であると伝えられている。陳氏の現世代は陳祥峰・陳祥燕・陳祥琴・陳祥輝の4兄弟で、この兄弟の所有である。この兄弟の父親は陳其来であり、中国の均分相続の制度を考えると、父親の世代の一族に所有の一部が移っていない点からみて、父親の代かもしくは祖父の代に当住宅は建てられたのではないかと思われる。

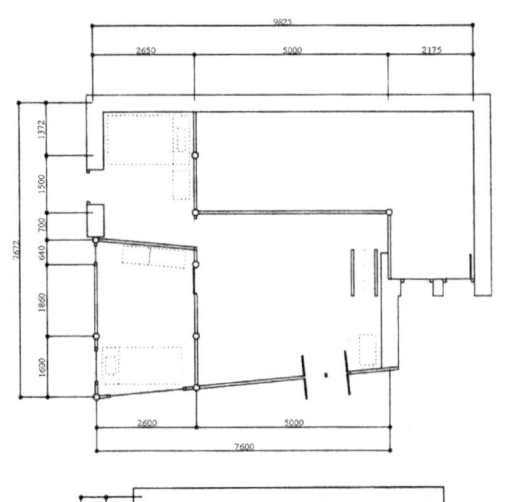

写真 18　陳氏住宅（饅頭屋）外観

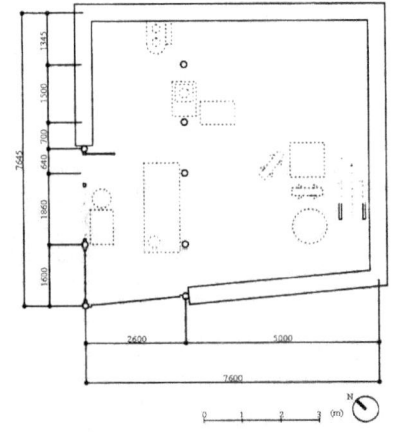

写真 19　陳氏住宅（饅頭屋）1階内部

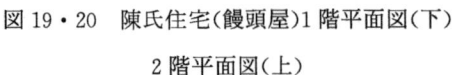

図 19・20　陳氏住宅（饅頭屋）1階平面図（下）
　　　　　2階平面図（上）

住宅は切妻造瓦葺の2階建である。しかし、東に行くにつれて登る一部石段となる道路沿いに建つため、西寄りは半地下で、東の方は地下状になる。ただし、西寄りが半地下状になるのは、住宅建設後に、道がかさ上げされた結果である。

2. 大工に聞く箬山における住宅建設事情

箬山の大工洪本福（67歳）から聞く、箬山における住宅建設事情。

洪本福は、代々大工の家系で、15歳から家具・家・舟の内装（倉庫・運転台）等の仕事に携わってきたが、3・4年前に高齢になったため廃業した。かつて伝統的民家を建てたことがあるが、50年くらい前に建てたのが最後である。伝統的民家を建てていた時期には、石工（石匠）が外壁を造り、木工（木匠）が内装を行った。詳しい図面はなかったが、石工が壁を造り、出来上がった外壁内の縦横の長さを見て、大工は内部の工事を行っていた。工事は施主の意向によって、担当する大工も石工も決まるため、それらの組み合わせは工事ごとに決まるもので、一定の組み合わせで仕事を行うのではない。

この地方では、三合院形式のような伝統的民家を「三間三加横屋」と称している。昔金持ちで、息子が多い人が、三合院形式の住宅を造った。この民家は横屋の高さが主屋より低いのが特徴であるという。当時から石材は麒麟山から切り出されていた。

伝統的民家は現代人には好まれず、造られなくなった。天井しか日光が当たらず、部屋に光が入らないため暗いのが欠点でこれを嫌がるためである。現在は中庭形式を好まず、周囲に開口を取るような造りとなっている。新しい建物の場合、小規模なもので、石工5～6人、大工2～3人で、天気がよければ1ヵ月ほどの工期で建設されている。

1970～80年頃に建てられた洪氏の自宅の場合を例に取れば、2階建の建物2軒分で、総工費1000元ほどであった。1軒当たりの工賃は100元/人ほどである。

現在東海村には大工1人（洪氏の弟）、石工は2人（うち1人は60歳を越えている）の建設職人がいる。

おわりに―箬山の民家の特質―

7棟の実測調査および聞き取り調査から判明した点やそれらの調査結果から敷衍して考えられる点は以下の通りである。なお、調査民家の要点を整理したものが表－1である。

表1　実測調査民家要点整理表

住宅名	通称	所在村名	建築年代	住宅形式	形式名	中庭の通称
陳氏住宅	陳仏送	東湖村	200年前	三合院形式	台門里	天井
林氏住宅	林成福	東山村	道光年間（1821－50）	三合院形式	台門里	天井
陳氏住宅	毛金鳳	小箬村	道光年間（1821－50）	元三合院形式	－	道地
黄氏住宅	黄春鳳	小箬村	150年前	長屋形式	－	－
朱氏住宅	陳玉珠	興建村	130～140年前	四合院形式	－	道地
鄭氏住宅	鄭根興	東海村	光緒年間（1875－1908）	四合院形式	三間三加横屋	－
陳氏住宅	饅頭屋	東湖村	110年前	沿街型	－	－

　箬山の民家は外回りを厚さ500mmほどの切石積による外壁に囲まれており、一見石造建築のように見えるが、しかし、内部は木造の柱梁により2階床・屋根は支えられており、木造主体の建築である。外壁を分厚い石積壁にするのは、地元麒麟山で良質の石材が採れることと、海岸線の強い風雨に備えるためであろう。屋根は野地板を張らず、垂木上に直接、薄い平瓦を表・裏を交互に葺いた陰陽瓦葺である。屋根瓦は葺きあしを大きくとり、瓦の上に置石をして、強風に備えている。

　建築年代は調査した7棟のうち陳氏住宅（陳仏送）が最も古く200年を超えるのではないかとみられる。次いで道光年間（1821～50年）の林氏住宅および陳氏住宅（毛金鳳）であるが、陳氏住宅（毛金鳳）は一部分が残るのみである。建築年代が瓦裏面箆書きから確実に光緒年間（1875～1908）と限定される鄭氏住宅は100年ほど前の建築である。全民家を見たわけではなく、目に付く建築年代が古いと思われるめぼしい民家を調査した範囲ではあるが、箬山に残る民家は古いもので200～100年ほど前の建築であるとみみて大きな間違いはないと考えられる。すなわち、古いもので、清代の後期であろう。

　平面的には沿街型の店舗併用住宅を除けば、伝統的民家の形式は3部屋を横

並びに並べる長屋形式、三合院形式、四合院形式がほとんどで、でき得れば閉鎖中庭を持つ形式の民家を持ちたいというのが、清代後期の人々の希求するところであったようだ。この点は、閉鎖中庭を持つ形式に、「台門里」・「三間三加横屋」などの名前が付けられていることからも窺えよう。

摘要

渔业村落的民居

津田良树

石塘镇箬山，是位于东海沿海地区小半岛尖端的渔业地区。略高的山丘逼近海岸，除了作为中心的自然镇坐落于海岸部的小平地以外，村落的多数建筑都密集地建于山坡的斜面之上。本次调查，通过目视选定7栋较为古老的民居，进行了实测和采访。其结果如下。

箬山的民居外围，有厚达500mm的石砌院墙，看起来仿佛是石造建筑。但内部则由木造的柱梁支撑二楼以上的重量，实际是木造建筑。外围选择石砌院墙的理由，一是当地的麒麟山出产优良的石材，二是因为临近海岸，要抵御强风暴雨吧。屋顶不铺底板，而是在椽子上直接铺瓦，薄瓦采用正反交替的阴阳铺法。瓦的重叠部分较少，瓦上压以石块，以备强风。

从建筑年代看，7栋之中陈氏住宅（陈佛送）最为古老，应该已经有200年以上的历史。其次是道光年间（1821—1850）的林氏住宅和陈氏住宅（毛金凤），但陈氏住宅（毛金凤）只有一部分残存。郑氏住宅，通过瓦背的蓖书可以得知是建成于光绪年间（1875—1908），距今也有100年左右了。本次的调查范围是通过目视选择较为古老的民居7栋，但基本可以认定箬山地区较老的民居，其历史在100—200年之间。

除了平面的沿街型店面并用住宅，传统的民居形式大都是3间房横排，三合院、四合院的形式。拥有独立庭院也许是清代晚期人们的希求吧。关于这一点，可以从人们称独立庭院的形式为"台门里""三间三加横屋"得到印证吧。

紅老大の社会的ネットワーク

中野　泰

はじめに

　日本における数少ない中国漁村の研究者、田畑久夫と金丸良子は、漁村研究の少ない理由を以下のように記している。中国漁村は、中国国内における研究が少ないことに加え、主として国防上の理由から、外国人研究者に開放されていないため、「久しく等閑視され続けてきた」と［田畑・金丸　1994：53－4］。筆者は、研究を制約するこのような環境的条件に加え、農村中心であった従来の中国の村落研究の志向性を指摘しておきたい。その理由としては、もちろん、第二次世界大戦以前に行われた慣行調査の資料的価値が高く、現在に至るまで農村に議論が集中してきたことのほか、中国村落が、「アジア的生産様式」や「村落共同体論」と関連づけられて歴史学的な観点から論じられてきたことも挙げられるだろう［岩間　2000、内山　2003、旗田　1973、福田　1992］。漁村を研究することは、土地所有を前提とする村落共同体論的な研究の視角から、自然にはずされていたと考えられるからである。

　本稿では、箬山に調査地を設定し、中国漁村の社会的性格を民俗学的に明らかにすることを課題とする。中国村落を理解する上で、土地や共有財産のほか、宗族も重要な研究の切り口である。浙江省は、中国東南型に代表される宗族が顕著に見られる地域とされ、村落を同族という視角から研究する例も少なくない［上田　1986、伊原　2003］。だが、宗族は、調査地の漁村において必ずしも、活発な活動をしているわけではない。むしろ、宗族的な父系結合は、日常生活のそこここに見え隠れしつつ、その結合原理は、その他の原理とも関わって、現在の村落を支えていると思われる。そこで、今回の調査では、村落

における様々な結合の様相を明らかにするようつとめたが、その結果、漁業組織、とりわけ、漁船の所有をめぐる人間関係の重要性が浮上してきた。

　漁船の所有については、田畑と金丸によって、改革開放以後、個人所有化が進んでいるとの指摘がなされ、経営規模に準じた漁村の類型化の試みがなされている。本稿では、主として、改革開放期以降の箸山の漁船所有における人間関係を取りあげ、集団の所有であった漁船がいかに個人的な所有へと移り変わっていったかを具体例から明らかにする。従って、家や家族については直接扱わないが、主として、漁船の所有関係を通して、中国漁村の社会的性格を明らかにし、若干の考察を行うことにしたい。

1. 調査地の概観

　箸山とは、「山々しい」、「山の外の山」という意味である。現在はなくなってしまったが、「箸竹」という竹が生えている所でもあった。1992年に刊行された『温嶺県志』によれば、箸竹には山林が1452畝あるも、水田や畑がなく、漁業に従う地区であると記されている［温嶺県志編纂委員会編　1992：38］。後掲する表1・2で分かるように、現在、山林はなく、箸山は、主として、漁業によって生計をたてている地区である。

　箸山へは古くに、福建省から移住してきた人が多いと伝えられている。それら移住者のうち半分以上は陳という姓であると言われる。例えば、東海村の陳祥田氏の場合、先祖は福建省泉州市恵安県から来て、当人で3代目になるという。陳其輝氏の場合も、先祖は泉州市恵安県であるが、1950年代に父が台湾に行き、中国へ直接戻ることのできない時代であったため、舟山経由でここに移住したという（後掲表2の「多い姓」の項目も参照）。だが、東海村には呉姓など他の姓の者も居住している。箸山は、単姓村ではなく、雑姓村で構成されている。また、近年は、外地から働きに来る人が増えた。里箸の場合、1995年以降、出稼ぎの者が流入し、それらの出身地は、江西省、安徽省、四川省、湖南省、湖北省など全国各地にわたっている。

　現在、箸山に含まれる自然村は、東山、東湖、東海、勝海、里箸、興建、東興、花岙、水仙岙の9つである。現在の各村の統計的概要は、表1の通りである。

表1　箸山の概況（村民委員会出納資料、2005年8月より）

	興建	東興	里箸	東海	勝海	小箸	東山	花呑	水仙呑
人口（人）	1738	2340	1380	1298	973	481	1190	1105	1353
戸数（戸）	568	574	416	426	320	138	405	323	401
漁船数（隻）	51	18	43	32	47	23	25	26	43

　興建と東興は、もともと一つの自然村で、打月呑といった。この名前の由来については、伝説がいくつかあったとされるが、聞き取りでは確認することができなかった。現在、人口が多く、商店が集中した都市的な雰囲気のある中心地である。東山は、その地名を山頭頂といい、東湖は北山頭、勝海は后岩、里箸は里箸といった。里箸とは、箸山という山の奥にあったから里箸と付けられたという。小箸は、かつて孤島で村がなかったが、今は勝海に属する村である、埋め立てにより徒歩で渡島できるようになった。花呑は、水仙呑ともいった。この名前は、この近くの川べりに水仙の花が多かったので付けられたという。鹿頭咀は、内部に自然村が、上咀と下咀の2つ含まれている。花呑、水仙呑は、箸山の南部に位置する。呑（嶨）とは、凹状にへこんだ地形から生まれた名前であり、2つの村は、その地形に位置しているため、歴史的に同じ大隊に入っていたという（表2参照）。各自然村には、狭小な平地に家屋が密集しているため、村と村の間の境は視覚的に明瞭でない。

2. 改革開放以前の村落

　箸山は、1931年より、箸山鎮として、土地改革期から合作期にかけては、箸山郷として（1950年～）、後、1961年からは箸山人民公社となるも、1983年から再び箸山郷として、歴史的に1つの行政的社会的経済的な単位であった（表2を参照）。箸山は、1986年に箸山鎮となり、2001年11月からは石塘鎮に属している［温嶺県地名委員会弁公室編　1988：539］。

　解放前の箸山　里箸村では、解放前の有力な権力者は、漁船を多く有していた。陳和隆故屋と称する建物は、かつて、陳和隆という人が所有していた。陳和隆はとても有名な人で、木船ではあったが、大きな船を18隻も所有する大富豪であった。主に運輸を行っていたという。

　土地改革と合作化　土地改革期においては、各自然村は、箸山郷の第1村な

どと数字で分けられた（表2を参照）。勝海には小箸が、花呑には水仙呑と鹿頭咀が含まれた。

　合作化の時期に、8つの村は、「東升漁業社」という1つの高級社として組織化された。『温嶺県地名志』によれば、この組織化は1956年とされている［温嶺県地名委員会弁公室編　1988：541］。「東升」という名前の由来は、「旭日東升」といい、太陽が東から昇り、吉祥の意味があること、そして、漁業の生産高（「漁業豊収」）がますますあがり、良くなる（「蒸々日上」）という意味からつけられたのだという。

表2　箸山村落組織の変遷（典拠［温嶺県地名委員会弁公室編　1988：539－41］）

	1951年	1956年	1961年	「文革」期間	1980～2年	1983年	1987年				
名称		箸山郷		箸山人民公社		箸山郷	石塘鎮				
							戸数	人口	多姓	機船数	漁総生産量
興建	第6村	東升漁業社	東海大隊	東方紅大隊	新建大隊	興建村	434	1597	呉姓	17艘	885噸
東興	第7村				東升大隊 東興大隊	東興村	290	1120	陳姓	46艘	485噸
里箸	第5村				里箸大隊	里箸村	293	1199		21艘	750噸
東海	第6村			東海大隊		東海村	372	1375		50艘	680噸
東湖	第2村			東湖大隊		東湖村	386	1704		54艘	107噸
勝海	第4村			勝海大隊		勝海村	252	943		50艘	622噸
小箸				小箸大隊		小箸村	113	453	黄姓	52艘	435噸
東山	第1村			東山大隊		東山村	349	1275	梁姓	30艘	691噸
花呑	第8村		花呑大隊	東紅大隊	花呑大隊	花呑村	162	587	郭姓	33艘	679噸
水仙呑					水仙呑大隊	水仙呑村	171	698		25艘	237噸
鹿頭咀					鹿頭咀大隊	鹿頭咀村	150	610		27艘	146噸

人民公社と生産隊　人民公社化が進むと、東升漁業社から東興、興建、里箸の3つが分かれ、「東方紅大隊」を組織し（1960年頃）、東山、東湖、東海、勝海（小箸を含む）の4つは「東海大隊」を、花呑、水仙呑、鹿頭咀の3つで「東紅大隊」を組織したという①。東紅大隊の名前の由来は、東から紅くなるとい

---

①　『温嶺県地名志』には、花呑大隊とされているが［温嶺県地名委員会弁公室編　1988：541］、聞き書きでは、無かったという。

うことで、吉祥を表すからであったという。

　1970年代中頃から、1980年代の初めにかけて、生産大隊は、小さな単位に分かれた。具体的には、東方紅大隊から、興建大隊、東升大隊、里箸大隊、東海大隊、東湖大隊、勝海大隊、小箸大隊、東山大隊、花呑大隊、水仙呑大隊、鹿頭咀大隊となった。1980年代に入り、改革開放が進むと、人民公社は解体され、各村に村民委員会が設置された。上記の大隊は、各々、興建村、東興村、里箸村、東海村、東湖村、勝海村、小箸村、東山村、花呑村、水仙呑村、鹿頭咀村となった。

　生産隊の財産と分配　東海村の場合、村の財産として部屋があった。改革開放によっても、この部屋は変わらず、現在も村で管理している。また、昔倉庫だった建物が、今は2つ残っており、1つは、老年協会の建物として、また、1つは村の事務室として現在も使っている。

　改革開放の際、分配することになったのは漁船であった。この分配の方法は、まず、漁船の価格を計算して、金を人に配るというものだった。船を所有したい場合は、今とは異なって、他の人々と一緒に合資して船を買うのが一般的だった。

　まず、生産隊が所有していた船をすべて金の価値で計算し、その額を算出する。例えば、全額が20万元になるとしたら、村人（全員）に分けた場合の1人分の金額と一隻ごとの金額を算出する。1人分の金額が300元になり、ある船の金額が2万元になった場合、その船を20人で購入するとすれば、その計算は以下のようになる。1人分の村人への分配基本額300元に、購入人数の20人をかけ、6000元が算出される。この6000元を、一隻の金額である2万元から控除すると、残額は1万4000元となる。船を購入する20人は、控除分の6000元は払わず、残額の1万4000元を支払う。1万4000元は、購入者同士で自由に分担した。一般的には、船の毎回の水揚げ高から、複数回に分けて、分割払いをした。

　船の新旧や設備の相違などがあり、船の価値はそれぞれ異なった。2万元の船も3万元の船もあった。一般的には、漁撈に伴う諸々の技術が必要なため、分配する以前に乗っていたもとの船の乗組員達が、同じ船を買った。ある特定の船に、購入したい人が多く集中した場合は抽選をして決めた。ただし、他の村の者には権利がなく、東海大隊の者だけが買うことができた。

3. 現在の村落

　以下、現在の村落について、東海村を中心に記述し、必要に応じて、里箸村の事例にも言及する。

　東海村　村民委員会の役員構成は、以下の通りである。委員長が1人おり、これは選挙によって選ぶ。男女とも18歳以上に被選挙権があり、選挙権も18歳以上である。会長に選ばれる条件としては、威信のある人（有威信的人）が良いという。現在の会長金士明氏は、24年間つとめている。副会長も1人で、村長と同じように選挙で選ぶ。文化程度の高い人で、数学が上手な人が良い。必ずしも、副会長を経験した者が次の回に会長になるというようには決まってはいない。会計も1人であるが、選挙ではなく、文化程度の高い人に依頼している。委員は3人で、これは選挙で選ぶ。

　会議は、必要に応じて開く。例えば、船が事故にあった時、道路を直す時など、村部で開く。村部は、麒麟山の麓にある。2階建の建物で、1980年にできた。里箸村では、細かな案件であれば、党支部と村民委員だけで話を進める。だが、例えば、村の治安、道路工事、糾紛（漁民達の間の矛盾を解決する）など、重要な案件があれば、村民委員会の会議を開く。また、糾紛については、調節小組があり、村の幹部が1人、ことの処理に対応している。村民委員会の事務室は、2001年に出来た。

　村の収入の一部は漁船が支えている。漁船は、少なくとも2000元、多ければ、2500元を、漁船の利益の中から毎年払う。漁船の許可証を漁政管理站から貰う際、村民委員会でその手続きを代行しており、3年に1回、そのための管理費として漁船から徴収している。また、工場も毎年利益から払う。東海村には、冷凍工場が2つある。例えば、収入が1万元あったとすると、1000元以内ほどのお金を払うという。支出は、委員長、副委員長、会計、委員へ給料を払う外、新聞などの購読紙の費用、道路を造ったり、直したりする際の費用、元宵節への寄付（数千元程度）などに支出する。また、貧困戸といい、生活の苦しい人へ補助することもある。決算は、1月15日に行う。

　組　東海村は、小さな組に分かれており、その組が13組ある。これらの組を小組という。各組の戸数は同じではないが、例えば、第5組は、15、16軒ある

という。組を代表する係があり、村の用事があれば、その内容を係の長に伝達し、各家に通知した。現在は、電話で通知するようになった。電気代は、一般的には紙で通知する。そのため、現在、小組の活動は特にないという。

里箸村では、生産組と称して、12の組がある。一般的に地理的に分かれている。組の名前は、1組、2組、3組～などと数字で区別している。各組には、組を代表する組長がおり、何か重要な案件があれば、組の代表として会議に出てくる。

貯水池　東海村には、貯水池（水庫）が2つある。1つは、1958年に高級社で作ったものである。その規模は、5000立方メーターで、雨水を主とし、地下水も少し出ている。もう1つは、1975年に人民公社で作ったものである。規模は、3000立方メーターで、雨水が水源である。

これらの貯水池を利用するのは、東海、東湖、勝海の3つの村である。貯水池の管理は東海村で行っている。以前に作った水庫なので、他の2つの村は、管理費を払うことはない。小箸は遠くて不便なので利用していないし、また、東山は、水庫を作る前に村が分かれたので、この水庫とは関係がない。

貯水池は、2年に一度清掃する。清掃には、5日間かかる。東海村が行うものであるが、実際には、お金を払って、村外の人を雇って、清掃をしている。漁業は、魚捕りで疲れる職業であるため、漁民は清掃する余裕がなく、昔から人を雇って清掃している。

港　東海村の港は、碼頭管理小組合という組織で、管理している。碼頭管理小組合は、2年前にできた。その前は、基礎設備がまだ完成していなかったので、管理できなかった。

碼頭管理小組合には、5人の役員がいる。組長1人と組員4人である。外地の船が入港した時、大型船は1回（航次）に50元、小型船は1回に5～10元のお金を貰う。東海村の船は支払う必要がない。

村の諸組織　東海村老人協会は、男は60歳以上、女は55歳から加入することができる。会員数は、現在、40～50人ぐらいであるという。老人協会の建物は1995年にできたが、その土地は、解放の際、没収した旧地主の土地を利用している。建物は村で作った。この建物は、碁、トランプ、マージャンなどの娯楽に利用されている。マージャンのテーブルは、2元を払えば、一日中使用で

きる。集まったお金は、年末に老人へ返すが、会員の老人に対しては、村もお金を一部出して、年末にプレゼントをしている。村で毎年3～5千元ほどを支援して、老人協会の運営経費を確保している。

　里箸村老人協会は、1990～92年の間にできた。60歳以上の男女が加入し、役職は会長1人、副会長1人、理事が5人（会長副会長含め）で構成される。協会の目的は、老人達自身の権利を守ることである。例えば、息子の妻（嫁）が自分（姑）に悪いことした場合などに、友人達がその家に行って、懲戒のような事をする。村では、漁船・漁網の修理などの適当な仕事を提供して、村の会計から、お金を払うこともする。

　東海村婦人協会は、婦代会という。3月8日の婦人の日に、自転車競争、綱引き、網直し（補網という）競争、蝦の皮むき競争など、体育を主とした娯楽をする。優秀な成績の者には、1～5番まで賞金を出す。3月1日から準備を始め、3月8日に行う。この行事は、古くから行っているという。村からも、鎮政府からも財政的に援助をしている。

　民兵連は、村の組織であるが、国の組織の支部のような組織でもある。1950～1960年代に、政府の武装部による指導でできた。かつて、国民党と内戦状態にあった頃は、国民党からの襲撃を防御するため、鉄砲を所持していた。現在、東海村には、13～20人ぐらいおり、女性も含まれる。夜、3～4人で巡回（巡邏）をする。巡回する地域は、東海片といって、東海、東湖、勝海（小箸を含む）、東山の4つの村を廻る。巡回は、1つの村から1人ずつ出る。特に基準はなく、また、毎日でるわけではないが、泥棒を見つけると捕え、派出所に連行する。

　相互扶助　相互扶助の例を、東海村の葬儀に焦点をあててみていく。ある家で葬式を行う際、一般的には、親戚が参加する外、仲が良い人（関係好的人）が来て、手伝ってくれる。年寄りが亡くなれば、彼の息子の友達などが来て葬式を手伝ってくれる。手伝いに来てくれる家は、仲の良い人の場合もあるし、隣の家（隣居）の場合もあるが、協力に来てくれる家が決まっているわけでは、必ずしもないという。また、客の人数によって、手伝いに来てくれる人の多さも異なる。実情は、空いていると手伝いに来てくれるという状態で、一般的には、男は海に出ているので、女が手伝いに来るのだそうだ。手伝いに来る

者は、焼紙（ここの方言で千張という）を持って来る。

　葬儀に際しては、葬儀を行う家へ対して協力がなされる。協力の主なものは、死体を洗うこと（洗屍体）、通夜、酒席を設ける時の手伝いなどである。

　通夜の際、遺体につきそってくれるのは、ほとんどが、息子の友達である。

　墓は、専門の人に頼んで作る。石と木の素材があり、その職人も石匠、木匠の違いがある。昔から専門職の人に依頼しているという。

　葬式に必要な料理の手伝いを幇厨という。昔の幇厨には、仲の良い家から協力に来てくれた。隣近所の家の者などが野菜を切ったり、洗ったりした。また、テーブルや椅子が足りない場合に、それを借りてくる。現在は、家でするのが面倒になり、1つのテーブルの料理を30元、10のテーブルで300元などと、専門の料理屋、調理師に依頼して作ってもらう。

　東海村は、ほとんどの者が漁業に携わっているが、漁業をする家の場合、同じ船の乗組員の誰かが亡くなった際、必ずというわけではないが、慰めに行く事はある。

　葬儀をとりまとめてくれる人がいる。酒席を設ける場合、お金が関わるため、仲が良く、葬儀を行う家の事情に詳しい人物が好ましい。このような役割にはとくに名はないという。Ｄ氏の場合、Ｚ氏にして貰う。Ｚ氏は、Ｄ氏と祖先は同じであるが、遠い親戚で、どちらかと言えば、友人に当たる。年齢は、Ｚ氏が10数歳ほど上である。このような人にはお金でお礼をするし、一般的に、ほとんどお金でお礼をするものだという。

　葬儀には各部分各部分を取りまとめる人がいるが、出棺については、何人かで一緒に話をするという。例えば、出棺の際の行列で、誰が一番前を歩くかなどと、前もって、みんなで一緒に話して、順番を決める。

　一人暮らしの者については、葬儀の執行が困難なので、村で葬式を全て行う。一般的には村から出すが、寄付する人があれば、その人が出す。

　水道と井戸　1990年当時、箬山の鎮内には、水道設備がなく、掘り抜き井戸やため池の水が利用されていた。それらは「村有のものや、数家族共同で掘ったもの、同姓のものが共同で掘ったものなどさまざまなもの」があったと記録されている［安達　1996：47－8］。東興村にも、個人で作った井戸、共同で作った井戸、村の井戸があるという。共同でお金を出し合って井戸を作る場合、2

通りの例がある。1つは、同姓の者同士、また、1つは、近所同士の者である。前者としては、林姓の井戸、陳姓の井戸、呉姓の井戸などがあり、陳姓の井戸は3つある。後者について、関係する者達を、ここの方言で隔壁という。

水が多い時は、他の人も使って良いが、少ない時は、それらの人に優先権がある。

掃除は、普段あまり行っていないが、涸れそうな時は、早めに底と廻りを掃除した。この清掃は、井戸の設置にお金を出した人と決まっているわけでなく、近所の人が行う。

東興村に水道が通ったのは、1991年であるという。

〔東湖村の共有井戸〕村の井戸として伝わっている東湖村の井戸には、以下のような碑文が彫られてある。「同治九年　歳次午　葭月吉置　義泉」。この井戸は、清時代に作られたと伝わっているが、碑文をみれば、この井戸が1870年に掘られたものであることが分かる。井戸の廻りの人は、みなこの井戸の水を飲んでいる。掃除は、各人の意識によってなされている。

〔東海村の共有井戸〕東海村の井戸も、数百年の歴史があるという。特に管理しているわけではなく、また、掃除したこともないが、近くの者の自覚によって守られており、自然にきれいになっているという。水道がなかった時代、この水は、飲み水にも洗い物にも使った。現在、飲み水には適していないが、時々、洗い物に使っている。井戸は、六角形に石を積み上げて、囲われている。その一部に碑文が、以下のように彫られてある。「東海村　民国廿九年　中興井　中□公建」。民国29（1912）年の建立と彫られてあるが、口碑による歴史と碑文との間の相違については、不明である。

〔個人の井戸（東海村）〕また、個人の家で利用している井戸もある。O氏の家の場合、物を洗う時は、上水道を使う。飲み水は、雨水を屋上の水庫に溜めて、利用している。特に、夏は雨水が良いという。この溜めた雨水は、普段は飲み物に利用するが、多いときには洗い物にも用いる。また、飲み水は、購入して飲むこともある。湧き水もある。近くに井戸がある。隣の家は使っているかもしれないが、現在は、O氏の家では、上水道があるので使っていない。

〔林姓の井戸（東興村）〕林厝井という名で呼ばれている井戸がある。厝とは、屋を表し、林という姓の者の井戸という意味である。100年以上前にでき

たという。かつて、この井戸から道をはさんだ向かいに住んでいた林姓の祖先が中心となって作った。福建省から移住し、漁業をしていた人であり、現在もその子孫が住んでいる。この家の近くには、林姓の人が多く住んでおり、これら同じ林姓の人（家族）と一緒に作ったという。

　この水は、かつて、飲むこともできたし、洗うことにも利用できた。水の多い時は、誰でも使えたが、渇水期には、林姓の人だけが使い、他姓の人は使えなかった。

　汚れたら、毎年掃除をするものであったが、現在は、水道を使っているので、特に掃除をするということはない。昔は、1年に1回掃除をした。お金がかかる場合は、林姓の者達が出資するが、廻りのコンクリートなどの設置については、近所で利用している者が自発的に行うことがある。小規模な清掃も、近くに住んでいる者の中から、自発的に、お金を出してする場合がある。

〔陳姓の井戸（東興村）〕

①琅玕井　陳姓によって作られたと伝わる琅玕井という井戸がある。この井戸には、「陳集資開、琅玕井、公元一九八六年」と彫られてある。古い井戸であるので、この年号は、後に改めて補修した際に彫られたものではないかとも言われる。「琅玕」というのは灯号であるという。40歳代の話者によれば、昔の人には名前と字と灯号があり、陳姓の井戸に「琅玕」という字を使っているのは、灯号と同じような意味で、陳姓の全ての人を表わしているという。現在、この地にこの風俗は残っていないが、福建省ではまだ、祖先をまつる時などにこの風俗が残っているそうである。なお、陳姓（東興村）の族譜『琅玕陳氏族譜』にも「琅玕」が用いられている。

　この井戸の近くには、陳姓が多く居住している。近くに住んでいる陳兆順という人が、この井戸を管理している。その前も、昔、この近くに住んでいた人が管理していた。この井戸も、渇水期においては、陳姓のみが使える井戸であった。

②紅磚井　かつて、この地に院子（四合院の建物）があった。この家に住んでいる人達が作った井戸で、院子を紅磚厝と呼んでいたので、それが井戸の名前になった。築造年は、碑文にある「民国庚辰」の年号に該当する中華民国29年（1940）のことと考えられる。

この井戸を利用している者は、50人以上いる。陳姓は8～9戸がここに居住しているが、利用者もほとんどが陳姓である。普通の人は使わないし、他の村から来る者は少ないが、水をくれと言ったら、あげるという。この地は、東興村の第7組に該当する。

昔は掃除をする人がおり、大きな掃除を10何年か前にした。だが、この井戸は深いので、今は特に行わない。普段は、井戸に一番近い家の人が掃除をしている。専門の管理者は特にない。井戸の鍵は、近所で利用する家はみな持っている。

この井戸の内側に彫られた碑文は、以下の通りである。

永昌兆[①]
江長智法桂柔壽友連釧美
毋争毋奪

　　　琅玕井大早依北輪流
　　　民国庚辰夷則月立

永昌兆は陳姓に伝わる輩字を表す。『琅玕陳氏族譜』によれば、陳姓の輩字は、以下の順で42字とされている。安 政 瑞 宗 從 應 彦 如 爾 復 英 俊 興 昌 永 肇（兆） 其 祥 青 雲 得 際 輝 煥 芬 芳 増 榮 啓 泰 世 有 賢 良 克 敦 孝 友 祖 沢 緜 長［陳1983：15（首巻）］。井戸に彫られた輩字（永昌兆）は、下の段の文字と組み合う。例えば、永は江長智法桂柔と（永江、永長、永智など）、昌は壽友連（昌壽、昌友など）と、兆は釧美（兆釧、兆美）と、それぞれ意味のある組み合わせになるとされる。

　③石板井　この井戸は石板井といい、陳姓の井戸である。歴史は、100年以上経つと言われるが、井戸に碑文は彫られていない。かつては、井戸に面した家の主人が管理をしていた。名前を陳昌梅という。何故管理をしていたのか、理由は分からない。この井戸の管理人は特に決まっているわけでもなく、誰で

---

　①　永昌という2つの字の間には「奥門」という字が小さく彫られてある。門という字は、門栓を表すという。

もできるという。

　この井戸の場所は、石板場と言われている。普段、水がある時は、誰でもこの水を使ったが、水が少ない干害の時には、他の人は使えず、陳姓だけが使った。このように井戸を利用していた陳姓は5戸あり、この5戸を中心に、それらの家の親戚が利用していた。あらゆる親戚が含まれるので、あわせて200人以上の陳姓の者が使っていたという。陳姓であれば、東興村以外からも来て使える。興建からも来ていたそうだが、東海村や勝海村の方面から来て、利用する者はなかった。

　この井戸を利用していた5戸は、小組でいうとだいたい、東興村の18組であるが、必ずしも、18組に限らない。18組は、かつて、7組であった。1992年に組の編成替えで、7組から18組に変わった。

　現在、この井戸には蓋をして、鍵をかけている。昔は、鍵をかけずに利用していたが、近隣の人が、魚を冷やす氷を入れる箱などをここで洗い、汚れたので、4～5年前に鍵を作って、かけるようになった。鍵は、欲しい人には、陳姓以外の人にも分けている。

4. 漁船に基づく社会関係

　改革開放以後、集団として所有されていた漁船は、個人で所有できることになった。この漁船所有の形態的な特徴は、股（株）という形で所有の権利、及び、利益を取得する権利が分割され、個人、あるいは、複数の人間により、共同で所有されるようになった点にあった。この結果、漁業、とりわけ、漁船の所有を通じた社会関係が村の生活に意味を持つようになった。個人的な所有がなされた後、20年以上を経て、その社会関係も、時代に沿って変化している。ここでは、このような歴史的な変化の中で、漁船所有に基づく社会関係が村においてどのような意義を有したのかを、里箬村のC氏、東海村のD氏の例を中心に示し、若干の考察を加える。

漁船の共同所有（股の分割所有）
〔C氏の事例〕

　C氏は、2005年現在、53歳である。15～6歳の頃から、漁船に乗り込み、1984年から漁船を所有、53歳まで船長として漁業に従事した。2005年に漁

船を売却、現在は、他の仕事を始める準備をしている。この経緯を、詳しく見ていく。

　C氏は、15～16歳の頃、船に乗って仕事を始めた。生産大隊の船だった。改革開放の際、まず船を買ったのは兄で、兄は20数人と合資した。兄が一番多く股を持ち、C氏本人も兄より少ない金を出して、股を持った。C氏は、兄より少し遅れて、自分の船を買った（1984年）。60～70噸、120馬力の船で、32万元かかった。兄の船とペアになって漁業に従事した。合資したのは、兄の船と同じ20数人である。内訳は、ほとんどが友人で、村人が数人と太公（5代の中で同じ祖先の人）の関係の親戚である。この親戚は、父の兄弟の息子（実際には、お父さんと同じ輩字を持つ親戚の息子にあたる人物で、「お父さん」と呼びかけるという）2人と、お祖父さんの兄弟の息子（実際には、お祖父さんと同じ輩字を持つ親戚の孫）3,4人である。特に親しい親戚ではない。

　後に、この船を売り（1990年）、新しく、270馬力、100噸の大きな船を造った。この船には10年乗った。合資した人数は10人で、それらの人々との関係は以下の通りである。友人が3人、親戚が6人である。親戚のうち3人は、C氏と輩字が同じ親戚の息子にあたる。残る3人の親戚は、甥（妻の妹の息子）1人、妹の夫1人、兄1人である。

　2000年には、その船を売却し、新たに漁船を作った。この時は、7人で合資して買った。合資者の社会関係は、兄1人、甥（兄の息子）1人、息子1人、兄の妻の姉の息子1人、娘の夫1人、論機長1人（親族関係は確認できなかった）、妻の妹の夫1人の計7人である。

　2005年に漁船を売り、C氏は、漁業から退いたが、兄の息子が船長となって、2005年に大きな船を造った。これは、9人で合資して造った。その社会関係は、兄1人、甥（兄の息子）1人、C氏1人、妹の息子1人、妻の妹の息子1人、娘の夫1人、姉の娘1人、兄の娘の夫1人、兄の妻の姉の息子1人の計9人である。

　C氏は、2005年に漁船を売って、漁業を辞め、家にいて生活を楽しみたいと考えていたが、息子夫婦が福建の廈門で料理店を開く考えであり、これに協力する予定である。もともと、祖先は福建省の出身で、言葉も通じるし、その料理の味は、福建省の人の口に合うからであるという。具体的な経営方法は息子

と息子の妻が決めるが、漁船を売ったお金は、股と同じ比率で分けて、20数万元を貰い、このお金と貯めた資金とを元手に店を始めるという。

　昔は、里箬には外地の人が少なかったため、船の船員は、その船の股を所有する人自身でもあった。つまり、船の股を買えば、その船に乗り、漁業に従事する必要があった。1998年になり、水揚げ高の利益を船股（股を所有する人の利益）と人股（漁獲の労力を提供した船員の利益）とに分けるようになった。例えば、2005年に購入した漁船の場合、水揚げ高から、コストを引いて、2/3は船股に、1/3が人股となる。漁業に直接従事した被雇用者の船員は、この人股から給与を貰うことになる。1998年に変わった理由は、1995年の洪水にあった。多くの人の家がなくなり、外地の人が里箬に沢山来て、金を稼ぐようになったためだという。なお、村人と外地の人との間で、給与の差はない。

　一隻の漁船の股を所有する人数は、時代とともにおおまかに減ってきている。C氏の場合、20数人、10人、7人、9人と、おおよそ人数は減少していると言える。その内訳は、当初は、太公の関係にある父系の親戚と友人との関係であったが、1990年代には、父系（兄）だけでなく、姻族（妻の妹の息子や妹の夫）との共同も見られた。2000年には、父系（兄、兄の息子、本人の息子）のほか、姻族（兄の妻の姉の息子、娘の夫、妻の妹の夫）など、父系と兄と本人の姻族を基本とする人間関係に広がった。2005年の段階では、父系（兄、兄の息子、C氏）のほか、姻族（兄の妻の姉の息子、兄の娘の夫、姉の娘、妹の息子、妻の妹の息子、娘の夫）などとなっており、股の所有者は、C氏の兄弟姉妹の人間関係のうち、父系と姻族の関係にある者と整理できる。

　C氏によれば、船の股は、他の村の人も買うことはできるが、普通は自分の生産隊の人を優先に考えるそうである。一般的には自分の親戚を捜して一緒に買うもので、その親戚が投資したくない場合、あるいは、自分の船を持っている場合、近所の人や友達などと買う。大切なのは、気だてが良く（脾気比較好）、勤労で、技術を持っており、ケチでない（比較大方）ことが条件だという。気だてが良くないと喧嘩する可能性があるからだ。

　人によっては、妻側の親戚と合資することもある。妻の側の親戚や母の側の親戚と買うこともあるが、C氏の場合、妻の出身地は勝海村であり、里箬村と遠く離れているので、その親戚と一緒に買うのは不便であったという。ちなみ

に、2005年の股所有者の居住村落名は、里箬（兄、甥（兄の息子）、C氏、妹の息子）、東興（兄の娘の夫、兄の妻の姉の息子）、東湖（姉の娘）、小黄捉（箬山）（娘の夫）、石塘鎮（妻の妹の息子）というように、兄と本人が居住する里箬が主（4人）、兄の姻族が居住する東興がそれに次いでいる（2人）。

　C氏の所有する漁船の股数は、所有者の数と同様に減少している。2000年の造船の際は、7人で合資し、その股数は、兄（1）、甥（兄の息子）（1）、息子（1）、兄の妻の姉の息子（1.5）、娘の夫（0.5）、論機長（0.5）、妻の妹の夫1人（0.5）の6である。2005年の場合は9人で合資し、その股数は、兄（1）、甥（兄の息子）（1）、本人（0.5）、妹の息子（1）、妻の妹の息子（0.5）、娘の夫（0.5）、姉の娘（0.5）、兄の娘の夫（0.5）、兄の妻の姉の息子（1.5）の7である。人数が7人から9人と2人増えたにも関わらず、股数は6から7へと1つしか増加していない。比率でみれば減少している。C氏によれば、所有する漁船の股が多ければ、それだけ多くの者が分け前を貰うため、個人の儲ける金額が少なくなる。そのため、個人の資金が豊富になったこともあり、股の数が減っていったという。股の数が少ないと、収入が増えるため、誰もが、他の人と一緒にではなく、自分で船を買い求める傾向が出てきたという。C氏の2000年の事例においては、股所有者の中でも、兄の妻の姉の息子の比率が多い。この理由をC氏は、金持ちだからだろうと話す。特に多く持つ相手が決まっているわけではなく、経済的実力の釣り合いが必要だという。股所有者の1人、姉の娘の場合、0.5の股を持っているが、姉の娘の息子が遠方で就学中のため、姉の娘はその息子の面倒を見ており、漁船には乗らない。船長が他の人を雇うので、股の所有者は漁業に直接従事していないし、股の比率は、被雇用者の給与と関係ない。

股の所有と転業

　C氏によれば、漁船の股を息子へ相続することはないとは言えないが、もし自分の息子が船に乗ったら、新しい船を買うものだという。なぜなら、股があれば、金が儲かるからである。

　一般的には、父が年寄りになると、体の状態も良くなく、漁業は疲れる仕事なので、若者に漁業をさせる。昔は、漁業をやめて、年寄りは家で仕事を楽しむものだったそうである。以下、東海村のD氏の例をあげる。

〔D氏の事例〕

　D氏は、2005年現在52歳である。16歳の時、初めて船に乗ったが、当時は生産大隊の船であった。改革開放期には、他人の船に老大として乗った。この船は、妻の兄の船だった（妻の兄は2人兄弟）。この船は、妻の兄1人と20数人で合資した木船で、80馬力、50トン、2隻で4万元ぐらいの機帆船であった（1981～2年）。購入の比率は、1人1000元ぐらいで、みな同じ額だった。20数人の人間関係は、ほとんどが同じ村の人（20～40歳ぐらい）で、友達が2，3人、親戚が1，2人であった。親戚は、近親ではなく、一般的な親類だという。この船に3年乗り、1985年、自分で新しく機帆船を買った。2隻で5～6万元の船で、5年間乗った後、売った。

　東海村に製氷工場は1989年からあったが、その後（1991年）、D氏は製氷の工場を始めた。漁業をやめ、工場を始めた理由は、昔と比べて、魚がますます少なくなり、漁業では苦労が多く、工場経営の収益がよりあがるからであった。工場は、親戚を含め、5人で一緒に始めた。その内訳は、母の兄の息子3人と、母の妹の息子1人である。母の兄の息子は東湖に住んでいる。母の妹の息子は花亯に住んでいる。

　工場経営を始めた後、息子も漁船の船主となった。D氏の息子（33歳）は、1985年、13歳で初めて父の船に乗り、父が船を売ってしまった5年後の1990年（18歳の時）から8年ほど、母の兄（父の妻の兄）の船に乗った。その後、長男、次男の2人の息子が一緒に上海の船を買った（1998年）。270馬力の漁船を1隻買って、4～5年乗った。その後、漁船を売り、2隻の船を買った（2003年）。380万元をかけて、800馬力の漁船を新造し、現在に至る。この2隻の船の股の比率は、D氏と2人の息子で77％、妻の兄1人と妻の妹1人の計2人で23％となっている。D氏と2人の息子は、3人というよりも、一緒だから1人と見なしているという。

　D氏の事例から、父子の間で漁船の継承関係はなく、股の継承もなされていないことが分かる。D氏は、漁業から退き、製氷工場の経営を始めたが、しかし、漁業を退いたにも関わらず、息子の漁船の股の所有者ともなっている。股所有者の数え方が、3人ではなく、合わせて1人だと説明された点は、確認したにも関わらず、明白な返答がなかったため、不明瞭さが残っている。だが、

里箬村のC氏が2005年に漁船を手放し、漁業を退いたにも関わらず、兄の息子が船長として購入した漁船の股所有者の1人であり続けていることと、D氏の事例は共通している。漁船の股を所有し続けながら、漁業の一線を退き、他の業種へと転換していく姿がここから窺える。

　紅老大　里箬村で、高い漁業生産量がある船長を、紅老大という。S氏（上記、C氏の兄にあたる）は、長年、漁業の生産量が高く、毎年、石塘鎮の政府から大きな旗を貰っており、村の紅旗と見られている。

　S氏は、2005年現在、55歳である。S氏は、820馬力で1000噸を越える漁船（2隻で360万元（1隻180万元））を、合資して買い、スルメイカ（魷）を捕っている。S氏はT氏（52歳）と買った。この人とは親戚ではなかったが、大きな船を買って漁業を行う力を持っている人であったため、合資したという。

　一般に優れた船長は、漁船の経営を通じて、魚の販売、保鮮船、運輸船や政府などとのつきあいが多くなるとされる。同業の漁業者の中でも、特に生産量の少ない船と交際が増える。例えば、生産量の少ない漁船は、生産量の多い船に学ぼうとする。生産量の多い船の船長は、経験が豊かで、どこに魚がいるか良く知っているので、生産量の少ない漁船も一緒にその船が赴く漁場について行く。付いてくる船を追い払うことはなく、また、付いて来る隻数は多くても構わない。同じ村の船も行くし、隣の村の船も行く。ついて行った漁船の船長は、そのお返しにお礼をする。例えば、帰港した時など、宴会を設けて、その船長をもてなしたり、遊びに誘ったり、機嫌をとるようなことをする。特に、そうした関係に名前はない。

　S氏は、とても成功した人間なので、威信が高く、尊敬を集め、村の党支部書記を、1992～2002年までつとめた。漁業に従事していても、書記の仕事は、帰港後にすることができたという。あまりに成功した人なので、葬式や結婚式のとりまとめ役、仲介役としても不適切だという。しかし、結婚式や葬式の宴会に、彼をもてなすことは多い。

　また、一般の細かいことでは依頼することはないが、村で紛糾があった時に、S氏に頼んで解決して貰うことがある。村の村民委員会では、専門の調節小組があり、村の幹部が1人、問題に対処しているが、このような紅老大に依頼することも少なくない。例えば、喧嘩があった時、その解決を頼むことがあ

る。解決をして貰った後、一般的にお礼をする。場合によるが、もし、その人が煙草を好きなら煙草を、たいていは金持ちなので、体に良い栄養品など、珍しいものを贈る。紛糾の内容は、漁業に関係することもあるが、夫婦の離婚の問題、近所の人の部屋を借りるという住居の問題の外、様々なことがある。漁業関係者だけでなく、誰が依頼しても構わない。

おわりに

　箸山は、現在、明確な祠堂がなく、宗族の活動は表面上目立たない。しかし、同姓が共有する井戸の事例（東興村）から、村落内の日常生活において、父系の宗族が一定の役割を果たしてきたことが分かった。上水道が整備された現在、かつてほどの役割は持っていないが、同姓の家々による排他的な家連合が、渇水期に顕在化したわけである。水の利用に焦点を当てることで、日常生活における旧来の社会関係、すなわち、家と家との連合、父系的な宗族の重要性を浮き彫りにすることができたと言える。

　他方、村落の運営において、特筆されるのは、村民の尊敬を受け、威信を持つ紅老大の存在である。里箸村において、紅老大は、漁船を所有し、その船長として、多くの漁獲高を継続して達成していた。漁撈においては、同じ村であるかどうかを問わず、漁獲の少ない漁船へ漁場の知識などを伝授し、同業者間で信頼関係を作り上げていた。また、政府の関係者とも交際し、市場や輸送に関わる人との間で生産物流通に関わる関係網を広く持っていた。紅老大は、村落内においては、民間の相談や争いごとを解決するほか、村民委員会の要職にもつき、政治的な役割を果たしていた。このようにして、紅老大は、村落内だけでなく、村落外に広がる形で尊敬と威信を得ていたのである。

　里箸村における事例にとどまるが、以上から、改革開放以降の中国漁村を研究していく上で、紅老大の社会的な位置が重要なトピックになると推察される。紅老大は、様々なセクターとのネットワークを構築し、その社会的な位置を獲得していたわけであるが、本稿では、ある漁民がいかにして紅老大になるのかについては充分に掘り下げることができず、課題として残された。例えば、漁船の所有関係には、C氏の事例では父系と姻族のつながりが重要であり、父系のみならず、姻族が関わり、また、居住する村落の地理的な近さも要

件の1つであることが窺えたが、さらに、C氏の兄で紅老大でもあるS氏は、必ずしも父系や姻族とのみ漁船を購入していたわけではなく、経済力のある知人とも合資していた。このような関係性は、宗族についての従来の知見を柔軟に活かしつつ、掘り下げていく必要がある①。

　紅老大の社会的条件を分析するためには、充分な資料を蓄積しなければならない。誰といかに漁船を所有し、資産を築き上げ、漁村の政治経済的なネットワークの頂点に立てるのかは、家族や親族構成の歴史的展開に即して具体例を積み重ねていくことで明らかにしなければならないだろう。漁船をめぐる人間関係とその推移を、解放以前の社会状況とも連関させていく必要がある点は、浙江省寧波市象山県東門島の事例と共通する課題と言える。改革開放以降の経済的変動は言うまでもない。本稿では具体的に言及しなかったが、漁船の経営にも様々な方式があると想定されるし、里箬村の例では、1995年の洪水を契機とした、外部労働者の流入が、村落や漁船経営にどのような変化を与えたのかも、無視できない。里箬村や東海村で見られたように、漁業を引退し、他の職へ転換しつつ、漁船の股を所有し続ける事例も、市場経済を背景にした、村落や親族ネットワークの複雑さを解いていくポイントの1つであると考えられる②。紅老大の社会的位置づけについては、宗族、地縁組織や経済的なネットワークの複雑な関わり合いを適切に読み解く必要がある。その際は、国家や地域政府が進める政策による変動も視野に入れつつ、里箬村以外の他の漁村とも

---

　　①　植野弘子は、漢民族の親族研究が父系に偏ってきたことを批判し、父系を補完しつつ、独自の関係性を築き上げる姻族の存在を台湾の事例から説き、その重要性を主張している［植野　2000］。また、漢民族の二者関係の独特な様相を重視する研究も、村落に焦点をあて、蓄積されてきている［Kipnis 1997］。

　　②　Graham Jhonsonは、広東省珠江デルタの事例を通して、改革開放以後（1980年代中頃）における家や家族が、一方で、農業の商業化に伴い、若年者の流出によって核家族化し、女性の生産活動の比重を高め、他方で、海外華僑ネットワークによる経済的援助などを受け、土地改革などを通じて切りはなされた家々や親族の出自集団（宗族）の結合が復興し、活発な活動を繰り広げていることを明らかにしている［Jhonson, 1993］。Jhonsonは、1980年代以後も、地方における家の父系的な構造はその協同性を維持するだけでなく、その本質的な柔軟性で新たな可能性に対応していると指摘している［Jhonson, 1993：119］。

比較検討していかなければならないのである①。

参考引用文献・資料

安達義弘　1996「中国浙江省における宗教の復活」『西日本宗教学雑誌』18、西日本宗教学会、38－55頁

伊原弘介　2003「旧中国同族村落の一考察－浙江省慈溪市二村の村落の場合－」『史学研究』242、57－82頁（広島史学研究会）

岩間一雄　2000「中国の封建村落」『岡山大學法學會雑誌』50（1）、1－44頁

上田信　1986「村に作用する磁力について（上下）：浙江省鄞県勤勇村（鳳溪村）の履歴」『中国研究月報』455・456、1－14、1－20頁（中国研究所）

植野弘子　2000『台湾漢民族の姻戚』風響社

内山雅生　2003『現代中国農村と「共同体」－転換期中国華北農村における社会構造と農民－』御茶の水書房

温嶺県志編纂委員会編　1992『温嶺県志』、浙江人民出版社

温嶺県地名委員会弁公室編　1988『温嶺県地名志』

田畑久夫・金丸良子　1991「中国舟山諸島の漁村－現地調査による比較研究－」『民俗と歴史』23、1－27頁

田畑久夫・金丸良子　1994「中国漁村に関する研究：山東・浙江両省を中心として」『比較民俗研究』9、53－99頁（筑波大学）

陳其寅編　1983『琅玕陳氏族譜』、財団法人琅玕陳氏宗祠

旗田巍　1973『中国村落と共同体理論』、岩波書店

福田アジオ　1992「アジアにおける家と村落」荒野泰典他編『アジアと日本』（アジアの

---

①　中国社会を風水の観点から研究したことで著名なStephan Feuchtwangは、近隣組織や、家・家族を越えたところで感じられる、「第二の場の秩序（あるいは感覚）」ともいうものへ焦点を当て、中国村落の性格を、福建省（内陸、沿岸）、甘粛省、雲南、江蘇省、安徽省の10の村落の比較から考察している。Feuchtwangは、「第二の場の秩序（あるいは感覚）」に関して浮上する問題を2つ指摘する。1点目は、村落という場と、村落を引っ張っていく指導力であり、これは政治的に行政下にあるものであるとする。2点目は、文化的な知識や立場を求める伝統的な権威と名誉のハイエラーキーであるとする。両者は、いずれも、政治的変化や経済的成長の過程と変容の下にあり、政府に対する要求や不満、そして、その他の商売の人間関係に共存しているという［Feuchtwang　1998：71－3］。Feuchtwangが指摘するように、中国村落の研究は、農村であれ、漁村であれ、国家による影響や創造された社会的単位としてのそれだけではなく、在地における伝統的な文化や民俗の存在をも丁寧に検討していく必要があると思われる。

なかの日本史：1）東京大学出版会　191-222頁

Feuchtwang, Stephan. 1998. "What Is a Village?" In Eduard B. Vermeer, Frank N. Pieke, and Woei Lien Chong, eds., *Cooperative and collective in China's rural development : between state and private interests*. M. E. Sharpe (Socialism and social movements). pp. 46-74.

Jhonson, Graham E. 1993. "Family Strategies and Economic Transformation in Rural China : Some Evidence from the Pearl River Delta." In Deborah Davis and Stevan Harrell, eds., *Chinese families in the post-Mao era*. Berkley : University of California Press (Studies on China ; 17). pp. 103-136.

Kipnis, Andrew. 1997. *Prodecing Guanxi : sentiment, self, and subculture in a North China Village*. Durham : Duke University Press.

摘要

红老大的社会关系网

中野泰

本稿的课题是从民俗学的角度分析中国渔村的社会性格。了解中国村落，最为重要的对象是土地、共有财产及以宗族为代表的家联合。在渔村，同时需要观察渔业组织。本稿通过对温岭市箬山的调查，得出了以下的初步结论。

在箬山，宗族的活动并不显著。村落的日常生活中水的利用十分重要，在水利用的相互扶助中，比起地缘上的近邻关系，父系的家联合的作用更为瞩目。

箬山在改革开放后，渔船也逐渐为个人所有。渔船的所有权和利益取得权，以"股份"的形式分配于个人之间。"股份"形式分为所有者和劳动者，比较复杂。渔业组织与家联合的关系上，渔船所有者之间的人际关系中父系和姻亲关系较为突出。在选择的标准上，家的地理上的接近也是重要因素。

在箬山，处于渔业组织顶点的红老大，是村落的代表性人物。红老大是长期保持大捕获量的渔船的经营者，他们构筑了与渔业的渔船经营者、政府官员，以及市场流通的有关人物之间的人际关系网。他们关系着非正式纷争的解决和各种商议，在村落中有着最高的威信和荣誉。

红老大在村落内外构筑了政治经济的社会关系网，这可以说是以改革开放后以市场经济的发展为背景的中国渔村的特点之一，这一问题今后有必要考虑到政府政策的变动，在历史背景中进一步加以探讨。

改革開放以前漁村漁業の展開過程

田島　佳也

1. 温嶺市石塘鎮と石塘鎮箬山の概況

(1) 石塘鎮の特徴と箬山

　石塘鎮は山が海に迫る半島の先端部にある。そして、隘頑湾の東端を構成している。20世紀末まで、この半島先端部は南に向かって左側の石塘鎮と右側の箬山鎮に二分されていた。両鎮をわける境界線の延長上の海上にある棺材嶼は昔時、石塘鎮に属し、その横の落星山島、小落星山島は箬山鎮の島嶼であった。現在、箬山鎮は2000年頃石塘鎮に合併され、半島部は石塘鎮となっている。　つまり、現在の石塘鎮は箬山鎮や蒼呑郷、東関郷、釣浜郷などを合併して成立した。しかも、中国で一番早く曙光が上がる地として政府から2000年に認定され、漁龍王という所に曙光碑が建立されている。

　その石塘鎮の総面積は28.76km²で、60行政村（この行政村の下にはいくつかの自然村がある）からなるという。そのうちの56ヵ村が漁村、4ヵ村が農村であり、人口は約2.4万世帯（約78000人、そのうち11.5%が60歳以上）、総収入は48億元に達するといわれる。石塘鎮のこれらの村々は、五代時代（10世紀前半）に、閩南から逃げてきた漁民たちによって創られ、いまに魚餅（ユーチャンパン）や糖亀（魚と米で作った餅）、魚団子、塩漬け帯魚（太刀魚）など閩南の食文化が継承されているという（石塘鎮の宣伝部長：章敏曜氏、温嶺市の元水産部長：施民通氏からの聞取り。ほかに、鰻のスープ、烏賊餅、魚天麩羅、飯鮓、塩漬太刀魚などがある）。

　ところで、現在の石塘鎮は合併以前、鎮域も狭かったが、合併した箬山鎮（現在の石塘鎮箬山）同様、以前は温嶺県石陳区内の一行政鎮であった。第1

表は1992年頃のその石陳区の概況を示したものである。

表1　1992年頃の温嶺県石陳区の概況

	面積 (km²)	人口 (人)	人口の割合	人口/km²	耕地（畝）			山林（畝）	%
					水田	旱地	合計		
石塘鎮	4.62	21869	26.7	4734	0	34	34	4823	13.6
箬山鎮	1.68	13297	16.2	7915	0	0	0	1452	4.1
蒼岙郷	2.88	9878	12.1	588	0	0	0	2014	5.7
東関郷	1.85	6888	8.4	3723	0	596	596	2414	6.8
釣浜郷	7.12	14692	17.9	2063	32	1413	1445	4768	13.4
交陳郷	10.54	7496	9.2	711	1055	864	1919	9953	28.0
龍門郷	9.97	7795	9.5	7812	5	1083	1088	10085	28.4
合計	38.66	81915	100.0	2119	1092	3990	5082	35509	100.0

『温嶺県志』（浙江省人民出版社　1992年）38～39頁より作成。

　この表から、旧石塘鎮と比較しながら石塘鎮箬山（旧箬山鎮）に焦点を絞り、その特徴を示すと、次のように指摘できる。

　①石陳区は石塘鎮と箬山鎮の2鎮と蒼岙郷、東関郷、釣浜郷、交陳郷、龍門郷の5郷からなり、面積は38.66km²、人口は81915人である。男女比は不明である。そのうち、石塘鎮と箬山鎮の鎮域はそれぞれ石陳区のわずか12％と4.3％にすぎず、両鎮域は石陳区の16.3％しかなかった。しかし、現在の石塘鎮はその総面積（前述の28.76km²）からすると、石陳区の石塘・箬山両鎮、蒼岙・東関・釣浜・龍門の各郷の広さに匹敵し、石塘鎮は合併によって、約6倍の広さになったことがわかる。

　②人口をみると、石塘・箬山両鎮では3万5000人ほどで、石陳区の43％ほどを占める。1km²あたりの人口数で比較すると、石塘鎮は4734人、箬山鎮は7915人とかなり人口密集度は高い。これは現在でも変わらない。

　③石塘鎮には旱地がわずかに34畝あるが、箬山鎮には耕地はまったくない。山林も石塘鎮には4823畝あるが、箬山鎮にいたっては1452畝だけしかない。それは石陳区の4.1％を占めるにすぎない。山林は多くが薪炭用に利用されたと推測される。

　以上の特徴から、石塘鎮は旱地や山林があるとはいえ、決して多いとはいえず、区の中心の鎮であることから人口の割合も26.7％と石陳区で一番多く、人

口密度もそれなりに高い。だが、耕地や山林の広さを勘案すると、産業としての農業・山林経営は困難な地域であったと看取できる。箸山にいたっては面積も狭く、かつ人口密集度が極めて高い地域であることがわかる。しかも、耕地はまったくなく、山林も乏しかった。つまり、箸山は農業経営や山林経営にはまったく基礎を置けない地域であり、漁業にしか活路を見出せない地域であったといえる。

(2) 箸山漁村の特質

　箸山は写真に見るように、岩場の半島で、海に突き出た山を削って家を建てた所である。家は現在こそ、コンクリート造りもあるが、昔時はほとんどが岩山（多くが麒麟山という）の石材を利用した家であり、しかも岩肌に沿って今にも海に転げ落ちそうに家が林立・密集して建っている地域である。その分、景観に優れ、建物も現代風に立替えを進め、現在観光名所としても売り出しにかかっている。

　この箸山の海岸にはわずかな平地があるだけで、平地にまったく乏しい地域である。平地には「文化大革命」で破壊された媽祖廟が再建されている。この媽祖神は漁民の信仰を集める神である。この神に象徴的なように、この地域の住民の多くが漁業を生計とし、そうでない者は漁業関連の職業に従事している。

写真1　家が林立する集落景観（前方の島は小箸）

第2表は、2004年ころの箬山（正確には箬山鎮）の状況である。この表から、箬山の特徴を指摘しておきたい。

①まず、箬山には1鎮、11行政村、7自然村が存在する。戸数は全体で2972戸、人口は11561人、一戸当たりの人口は平均3.9人である。

表2 2004年頃の箬山の特徴

行政村		主な生業	戸数	人口		人口/戸	機械漁船(艘)	1987年総漁獲量(噸)	1船当り漁獲量(噸)	備考1	備考2
				人	%					機関・公共施設など	多い姓
打𥑮呑鎮	興建村	漁業	434	1597	13.8	3.7	17	885.0	52.1	工兵隊、郵便電信所、小学校、食糧センター、供給販売社	呉
	東興村	漁業	290	1120	11.9	3.7	46	485.0	10.5	家具店、建築材料店、その他	陳
里箬村		漁業	293	1199	10.4	4.1	21	749.5	35.7	冷凍工場、漁業機械修配工場、衛生院	陳
東海村		漁業	372	1375	11.9	3.7	50	679.5	13.6	食品冷凍工場、天后宮など	陳
東湖村		漁業	386	1704	14.7	4.4	54	106.6	2.0	冷凍工場、小学校	陳
勝海村		漁業	252	943	8.2	3.7	50	622.0	12.4	冷凍工場、水産加工工場	陳
小箬村		漁業	113	453	1.7	4.0	52	435.0	8.4	水産加工工場	黄
東山村		漁業	349	1275	11.0	3.7	30	691.0	23.0	石綿加工工場、冷凍工場	梁
花呑村		漁業	162	587	5.1	3.6	33	679.0	20.6	水産食品冷凍工場	郭
水仙呑村		漁業	171	698	6.0	4.1	25	237.0	9.5	水産食品冷凍工場	郭
鹿頭咀村		―	150	610	5.3	4.1	27	145.5	5.4	―	郭
合計			2972	11561	100.0	3.9	405	5715.1	14.1		

注1. 温嶺市の文化館館員の林迪新氏の調査による聞き取り調査資料（未公開）から作成。
注2. 各村には村民委員会がある。
注3. 打𥑮呑鎮は自然鎮。鹿頭村は獅子山の西側斜面にある自然村の下咀（80戸、330人）と同じく東側斜面にある上咀（70戸、280人）からなる。
注4. 里箬村には自然村の里箬が、勝海村には片村の外箬が、小箬・東山・花呑の各村には小箬、東山、花呑の各自然村がある。ここには住民は住んでいない。

②村域の広狭によって一概に比較できないが、箬山では東湖村と興建村に住民が多く、一戸当たりにすると、東湖村が4.4人、水仙呑村と鹿頭咀村が4.1人、小箬が4.0人と多く、興建村はむしろ3.7人と、平均を下回っている。

③住民の中で多い姓は、興建村では呉姓、東興、里箬、東海、東湖、勝海の

各村では陳姓、花呑、水仙呑、鹿頭咀の各村では郭姓である。小箬村は黄姓、東山村は梁姓である。ただ、温嶺市の元水産部長施民通氏の説明によると、箬山には約500年前に先祖が福建省から移住したという者が多く、しかもその姓名に林姓の者が多いという。しかし、第2表からはその事実は確認できない。

　④箬山の主な生業は漁業で、この箬山は漁村地帯といえる。しかも、各村には機械漁船があり、箬山全体で405艘あった。そのなかで打爿呑鎮の興建村が17艘と少なく、東海、東湖、勝海、小箬の各村では50艘を超える。しかし、1艘当たりの漁獲量を比較すると興建村が52.1噸と多く、箬山で最も多くの機械漁船54艘を抱えていた東湖村は106.6噸に過ぎず、1艘当たりにすると、漁獲量はわずかに2噸にしかならない。小箬村も東湖村と五十歩百歩であり、機械漁船の所持が必ずしも漁獲量の増加に直結しないことを物語っている。ただ、ここでは単純に機械漁船と総漁獲量を比較したが、各村には未だ無動力船も数多くあったに違いなく、この総漁獲量がこの無動力船の漁獲も含んでいると推測されることから、未だ効率的な漁業への途上であった可能性がある。

　⑤とはいえ、打爿鎮と鹿頭咀村以外には冷凍工場や水産加工場があり、漁獲物の鮮度保持と加工のための基盤整備が呑山では図られてきたことがわかる。

　⑥1987年に総漁獲量が5715噸に達しているが、人民公社の解体が終わり、改革開放の実効が出はじめたのが1980年代前半で、89年には中国が漁獲量において世界の首位の座を日本と交代した（1995年の中国総漁獲量は2517万噸。養殖など陸水の漁獲量も含む）ことを考えると、この漁獲量は増産傾向にある数値であると理解しておいてよいであろう（真道重明「中国の水産業」『水産振興』第351号、福田　裕「中国淡水養殖の生産と利用技術開発」『水産振興』第435号、6頁）。

　⑦興建村に学校などの公共施設、食糧センターなどが集まり、戸数が箬山のなかでは一番多く、人口も東湖村に次いで多い。ここが箬山の中心地である。

　以上、箬山の特徴を探ってきたが、依拠してきた資料には漁業関係以外のデータがなく、農業や林業などの状況がまったく知りえないが、現地調査の限りでは箬山は漁業のみに頼らざるえない純漁村と断言してよい所である。

2. 箬山の漁業と漁獲物販売

　箬山からかどうかは判らないが、「嘉慶太平県志」によると、すでに9世紀の唐代には温嶺から亀皮や鮫皮が皇帝へ貢物として供せられており、宋代には長さが3尺もある大きな蝦を捕まえ、それを絵に描き、皇帝に蝦の絵を進呈したところ絵の蝦に「神蝦」の名前を賜ったといわれる。さらに、17世紀はじめの明の時代には大釣り漁法が、清の時代には2艘による小船漁や烏賊引き漁、小釣り漁などが行われるようになり、漁撈範囲も沿岸の砂浜や浅海から近海へと拡大したという。また、民国時代以降になると、温嶺では小釣り漁や大型の2艘漁船による漁業が急速に発展し、1949年ころには木造漁船が1800余艘、漁民も9000人近くにおよび、小釣り、大釣り、小船、小流し網、烏賊籠、定置網などによる年間漁獲量も9800噸に達した。（前掲『温嶺県志』225頁）。

　では、そうした温嶺の動向の中で、箬山の漁業はどうであったのであろうか。ここでは（1）1949年10月の中華人民共和国誕生以前、（2）中華人民共和国成立後、中国政府の経済政策が変わった1978年12月の改革開放の時期までに分けてみておきたい。

　箬山の漁民たちの体験談によれば、ほとんどの漁民は16～17歳くらいから漁業に従事したという。早いものは箬山の東山村の梁騰発氏（1920年生まれ）や東湖村の呉文珍氏（1950年生まれ）のように、13歳から漁業に参加した者もいた。最初の1、2年は見習いとして船の淦汲みや炊（かしきの水事係）からはじめ、網の整理や魚の切り身作り、干し作業、漁獲物の整理などの雑用に従うが、それが終わると一人前の漁民として雇われるようになる。これは解放前後で変わらない。見習い期間の手当ては1年で、わずか10数元であり、当時の米代は0.5kg当たり0.1元であった。

(1) 1949年10月の解放以前

　操業と漁船　民国時代はもっぱら沿岸漁業であった。東山村では筌などの陥穽漁具などは無く、箬山での漁業は沿岸から30～70海里沖の漁場で行われた。しかも、箬山を含めた温嶺の前海には帯魚（太刀魚）、墨魚（烏賊）、大小の黄魚、鯧などの回游・棲息地を抱えた大陳漁場などの好漁場があり、引き網や対網（2艘引き網）、流し網、囲い網、張り網、延縄などで漁業が行われた（前掲

『温嶺県志』226〜229頁)。ただ、網漁は機動船が出現する1950年年代以降から一般化した。

当時の漁業は烏郎鼓(＝舡)船といわれる1枚帆付きの長さ7〜8mの櫓こぎ木造船(場所によっては3〜5人乗り、あるいは10人乗りと大小があった)によって操業された。なかには烏郎鼓船に搭載された1、2艘の小舢船(約3m余の小船、4人乗り)を漁場で降ろして、操業することもあたった。

箬山では烏郎鼓船は解放前から1965年ころまで浜で建造され、帆には斜文布綾織の布が使用された。東湖村の陳其和氏(1930年生まれ)によると、この烏郎鼓船が建造される以前は、竹籤や葦製の帆付きで手漕ぎ兼用の釣槽船(木造船)がその役割を担っていたという。釣槽船は民国以前から存在し、帆が布に替わったのは民国時代である。この釣槽船は米を600袋(1袋＝米200斤入れ)も積め、人間が30人以上乗り込める大きさであった。そして、小舢船4艘を搭載できた。陳其和氏が乗り込んだ経験のある釣槽船には大人26人、子供が8人以上働き、漁業に従事していたという。この釣槽船は1949年の解放前後に姿を消した。また、東湖村の呉文珍氏によると、このほかに村には4艘の烏郎鼓船を搭載できる温州船が1艘(料理番の子供を含めて36人乗り)があったという。他村では温州船を2〜3人で共同所有していたが、東湖村では陳兆連という人物ひとりの所有であった。

写真2　烏郎鼓船の模型

こうした烏郎鼓船は温嶺県全体では1949年に1800艘、50年には1040艘に減ったものの、翌51年から増加に転じ、55年には2198艘まで増加した。翌年、2艘の機動船の出現とともに1911艘まで激減するが、それでも60年代まで、烏郎鼓船は中国漁業の担い手であった（「建国後水産生産年表」参照。前掲『温嶺県志』254〜256頁）。だが、共和国誕生以前は釣槽船もそうであったが、烏郎鼓船はほとんどが金持ちの漁民か、魚商の所有船であった。

東山村ではその烏郎鼓船が3艘あり、それぞれ村民の陳永和、梁小邨、薛四狗の3人の出資漁船であった（もちろん、漁船の建造には他村の出資者もいたようである）。彼らは経営者として一般漁民を雇って漁業をした。経営者が漁船に乗り込んで漁民と一緒に操業に参加することは無かったといわれる。

そのうちのひとり、陳永和は魚商で、かつ高利貸し商人であった。松門区の上馬郷南塘村（『温嶺県志』21頁によると、南塘一村から南塘五村まである）に田畑も所有していた。自分の父、陳其順が沈家門で魚商をし、かつ漁船を所有し漁民を雇って漁業をしていたという里箬村の陳祥堂氏（1924年生まれ）によると、陳永和は最初、陳其順氏に経理係りとして1930年ころに雇われ、のち独立して高利貸商人になったという。解放前、箬山には質屋が2軒（そのうち1軒は泰原にあった）あり、漁民たちはその質屋などから融通を受けていたが、操業の前に月5％の利子で陳永和から借金をしたことのある東山村の漁民、梁騰発氏の先祖は、借金の返済のために、南塘村の陳永和所有の田畑に米作やじゃが芋作に、またその出荷の手伝いに労役として駆り出されたという。こうしたことは当時、一般的であり、箬山などでは「放船頭」といって、魚商が漁撈以前に漁民に前貸しをし、債務奴隷化することが多かったのである（前掲『温嶺県志』245頁）（なお、聞き取り調査のときは陳永和のことを「魚行」という人もいたが、中村治兵衛『中国漁業史の研究』（刀水書房　1995年　32頁）によると、唐代大都市の魚屋の同業組合の町、すなわち肴町を指すとある。だが、のち、肴町だけでなく魚商も「魚行」といわれるようになったのかもしれないが、未確認である）。

さて、漁業は1艘か、2艘（双船）の烏郎鼓船で行われた。当時、中国では双船（1対）で操業する場合が普通で、それは一方の漁船の海難に対するもう片方の漁船による救助も想定された編成という。烏郎鼓船による出漁は6級以上

の風がない（波浪が高くない）とき、いつでも出漁した。その時は食糧の米袋（200 斤入れ）2〜3 袋と帯魚や鰻の塩漬け、1 日でなくなる程度の野菜、30〜40 担の飲料水（担は天秤棒の両端に吊るした水桶で、1 担は 2 桶で約 120 斤入れ）、漁獲物塩蔵用の塩を温州船に積んで出航した。塩は松門の近くの馬上というところから購入した。温州船 1 艘が使用する塩の量は 1 回の漁撈で約 2000 斤ほどであった。当時は冷凍設備が無く、漁獲物はすべて塩蔵にした。塩蔵のほうが魚価も高かったからである。また、船に積む飲料水は東湖村の場合、村内の山上に天然水坑があり、そこから運んで船の水槽に貯めた。

　漁撈のために海上にいる期間は、長くても 7〜10 日間が限度であったという。というのも、大体、出漁してから 10 日目に船の水槽に貯めてきた飲料水が無くなるからである。つまり、飲料水の有無が出漁期間を規定していたといえる。したがって、当然、その飲料水を洗顔などに使わなかったことはいうまでもない。

　出漁先は、時には箬山から漁船で 3 日間の行程に位置する寧波市沖合の舟山列島や嵊泗列島、それより近い石塘鎮の南南西にある玉環県の披山島などの漁場まで行くこともあった。舟山では地元漁民の操業と競合することは無く、午前 3 時頃から夜暗くなるまで、毎日 5 時間ぐらいの睡眠時間で引き網漁を行ったが、漁民の給料はすべて歩合制であった。これは延縄漁など、ほかの漁業でも同じであった。

　延縄漁とそのほかの漁業　当時の中心は延縄漁であった。その場合、漁場まで帆走と手漕ぎで出掛け、事前に準備した餌付きの延縄を海のポイントに投じ、数時間後、1 人は烏郎鼓船の櫓を漕ぎつつ、1 人は延縄を手繰り、1 人は延縄の鉤を魚からはずし、1 人は船上で獲った魚に塩をした。残りの 1 人は餌を再び延縄の鉤に付ける、という作業を分業で行った。

　当時、この延縄には苧麻製の縄が用いられたが、材料の苧麻は松門の市場から購入し、漁民の奥さんたちが繰り、力の強い男性がそれを縄に綯って拵えた（幹縄と枝縄）。その延縄の長さは普通、5 段（1 段は 24m×2 尋）以上（数千 m）、枝縄は 2m あり、漁船 1 艘で 4〜5 本の縄を流したという。また、鉤も手製であった。鉤は鉛の釘を曲げ、鑿でカエシを作り、火で焼き、水で冷やして造った。カエシと経線に続く針は多くが銅製であった（現在は鉤を造る会社があり、そ

こから仕入れている）。餌には最初、泥鰌が利用された。箬山には泥鰌が多く、泥鰌や海老、時には豚肉の筋、また鶏肉やアヒルの餌も使われたらしい。漁獲魚を切り身にして餌とする場合もあった。

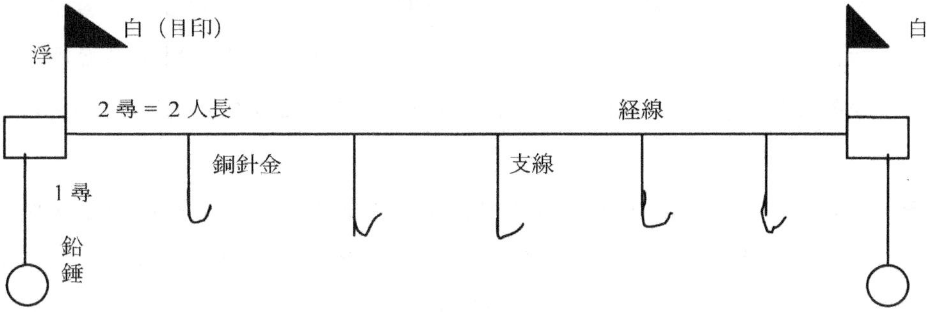

延縄の図

延縄の設置位置（深浅）や鉤のカエシ、餌の選定は海流の流れや漁獲目的魚によって異なり、その時々によって調節する必要があった。というのも、魚種によって、餌の食いつき方が異なり、鉤のカエシ（倒鉤）も漁獲目的の魚種によって変えなければならなかったからである。たとえば、浅海を泳ぐ帯魚は横から餌に食いつく習性があり、漁獲にはカエシのない鉤が使われた。深い海にいる鰻の場合はカエシのある鉤に墨魚（烏賊）を餌として付けて獲ったが、それは鰻が下から餌を食べる習性があり、餌を長くして鉤につけると、端だけを食べて逃げてしまう場合が多かったからである。このように、漁獲魚によって餌やカエシ餌の付け方、延縄の深浅をかえなければいけなかった。

こうした延縄漁のほかに、引き網、流し網、竹製の蛸壺漁も行われた。

漁獲物とその販売　延縄や引き網、流し網、あるいは蛸壺などで獲った烏郎鼓船による漁獲物は春夏秋冬の漁季によって異なった。引き網では蝦、小鮝魚（鰻）を、流し網では鯧魚、龍頭魚などを獲った。

だが、延縄を中心とする箬山の地先漁場における漁業では一般的に、春季は鮝魚（鰻）や墨魚（烏賊）、黄魚（キグチ）、魚勒魚（ヒラ）、夏季の前期は烏賊、黄魚、夏季の後期から冬季までは主に帯魚（太刀魚）を獲った。

漁獲物は1949年の解放前までは、魚覊（ジョバー）といわれる仲買人か、魚商に売られた。東湖村で大型の温州船を所有していた陳兆連の場合は、自分の

息のかかった魚商に命じて地元や沈家門などで現金で売り払った。

　こうした売買は1949年10月の解放直後まで行われた。解放直後はまだ、社会的混乱期で、民国政府が鋳造した貨幣「白洋」が通用していた。また、温嶺には1946年当時、加工工場が164社あり（前掲『温嶺県志』241頁）、漁船の持ち主の魚行は漁獲物をその加工工場などに売った。時には舟山列島の漁場で漁獲した海産物を船長の判断で現地、舟山の魚商に現金売りすることもあったという。

　漁場から箬山に運ばれた塩蔵漁獲物は、現在、松門へ行く途中の石塘鎮南新区にある小市場（昔からあり、規模は小さかったという）か、あるいは運搬業者を通じて他の地域に売られた。里箬村の陳祥堂氏（1924年生まれ）は若い頃、その運搬業者の身内の一人であった（陳氏の父親は沈下門で魚商であった。また現在、市の文物保護建築物になっている陳和隆旧宅の陳氏は祥堂氏の祖父の兄弟にあたる）。その陳氏によれば、当時、泰順、恒順、永順などの名前がついた木造帆船を10艘（1艘当たり平均10人乗り）所有し、常時100人余の船員を雇って、支店を置いた上海や福建省厦門、広東省の広州や汕門に、さらに遠く香港や台湾までも漁獲物やそのほかの温嶺の物産を運んだという。自分自らも、上海に駐在し、差配したこともある。戻り荷については、日用品や漁民からの依頼品や漁獲物を運んだ地域から仕入れて温嶺に持ち帰った。

　その運搬船は温州で建造したようで、建造費は1艘当たり2000～3000元（民国貨幣の銀元）であった。この運搬船を漁民たちは温州船と呼んでいるが、船長は定賃金制で、一般船員は歩合制であった。大体船長と一般船員では1ヵ月3～4元の差があった。当然、運搬途中には遭難の危険もあったわけで、過去に1回座礁転覆し、乗組員全員（陳氏の叔父さんも含む）が行方知れずになったこともあった。だが、船員や荷主への保障は当時、一般的に無かった。それはとにかく、漁獲物は運搬業者によってかなり広範囲に運ばれ、売りさばかれていたことがわかる。

(2) 1949年10月の解放後から1978年12月の改革開放期まで

　1949年10月の解放前後は日中戦争や、その後に続いた国共内戦の惨禍による荒廃から国全体が疲弊していた。箬山の漁村も例外ではない。戦争や内戦のために多くの男たちが軍隊に招集され、かつ漁獲物などの供出を命じられ、村

全体は生活の苦しさに呻吟していたという。

　解放後の1954年から1963年まで連続3期、東山村の村長を勤めた梁香珠氏（1912年生まれ）の話によれば、解放前の東山村にはおよそ500人余りの人が住んでおり、その大部分が漁民であった。もちろん村民には職人や魚商、船大工、水桶大工、髪結、日用品販売人などの諸商売人も地主もいた。解放前後、村は荒廃によって人口が減少し、村内には空地ばかりが目立ち、そこに野菜や大麦、小麦、馬鈴薯を作付けして飢えを凌いだという。1954年に地方政府から村長に任命されて、①村の行政一般　②村内行政の仕事分担の決定　③地方政府への会議出席と村幹部への政府指令の伝達、漁民会合への通達・出席などの仕事をこなして来た。そうしたなかで、全国的に政府主導で強力的に行われたのが「破四旧」であったという。「破四旧」とは①土地改革、②迷信の排除、③纏足の禁止　④男女平等（とくに家の中での）である。東山村ではとくに女性の地位向上が図られたという。

　新たな漁業生産組織の変遷と漁業　漁業についていえば、解放以後も漁業の操業形態は基本的に変わらなかった。大きく変わった点は漁船などの漁撈用具がすべて政府の所有となり、漁撈組織の編成や、操業資材の調達から漁獲物の販売・納入までがすべて人民政府の命令下で直接、行われるようになったことである。したがって、実際の漁村の村政を指揮したのは村長ではなく、共産党の支部書記（男性）である。党支部書記が新たに編成された漁村の漁業組織、初級合作社の最高責任者でもあった。村長も地方政府から任命された以上、村政にそれなりの権限を有していたが、共産党の支部書記が上位に位置した。

　さて東山村の場合、初級合作社（1ヵ村）は1955年～57年まで続き、58年～60年まで高級合作社に編成替えされた。さらに、61年には2、3ヵ村の高級合作社が合併されて生産大隊に生まれ変わった。合作社は組織化される村の状況によって、その成立時期が若干ずれた村も存在した。

①初級合作社

　合作社の組織は陸と海の両管理部門からなった。前者の責任者が村長である。後者の責任者が書記の役目も果たす大隊長である。したがって、村政全般については村長と大隊長が話し合って決めた。だが、村での地位は村長より共産党から選出された大隊長が上位に位置した。

初級合作社の組織を示すと、下記のごとくである。
A］陸管理部門
　村長（1人）－副村長（1人）－小組長（9人）－副小組長（9人）－村人
B］海管理部門
　大隊長（1人）－副大隊長（1人）－小隊長（大体4～5人。漁船を1艘ずつ管理する。漁船4艘の場合、4人の小隊長がいる）－副小隊長（漁船1艘ごとに1人）－漁民

　つまり、初級合作社とは「村落」組織の別名であり、たとえば東山村が東山村初級合作社（A＋B）に編成替えされたという訳である。それは組織編成だけでなく、土地以外の生産手段を集大成して合作社が所有し、合作社がすべての物資を購買し配分（統買統消）すことになった。ただ、現実的には合作社の構成員への仕事の配分と、合作社が一括して購入した物資の分配方法を決定することはなかなか困難を伴ったようである。仕事に対する評価基準、その見返りとしての配分量、未就労者への配分割合など問題が多く噴出したのが実態であった。ちなみに、東山村の場合、1人当たり漁民（男性）には毎月、米が15.5～20kg、働けない男性には12.2～15kg、老人には11.5～12.5kg、女性には12.5kg、子供には9～10kgが合作社から支給されたといわれる。

　ただ、漁業に関しては党支部書記や生産隊大隊長の権限が村長より大きく、「独立」的な権限を有していたようである。つまり、海の管理部門に対しては村長の権限が及ばなかったとみてよいのではないか、と思われる。なお、東山村村長の梁香珠氏によると、初級合作社の成立初期、漁村の村長に任命された者は女性が多かったという。当時の村長の選出は人民公社が村長の候補者を指名し、その指名人を村民が選ぶという方法であり、実質は人民公社の任命であった。おそらく、共産党が漁村の旧弊を改め、女性の地位向上を図ったものと考えられる。

　ところで海の管理部門、すなわち村の漁撈組織のなかでは生産大隊長が党支部書記を兼務する場合があった。小隊長は漁船の船長であり、したがって漁船1艘と、それに乗組む漁民を管理し、「工分」（歩合である）と名づけられた漁民の仕事量を記録する仕事もした。この「工分」に基づいて漁民の分配がなされた（後述）。副小隊長はその小隊長を補佐する係りである。小隊長までが

共産党員であり、共産党員でなければ小隊長以上の役職にはつけなかったという。そうした組織の実働部隊として編成されたのが漁民である。ただ漁民全員が共産党員とは限らなかった。

②高級合作社

東山村の初級合作社は1958年に再度、高級合作社に編成替えされた。つまり、初級合作社における海の管理部門の責任者であった書記が実質的に村全体を管理することになり、その補佐として副書記も置かれることになったのである。書記が陸と海の管理部門を統括した。

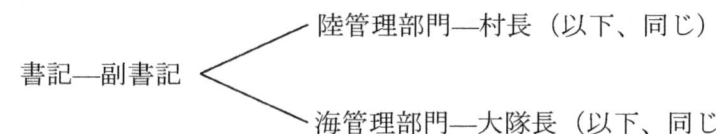

この組織編制によって、地方政府たる人民公社の影響力・指導力が以前より増して強力になったという。というのも、人民公社の指導のもと、村の委員会で書記と副書記の2人を推薦して人民公社に届け出、人民公社の同意を得て村の委員会で推薦した書記と副書記が改めて任命されたからである。当然、人民公社の同意を得られない場合は、再度の人選が行われた。

初級合作社が高級合作社に編成替えされることによって、労働も食事も以前とは異なり、出漁中の漁民以外の村人一同も村の中に造られた大食堂に会して食事をするように変えられた。これを「大鍋飯」というが、各個人の食事量が制限されていなかったので、あまり労働しない者も一律、同じ待遇を享受することになった。その結果、勤労意欲を削ぐ結果になった。

東湖村の高級合作社では1957年に、その改善のために帆付き木造機械動力船（＝機帆船で10噸）2艘の導入を図った。温嶺で初めて機帆船が現れたのは1956年で、松門鎮であった。2艘である。57年には8艘に、58年には10艘、59年には44艘と増え続けた（「建国後水産生産年表」参照。前掲『温嶺県志』254〜255頁）。その後、網船や大小の釣り船、小流し網船にも機帆船が導入され、1987年になって箬山の水仙岙村の漁民たちが資金を出し合い、自力で鋼鉄製漁船（250馬力）を造るまでに実力をつけるようになった（前掲『温嶺県志』225頁）。

東山村では、高級合作社が造られた1958年に人民公社も作られ、上位組織と

して高級合作社の管理に当たった。しかし、この村でも「大鍋飯」などによる労働意欲の減退を防ぐことが出来ず、60年には高級合作社が廃止された。49年の新中国の誕生から10年余り経っても漁業生産量は伸びなかったという（後述）。

③生産大隊と漁獲物売上金の分配

東山村では、1961年に近隣2〜3ヵ村の高級合作社が合併されて生産大隊に編成替えされた。生産大隊の誕生によって「大鍋飯」も廃止となった。この時期は災害などが多発し、解放以後一番苦しい時期であったといわれるが、1965年以降、政府からの法令・通達などを漁村に確実に伝達する機関として、東山村では漁民協会も作られた。

生産大隊の組織化は東湖村でも進められた。東湖村でも東海、勝海両村の高級合作社と合併して、生産大隊が編成された。3ヵ村編成の大隊名称は東海生産大隊である。

東湖村の陳其和氏（1930年生まれ）によると、東海生産大隊は党支部書記→生産隊大隊長のもとに下図のように組織され、1987年前後まで続いたという。

つまり、当時、東海生産大隊には約150人の漁民がおり、30艘の漁船を所有していた。そこで小隊の責任者、小隊長のもとに6つの生産小隊に編成し、各小隊あたり5艘の漁船を配分した。この漁船は主に6〜7噸の烏郎鼓船（木造無動力木帆船）で漁民5人前後が乗り込み、1990年代まで主に延縄漁の漁撈活動に携わった。その途中には、帆付きの木造機械船2艘とともに、10人乗り1艘（10噸）の大型烏郎鼓船の導入も行われた。

ただ、漁場が温嶺県より以遠の舟山列島や嵊泗列島になると、烏郎鼓船を運搬する大型船の導入が必要とされ、1960年に東湖村では大型機械運搬船1艘が建造された。この機械運搬船は烏郎鼓船（5人乗り）を8艘搭載できたとい

う。のち、1～2年ごとに機械運搬船の増加を図り、それが4～5艘に増えたが、それとともに実際に漁撈に携わる烏郎鼓船の小型化も進んだ。それへの乗組員も5人から4人に縮小した。つまり効率化が図られたのである。

東山村でも漁船の動力化が図られ、1965年以降、200～300噸の木造機動船1艘を建造した。その船価は20～30万元であったという。もう少し大きい400～500噸の木造機動船1艘を建造した場合は、1艘あたりの船価は30～40万元もしたらしい。鋼鉄製の漁船（600～700噸。1艘あたりの船価は80万元）の出現は1990年代初めまで待たなければならなかった。

ところで、延縄漁などの漁法は以前と変わらず盛んであった。1980年頃までこの延縄漁を行った里箬村などもあったが、1957年以降漁船の動力化を進めた東湖村などでは早くに漁船2艘による引き網漁（対網漁。2艘引き網漁）にも着手した（漁民を辞めた後、里箬村で網糸や小物商を営む1944年生まれの陳小康氏によると、里箬村でものちに苧麻網による引き網漁を行ったが、苧麻網は1975年まで使われ、以後漁網はナイロン、プラスチックに変わったという）。しかし、当時の動力漁船はエンジンオイルをかなり消費し、操業中にオイル切れに直面することもあり、窮余の策として石鹼水をオイル代わりに使用したこともあったという。しかし、石鹼水はエンジンを痛め壊すこともあり、過去2回沖で漁船のエンジンが止まった経験があるらしい（東湖村陳其和氏談）。動力船の導入といっても、当時はオイルの調達が困難であった事情が察せられる。

困難な操業の末に獲得した漁獲物は、新中国が誕生してからは販売先を選べるが、国営の各地区水産公司や「公私合営」された国営水産会社などに売られた。新中国誕生以前に活動していた魚商はことごとく廃業に追い込まれた。販売値段はどこの水産公司とも同じであり（＝統購統銷）、現金売りであった。また、先に述べた里箬村の陳祥堂氏が所有していた会社やその運搬船が直接、政府の管理の下に国有化され、上海や福建省厦門、広東省の広州や汕門などの国有加工工場などに漁獲物が運搬・販売された。陳氏は新中国誕生後も、生産大隊の指揮下で50歳まで（1973年まで）働いたという。

こうした漁獲物の販売を前提に、当然、漁民に労働報酬が支払われた。支払いは、初級合作社のときに導入された「工分」（歩合）計算によった。

まず、生産大隊ではその年の年間漁獲量の目標を設定し、各漁船から漁獲物を集荷して、その目標どおりの漁獲量を確保できたらその売上金の4割を漁民に分配した。その代わり、漁獲量の目標を達成できなかった場合は達しない漁獲量を大隊そのものが責任を取った。その代わり、漁民には何も分配が無かったという。また、目標以上の漁獲量を得た場合は、目標漁獲量の超過分の8割が漁民（漁撈員）に分配された。

　東湖村の場合、5人乗りの烏郎鼓船1艘の年間配分方法・割合（年間給料となる）は以下の通りであった。

　　船長　　　　　　1人　　　11工分
　　技術指導者　　　1人　　　12工分
　　漁撈員（漁民）　3人　　　30工分（1人当たり10工分）
　　合計　　　　　　5人　　　53工分

東湖村の1生産小隊は漁船5艘を管理・使用したので

1生産小隊（漁船5艘）の分配＝53工分×5艘＝265工分

となる。なお、1生産小隊を総括する生産小隊長に対しては13工分が支給された。したがって、1生産小隊では合計278工分支払った。目標通りの漁獲量を達成した1生産小隊には漁獲物売上高の4割が支払われたから、1工分＝漁獲物売上高×40％÷278となる計算になる。

　ただし、当然、所有漁船や漁網の数は生産大隊の規模などによって異なり、それに伴い年間漁獲目標量も異なった。したがって、生産大隊によってはその配分率が異なる場合もあったと聞く。

　なお、工分とは歩合のような抽象的な概念で、1953年前後に採用されたようであるが、工分の根拠、工分の配分根拠は多くの漁民からの聞き取りでも判明せず、こうした計算方法は大隊からの一方的提示であったという。ただ、東湖村ではこれまで漁獲量が目標以下であったことは無かったという。とすれば、漁獲目標量はあらゆる方面で体制固めと基盤整備を進める新中国政府や地方政府の政策意図とも絡み、かなり低めに設定されていたように思われるが、漁民1人あたりの年間稼ぎ高（給料）は1960年代で200元、1970年代には400元、1980年代になってはじめて1000元となった。

　それはともかく、こうした生産大隊は村によって遅速はあるものの、東湖村

では1987年ころまで存在した。1978年12月の改革開放の時期になっても、東湖村の生産大隊は存続していたことになる。当然1987年の廃止以降、自由操業となった。

結びにかえて

　改革開放は、浙江省はじめ各省の沿岸漁村にも多くの影響を与えたといってもよいであろう。箸山も例外ではない。そこで、改革開放後の箸山において、以前から活動していた生産大隊がどのようになったのかを俯瞰し、結びに代えたい。

　東山村の生産大隊がいつ解散されたのかは、聞き漏らしたが、先の東湖村の場合、1987年であったので、ほぼその前後のことと推測してよいであろう。

　梁騰発氏（1920年生まれ）によると、生産大隊の漁船・漁具は次のように貸与されたという。当時、東山村が加わった生産大隊には10艘の帆付き機動船があったが、借り手の申し込みを受けてから生産大隊で審査し、漁船・漁具を貸与したという。貸与の基準はすこぶる抽象的であるが、漁撈経験とその技術を持ち、村人から信頼されている人物に貸与されたということである。貸与の期間は1年単位であるが、普通3年間を目処にされた。

　つまり借主は生産大隊から漁船や漁網などの生産手段を借りて、漁業請負をなす形になったわけである。生産大隊は従来と同じように漁船などの所有権を保持し、年間漁獲量目標と利益を設定し、請負人と契約を結び、漁業経営を委託したのである。

　そこでは漁業請負人が生産大隊に請負金を拠出し、漁撈に携わる漁民を募集し、操業中の食糧、漁具、漁獲物加工用の資材、燃料など漁撈活動に必要な一切の資材を準備しなければならなくなった。このことから、貸与基準は漁業資金と漁業資材、漁民の雇用を確実に確保できる者であり、漁船・漁具の貸与者は相当の資金を所持、ないしは留保できる者でなくてはならなかったことになる。ただし、操業中の海難による漁船・漁具の損壊・喪失に対しての保証金徴収はなく、その場合は生産大隊の損失になったという。そこで生産大隊では貸与者の漁獲量とその売却価格を逐次記録し、貸与の漁船や漁網などの修理費に当てるべく請負金の一部を公債金として貯えるようにした。

そうした請負制は箸山だけで採用されたわけではなく、各地漁村の生産大隊で実施された。これに伴って、人民公社制も解体され、個人や漁民集団による請負制が認められたのである。

　こうしたなかで、生産大隊が解散されると、いままでの漁船・漁具は低価格で漁民に払い下げられ、まったくの自由操業が保障された。紆余曲折があるものの、政府やのちに権限を委譲された地方政府による漁獲物の価格管理は、1985年ころ緩和、自由化された。

　これらの一連の流れのなかで、漁民たちの中にも自立化の動きが目立つようになった。網糸や鉄釜などの小物商を営む里箸村の陳小康氏（1944年生まれ）も、自立を図ったひとりである。陳氏によると、小物商を営む以前、漁民であった陳氏は1990年頃、親類5人と共同出資して中古の木造機械船（150馬力、10人乗り）を、当時、造船工場のあった松門鎮の工場から7万元で購入した。その修理代も7万元かかったといわれる。その際、一部は高利貸や友人からも借金をしたが、高利貸からの利子は月2％ほどであり、友人からの借金も含めて漁船代金は1年で返済できたという。

　というのも、船引き網漁を行い、鰯や黄魚、帯魚などの水揚げ量が好調で、かつ漁船の修理費も掛からず、年間十数万元の漁獲量があったからである。1992年、この木造船を3万元で売り、一部は出資者の親類に分け、再度、親類や高利貸から借金もし、長男と自分2人で16万元を投入して古木造機械船（250馬力、10人乗り）に買い換えた。

　漁船の購入後、2年目には修理費が6万元余費やしたが、3年目から修理費も掛からなくなり、漁獲量も順調に増えた。確かに、出漁前には漁具の修理や食糧、漁獲物保存用の塩などを調達する必要があり、それらはもっぱら里箸村などの村内で現金や買掛金で確保し出漁したが、順調に漁獲量を揚げ、漁獲物はすべて他村の魚商や冷凍加工工場、冷凍会社に、一部は箸山の市場の売人（南新区）に現金売りをし、漁船購入の買掛金はそれで支払ったという。

　それが可能だったのは、漁獲物の販売量からいえば少量であるが、以前のようにすべての漁獲物が生産大隊の管理下にあったのと違って、市場の売人－といっても、このころになると、魚小売商であるが－が直接、帰港した漁船から水揚げした漁獲物を購入して販売できるようになり、より一層、漁獲物の現金

化の条件が増え、漁業の展開条件が増えたことに繋がったのも一因といえる。

　魚小売商のひとりで、漁民の妻であった東海村の鄭香蘭氏（1946年生まれ）は1991年からこの魚小売を始めたが、その内容を参考に付記しておきたい。

　鄭氏が魚の仕入れをするのは漁から漁船が帰り、波止場に接岸したときである。魚の仕入れは特定の漁民や漁船からということはなく、入港した漁船とセリもなく、その時々の相対のやり取りで決めた。取引はすべて現金仕入れであり、掛買いはなかった。魚の担ぎ売り（行商）から始めたということであるが、最初のころは1日、10～20元の売り上げしかなかったという。2004年現在、上半期に担ぎ売りを行い、1日平均10～30元を売り上げ、下半期には南新区の自由市場で売っている。自由市場のなかで1m²の場所を借ると、賃借料が月150元かかるが、魚の売り上げは1日平均5元程度であるという。漁村では女神である媽祖（東海天后）信仰との関係から女性が漁船に触れたり、乗ったり、また漁撈に携わることはタブー視されているが、魚商売は禁忌されておらず、むしろ明清時代には福建の海浜に住む女性は男と共に漁をし、市で男を凌ぐほどの取引をしたといわれている（野村伸一編著『東アジアの女神信仰と女性生活』慶応義塾大学出版　2004年26,27頁）。先祖が福建出身の鄭氏はそうした福建女性の血筋を彷彿とさせるものがあり、これらの漁村女性の活動も漁獲物市場の拡充に一役担ったといえる。

　FAO（国連食糧農業機構）の調査によると、中国漁業にとって確かに1990年代は、1961年から1983年までの水産物消費量が年間800万噸という低成長期を脱して、1991年には1500万噸まで成長した時期であり、その後も99年の停滞期を迎えるまで漁業は急成長を遂げた（包特力根白乙『水産振興』第448号　2005年5頁　図1「食用水産物消費量の推移」）。そうした趨勢のなかで、「沿海経済解放区」に指定された浙江省にあって、政府の改革開放政策の効果が箸山にも波及し、外資企業との水産合弁会社や合資会社、水産冷蔵や冷凍会社の設立が漁業の発展を促進させた。その果実を漁民は享受できたといってよい。

　ところでその果実をいち早く手に入れた、先の里箸村の陳小康氏はその後も、2～3万元の出資金をだし、仲間5人と古鉄鋼船（60～70噸）を14万元で購入（なお当時、100噸の新造鉄鋼漁船の場合は1艘の船価は100万元したといわれる）し、漁具やその他の資材を改革開放後に、自由売買が認められるよう

になってから地元で設立された、箬山の南新区にある漁具資材店や製網会社から仕入れた。

　箬山の南新区にある、それらの店や会社は松門鎮の問屋から資材を仕入れて販売しており（漁具資材店・庄徳福氏談。1948年生まれ）、製網会社では繁忙期に村内の女性を40人ほど雇い、引き網、蝦網などの漁網を近隣漁村の需要に応じて注文製造している（製網業者・鄭君斌氏談。1955年生まれ。ちなみに、1網当たり、2003年ころの2艘引き網は15,000元、蝦網は3400〜3800元、引き網は約4000元）。

　箬山では陳氏など、漁業経営者はこうした地元の漁具資材店や製網会社から漁具などを調達して、20時間かけて済州島漁場や日本海近海へ、17〜18時間かけて台湾付近の漁場に、また7〜8時間かけて東シナ海洋上漁場に出漁し、引き網漁を行ってきた（なお2003年現在、陳氏は現役を引退し、小物商を妻と営んでいるが、息子は現在も船長として漁業を営んでいる）。もう少し大型鉄鋼漁船になると、出漁期間は約10ヵ月で、その間、昼夜、洋上で操業を行ったという。

写真3　道路上における女性による製網作業

　当時は全く資源管理の考えは無く、できるだけ多く漁獲することが目指されたのである。だが、6月13日から9月15日までの2ヵ月間は休漁期とされた。

それは冷蔵庫や冷凍庫の普及によって漁獲物の保冷が可能となり、なおかつ高級海産魚の需要増による濫獲が進んだ結果、1986年ごろから中国近海における引き網機械動力漁船の漁獲量が急減した結果である。その大きな原因には、鉄鋼機械漁船の大型化と、魚群探知機や稚魚まで獲り尽くす漁網などの導入もある。また、家禽や家畜の育成に使われる複合肥料や養殖漁業の発展に伴う餌用の魚粉の需要増によって、種類や大きさを選らばない魚の濫獲が進み、漁礁の荒廃化や魚介類資源の枯渇化が進行したからである。

　こうした事態に、政府は漁業資源を保護するために、漁業抑制策として1995年から3ヵ月の夏季休漁期を設けて全面禁漁期とし、漁業資源保護の強化に乗り出した。しかし、この施策は必ずしも功を奏していない。休漁期間後、操業が再開されると、休漁期間の収入減を補おうと、多くの漁船が過度の操業に走る事態が生起し、以前にも増した濫獲が起きているからである。この現状はいまだ改善されておらず、近年の箸山漁村の漁業も停滞気味である。

　それに、近年の生活様式の「近代化」による塵芥や生活排水、漁船からの海洋投棄によっても海洋汚染が深刻さを増している。これらのことが相乗して漁業資源の回復を妨げており、箸山漁村では現在、海に迫り、切り立った岩場の景観を生かした観光に再生をかけて開発に余念が無いが、漁業や漁民生活の将来を考えると、その展望は必ずしも明るくないのが実情である。

摘要

改革开放以前的渔业发展过程

田岛佳也

本稿旨在论述中国浙江省石塘镇箬山渔村的渔业和渔民组织的历史发展过程。论述分两个阶段，一、1949年中华人民共和国成立以前；二、解放后到1978年12月改革开放中国政府的经济政策发生变化为止。

箬山在温岭市的东南偏东方向，以前叫箬山镇。箬山山势陡峭，逼近海岸，耕地稀少，居民在山坡的斜面上造石屋居住。10世纪中叶以前，从福建省惠安逃亡而来的渔民开创了这个村落。

村前自古是带鱼、墨鱼、大小黄鱼、鲳鱼等鱼类洄游、栖息的好渔场。但是从统计数字来看，过去箬山的渔业并不算很有效率。解放后，各种网渔和延绳钓得到顺利发展。直到1965年为止，捕鱼一直使用乌郎鼓船（帆船，有大有小，可乘3—10人）。过去，装载食物、饮用水和乌郎鼓船4艘的温州船，在舟山群岛、嵊泗列岛等地的渔场进行7天的延绳钓（苎麻制）。也有拖网、流网和章鱼罐钓。解放前，捕获的鱼通过渔霸和渔商，远销到上海、厦门、广州、香港、台湾等地。解放后只能按规定出售到政府管理的鱼市场。

解放后，渔村开展了"破四旧"运动，经过1957年初级合作社、1960年的高级合作社，1961年组织为生产大队。名称各不相同，但都是村落组织。各个阶段都分陆地和海洋两个部门，责任人是共产党的书记，渔民成为队员。钢铁渔船（250马力）进入箬山，是改革开放后的1987年的事。鱼网从1978年起就变为尼龙制造了。这些渔船、渔具由渔民与亲族或伙伴共同出资购入，促进了渔业的发展，但也带来了乱捕乱捞和环境污染等问题。

廟の祭祀と民俗宗教

須永　敬

　箬山には8ヵ所の廟があり①その他にも寺庵などが数ヵ所点在しているが、箬山の人々は近隣の廟にとどまらず、かなり距離のある村の廟や寺庵へも参拝している。また祭礼の際には、3ヵ所程度の廟をセットにして祈願して回ることも行

---

　①安達義弘氏はこのうち媽祖廟を除いた7ヵ所の廟（禹王廟、玄天上帝廟、禹王廟、天王爺廟、禹王廟、張馬応府廟、関帝廟）の祭神・祭日・復興開始年を紹介している。次の表は安達氏の報告をもとに鎮座地の項目を加え作成したものである。なお、鎮座地については筆者が調査中に確認できた廟のみ記している。〔安達義弘　1996「中国浙江省における宗教の復活」『西日本宗教学雑誌』18　西日本宗教学会　49－50頁〕。

廟名称	鎮座地	復興開始年	祭　神	祭　礼　日
禹王廟	新建村	1986年	禹王・媽祖・関雲長・送子娘娘・判神・土地爺・楊雲郎・財神菩薩・観音	2/19（観音誕生日）、3/23（媽祖誕生日）、6/19（観音出家日）、6/24（関雲長誕生日）、7/21（禹王誕生日）、9/19（観音成仏日）
玄天上帝廟	───	1983年	玄天上帝（脇神・紅霊官・屈臣）・土地爺・七娘夫人	3/3（玄天誕生日）
禹王廟	里箬村	1983年	禹王・送子娘娘（観音）・媽祖・田相公・土地爺・関雲長	2/19（観音誕生日）、3/23（媽祖誕生日）、4/16（禹王誕生日）、6/19（観音出家日）、6/24（関雲長誕生日）、9/19（観音成仏日）
天王爺廟	───	1986年	天王爺・送子娘娘・送子観音・李王爺・黄王爺・江王爺・財神爺・土地爺・順風耳・千里眼・媽祖・呂洞賓	6/26（天王爺誕生日）、9/11（黄王爺誕生日）
禹王廟	勝海村	1984年	禹王・水官・地官・天官・田相公・土地爺・関雲長・財神	1/5（財神誕生日）、1/15（天官誕生日）、2/2（土地爺誕生日）、2/19（観音誕生日）、6/19（観音出家日）、6/24（関雲長誕生日）、7/15（地官誕生日）、8/2（禹王誕生日）、9/19（観音成仏日）、10/15（水官誕生日）
張馬応府廟	東湖村	1985年	張王爺・馬王爺・平聖爺・雷将軍・天王爺	5/2（張王爺誕生日）、5/7（馬王爺誕生日）
関帝廟	───	1983年	関雲長・送子娘娘・観音・武財神・媽祖・禹王・財神・三官帝・土地爺	3/23（媽祖誕生日）、6/24（関雲長誕生日）、7/18（禹王誕生日）

われている。そのため、信者の広がりも廟の位置する村内に止まらずかなり広域に広がっているという印象を受ける。また、これら廟のうちの3ヵ所は禹王廟であるが、祭日である「禹王誕生日」がそれぞれ異なり、併祀される祭神も各廟多様である。なぜ同じ禹王廟の信仰にこのような相違が見られるのかは定かではないが、本来は別個の信仰がいつの頃か禹王信仰に一元化されたという可能性もあるであろう。

媽祖信仰については、三姉妹の娘娘（大娘・二娘・三娘）をまつるという特徴が認められる。これは石塘鎮や東門島の媽祖信仰には見られない点である。さらに、禹王廟のなかにも勝海村のように禹王・二王爺・三王爺と三神を設けてまつる事例がある。これも、三姉妹の媽祖信仰の影響を受けた廟祭祀であるかもしれない。また、東海村の媽祖廟には、病弱な子を媽祖の養子とする習俗があり、現在でも200名近い「義子」がいる。もし父子揃って「義子」となった場合には、父が「弟子」息子が「花小小」と呼ばれる。「義子」たちは以後媽祖を「干媽」（義母）とし、廟祭祀においてもその責務を果たすこととなる。これも箬山の媽祖信仰の一つの特徴と言うことができよう。このほか、媽祖廟と「文物保護単位」指定、廟の管理者といった点についても報告をしたい。

また、現代箬山の民俗宗教事情を考える上で無視できないのは、キリスト教の広がりである。このことはもう一方の調査地である東門島がほとんど仏教信者で占められているのと極めて対照的である。本報告では、廟祭祀とそれに伴う民俗宗教を中心に考察したため付随的な調査に止まってしまったが、この点は、麒麟山に代表されるような風水信仰の問題とともに、今後の課題として残されたままである。

なお、箬山の儀礼文化の一端として、婚姻についての若干の聞き書きと「洞房経」の一部を最後に付した。

1. 箬山の廟と民俗宗教

ここでは、筆者が調査した4ヵ所の廟と堂、および民俗宗教について報告する（媽祖廟については第2節に詳しく記す）。なお、以後本報告で述べる祭日等はいずれも陰暦で記している。また、複数の廟呼称や神名がある際には表記を統一した（例：天后宮→媽祖廟）。

(1) 箬山の廟

平水禹王廟（新建村） 廟の中央祭壇にまつられるのは「平水禹王」、その左右に「聖母娘娘」（左）と「関羽」（右）がまつられる。また左側の祭壇には「財神」がまつられ、その左右に「送子娘娘」（左）と「土地爺」（右）がまつられる。右側の祭壇には「文財神」がまつられ、その左右には「楊府七征大神」（左）と「観音」（右）がまつられる。

清の道光21年（1841）に建てられた廟で、ここに参る際には、主に海の平安を祈願するという。祭神のなかでも特に聖母娘娘（＝媽祖）は、漁師の守り神として信仰されている。また、子授けの神である送子娘娘への信仰も強いという。祭神のなかには観音のような仏教の仏も含まれているが、これについて特に問題としている様子はない。

禹王廟の祭りは、7月21日（禹王誕生日）で、人々が線香を持って参拝する。廟の管理者も、饅頭などの食べ物を準備して、参拝者に配る。また、19日からの8日間は台州の越劇団を呼んで越劇を上演する。ちなみに、2002年は三門から劇団を呼んできた。

昔の祭礼では、禹王像を輿に乗せて村を練り歩いた。歩く道のりは特に決まっていなかった。輿が着く場所には、桃の木の枝を地面に刺すことになっており、その位置も決められていた。鬼や悪いものをそこから村に入れないようにするためであった。この桃の木は村の標示としての意味もあった。

平水禹王廟（里箬村） 「里箬廟」とも呼ばれる。祭神は左から「送子娘娘」「媽祖娘娘」「田相公」「禹王」「土地神」「関公」。また、廟の中は壁で左右に仕切られており、右側にも祭壇が設けられている。中央には、「玄天上帝」がまつられており、両脇には「土地神」（左）と「観音」（右）がまつられている。4月16日の禹王誕生日と、3月3日の玄天上帝の祭りには、舞台を掛けて劇が上演される。

廟の境内には「同治11年桂月」（1872年陰暦8月）の碑文（「勤碑永禁」）がある。咸豊初年（1850年代）に起こった賭博に関わる問題により、郷長が賭博を禁じたにもかかわらず、再び賭博をめぐる問題が生じたため、永く賭博を禁じることを誓った石碑である。陳姓の7名が建てたものだが、廟との関係の有無については不明である。

また、その横には「咸豊壬子葭月［　］水呑弟子陳長［　］」と彫られた、占いを判じる板が立て掛けてある。1852年11月に、何らかの宗教者の弟子である陳長某がこれを彫り、参詣者が占いに用いたものと思われる。「陰陽陰」「上上」などとあることから、現在も行われている「海貝」のような占いで用いられたものであろう。

平水禹王廟（勝海村） 正式には平水禹王廟であるが、「大王爺廟」と呼ばれることが多い。廟中央の祭壇には、「禹王（＝大王爺）」、左右に「武判官（＝三王爺）」「文判官（＝二王爺）」、左側祭壇には「三官大帝（左から水官・地官・天官）」、右側祭壇には左から順に「武財神爺（＝関羽＝協天大帝）」「文財神爺」「土地爺」がそれぞれまつられている。

　勝海村は昔は一つの島で「後岩」と呼ばれていたが、後に埋め立てられて現在のように陸続きになった。三官大帝の前に置かれた石の祭壇には、媽祖廟の建立よりも数十年早い「道光壬辰」（1832年）の銘がある。このことから、箸山で最も古い廟はこの平水禹王廟であるとされている。廟の場所は、福建省から来た風水先生が選んだ場所と伝える。やはりここも漁業に携わる人が多く、主に海の安全が祈られる。

　祭日は、「禹王誕生日」（8月2日）、「天官賜福」（1月15日・元宵節）、「地官消災」（7月15日・鬼節）、「水官解厄」（10月15日）などである。このうち、鬼節は孤魂をまつる日で、孤魂のために紙銭を焼く。また、10月15日は先祖をまつるために人々がこの廟を訪れる。また、毎月1・15日には、媽祖廟→平水禹王廟→広法堂の順にお参りする人が多い。これら廟堂の祭日は順に、3月23日（媽祖誕生日）、8月2日（禹王誕生日）、2月19日（観音誕生日）・6月19日（学道）・9月19日（得道）である。

　境内の「禹工簡介」（2003年8月2日）という石碑によると、道光壬辰年（1832年）、大禹の治水の精神を継承し、風調雨順を祈願して、箸山で初めての廟として建てられたとある。また、2003年4月12日、まれにみる激しい電に襲われて古い廟が破損したため修繕し、新しくしてこの碑を立てて記念としたとある。

　現在、廟の管理人となっているのは、保健公司に勤務する陳祥雲氏（勝海村・37歳・男性）で、2003年から任されている。それ以前は、陳三玉氏（7～8

年前に亡くなった。生きていれば80代）が管理していた。三玉氏は陰陽や八卦の分かる人であったが、管理は不十分な状態であった。また、「文革」期にこの廟はホテルとして使われていた。

　廟を経済的に支えるのは、主に勝海村民の信者である。廟には寄付金や芳名を書き付けた赤い紙が貼られているが、このうち「二〇〇四年勝海村禹王廟吉旦楽助名単」によれば、85名の寄進者のうち84名が勝海村（1人20元から380元）であり、村外の寄進者は小箬村の1名（燭台1対）のみであった。しかし、先の「禹王簡介」にもあったような大きな損害が廟にあった場合には、かなり広範囲から寄付金が寄せられている。先述の雹害による被害ヵ所を修復し、それを記念して建てられた石碑「損助記念流名百世」（2003年8月2日）には、133名（勝海村）、18名（東海村）、16名（小箬村）、5名（東湖村）、2名（里箬）、1名（桂香）、1名（東山村）、1名（石塘二村）、1名（長征村）、1名（石橋後林村）の寄進者名が連なっている。このような比較的大きな災害を受けた際には村外の信者とともに修復を行っている様子がみられる。また、この際の寄付金額を見てみると、2000、1200、880、580、520、332、328、380、320、230、228、220、202、130、128、120、108、102、88、82元といった金額が寄付されていることがわかる。金額はまちまちであるが、「8・3・2」といった数字が選ばれていることがわかる。このうち、圧倒的多数は下線を施した120、108、88、82元である。

　王張府廟（東湖村）「張馬王府」とも呼ばれる。また、廟入口に掛かる占いを記した「霊感籤詩」には「北山頭張王廟」とある。祭壇正面に大きな神像7体が並び、中央が「張王爺」である。廟にいた複数の女性に聞いたが、それ以外の神像が何神であるかは不明だとのことであった。「張王爺」像の手前には、ガラスケースに入れられた小さな神像2体、「馬王爺」（左）と「張王爺」（右）がまつられている。このうち「馬王爺」は馬面の神像で特徴的なものとなっている。ただし、その由来についても詳しい話は聞けなかった。

　祭日は5月2日（張王爺の誕生日）と5月7日（馬王爺の誕生日）である。主に家族の安全と健康を祈願する。他の廟と比べて年配の女性たちが多く、筆者が訪れた時には男性の姿を見なかった。女性たちは、廟の線香の管理をしたり、紙銭を作りながら茶飲み話をするといった雰囲気で、廟の中にはテレビま

で置いてあった。

(2)箬山の堂

広法堂　広法堂は「観音堂」とも「蝦皮堂」とも呼ばれる。「蝦皮堂」の名は、昔この堂周辺が蝦を干す場所だったことに依るという。「広法堂簡史」碑文には、1791年に箬山鎮東海村に創建された堂で、抗日戦争期と「文革」期の2度に渡って仏像が壊されたが、党の十一届三中全会（1978年に改革開放路線を示した）後、1982年の119号文件による宗教信仰の自由政策により、1990年、当地の信者の強い要求と資金援助のもとに再建されたとある。なお、この「簡史」の碑文は、2000年の修理の際に建てられたものである。

堂の中央には三宝仏がまつられ、その前には一回り小さい観音菩薩がまつられている。三宝仏の向かって左にも観音菩薩がまつられる。また、右側にも仏像があるが名前は不明である。堂の左右の壁には小さな十八羅漢像がまつられている。広法堂は「賜教」（仏教の一種）で、その信者は精進料理しか食べられないという。

今は「居士」と呼ばれる1人の僧侶がいるが、堂の管理をしているのは、100人以上の女性から選ばれた7～8人の「管理班」の人たちである。また、信者たちは慈善組織としても活動しており、信者の寄付金は年に1回貧しい人々に寄付される。信者は女性ばかりである。それは、男は海に出て仕事をするため、菜食を守ることができないからである。漁師の嫁が、主人が海へ出るときに、海の安全を祈ってお参りすることが多いという。

毎月1日と19日には朝4時30分から法要が行われる。また、2月19日（観音誕生日）、6月19日（観音出家日）、9月19日（観音成仏日）が祭日となっている。

また、本尊の前などには、小さな観音像がいくつか置かれている。これらは、家庭から持ってきたもので、堂内の観音の前にしばらく置き、「開光」してから家に持ち帰ってまつる。

(3)家にまつられる神々

ここでは、媽祖廟（東海村）付近で売店を営む東湖村の李宝玉氏（55歳・女性）の自宅にまつられる神々を例にして報告する。

まず、家の入口上部と左右には赤い紙に金字で「八方進寶業興隆」「五福臨

門盈萬利」などと書かれた「対聯」が貼られている。また、扉には赤い紙に男女の子供と「如意吉祥」の文字が印刷されたものが貼られている。いずれも既製品である。入口上部には、赤い布に墨で呪文や八卦が描かれた「八卦」も貼られている。これは、夫のおばが普陀山で買い求めてきたものである。

　家に入ると、左手奥に家仏堂〔写真1〕がまつられている。一般には「右大」といって、家に入り向かって右側にまつるものだが、この家は右側に階段があるため左側にまつっている。家仏堂には4つの菩薩がまつられており、右から「観音」「財神」「三観土地（土地公公）」「将軍」である。これらの菩薩は家を買う前に購入しておき、3月23日の媽祖の誕生日に媽祖廟へ持って行って、祈ってから持ち帰ったものである。この日は媽祖廟でお経を読む僧侶がいるので、霊験があるのだという。

　家仏堂が設けられた壁にも「八卦」が貼られている。これは主人が病気になったとき、「巫婆」と呼ばれる女性宗教者（東浦の人で、名前は分からない）から請けたものである。このようなお札を買う場合には、「買」といわず「請」という。

写真1　家仏堂

　家仏堂をまつるのは1日（初一）と15日（十五）で、線香や蝋燭を供えて、健康や幸福、子供の勉強が良くできるようになどと祈る。

　このような日常的な祭祀のほかに、7月15日（七月半）、6月13日（主人の命日）、冬至の日に供養を行う。この際には、家仏堂の前に机を置き、そこに9

つの供物と5杯の酒（黄酒。温嶺で作っている。）を並べ、机の周りには8脚の椅子を置く。そして親戚が集まって食事をするのだが、食事の前には先ず線香をあげて先祖や主人の霊を呼び「食べてください」と言い、先祖のあとに自分たちが供物を食べる。

　家仏堂には写真が飾られており、左から主人・主人の父・主人の母である。主人はこの家の次男であるが、長男がキリスト教徒であるため、次男であるこの家に写真が置かれている。

　昔は「牌位」という杉でできた位牌があった。一般の人は杉で作るが、金持ちなどは檀木で作る人もいる。長さは30センチ、幅は15センチほどであった。牌位には死者の名、生まれた日と命日、息子や孫の名などが書かれている。もしも息子や孫が多かった場合には、赤い布の上に名前を書いて、それを釘で牌の裏に打ち付ける。牌に書かれるのは男の子の名前だけであり、女の子の名前は決して書かない。これは漁村に特有の習俗だという。昔はどの家にも牌位があったが、「破四旧運動」で迷信とされたため、全て壊されてしまった。

(4) その他

　船の神　船のなかに媽祖像をまつる人が多い。ほかにも張王爺、禹王、観音など、銘々が信仰している神をまつる人もいる。お札や経文をまつる人や、陶製（かつては木製）の像をまつる人が多い。ただし、輸送船にはこのような神像はまつらないという。像をまつる場合には、廟で開光してから船や家に持って帰る。また、もし漁が少ないときには廟に来て籤を引き、占いを詳しく説明してくれる人に聞いて漁不漁を教えてもらう。

　水死体を「元宝」としてまつる信仰　もしも海で水死体を拾ったときには、船に乗せて村に運んでくる。身元がわかれば、家の人が来て葬式をあげるが、見つからなければ村の人が山の上に墓を作ってまつる。水死体のことを「元宝」という。拾えばお金に縁ができるといわれている。清明節には必ずお参りに行く。拾った人が亡くなっても、その子がまつり続けるという。

　キリスト教　勝海村（麒麟山の麓）に教会がある。里箬村はほとんどがキリスト教徒。逆に松門村はほとんどが仏教というように信者の広がりには地域差があるという。陸家口や花呑村もキリスト教徒が多いという。キリスト教徒は日曜日は教会へ行くため出漁しない。逆に、仏教徒は15日を不吉として漁に出

ない。門に「以馬内利」などと描かれた「対聯」があるのはキリスト教徒の家である。

仏教は費用がかかるが、キリスト教は安く済むので、キリスト教に入信する人が多いという説明が返ってくることが多い。もちろん仏教信者側の説明であろうが、祭日の多寡をキリスト教の隆盛の理由として説明する人は多い。

また、ある仏教信者の男性は、仏教の信者はこれからさらに少なくなるだろうと予測する。この男性と妻は仏教を信じているのだが、3人の息子は皆キリスト教徒なのである。宗教のことで親子げんかになったときには「年を取っても病気になっても介護しないぞ」と言われることもあるという。この10年でキリスト教が急速に広まったが入信するのには人それぞれの理由があり、本当に心から信じている人もいれば、親類から入信を勧められた人もいるという。なかには、キリスト教の信者から借金をして返済することができないので、「金が返せないならキリスト教に入信しなさい」といわれて信者になった人もいるという。このような、家庭内、地域内、親族内における宗教対立は今日の箸山社会の一つの問題ともなっている。

麒麟山 箸山で墓を作る場合、風水上最も適した場所は麒麟山であるという。麒麟山山頂にはおびただしい数の墓があるが、このような場所に墓を作ることができるのは一部の裕福な人であるという。

この麒麟山には次のような伝説が残されている。昔この山には麒麟が住んでいたという。ある日麒麟は火を吐いて、山中の草木を全て焼いてしまった。天上に住んでいる龍がそれを見て、火を消すために雨を降らせた。しかし麒麟のほうが龍よりも強かったので、龍は負けてしまった。そこで龍は雷公を呼んで、一緒に麒麟と闘い、ついに麒麟を打ち負かした。そのとき、山が雷に打たれて壊され、岩となって麓に転がって積み上がり「乱石堆」となったという。

ただし、この「乱石堆」は今はない。人々が家を建てるための材料として皆使ってしまったからである。

2. 箸山とその周辺の媽祖信仰

(1)媽祖廟（東海村）

廟にまつられる神々 廟の祭壇中央には「大娘」（「天后宮娘娘」とも）が

まつられ、その両脇には2体の宮女像が置かれている。「大娘」の前には、小さな媽祖像が2体あり、それぞれを「二娘」（右側）、「三娘」（左側）と呼んでいる。いわゆる「媽祖」は「大娘」であり、その妹たちを「二娘」「三娘」として並べまつるのである。箬山の媽祖信仰には、「大娘」・「二娘」・「三娘」を、媽祖三姉妹の神としてセットでまつる特徴が見られる。彼女たちは姉妹なので、必ず一緒にまつらなければいけないというが、それ以上の詳しいことは地元の人も不明だという。また、これらの媽祖をまつった祭壇の前には、「順風耳」（左）と「千里眼」（右）の立像がまつられている。

媽祖がまつられる祭壇の向かって左側には、「送子娘娘」（左）と「観音菩薩」（右）をまつる祭壇が設けられており、祭壇手前には少年少女の形をした「玉女」（左）と「金剛」（右）の像が置かれている。このうち、「送子娘娘」は女性が結婚して2～3年経っても子供が生まれないときに線香と果物を供えて祈ると、子供を授けてくれるという。

媽祖がまつられる祭壇の向かって右側には、「財神」（右手に塔、左手に金元宝を持つ）と「土地神」（金元宝を持つ）をまつる祭壇がある。

また、さらに右側には「関老爺」と「鮑老送子」をまつる小さな祭壇がある。「関老爺」の像は、13年前に新しくしたもので、元は土製の像であった。また、「鮑老送子」は13年前まで、現在の送子娘娘の場所にまつってあった。結婚して2～3年経っても子供ができない人がお参りに来るという。

この廟は、桂呑村の媽祖廟の線香の灰を分けてきてまつり始めたといわれている。また、桂呑村の媽祖像は海から流れついた流木で作られたものであるという。

廟の参拝者　廟の近くに住む女性（55）は、毎月1日と15日に必ず廟に参り、菩薩に祈る。現在漁師をしている2人の息子がいるので、その海上安全と健康を祈るという。漁に出る際に自分、あるいは家族の誰かが海上安全を願って参るという人も多い。また、子供がない人は「男の子が生まれるように」と祈る。本当に願いが叶って生まれたら、廟に来て、豚の頭や赤い卵、蝋燭を供え、紙銭を買って焼く。金紙は廟で焼き、銀紙は家で焼く。事故があったときなどは金紙を焼く。焼く際には、「西に向かって焼きなさい」「東を向いて焼きなさい」といった媽祖の指示（占いに依る）に従って焼く。

写真2　東海村の媽祖廟

　またある男性は、漁民は出漁するときに廟に参るという。潮が満ちるときに廟に参拝するのが良いともされている。船の中で何か悪いことがあると、媽祖廟で神籤を引く。例えば、海で道具を落としたとき、籤を引くと「8時には拾える」という結果が出て、そのとおり8時に道具を拾ったという人もいる。また、大漁になったときにお礼としてスズキを供えることもある。

　廟の参拝法　先ず媽祖を拝む。次に天・地を拝む意味で、左右に吊された貝殻（「海貝売」）に線香を供えて拝む。次に左右を拝む。人によってはこの後土地爺、関羽などを拝む。

　このあと、「海貝」の占いをする。「海貝」は竹の根で作られた勾玉状の占い用具で一般には「信爿」「聖筊」などと呼ばれるものである。竹の根で作るのは弾力があって良く弾むからだという。2枚1組で用いる。2枚の海貝を3回地に落として、その組み合わせで「聖（表と裏）」「陽（両方表）」「陰（両方裏）」をみて、備え付けの占いの本から該当ヵ所を探しその内容を菩薩の言葉として理解する。また、「千詩」という占いもある。これは、菩薩を拝みながら千詩筒を振り、そこから出てきた串に書かれている数字の項を備え付けの占いの本から探して占う。本には「上上」「下下」といった占いが書いてある。媽祖廟には参拝者の占いを判じてくれる老人が数名いる。そのうちの1人である陳其定氏によれば、「上上」や「下下」に善し悪しはなく、祈ることに

・301・

よって運勢を改善することに意味があるという。

廟の祭り　1年に2回祭がある。3月23日は媽祖の誕生日。9月9日は媽祖が亡くなった日＝神になった日（媽祖は28歳で亡くなったという）。この日には越劇が奉納される。

特に、3月23日には、「奉勅天上聖母監斬犯罪姓名　　」（表）「太歳　年三月廿三日」（裏）と刷られた符が売られる（空欄には自分の姓名、当該年を記入する）。信者はこれを買って、服の左袖にピンで留め、1年の罪を神前で告白し、媽祖に許しを請う。その後、家に符を持ち帰って、金元宝とともに焼く。

また、昔の符には、「票簽　天上聖母座前犯罪姓名　壬午「辛巳」（ママ）年三月廿三日」（表のみ）と毛筆で書かれている。

符について　媽祖廟では祈願者のための符を出している。四角く切った黄色の紙に、「天上聖母」の朱印を捺したものである。信者はこれをもって廟内の観音像の前で祈る。子供など家族の誰かが病気になった時などに、この符を焼いた灰を飲ませると治るという。

媽祖像の変遷　昔の媽祖像は、約140年前に海から流れ寄ってきた楠で作られたものである。この楠は媽祖廟前に流れ着いたのだが、日が経つにつれて穴ができてきた。これを見た東海村の占いをする人が、これは媽祖像が造れる木だと言った。その穴は媽祖像のへその部分となった。こうして作られた媽祖像であったが、「文革」の時に焼かれてしまった。

次の媽祖像は「文革」後3年ほど経過したころ（1978年頃）に福建湄洲から運んでまつったものである〔写真3〕。陳其定氏を始めとする何人かの老人がまつり始めた。このときは2日2晩かかって運んできた。しかし、湿気が多い土地なので、近年指が壊れるなどの破損が目立ってきたため、年寄りが相談して新しい媽祖像を造ることにした。このことについて、媽祖に海貝をして質問したところ「そうして良い」という答えがでた。このことが決まると、湄洲へ行って木を探し、大きさの見当をつけてから東海村へ帰り、新しい椅子を用意し、湄洲から11時間かかって新しい媽祖像〔写真4〕を運んできた。2002年8月28日、新しい媽祖像が運ばれたときには、漁民たちが集まって線香をあげ、銅鑼や鐘を打ち鳴らして、旗を立てて皆で迎えた。大きさは1.26メートルから、1.86メートルと、大きくなった。（なお、二娘と三娘の像が似ていないこと

が問題となり、2つの像は再加工して改めて持ってきてもらった。)

写真3　古い媽祖廟

写真4　新しい媽祖廟

　募金は主に東海村・勝海村・東湖村・新海村の4村の漁師から集められたが、商売をする人からも募金があり、合計で6万元集まった。開光は、東浦の馬潮湧（皆はあだ名の「老三」と呼ぶ）という道士が行った（普段彼が媽祖廟に来ることはない）。その際には、彼が判を押した開光帖を配った。開光帖には、自分の名前・生年月日、家族の名前などを書いてから焼く。廟で焼いても

家で焼いても良い。

媽祖像の新造を決めた占い 占いを判じたのは陳其定氏である。其定氏は占いについて特別な勉強をしたわけではないが、自分で読んでいるうちに分かるようになったという。海貝によって出たのは次のような一文であった。「聖陽陽　上上/聖了陽陽運際雍/明皇直八廣寒宮/嫦娥握手来相問/應笑仙家路可通」。この文を其定氏は「唐明皇遊月宮」の故事に通じると判じ、新しい像を造ることを媽祖が許したと判断した。なお、古い媽祖像は新しい媽祖像が来た際に廟内で焼かれた。

媽祖の服 古い媽祖像の頃は、3月23日や9月9日などに媽祖の服を替えることがあった。事務所に飾られている服は5年前、売店に飾られているのは4年前の服である。服を替えると、古い服を譲ってくれと陳其材氏（廟管理者）に頼んでくる人もいた。現在の大きな媽祖像になってからは替えない。服を替えるのは其材氏だが、そのたびに媽祖像がまるで生きているように感じられたという。

媽祖廟と「文革」 「文革」の際に媽祖廟の神像などは全て壊された。また廟も海産物の取引所となった。廟を管理する人はいなかったが、20人くらいの家を持たない人々が住んでいた。元々は両親と住んでいたが、長男の結婚に伴って家が狭くなり、廟に移り住んだという人が多かった。どの人も東海村の人であった。廟に住んでいるといっても、つきあいは普通に行われており、普段は兄弟の持っている船で漁に出たりしていた。

ただし、「文革」期には自宅で媽祖像をこっそりとまつっている人も多かった。像は人に頼んで小さな像を作ってもらっていた。その後、27年前（1978年）に現在の廟を修理してから、多くの人が来るようになった。現在廟にある神像は、ここ数年のうちに計30万元ほどの費用をかけて調えたものである。

元宵節 正月5～11日まで、金剛玉女にみたてた男女の子供を抬閣にのせて、村を練り歩く。昔は正月15日から21・22日までの7～8日間行っていたが、今は漁民たちが早く漁に出たいという理由から、正月5日から11・12日までの7～8日間に変更された。

「梁山伯」「紅楼夢」などに題をとった衣装を子供に着せて飾り付ける。箬山の全11村のうち3分の2ほどの村から抬閣とよばれる輿が出る。このような

抬閣を出す習慣は福建省からきているという。元宵節の抬閣のことを「鬧花灯」とも呼ぶ。廟にある旗にも「正月十五鬧花灯」と書かれている。抬閣に乗せる子供は、村の中の6～7歳の見た目のいい子を選ぶ。朝3時ころから化粧をしたり服を着せたりと準備をする。

　抬閣は1村に1台ずつ出る。1台出すには40～50人くらいの人が必要で、2～3万元くらいが必要となる。銅鑼を打つ人に4～5人、抬閣の担ぎ手に5～6人、発電機を運ぶのに7～8人が必要。また、劇団を呼んだりもする。

　行列の順は赤い旗4流（それぞれ、「元宵灯火旧郷風」「箸地郷風却不同」「底事村村紅火護」「麒麟山要火通紅　清朝　陳黄三作」と書かれている。）→香前灯→抬閣→旗（「天上聖母保平安」と書かれている）と続く。

　費用は主に村人が寄付するが、お金持ちは不足分（5,000～10,000元）を全て出す。このような金持ちを「領頭人」と呼ぶ。「領頭人」は威信や人々に呼びかける力（号召力）がある人で、1年務めると後の2年も含めて3年間務めることになる。このような「領頭人」が多い村ほど力があるとされる。また、力のある村は他村から7～8台の抬閣を呼んでくることがある。これにはお金がかかるのだが、それも村の力を示すこととなる。また、花火などを上げる村もある。

　まず、領頭人たちが村に触れ回ってお金を集め、抬閣を作る。第1日目には夕食後の6時30分ごろから行事が始まる。各村から出る抬閣は、それぞれの村の経済状態を表すため、どの村人も村の抬閣の後について一緒に行列する。行列は午後11時ごろまで続く。このような日が7～8日間続く。

　抬閣を出すのは夜であり、抬閣に乗せた子供が眠ってしまうこともある。また、階段が多い村なので、これも大変である。

　ちなみに、2005年は天気が悪かったためこの行事は延期となり、3月3日に改めて実施されることになった。

　媽祖の義子　子供が生まれてから病気がちな場合、媽祖に祈って子供を媽祖の養子（義子）にしてもらう。子供の健康を祈るためで、子供の男女は問わない。箸山の200人程の人が義子となっている。この義子たちは、媽祖を「干媽」（義母）と呼ぶ。もしも父と子が媽祖の養子になった場合は、父が「弟子」、息子が「花小小」と呼ばれる。

　義子たちは、3月23日と9月9日の媽祖の祭には必ず供え物を持ってお参り

に来なければならない。お参りに来るときには、赤い布で作った袋を首に掛けて、豚の頭や香など思い思いのものを供える。

赤い袋のなかには符が入っている。黄色い紙に八卦が書かれた符もあれば「天上聖母」と書かれた符もある。また、10歳までの子供たちは、これを日常ずっと首に掛けている。10歳以上になると、3月23日と9月9日だけしか掛けなくても良い。ただこの場合でも、その袋を寝台の枕元に掛けておく。

また、廟の改修、修理の際にも、義子たちは率先して寄付を行うこととなっている。

廟の管理と文物保護単位指定　陳其材氏が廟の管理者になったのは1998年5月9日。今年で7年目となる。役職の正式名称はないが「頭」などと呼ばれることが多い。東海・勝海・東湖・新海の4村の村長、書記、村人たち男女20数人が廟に集まり、話し合いによって決めた。この話し合いでは皆が思い思いに人の名前を挙げて推薦する。もし1人でも反対する人がいれば選ばれない。其材氏は電機・水道の修理ができるなどの理由で選ばれた。この仕事に任期はなく、其材氏が辞めたいと思ったときにそれを申し入れると、次の3月23日、もしくは9月9日に新しい人を選ぶことになる。

「頭」を補佐するのは4人の老人である。これは其材氏が指名して決めた。其材氏は占いなどの迷信について分からないため、それに詳しい人を選んで決めた。この4人の老人は全て占いがよく分かる人である。

以前の人は10数年間管理者を務めていた。だが、寄付金が次第に増えて10何万元という金が集まった際、その用途や管理方法がわからないことが問題となり、辞職した。

その人以前には特に管理する人は決まっていなかった。廟に寝泊まりして暮らしていた東海村の人が実質的な廟の管理を担当していた。

其材氏は2000～03年まで東海村の人民代表を務めていた。現在では代表を降りたが、今も村長や書記とも仲がよく良好な関係を持っている。

氏が管理者となる前の1992年、温嶺市は媽祖廟を「文物保護単位」とすると発表した。しかし、そのときにはただ指定されただけであり、関連部門に注目されることもなかったし、村人にも重視されなかった。廟の建物を壊さないことを表明する意味があっただけであった。

実質的に動き出したのは、95年に市文体局内の文物保護局がプレートを貼りだしたころであり、11,000元が付与され、人々の寄付と合わせて30万元が集まった。この寄付金によって廟の内部を修復したが、建物の面積・規模等は変わらなかった。また、媽祖廟に何かあれば修繕費として2万元くらいは補助してもらえることとなった。
　また、5年前（2000年）に「市級文物保護小組」が結成された。組長は箬山鎮政府の幹部で、副組長は東海村の副村長が務めている。これらは正式な職であるが、彼らが媽祖廟に来ることはない。
　廟の売店　媽祖廟内で売店を営む劉招蘭氏（79）は石塘の出身で、東海村に嫁に来た。23年前に主人（58）が死んだ。2人の息子がいたが、1人の息子は11年前に死んでしまった。もう1人の息子は怪我をしており、介護をしてやれる人もいない。2003年旧7月2日から廟内の売店で線香や蝋燭を売っている。ご飯を作るときだけ家に帰って、あとは廟の売店に住んでいる。歳を取っているので他の仕事が無理だからこの仕事をしている。以前は小さな食料品の店を営んでいた。
　前に売店をやっていた人は、25年間やっていたが、近隣の人との問題があって、店をやめた。そのあと、年間2500元の承包費（請負料）を払ってこの店を出させてもらっている。（2005年からは3500元）承包費は入札制で決める。お金は人から借りた。承包費は陳其材氏に支払った。
　廟の売店のほかに、蝦の皮を剥がす仕事などを手伝ってお金を稼いだりもする。
　今の廟内の売店の建物は、2003年旧7月2日に作った。招蘭氏の前の人は廟内にテーブルを置いて物を売っていたが、管理者の其材氏と相談して2階に部屋を作ってもらい、普段はそこで生活するようになった。
　元日はお参りに来る人が多い。12月31日の12時を過ぎると人がお参りに来るようになり、元日の1時頃がもっとも多い。信心深い人は、新年一番に廟に来て香を焼く（「頭香」）。この日は別に売る物もないが、息子の妻と2人で、線香の残りを捨てたりする。
　門の開閉も仕事のうちである。掃除もする。夜遅くでもお参りに来る人がいるので、開けてほしい人がいれば何時でも開けてあげる。開門閉門の時間は決

まっていない。夜が明けると門を開け、日が沈むと門を閉める。

売店の品物と値段は次の通り。「十六嗰炮仗（花火）」1.4元。「油燭（大）」（蝋燭）2本で2元。「油燭（小）」（蝋燭）2本で1元。「龍的油燭（龍の模様の入った蝋燭）」2本で6元。「香（小）」（線香）1束で0.5元（18本入り→6ヵ所に3本ずつ供える）。「香（大）」（線香）1本で0.1元。「金紙」（菩薩に対して焼くもの。廟で焼く。）8枚で0.5元。「銀紙」（先祖に対して焼くもの。廟や家で焼く。）8枚で0.5元

(2)媽祖廟（桂岙村）〔写真5〕

媽祖廟の祭神　中央に「大娘」。その前には「三娘」（左）、「勅封天上聖母」の額（中央）、「二娘」（右）、その右には「玉皇大帝」がまつられる。媽祖の左には、「武安尊王」をまつる殿があり、その両脇には「財神」（左）と「土地神」（右）がまつられる。また、この殿の両脇には、「送子娘娘」（左）、「玉皇大帝」（右）をまつる殿がある。媽祖の右には、「関公」をまつる殿があり、その両脇には「周倉」（左）と「関平」（右）がまつられている。関公の殿の前には長さ50cmほどの二又の木が置いてある。かつて扶乩のような占いに用いられたものと思われるが、現在は使われておらず、使い方もわからなくなっている。

写真5　桂岙村の媽祖廟

桂岙の媽祖廟は有名で、地名も「媽祖岙」と称されることがある。東海村の

媽祖はここの分かれである。そのため像の高さも桂呑の媽祖像を超えて作ってはいけない。（ただし、幅はかまわない。）

また、媽祖廟には「泉鹿同源」と書かれた額が掛けられている。これは「泉＝福建」と「鹿＝温州」は祖先が同じだという意味。

祭日 3月19日から10日間くらいお祭りがあり、芝居も上演する。舞台が狭いので廟の外で上演する。温嶺から越劇団が来て芝居をする。越劇団の人たちは、上演後に額などを廟に寄付する。

符 媽祖廟では符（20元）も配っている。印文は主字で「桂花呑天后聖母天妃宮宝印」。また、廟の建物には東浦に住んでいる道長（道士）が作った符が貼られている。この符は全村の安全を守るという意味で貼られている。

参拝者 鄭招娣氏（56・女性）は2人の息子の健康と安全を祈るために媽祖廟に来た。長男は北京でコンピューターの会社に勤めている。次男は河北省張家口で水産関係の商売をしている。2人とも独身で孫がいないので、孫ができるようにとも祈願している。また発財も祈願する。

供物は、ビーフン、線香、ナツメ、龍眼、桃、梨、酒（黄酒）。下げた供物は近所の人などにも分けたりして、皆で食べる。縁起がいい。

媽祖の霊験 昔は日照りが続くと、媽祖像を輿に乗せて担いで裏の山に登った。重い像のはずだが、担ぐと不思議と軽く感じられた。媽祖を山に持って行って雨乞いをすると、必ず雨が降ったという。また、航海中に風向きが変わってしまった時などにも媽祖に無事を祈る。また、ある人は、病気になって起きることもできなかったが、家に媽祖像をまつり始めたところ回復したという。

廟の壁絵 廟の内側の壁に描かれた絵には、左側に署名が入っているが、なかには赤い線で消されているものがある。これはキリスト教を信じるようになって、名前を消したためである。（劉鉄梁氏の教示による）

(3) 媽祖廟（石塘鎮）

廟の由来 石塘鎮には福建省からの移民が多く、石塘鎮の媽祖も福建移民が来たときに持ってきてまつったのであろうと言われている。また、箬山の人々が参拝することもあるようで、1985年9月2日の石碑「百世留芳」には箬山東湖村の数人の名・船名・寄付金が刻まれている。

廟の祭神 3階建の建物の2階部分に媽祖廟がある。廟祭壇の中央には媽祖

を中心に8対の神像がまつられている。媽祖像の採り物は、左手に手絹、右手に扇子である。両手は長い棒に乗せられているが、これは駕籠の柄であり、媽祖が駕籠に乗っていることを示している。また、廟の中央部左右には「順風耳」と「千里眼」の立像がまつられている。

また、媽祖の祭壇の上にも、もう一つの祭壇が設けられており、上下二段の祭壇がまつられている状態となっている〔写真6〕。上の祭壇にまつられているのは、左から「通天高祖」「太上老君」「元始天尊」（いずれも道教の祖師）「呂洞賓」（八仙の一人）である。媽祖の上にまつっている理由は、廟が狭くてこれらの神々をまつる場所がないからだという。

観音閣 媽祖廟の建物の3階部分には、観音閣があり、観音菩薩がまつられている。そして、媽祖廟と同様に観音菩薩の上には玉皇大帝と4人の太子像をまつる祭壇が設けられているが、これは、玉皇は天上の神で、観音は地上の神だからだという。

この観音閣は、女性のために建てたものという。媽祖廟は男性の信者が多いので、集まったお金をもとでにして新たに作った。

媽祖と観音を同じ場所にまつることについて、観音閣にいた老女の説明では、仏教は「釈教」と「道教」にわかれているが、観音は「釈教」、媽祖は「道教」の神であるが同じものであるし、両方とも仏教に含まれるという。

祭日 1月9日（玉皇大帝）、2月15日（太上老君）、4月14日（呂祖師）、冬至（元始天尊）、夏至（霊宝天尊）、9月9日（媽祖昇天）、3月23日（媽祖誕生日）、5月13日・6月24日（関聖帝）、2月・6月・9月19日（観音大士）、8月13日（平水禹王）

「文革」と媽祖廟 媽祖廟は、1952年までは今のスーパー（「家徳利自選商場」石塘店）のところにあった。52年に建物が壊されて人民大会堂が建てられ、その後今のスーパーとなった（昔の媽祖廟の壁の一部が残っている）。媽祖廟を復興しようとした際、元有った場所にスーパーが建っていたため、再建する場所がなくなり、今の場所に媽祖廟をまつった。昔の媽祖廟は「中国の巴黎聖母院（ノートルダム寺院）」と呼ばれるほどすばらしい建物だったという。

82年に現在の場所を選び、85年には一階部分の建物ができ、媽祖廟を作った。その後どんどん建物を高くしていき、今の観音堂もその際に作った。

写真6　石塘鎮の媽祖廟祭壇

　廟内の像は、「文革」の際にも村民の家に隠されていたため、昔の物がそのまままつられているという。

　媽祖の霊験譚1　ある日、坎門の漁民が漁に出たとき、津波に出会った。波に流されて岩礁にぶつかりそうになったとき、この漁民が石塘鎮の媽祖がとても霊験があることを思い出して、石塘鎮の媽祖廟の方向に向かって「もしも安全に帰してもらえれば、毎年ここへ参り線香を捧げます」と祈った。すると、無事に港に帰ることができた。以後この人は毎年この廟に参り、感謝を捧げている。

　媽祖の霊験譚2　2004年9月、福建省のある有名な有力者が、「托夢」(霊夢) を見た。夢のなかに菩薩が出てきて「石塘鎮の媽祖娘娘はとても霊験があるのでまつるとよい」といった。彼はすぐに媽祖廟の管理者に電話をかけ、2005年3月17～23日 (媽祖誕生日) の仏事に関わる費用を全て自分が出すと連絡し、約束した。彼はアメリカ相手の水産物貿易をしており、その後の経営も順調だという。

　皇経・籤　皇経 (20元) は亡くなった人への手紙のようなものであり、買って焼く。中央に描かれた人物はあの世の銀行の神である。また、千詩筒を振って出た串を見て紙の籤を頂くが、この籤は引いた後、持ち帰っても良い。これらの符や籤は松門の道士から仕入れている。

附　箸山の婚姻

　結婚年齢　このあたりは昔から結婚が早く「十三媽十四爹三十六歳做爺爺」（13の女は母になる。14歳の男は父になる。36歳になったらおじいさんになる。）という言葉がある。李宝玉氏（55歳）の長女は、14歳で結婚し、今は37歳だがもうお婆さんになっている。現在は法律で結婚年齢が決められているのでこのようなことはできない。

　結婚と式の次第　媽祖廟裏で売店を営む李宝玉氏（55歳）が結婚したのは1968年。夫18歳、李氏17歳のときであった。結婚相手は長兄がみつけてきた。この頃は「父母包辦婚姻」といって、両親が結婚のことを一手に引き受けるのが普通であるが、父はおとなしい人であり、長兄が第三者を通して紹介してもらった。「長兄為父」という言葉もあるように、長兄が決めたことに反対することはできなかった。兄に絶対にこの人と結婚しろと言われ、もしも結婚しなければ豚や犬と結婚しろと言われた。相手は村の人であったが、全く面識はなく、かろうじてその両親を見かけたことがあるくらいだった。

　相手が決まると、行政部門へ出向いて「登記」をした。これは行政部門からの承認を得るだけであって、人々の承認を得るものではない。この段階でも、まだ相手に会うことはなかった。

　人々から結婚の承認を得るためには、「小訂」「大訂」を行う必要がある。「小訂」は新郎側がお金を出し、新婦側がそのお金を使って嫁入り道具（服・家具など）を用意する。また「大訂」ではさらに多くのお金を新郎側から新婦側に与える。この際、新郎側の経済力によって「小訂」と「大訂」の間に時間差が生じる。もしも金持ちであれば、すぐに「大訂」を行って嫁を迎えることができるが、そうでなければ「大訂」を行うために1〜2年のあいだお金を貯めなければならない場合もある。

　結婚式の日取りが決まると、新郎側の両親が媽祖廟へ結婚の報告に行く。たいてい式の2〜3日前にお参りをする。迷信深い人は、息子の生宵や時辰によって良い日を選んで参る。また、一般に参拝が好まれる旧暦の3・6・9日などに参拝する人もいる。豚の頭などの供え物をして、「焼金」（紙金を焼く）を

し、夫婦の健康と平安息災、そして男の子が生まれるように祈る。

結婚式の昼には、新婦の家で酒宴が開かれる。この場には新婦の親類や友人も集まり、新婦がこれから嫁いでいくことを広く知らせる。酒宴が終わると、新婦側が用意した鼓笛隊とともに、新郎の家へ向かう。この際には「伴娘」といわれる12～13歳の未婚の女の子（自分の姉妹でも良いし友達でも良い）を伴って行く。ただし、新婦側の両親と男兄弟は行かない。

新郎の家に着くと、再び酒宴が開かれる。この際には新郎側の親類や友人が集まる。酒宴が終わると「閙洞房」がある。新婦は部屋（洞房）の中にいて、新郎は部屋の外にいる。また、新郎の男友達が部屋の中と外にいる。部屋の中には「洞房経」を読む人がいて、この人たちが外の人たちに質問をする。外にいる人たちがその質問に答えられたら新郎が部屋に入れるが、答えられなければ入れない。「洞房経」を読む人は新郎をなかなか入れさせないようにする。「洞房経」は民間詩のようなもので、下品な内容が多く、質問調のものであるという[1]。この「閙洞房」は夜半まで続けられる。

---

[1] 2005年夏期調査の際に徐萍飛氏が書き留めた「洞房経」の一部「拝堂歌」を参考までに紹介する。

拝堂歌

男在东来女在西，夫妻鸳鸯莫高低，凤裘鸾配结成双，拜谢天地日月光，
夫妻双双拜龙王，龙王择日到中堂，来年产生龙凤子，得中头名状元郎。
三官大帝在当中，四大金刚两边分，目莲救母西天去，八仙过海逐浪滚。
天又高，地又高，土地老爷实在好，拜得土地中堂坐，夫妻和合乐淘淘。
福德香火在中堂，拜谢家堂福寿隆，来年产生龙凤子，高官并步月中堂。
祖宗积德有余光，整宅流芳万代昌，千载宏业千秋继，愿得夫妻百年长。
新人头上一枝花，赛过江南第一家，此花付于新郎戴，来年产生小娃娃。
此花回转还新人，胜过玉女下凡尘，喜花本来人人爱，亲手戴花更相亲。
天又高，地又高，八仙过海浪滔滔，王母娘娘亲赐酒，一杯好酒献蟠桃。
银壶倒酒满金杯，岳舅台上会神仙，酒到胸前不可推，请上还有第二杯。
大道通国酒三杯，夫妻恩爱上莲台，容华发达同偕老，请上还有第三杯。

摘要

庙宇祭祀与民俗宗教

须永敬

箬山有8座庙和数座寺庵。这里的人们不但参拜近处的庙，也到有相当距离的庙和寺庵去参拜。在举办祭礼的时候，还常常至少到3座庙去许愿进香。因此印象中，庙的信徒不仅限于村内，也从远方而来。另外，虽然有3座禹王庙，但其"禹王诞辰"各不相同，一起祭祀的神灵也不一致。为何同为禹王信仰会有这样的不同呢？可能的解释之一是，原来存在着各自独立的信仰，但最终统一于禹王信仰了。

关于妈祖，其特征是祭祀三姐妹娘娘（大娘、二娘、三娘）。这是石塘镇或是东门岛的妈祖信仰中没有的。而在禹王庙中，也有像胜海村那样祭祀禹王、二王爷、三王爷等三尊神的现象。这也许是受到了妈祖信仰的影响吧。另外，东海村的妈祖庙，有将病弱的孩子送给妈祖做养子的习俗，现在这样的"义子"大约有200名左右。父子同为"义子"时，父亲叫"弟子"，儿子叫"花小小"。"义子"认妈祖为"干妈"，在庙宇祭祀时担负相应的责任。此外，本稿还将报告妈祖庙与"文物保护单位"的指定，以及庙的管理者等情况。

在考虑现代箬山的民俗宗教时不可忽视的是基督教的势力。这与此次另一处调查地东门岛的居民几乎都为佛教徒的情况形成了鲜明的对照。本次调查只做了简单的采访，但这一问题应该在今后的研究中得到重视。

作为箬山仪礼文化的一部分，在本报告的末尾附录了有关婚姻的采访记录和《洞房经》的一部分内容。

民间信仰与民间艺术的共生互动

刘晔原

石塘镇是一个古镇,因为修了石塘挡住了海潮而得名。箬山村现属石塘镇管,是一个以渔业生产为主的临海半岛,这里的人被当地的人(温岭人)称为福建村。从2002年8月起至2005年8月,我随中国江南渔村民俗调查项目组对其进行了连续的调查。箬山原来也是一个独立的镇,2001年并入石塘镇,现在是一个行政村,下辖九个小村(并不是完全意义上的自然村,很多是人为的分割,居住大多相邻),包括东山一村、东湖二村、东海三村、胜海四村、里箬五村、东兴六村、新建七村、花岙八村、水仙岙九村。这里的序号是根据原来的生产大队转化而来,我的调查主要集中在里箬和东海两村。

我的第一个采访对象是76岁(2005年)的老渔民庄道清,根据他的陈述,里箬村是一个移民村,村里的人全部是从福建惠安沿海迁移过来的。当时这里并无人家,不存在与当地人杂居融合的问题,因而在文化上保留了完整的福建风俗,全村人无论男女老少都会讲闽南话,在饮食习惯上也完全按惠安的口味,喜用地瓜粉来包裹鱼肉煮食煎食。从老人的谈话语气和神态看,无论对内对外,他们并不以自己是外来人而自卑,相反,他们提起自己祖先来到这里创业以及自己村子完好地保持了祖地风格、在温岭地区与外村风俗不同而自豪。他陈述说,原来这里就是一个荒岛,和外面根本没有联系,岛上也没有人家,要走很远很远的路才能看到当地人。当地人很土,不知道外面的世界,是他们的祖先有见识,不仅在这里发现了渔场,而且知道这片半岛能够给渔船避风,有很好的风水,才不断地把家属接来,在这里开发。以后这里的发展也比温岭那边要先进,走海路可以南达福建,连接南洋,往北可以通青岛、渤海,这里的渔民胆大心细,眼界宽,收获多,比当地的渔民发达,很多渔业知识当地人都不掌握。受这种自豪感的策动,他们不是努力与当地文化靠近,而是下意识地努力保持家乡风俗和生

活、娱乐活动,在正规的官方场合,他们讲普通话,而民间所有活动之中则以讲闽南话为主,老人们以讲闽南话为荣,所有的饮食习惯和娱乐习惯都凭着对老家的记忆而代代相传,在客观上起到了保护无形文化的作用。

移民的故乡情结具有很强的凝聚力,即使是已经在外工作多年,年老的时候也都愿意回到福建移民乡亲中来过活。不论是在温岭还是宁波,都有回来的老人。我的一位调查对象陈琴华老太,丈夫和儿子都在铁道部上班,她住北京20多年,一口普通话,打扮也很时尚,2005年老伴去世后,她拒绝了儿子的挽留,从北京回到箬山。原来在箬山渔村的老房子,屋里都长了草,弟弟把它作为冷库,她不嫌不弃,装修后,安心地住了下来。谈到回岛的感受,她说是回来就等于解放,从城里铁门铁窗的住宅里解放出来,有了说着同样语言的乡亲,有了习惯的民俗活动,渔村天天有戏看,附近几个村庄,庙里轮流唱戏,天天有海鲜,是真正的新鲜的海产品。

在调查中发现,这里有特色的艺术活动很多,信仰风气也很浓厚。因为都是明清两代从福建移来的渔民,保留着闽南的信仰妈祖,也杂有其他各种宗教和非宗教的活动。

箬山的信仰主要分为两个部分,一部分渔民信仰基督教,在箬山占四分之一多的人数。村民们自然地分成了两个信仰组织,平时邻居间相互往来,但是谈到信仰则立刻分得清清楚楚,当地人称信仰基督教的人为"信主的",村里有一个很干净宽敞的教堂,经常请外地的牧师来布道,每个星期都有活动。教徒之间互相帮助,有了很好的声望。他们独立开展活动,主要是唱诗、演剧,表现既现代又自豪,以不迷信自居,也以自己的宗教千年不变而感到可靠。

在调查中我也和信主的渔民谈过,他们对于过年、扫墓这样的活动并不排斥,过春节的时候,他们也贴对联,也在年三十守岁,他们认为这是民俗活动,与信仰没有关系。清明去给亲人上坟,除了不点香烛之外,其余活动照常。在主观认识上,他们认为信佛的是封建迷信,理由是信佛的在庙里烧香磕头,很不现代,而在教堂里唱歌听讲,自己也讲讲体会,而且主有力量保护我们,不断出现奇迹。当问到他们一些民俗的事项时,他们在私下里也很愿意回答,并且知道得很详尽,但是最后要说"不要说我说的,我信基督教,不讲这些",因而他们不愿意透露姓名。当问到他们什么机缘信仰了基督教的时候,一般都是因为母亲信,所以孩子自然就跟着信,我调查的对象既有50多岁的男人,也有30多岁的

女人，对于《圣经》的内容并不十分熟悉，明显看出不是由于经典的指引，而是由于母亲的指引，母亲或者是由于邻居的劝说，或者是由于受到信教者的帮助，总之是世俗的原因扩大了基督教的信徒。世俗性也表现在对待传统民俗活动的态度上，春节渔民普遍贴对联，信主的人家也都贴有红对联，相对于普通人家对联内容的丰富，信主的人家只能贴上颂扬主的颂词，千篇一律略显单调，但却仍然是贴。对于清明祭祖上坟，也照常进行，只是仪式不同。出海打鱼，渔民有妈祖的香袋保佑，信主的渔民也在船上插旗帜或写上"以马内利"的字样，所以非偶像的宗教在民俗力量的指引下，正在地方化。

基督教的信仰也表现了女性的力量。由于渔民的家庭由女人掌管，孩子和丈夫听从女人的安排，女性在传播宗教方面体现出了特有的优势，一个家庭往往是妻子先确定了自己的信仰，然后播及孩子和丈夫。现在信仰也涉及了婚姻关系，往往是同信仰的人家结亲，或者逐渐按照新娘的信仰而改变。教堂里的事务也是几个妇女在管，主要的活动也多由妇女主办。由于盖教堂占地和遮挡阳光等问题，教堂里主要管理者对村里的人有一些意见，认为村里人的迷信影响了教堂的发展，但是普通的信徒则和其他村民和睦相处，也愿意参与一些小的民俗活动。

相对于信仰基督教的村民，不论是信仰观音还是信仰妈祖，人们统称为"信佛的"。在这部分里又包括观音信仰、妈祖信仰和其他神灵信仰。这部分村民是传统民俗的主要传承群体，也可以称为泛信仰者。

我的第二位调查对象江凤莲老太太（照片1），2005年62岁，是一个热心于庙里活动的人，也是民俗文化的重要传承人，她向打工的河北人学了普通话，调查起来很方便。她的老伴比她大两岁，和他人合伙办了冷冻厂，有冷冻船负责运输，家里有三层的小楼，楼上可以眺望海港，有很好的风景。江凤莲和村里的观音堂有很密切的联系，她自己也深信观音。村里的观音堂就是在她的热心张罗下恢复的，现在已经成为县级文物单位。每年的三月十九日观音生日、六月十九日观音的出家日、九月十九日观音的升天日，庙里都有活动，她也都热心地参加。庙里的活动称为做法事，做法事的时候最多观音堂有1000多人，都是自发而来，佛堂里备有素菜，每一户人家出钱20-30元，人们争着来干活。客观上也凝聚了村民，有集体活动的意义。平时初八到十八她去庙里值班，值班的时候就在堂里住，早晨四点要起来敲钟。有法事的时候大家都来帮忙念经，遇到办法事的人家，他们会组成八个人以上的念经小组，一堂经要两个小时，念经的时候有话

筒、音箱，已经很现代。做法事要跪在观音前连着念七遍经，很累，但是因为有信仰的支撑才感到很愉快，主人家有时候会给100元左右的红包。平时在家里也念一些普及性的佛经，用荷花图案来记录念经的次数，点满一个荷花图需要两整天早起晚睡才能完成。这些荷花图填满后保存到农历的七月七和九月九，这两天拿出来烧掉，用她的话说是敬天地敬佛祖，保佑儿童健康。

照片1

江凤莲虽然虔诚地信仰观音，但对于其他宗教的信仰并不诋毁，而且能够平心静气地对待，这种态度基本上代表了信佛的人群。她说，不论信什么都是让人做好事，做好人，从这点上说，两边都是一样的。信佛的活动多，老传统都不断头，每年节日多，庙里的活动多。而信主的把很多的老事都丢了，不许说也不许讲。但信主的最大的好处是团结，教友之间真诚的相助，互相关心，这一点比信佛的自己管自己要好。而且信佛的人都有点私心，有事了才找观音，平时的时候不注意帮助人，这一点不好。村里的信观音的人很多，约占三分之一，走在村里的路上，经常见到妇女们手拿念珠在念佛，其中也包括20多岁很年轻的女人。

妈祖信仰是所有信佛的人群最基本的信仰，信观音的人遇到妈祖庙活动也来参加，箬山的祭妈祖活动很成规模也很有影响，与其他地方相比，带有很强的福建色彩。箬山的妈祖庙是在外箬海滩上填筑的庙基，经历了7年才得以建成，一共七开间，两厢三开间，庙内有天井，有戏台，上楼下廊，庙内有清末名儒陈策

三撰写的对联:"自莆田特出神灵奇迹常昭沧海波澜平万里,从桂岙中分香火侨民有庆箬山俎豆享千秋"。庙联很有意义,既说明了此庙的香火是从临近的桂岙的妈祖庙分建而来,已经有了几百年的历史,而且说出这里的人是福建移居到这里的"侨民"。

妈祖庙门外平台一丈多即是大海,海边有三排系船用的石狗鼻子,庙两边有巨型的排水洞,修得很讲究,现在是市级文物保护单位。2002年东海隧道开通,可以从箬山直达到庙门前。"文革"的时候天后宫被破坏,庙内的雕刻损坏严重,1990年岛内渔民集资重修,有功德碑详细说明了庙的历史和重修的经过,每一个对于修庙有贡献的人都碑上有名。2003年妈祖庙和福建莆田的妈祖庙建立了联系,渔民们由陆路把妈祖送去泉州,重塑了金身。金身比原像要大得多,为此大殿重新修了正门和戏台,9月9日妈祖从福建回来,举行了盛大的开光典礼,成为一方的盛事。福建渔民为此欢欣鼓舞。庙里五天唱戏庆祝。

我的第三位调查对象刘招兰老太太(照片2),2005年67岁,现在是妈祖庙的管理者。她瘦小而干净,人很朴素,话也不多。她每天吃住都在庙内,经管庙内的香火,也卖香和蜡烛,负责庙里的日常卫生和香火管理。她承包妈祖庙,每年向村里交3500元,自己批来香和蜡烛,人们来祭拜使用她的香烛纸钱,赢利归她所有。她陈述说,最初的妈祖是由木头雕刻而成,这个木头是从海上漂来的,停在这里不走,渔民们以为是普通的木材,于是想要锯成板,结果锯下血出,渔民们于是认定这是一棵神木,是妈祖的化身,她千里万里从福建漂来,保

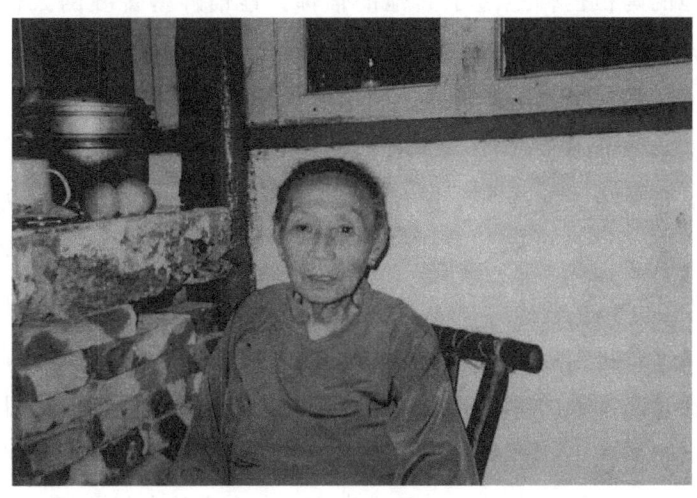

照片2

佑他们这些福建的子民，于是人们在此地建了妈祖庙，用这棵神木雕成妈祖像，因此箬山妈祖庙十分灵验。从古到今妈祖不断显灵，救助渔民，最近的一次是2004年农历十月的显灵。当时有一艘海船在海上遇浪沉没，船上有九个人，天气已经很冷，此时遇到风浪是很危险的，船上九个人知道生还的希望有可能落空，他们按照渔民的习惯把自己和他人捆绑在一起，其中有四个人一捆，有两个人成两捆，只有一个外地来打工的江西人不愿意和他人成捆。渔民们这样做是为了增大目标，一个人不容易被发现，一捆就能够引起注意。哪怕是遇到了不幸，也容易被发现埋葬在一起，不至于在另一个世界成为孤魂。

渔船逾期未归，家里人知道出了问题，妻子们来到妈祖庙烧香求告，恳求妈祖救助，求妈祖给一个明示，自己的丈夫能否回来。卦相说能够回来，可以到海边去连夜寻找，妻子们又担心地再次问卦，是活着回来还是死了回来，卦相说活着。据说妻子们在海边的潮水中真的发现了三捆人，共八个，虽然昏迷了，但经过抢救都活过来。在庆幸之余他们又来到妈祖庙向妈祖祷告，那一个打工的人家里有母亲，人很厚道勤快，请妈祖也把他送回来。卦相告诉人们能回来，于是大家齐心到海边上去寻找，也派小船到附近的海上去找，在晚一天之后，这个打工人也被冲到岸上。为此，妈祖庙热闹了几天，人们唱戏，谢妈祖对于渔民的庇护。村里的其他人也证实了这件事，由于是2004年发生的事，又是村里的事，增加了妈祖的威望。由于和福建湄州的妈祖庙有直接的联系，信仰者又是福建人，因而当地的妈祖信仰盖过了其他的信仰。连信仰基督教的人也并不排斥妈祖，只说这是民俗活动，不来庙内而已。

箬山信仰活动活跃，一系列的民间信仰活动也很有特色。

1. 与七娘夫人的认亲仪式——小人节

箬山最有特色的活动是七月七小人节，小人节的主神是七娘夫人，她们是儿童的保护神，相传是七个女人，也统称为七姑。过小人节实际上就是祭七姑。七姑没有自己的庙宇，于是人们用纸做成两层或三层的纸亭子，在亭子里的中心隐蔽处，用泥做七个小人，画上人脸，用布和纸做好衣服，这就是七娘夫人了。七娘夫人的外围是庙宇般的纸做廊柱，隔扇，外边的廊子中是纸做的小人，这些小人就是自己家里的孩子。当地的成人年龄是16岁，所以1—15岁的孩子都要举行这种仪式，孩子的第一个七月七日最隆重，在自家的大门前摆上供桌，早早起来的母亲摆上早已准备好的亭子，三层到两层的五色缤纷纸亭很引人注目，纸亭

当地有专门的手工艺人做好来卖，三层的 300 元，两层的 200 元，一般有一点财力的人家都要买。亭子的前面摆上各种供品，主人尽其所能把生活中主要的美食不论鱼肉糕点水果茶酒，不厌多地呈献在七姑的面前。烧香敬酒，磕头祭拜，在早晨完成，然后就要烧掉。第一次过小人节的孩子，亲戚们尤其是舅舅都给予丰厚的礼品。我调查的一家，小小的孩子十个手指上全部是金戒指，有金手镯、金脚镯、金项圈，是名副其实的穿金戴银，这些都是亲戚们送的。第二个小人节之后便不再收重礼，过去每个家庭都不止一个孩子，所以第二个和第三个孩子也都要过第一次，但家里不论几个孩子也只有一个亭子，一张供桌。

七娘夫人是亭子里唯一的泥人，有拇指一样大小，当亭子烧掉之后，要把这七个小泥人捡出来放在屋瓦上，随着雨水小泥人就会融化，或被大风刮走，象征着七娘夫人重新回到了天庭。15 岁的孩子要单独做，亭子上有两个角，用以区别其他年龄，亭子里纸扎的小人身上一个包袱，一个雨伞，标明从此之后长大成人，完成了儿童的成长历程。离开母亲的庇护，要远走他乡，一个人独立谋生。此后他的命运祸福就由庙里边的神灵管，是渔民就要到妈祖庙去烧香了。

这个仪式有久远的意义。在调查中很多老人谈到 50 年代之前的中国渔村，生十个孩子一个不活的情况不在少数，生四五个只活下来一个是平常的，因而渔岛上领养孩子的人家很多。为了能够让婴儿活下来，人们创造了种种仪式，都是为了孩子们的平安长大。过小人节是世俗的说法，其正确的称谓应当是拜七娘夫人，这是父母以一种虔诚的心请七娘夫人来做自己孩子的母亲，自己以这种仪式完成与七娘夫人的认亲仪式。然后把自己的孩子象征性的小纸人和七娘夫人一起焚烧，意为这个孩子已经和七娘夫人为融为一体，从今以后成为神灵的儿子，不受其他冥冥中的鬼魅的侵害，寄托着父母的良苦用心。这种认亲活动每年都要确认一次，如同亲戚之间节日之间的来往，强化七娘夫人的保护作用。家庭里的其他孩子也每年祭拜，这是顺着第一个孩子的次序，成为七娘夫人的儿子，得到神灵的保佑，因而我推测在这种风俗的开端应该有一位儿童神灵，她是一位女性，有救治儿童和保护儿童的能力。只是时间的久远，只有活动保留下来，而七娘夫人的原始来历的故事失传，形象逐渐模糊，只留下纸亭子标志和祭拜的仪式。这种活动只在福建渔民中流行，以前都在自家祭拜，现在当地的大酒店都有为孩子做七月七的活动。进入其他城市生活的年轻父母因为那里没有这样的场所和氛围，都在自己的老家请祖父母代做，如果这一天是休息日，也都带孩子赶回来，

自觉地在传承着这种有信仰意义的民俗活动。

2. 向神灵的赎买仪式——扛抬阁

扛抬阁也是福建渔民从老家带来的一项民俗，是在每年的正月十五晚上举行的一项活动。所谓抬阁很类似于轿子，它的体积较大，四面透明。里边是化妆好并摆开各种姿势的儿童，儿童模仿戏曲里的演员进行装扮，打扮成民间流行的戏曲中的人物，如《白蛇传》一类，一人两人三人都可以。儿童四五岁到七八岁的为多，一行在锣鼓的伴奏下绕着村子转，并在一定条件下去外村。路过的村子和人家都要向阁子里的小人送礼物，亲戚送的就更多。过去没有人愿意让自己的孩子去当抬阁中的小人，这不仅仅是因为孩子要在阁子中转一个晚上，体力有点劳累，更主要的是认为当抬阁中的小人不吉利，因此过去都寻找比较贫穷的人家，许给这家一定的报酬。现在这项活动变成了一种娱乐活动，人们的观念发生了变化，都争着来当抬阁中的小人，而人们看到自己的亲戚在抬阁里都要送重礼，尤其是舅舅要送大礼。能够进入抬阁的孩子首先要漂亮，要引起人们的怜爱，其次是聪明胆大，不哭不闹，第三是有耐力，能够稳稳地在阁子里坐上两个小时。有一些动作像是孩子站着，实际里边都为孩子安了小座位，外面用大衣服罩起来。抬阁本身不需要五彩缤纷，它以白为上，过去是用白纸糊灯笼照明，现在都用电灯，但同样是白色，每一个抬阁的后面都有人抬着发电机。由于生活富裕了，当地的人已经不屑于自己动手，都雇请外地来打工的人帮助抬，本地给工钱，由信仰活动变成了纯粹的民俗娱乐。探求它的来历，应该和小人节一样意义深远。

首先，富有人家不愿意让自己的孩子当抬阁中的婴孩，认为不吉利，这说明这一项活动原来不是娱乐，而是一种影响孩子生存的献祭活动。在沿海和沿河地区都流行一种以少数儿童终止生命来换取多数儿童存活的仪式，这就是童男童女祭。在民间故事和神话小说《西游记》中都有表现，传说由动物修炼成的神吃了童男童女会长寿或增加本领，有了这样的神灵，当地的儿童普遍地难以存活。经过巫人指点，人们与神灵谈好，每年定期送给神灵几个儿童，以换取多数儿童的平安。扛抬阁的实质意义就是这种献祭仪式。因而它要找长得好的儿童，让神灵得到满足，但因为这是当牺牲品，所以有钱的人家才会去买贫穷的孩子充当祭品。

其次，抬阁之中以白色为主，即使在重色彩的今天也仍然以白色为上，而白色在中国的民俗之中代表着丧失生命和人们的祭奠。这说明在原始的活动中，这种意义非常明显，人们向抬阁献祭，因为抬阁中的儿童有替众人死亡的意义，大

家的捐献既有怜悯也有感激。

最后，扛抬阁活动有一个由十个男人组成的队伍，每个男人都装扮成一个有特点的老太婆，在一面大鼓的指挥下边走边舞引人发笑。他们跟在抬阁的后面，这十个人原始的意义应当是能够和神灵沟通的巫婆，由他们把抬阁中的儿童献给神灵，并换取神灵对其他儿童的保佑与不伤的承诺。渔民对于儿童的重视是调查中突出的印象。甚至有人提出渔民重小不重老。老年人的民俗节日和活动很少，而儿童的活动却很多，甚至对于儿童具有恶作剧性质的活动民俗中也给予支持。其中一项叫"打坟头桩"，这是清明给亲人上坟时，小孩们成群结队，看到有谁扫墓在纸钱还没有烧掉的时候，会围过来，扫墓的主人一定要给小孩钱，每人一元，也要分一些水果，过去带有小菜也要分一些。如果不给，小孩们就会把插在坟前的纸条拔掉，把上坟用的元宝纸拿下，这在当地认为是很不吉利的，因此都尽量地满足小孩的要求，如果是纸钱已经烧掉，就不再给了，孩子们也不贪多，拿到钱和糖果就会走掉，谁家的孩子都可以有这样的行为，这不认为是乞讨或不道德。这旁证了渔民对于后代集体的爱护和宽容。

扛抬阁祭献的应当是海中的动物神，因为抬阁要沿着海边走，结束在海边，然后熄灯，悄悄回来。现在虽然已经变成了娱乐性的活动，但是回村的时候仍然灭灯息鼓，保留了原始的意义。因为年代的久远，热热闹闹的仪式掩盖了原始的意义，消失了哭声。现在扛抬阁活动中的次要角色——十个各有特色的老太婆在鼓声伴奏下边扭边舞，被当地文化馆工作人员陈其胜整理出来，加工美化之后成了民间的舞蹈，起名叫"大奏鼓"，参加了当地的民间舞蹈比赛，此项活动也渐渐被说成大奏鼓。这一过程具有启示意义，它说明民间艺术活动的成长过程，很多是由原始信仰的一部分仪式转化而来，经过加工提炼而美化，再经过官方的某些活动而流传，从而失掉了它的本质意义。

3. 替代香火告知神灵的仪式——抬火鼎

所谓火鼎就是一个大铁锅里面放上炭火，最好是带些火苗，由两个人抬着，沿着村子游行，抬火鼎也在正月十五前后举行，各村也互相比赛，成为远近闻名的一项盛大活动。讲究的是第一个出鼎的村子，因为它必须坚持到最后，不许半途熄火。假如一个村子正月十二抬出了火鼎，其他村子可以十三晚上出鼎，也可以十五晚上出鼎，不论是抬到了哪一天，第一个村子都必须陪到底，不然就贻笑大方，叫作灭火绝后，很不吉利。因此第一个出鼎的村子一定在财力和人力上有

较充分的准备。这一项活动意义很明确,火是人类生存的标志,一个外来的渔民村要在当地树立起威望,站住脚跟,必须保持自己的火力。对于渔民来说,火鼎就是生命和食物,当正月里进行庆祝的时候,齐心合力保住自己的生存地和生命力等于是一次检阅和狂欢。因此村子里的男人基本都参加抬火鼎,不停地换班,不停地巡游。这是具有移民特色的活动,也是主要由男人参加的活动,海里渔船岸上火,不需要装扮成女人。此外火鼎在信仰意义上也是一个巨大的香炉,海边风大,香烛无法保持,火鼎里的火替代了香烛,是给神灵的通知或请柬。考虑到抬火鼎活动和扛抬阁同时举行,它的香烛意义就更加明显。

　　总之,通过对箬山民俗的考察,可以得出这样的印象,渔民在大海中拼搏,重视精神上的力量,浓郁的宗教信仰和民间信仰,是他们生产活动之外的正常活动。而每一项民俗活动在产生的初始都有其信仰的背景,有一些民间艺术形式就是信仰仪式的一个组成部分,摆脱了信仰之后或者隐藏信仰意义的活动,变成了民俗的娱乐活动,其中最热闹的部分在现实中仍在流行并得到传承,从而再次证明了民间文艺活动来源于生活、有现实生存需求和信仰的支撑的双重意义。

摘要

民間信仰と民間芸術との相互関係

劉　曄　原

　温嶺市石塘鎮箬山は漁業を生業とする海辺の半島に位置し、温嶺など当地の人々からは福建村と呼ばれている。2002年8月から2005年8月まで中国江南沿海村落民俗調査団と共に連続調査を行った。本稿では箬山で現在行われている宗教と民俗信仰及び特色ある3つの活動を紹介する。信仰については現行の3種の重要な信仰と女性が宗教の伝播や民間信仰の伝承に果たす役割について紹介する。また、キリスト教、仏教の観音信仰及び漁村生活中の媽祖信仰について紹介する。漁民生活と最も密接に関係する媽祖信仰については特に重点的に述べる。民俗活動は福建移民の特色をもつ祭七娘夫人を紹介する、これは"小人節"とも呼ばれ、子供を形式的に七娘夫人の養子として、人と神との親戚つきあいをする儀式である。台閣を担ぎ廻るのは、即ち子供を担いで巡ることである。調査の結果、これは古来の子供の節句の変形であり、火鼎を持つことと台閣を担ぐことが相互に関連しているとともに、また独特の活動であり、赤く燃える火は香と蝋燭の代わりで、台閣中の子供は神への供物であることを暗示している、と認識できた。この3つの活動は、全て現行の民間信仰と相呼応する関係にある。

　これらの信仰民俗の調査を通じて筆者は以下の印象を得た。漁民は大海で生命の危険を懸けているので、陸上生活者よりも精神的に依存できる物を重視し、宗教信仰や民間信仰はより深い。どの民俗活動もそのはじめは信仰を背景に持ち、ある種の民間芸術はまぎれもなく信仰儀式の一部分をなし、信仰性を消失してしまったものや信仰の意義が隠れたものは民俗的娯楽活動に変化したが、その中の最も盛んなものは現在でも伝承されている。これにより、民間の文芸活動は現実の生活上の必要性と信仰上の支えという二重の意義があることを明らかにした。

七夕"小人节"祭拜特色和源流

陈勤建

1. 石塘箬山七夕小人节的祭拜特色

温岭石塘镇今天以其中国 21 世纪第一缕曙光诞生地和盛产海鱼而闻名于世。其箬山东兴村,本名"打爿岙",20 世纪 60 年代前与石塘一起还曾是一个与温岭隔海相望的小岛。后在石塘西侧筑堤围海晒海盐,海水退去,渐与大陆连成一片。现有 4000 多住户,27000 余人口。原住民,大多是三四百年前从闽南沿海迁移过来的渔民。

七夕是中国流传广泛的传统节日。然而,我们在调查中发现,石塘地区却流行着与上述中国广大地区不一样的七夕习俗。其祭祀的名谓、形态、内涵、方式、目的奇异独特,具有鲜明的地域族群特色。据对石塘箬山东兴村陈琦(男,29 岁,制作人)、骆业生(男,70 岁,制作人)、陈其富一家(男,66 岁,制作人兼祭祀人)、梁翠琴(女,42 岁,祭祀人)、梁财庆(男,47 岁,制作人)等人的调查,陈述如下:

节日称谓

七夕,当地民众俗称"小人节"。这一天是 1 周岁到 16 周岁男女小孩做生日的佳节。箬山的渔民习尚,凡"信佛"(不是佛教意义上的崇信,而是泛神的民间信仰)的人家,一般没有在小孩出生日或周年为小孩过生日的习惯。小孩不论是哪一天出生的,都集中在"七月七"做生日。当地通称"做七月七"。小孩出生一周岁开始做,一直做到 16 周岁为止。

祭祀对象

祭祀的神灵民间俗称为"七星神""七姑星",亦名"七女神""七娘夫人""七姑""七仙女"等。

祭祀器物

　　当地盛行七月七过"小人节",过节要拜七姑星,祭祀品,首先是用玲珑剔透、五彩缤纷的彩亭,当地人通常简单地直呼其为"纸亭"(照片1),它是祭拜七夕神灵的主要神器。它们通常是用五彩纸和竹子为主要原材料结扎制作成的精美绝伦的立体的二三层楼台,每一层又有如民间的抬阁——做工精致的民间戏文舞台场景。内容有八仙过海、西游记等。人物长约10厘米,立体泥塑头像彩纸躯体服饰,举手投足,惟妙惟肖,栩栩如生,十分赏心悦目。纸亭大小高度不等,一般在50—100厘米左右,按需制作,按质论价,价格通常在四五十元,手艺好的艺人制作的要价也有上百元的。"纸亭"由自家制作或购买,现在,大部分人家是购置的。16周岁的男小孩的"纸亭",习俗以为即将转为大人,是最后一次享受,制作特别讲究,在底层戏文人物场景外正中位置加一个身负布包出外赶考的男青年,楼台最高层屋脊两端。金色的鱼龙尾冲青天,暗示金榜题名,整个"纸亭"金碧辉煌,故又名"金亭"。为女孩做的"纸亭",过去一般没有楼台样式的,而仅是传统的花轿样子。另外的祭祀器物是香烛、鞭炮。

照片1　纸亭

祭祀供品

　　与渔民座谈时,调查对象大多说,拜七姑星供品以素为主。现场实地考察祭祀场景时见到的实际情况是,供品十分丰富。果蔬琳琅满目,供桌正中位置放的

是鸡、肉、鱼的牺牲。以当日陈其富家为例，竖排的两张八仙桌，供品从里到外，排得满满的，几乎没有一点空隙。现场所随意采录的一个供桌上，由上而下的排列是：

  四碟干果：冬瓜糖、开心果、糖杨梅、蜜李干

  甜点：甜汤圆、鲜桃

  鲜果蔬：桂圆、紫菜、红枣、荔枝

     木耳、香菇、茭白、芹菜、金针

酒盅：7个（红糖水当酒）

  干点：糖龟（龟状年糕）

  圆盘：刀肉（整块）、目鱼干

    蛋（其他人家大多是刚宰杀，凝固鸡血块放置鸡身，保留头尾鸡毛的全鸡）

    黄鱼干

  食品：米线、粽子

祭祀供品视各家家境状况有丰盛，有俭约，但大致相同。（照片2）

照片2　祭祀供品

祭祀程式

  每年农历七月初一日到七月初七，每天清晨，点七支香，祭七女（姑）神。前六天不设供桌。七月初七清晨三四点钟起来，在自家门口场地设香台供桌，开

始正式祭拜。有长辈，一般是母亲主祭。燃香点烛，求拜心愿。通常是求七女神保佑小孩身体好，学习好，也求家庭平平安安，健健康康。香点尽时分，全家再次揖拜，放鞭炮，最后把"纸亭"连同戏文人物一块焚化——献给七女神。据原住民说，祭祀时间，20世纪60年代中叶前，是在农历七月初六的下午，视潮汛而定，涨潮满潮满水时开始，约在近黄昏四五点钟的时刻。祭祀程式，三把香，每把七支，点完即可。"文革"中一度作为封建迷信受到冲击和禁止，但是，老百姓多少年来的心中美好的心愿难以改变。为躲避冲击，祈愿小孩健康发展，人们就不约而同地移到第二天，即七月初七的凌晨开始，现一般为清晨进行。三十余年下来，改过来的日子倒也成惯例了。

当地民众对七女神的崇拜是十分虔诚的。在2003年农历七月初七晨调查时，少妇陈海琴对我讲："牛郎织女相会，会掉泪水。牛郎初六晚上就赶去相会，初六晚上下的雨水就是他们的泪水。初六晚上满天星星后也会下雨。昨天晚上就下雨，我在窗台上望星星，半夜里，雨就下来了，星星还是那么亮。"采访中适值12时8分又开始下毛毛雨。她母亲黄彩香插话："你看又下雨了，掉泪水了，这很灵的""现在的天气，日出雨落（一会晴一会雨，而且多为既有阳光又下雨的特殊气象），就是他俩（牛郎织女）一会哭，一会笑，儿子先到她那里，云就会出来"。陈海琴说，她从小就跟女伴在此时傍晚，去海边看彩虹。昨晚在家里看了一个晚上，满天星星，特别漂亮。

在中国，传统的七夕传说和祭祀，在现代化进程中逐渐消退。可在箬山地区仍很活跃。而且，对于牛郎织女的悲欢离合，这里的民众，衍化为关注他们自身的爱情结晶——孩子的健康成长，孩子的前程和未来。这在今天还是有着现实的积极的意义。祭祀的神器"纸亭"尚有"风月亭""虫二亭"之称。这是当地人随口说的俗称。正统的一般称呼为"风月亭"。人们改为"虫二亭"，字谜式的，一语双关：风（風）月无边——去掉两字的边框，自然成"虫二"两字；男女风月过后，子息的繁衍，水到渠成。而移情"风月"于"虫二"，也自然成章。中国元杂剧有一折无名氏的著名的"风月亭"，对"风月亭"和"虫二亭"的解释，后人已不知所云，整个场景的意境无法准确理解。箬山七夕小儿节的祭祀，却为我们拨开了笼罩在这折戏剧上的迷雾。也为我们今天从民俗艺术中追寻中国戏剧的发生和缘起提供了契机。"纸亭"制作精美的民间工艺及制作传承人在市场经济中的关系和作用，也引人注目。

2. 石塘箬山七夕小人节的祭拜由来

　　石塘箬山以"小人节"出现的别具一格的七夕祭拜习尚，马上引起了在当地考察调研的中日专家学者的关注。它与我们广泛流传的七夕习尚似乎很不一样。中国大陆七夕常见的传说习尚是：远古时候，上天王母娘娘有个外孙女名叫织女，她心灵手巧，一夜能织出几匹绢。一天，她和姐妹们到瑶池沐浴，看到凡间有个名叫牛郎的小伙子，为人勤劳忠厚，便私自下凡与牛郎结为夫妇。婚后，夫妻恩爱，男耕女织，生下一子一女，生活十分美满。不料此事被王母娘娘察觉，派天将把织女捉回天庭。牛郎爱妻心切，用箩筐挑着两个孩子，追上天庭，眼看要追上了，伫立云头的王母娘娘拔下头上玉簪，狠心一划，天空中突然出现一条波浪滔滔的银河，硬是拆散了这对恩爱夫妻。牛郎织女从此天各一方，分隔两岸。他俩的遭遇得到喜鹊们的同情，每年七月初七夜，便架起鹊桥，让他夫妻相会。"金风玉露一相逢"，便是"七夕"的由来。这一天，民间要进行乞巧活动，即向织女乞求智巧。传说织女聪颖美丽，多才多艺。她不仅会织云锦，而且还能缝无边的天衣。七月七日织女与牛郎重逢相聚，心情格外舒畅，如果在此时向她乞求智能巧夺天工，她定会将自己的技艺毫无保留地传授给人们，人们从此就可以除去笨拙，求得心灵手巧。在民间，七夕乞巧的方式有很多种，除了以上所说的月下穿针、蜘蛛卜巧、丢花针、掷松针外，还有在井边、葡萄架下静听牛郎织女哭泣，以麦豆嫩投放水中等多种乞巧方式。

　　在七夕乞巧活动中，妇女们不仅可以向织女乞求技艺，还可以根据自己的不同情况和心愿，向织女乞富、乞寿、乞子、乞爱情。在乞巧之前，要事先祭拜牛郎织女，祭拜之后跪地祈祷，默念自己的心愿。乞巧活动结束时，妇女们一般将供奉的瓜果等供品一半投于房上供天女享用，另一半留给自己，与大家分食。亦有的地方将所用花粉一半投于房顶，一半留作自用，以求像织女一样聪颖可爱。

　　另外，七夕风俗，经长期演化，形式多样，大陆一般的地方志，大致有乞巧、祭拜魁星、晒棉衣、晒书、祭拜七星娘娘、祭拜床母等。似乎没有"小人节"这样独特的祭拜场景。所以，我们在当地努力追溯它的由来。然而，几经田野调查，民间大多无从考究，当地却有一些传闻说是从台湾传过来的，真是出乎意料。查中国地方志民俗资料汇编和台湾史志，比邻大陆的原海岛玉环县方志载有相似的"七夕"习俗痕迹："乡间女子于前一夜采七色花散放盆上，置庭中或

屋顶接'牛女泪',是日拭目洗眼。或采篱槿叶渍'牛女泪'洗发濯梳具。闽籍人为子女购制'纸亭',设馔备醴以祭祀,并请先师、义父或长辈起正名,行'及丁礼',俗称'拜七娘亭'。至20世纪60年代后渐不传。"广大中原地区似无类似记载。而台湾说当代还有文史记录的踪影。

连横《台湾通史》卷二十三记载:

"七月初七日,古曰七夕。士子供祀魁星,祭以羊首,上加红蚪,谓之解元。值东者持归告兆,以羊有角为解,而蚪形若元字也。富厚之家,子女年达十六岁者,糊一纸亭,祀织女。刑牲设醴,以祝成人,亲友贺之。入夜,妇女陈花果于庭,祀双星,犹古之乞巧也。"

另据《台南县志》(十一卷一九五七年至一九六零年刻本)记载,农历七月初七的岁时民俗有"七娘妈生(七日)",曰:"此日是七星娘娘神诞。"神为年幼子女的守护神。如家有年达十六岁男女,需备办丰富祭品及所谓"七娘妈亭"彩亭一座。举行隆重祭奠后将彩亭焚化于庭前。据说男子16岁,即告成丁独立,其间颇受七娘妈抚育与庇护。特于神诞致祭谢恩,同时也在床前祭床母。俗称"出祖母间"。祖母,据说临水夫人的婆祖。

该县志七月初七的岁时民俗同时又有"七夕",云:"此夕为七日之夕,故称'七夕'。是夜,未婚女子设香案于月下,以瓜果、花粉、针线致祭织女星,乞授裁缝及织物之巧,所以亦称'乞巧节'。"究其由来,相传天上有一银河,两侧原有男女两星,男为牛郎,每日牵牛力耕;女为织女,昼夜纺织,各尽职责,为天上诸神耕织,不遗余力。两神年事虽达婚龄,尚未嫁娶,西王母深怜有感,为其摄(撮)合成婚。但自婚后男女恋情不舍,耕织俱废,于是西王母为考虑耕织,遂令牛郎织女各分居河之两侧,各同力事耕织,但只许一年之七夕一次相逢。自是以后,耕织如常,只得于七夕一度相逢。虽属神话,但寓有奖励男耕女织之意。

《高雄县志稿》(十一卷一九五八年至一九六八年铅印本)记载:"初七日,相传为织女牛郎二星相会之日。是夜未婚女子每致祭于庭,云可祈巧,故又曰'乞巧日'。又相传为'七星娘诞'。"《凤山县志》曰:"家供织女,称曰'七星娘'。纸糊彩亭,备花果、酒饭,命道士献毕,将'端阳'所结丝缕剪断,同花果掷于屋上,以黄豆拌糖及龙眼、芋头属馈遗,名'结缘'。今谓七星娘为幼年子女守护之神,如家有年达十六岁之子女,必以丰盛牺牲为祭,并制花亭一座与祭日焚之,以谢神恩。又,是日谓为'魁星爷神诞',旧时书塾皆放假一日,生

徒共备祭典……此俗今已不存。"

七夕是七星娘娘的生日，这恐怕是指包含织女在内的七仙女传说的衍化。风尚传说原来的情节中心是她与牛郎的爱情，可是到了她上升为娘娘尊称时，变成了对小孩生命健康成长的庇护和美好前程的祝福。

当今台湾有关七夕的文化网络介绍："七星娘娘的职务是保护婴孩免于受病痛威胁。因此每到七夕黄昏，家里有小孩的，会在门口祭拜，乞求子女顺利长大。与一般祭祀仪式相同，先烧香请神案的香炉，后再准备祭品。重要祭品有软粿（以糯米制成，中间压个凹洞，传闻是给织女装眼泪用的）、鸡酒油饭、圆仔花（代表多子多孙）、胭脂、白粉、金纸、烛等。必不可少的还有一座纸扎的七娘妈亭，家有满十六岁者，特别要供奉粽类、面线。祭后，烧金纸、经衣（印有衣裳之纸），并将七娘妈亭焚烧，将没有烧完的竹骨架丢到屋顶，此称'出婆姐间'（婆姐，传说就是临水宫夫人女婢），表示该孩童已成年。胭脂、白粉一半丢至屋顶，一半留下自用，据说这样可使容貌与织女一样美丽。祭拜七娘妈最著名的就属台南开隆宫的'做十六岁'。家中如果有小孩满十六岁的，家长会带着小孩前往开隆宫还愿，感谢七娘妈的照顾。除了携带供品外，有个象征子女成年的仪式：绫桌脚。即是父母或长辈高举七星亭让孩子由后往前钻过，且从七娘妈的供下匍匐钻行三圈，男绕左，女绕右，表示出了七娘妈亭已经成年了，举止行动要更成熟，且为自己做的任何事负责。"

由此可见，七夕日在台湾上述地区，除流行乞巧等常见的节日习俗外，还尚有纸糊供奉织女"七娘妈亭"彩亭的特殊习尚。七娘妈，又称"七星娘"。谓七星娘为幼年子女守护之神，为年达十六岁之子女祈求美好的未来。这与海峡彼岸的石塘箬山以"小人节"的祭拜十分相似。所不同的是，石塘箬山"小人节"的祭拜，是小孩出生后，年年当生日过，直至十六岁。而台南、高雄等地，据上述文献的文字记载，似乎只在十六周岁才进行一生唯一的一次。祭祀的执着、烦琐、持久显然大陆的石塘箬山要比台湾一些地区丰富。说它来自台湾，证据似乎不充分。那么，它究竟是从何而来呢？

3. 北宋京城七夕风尚的遗存和滥觞

穿过元明清三代七夕地方风习的云雾，追根溯源，我发现当今温岭石塘箬山"小人节"的祭拜和台湾台南、高雄七星娘娘神诞祭祀，殊途同归，共同源于北

宋期间京城开封流行的七夕时尚。宋代文人笔记颇多记录。

《东京梦华录·七夕》

七月七夕,潘楼街东宋门外瓦子,州西梁门外瓦子,北门外、南朱雀门外街及马行街内,皆卖磨喝乐,乃小塑土偶耳。悉以雕木彩装栏座,或用红纱碧笼,或饰以金珠牙翠,有一对直数千者。禁中及贵家与士庶为时物追陪。又以黄蜡铸为凫雁、鸳鸯、鸿鹩、龟鱼之类,彩画金缕,谓之"水上浮"。又以小板上傅土,旋种粟令生苗,置小茅屋花木,作田舍家小人物,皆村落之态,谓之"谷板"。又以瓜雕刻成花样,谓之"花瓜"。又以油面糖蜜造为笑餍儿,请之"果食",花样奇巧百端,如捻香方胜之类。若买一斤数内有一对被介胄者,如门神之像,盖自来风流,不知其从,谓之"果食将军"。又以绿豆、小豆、小麦于磁器内以水浸之,生芽数寸,以红蓝彩缕束之,谓之"种生"。皆于街心彩幕帐设出络货卖。七夕前三五日,车马盈市,罗绮满街,旋折未开荷花,都人善假做双头莲,取玩一时,提携而归,路人往往嗟爱。又小儿须买新荷叶执之,盖效颦磨喝乐。儿童辈特地新妆,竞夸鲜丽。至初六日七日晚,贵家多结彩楼于庭,谓之"乞巧楼"。铺陈磨喝乐、花瓜、酒炙、笔砚、针线,或儿童裁诗,女郎呈巧,焚香列拜,谓之"乞巧"。妇女望月穿针。或以小蜘蛛安合子内,次日看之,若网圆正,谓之"得巧"。里巷与妓馆,往往列之门首,争以侈靡相向。

《梦梁录·七夕》

七月七日,谓之"七夕节"。其日晚晡时,倾城儿童女子,不论贫富,皆着新衣。富贵之家,于高楼危榭,安排筵会,以赏节序,又于广庭中设香案及酒果,遂令女郎望月瞻斗列拜,次乞巧于女、牛。或取小蜘蛛,以金银小盒盛之,次早观其网丝圆正,名曰"得巧"。内庭与贵宅塑卖磨喝乐,又名摩睺罗孩儿,悉以土木雕,更以造彩装裀座,用碧纱罩笼之,下以桌面架之,用青绿销金桌衣围护,或以金玉珠翠装饰尤佳。又于数日前,以红熘鸡、果食、时新果品,互相馈送。禁中意思蜜煎局亦以鹊侨仙故事,先以水蜜木瓜进入。市井儿童,手执新荷叶,效摩睺罗之状。此东都流传,至今不改,不知出何文记也。

反映南宋杭州风土人情真实风貌的《武林旧事·乞巧》,对此也有记录:

立秋日,都人戴楸叶,饮秋水、赤小豆。七夕节物,多尚果食、茜鸡。及泥孩儿号"摩睺罗",有极精巧,饰以金珠者,其值不赀。并以蜡印凫雁水禽之类,浮之水上。妇人女子,至夜对月穿针。饾饤杯盘,饮酒为乐,谓之"乞巧"。及

以小蜘蛛贮盒内，以候结网之疏密，为得巧之多少。小儿女多衣荷叶半臂，手持荷叶，效颦摩睺罗。大抵皆中原旧俗也。

七夕前，修内司例进摩睺罗十卓，每卓三十枚，大者至高三尺，或用象牙雕镂，或用龙涎佛手香制造，悉用镀金珠翠。衣帽、金钱、钗组、佩环、真珠、头须及手中所执戏具，皆七宝为之，各护以五色镂金纱厨。制阃贵臣及京府等处，至有铸金为贡者，宫姬市娃，冠花衣领，皆以乞巧肘物为饰焉。

《西湖老人繁胜录》记叙京城七月风习云：

御街扑卖摩睺罗，多着乾红背心，系青纱裙儿；亦有着背儿，戴帽儿者。牛郎织女，扑卖盈市。卖荷叶伞儿，家家少女乞饮酒。

上述，都是当年宋都盛况的真实记录。

无论是北宋京城开封，还是南宋京都杭州，农历七夕，少男少女，穿新衣，拜双星，并乞巧，玩摩睺罗，从民间到宫廷，到处流传，盛行不衰。南宋杭州小女儿，七夕之时多效颦"摩睺罗"，穿半臂花衣，胸前装饰乞巧时的楸叶、瓜果等图形；靓妆笑语，竞往湖边放蜡制的鸳鸯、雁凫一类水禽，浮于水上。手艺人制作摩睺罗沿街叫卖，摩睺罗成为一种时尚，这是不争的事实。

可是，摩睺罗到底是什么东西？人们为什么在七夕流行与中国已有七夕传统不搭界的风习？

摩睺罗原是佛教的天龙八部神之一，当年曾是一个国王。有一位仙人犯了罪，被禁在后园中。国王忘记了这件事，有六日未供奉饮食。因此被罚坠入黑暗地狱，过了六万年才脱身成胎，又过六年才出世。六岁出家成佛，得道后，入大乘，久住世间者乃其变化身。供奉摩睺罗偶像成了信徒一种信仰。偶像大多是泥塑的小泥人，也可用木雕的。宋朝与异族文化交流甚深，所以容易受到影响。民间在七夕时逐渐流行"摩诃乐"的娃娃，又称"摩睺罗"或"魔合罗"，因为是梵文音译，所以不太一致，为祭祀织女、牛郎的一种供品。形态十分精巧可爱，有人曾经作过这样的描绘："摩喝孩儿，斗巧争奇。戴短檐珠子帽，披小镂金衣。嗔眉笑眼，百般地、敛手相宜。转睛底、工功不少，引得人爱后如痴。快输钱，须要扑，不问归迟。归来猛醒，争如我、活底孩儿。"其实，摩睺罗应是妇女在乞子时所供奉的吉祥之物，但从印度佛经原有摩睺罗的生平中，我们似乎找不出任何与七夕或求子有关的事迹。尽管如此，它到了中国，六岁出家成佛得道的成功经历，成了人们抚育杰出人才的理想楷模。人人争相顶礼膜拜。当时，七夕所

供奉的摩睺罗手中经常拿着一枝荷叶,因此在七夕时,许多小孩子也都打扮得服饰鲜丽,手持荷叶,在大街小巷游行嬉戏。随着时光的流逝,摩睺罗佛经的信仰光环逐步褪去,变为纯粹的玩偶,中国固有的传说戏剧人物取代了它的形象,成了今天温岭石塘箬山七夕小人节的独特景观。为什么自从宋之后,除石塘等个别偏远海边小岛尚存遗迹,大陆各地难见其踪迹,恐与宋亡有关。而遗迹地,是宋王朝最后的生存地,因为地理偏僻,后王朝势力和风尚影响薄弱,使其如活化石般得以保存和延续。

摘要

七夕"小人節"祭祀の特色とその起源

陳　勤　建

　中国大陸において、七夕の牽牛織女の伝説と祭祀は文明以降今日に至るまで、文献に記載された昔の風習に過ぎず、現代ではほとんど見られないものと思われていた。しかし我々中日浙江沿海民俗誌考察団は、最近浙江省温嶺市石塘鎮箬山の現地調査中、意外なことに今日でもなお行われており、七夕祭祀と関連してはいるが、独特の特色ある「小人節」を発見した。この民俗はただ石塘鎮の漁民のみの風俗で、当地の住民は、これは福建省の恵安及び台湾から伝わったものだと思っている。4年間に亘る数次の現地調査と歴史文献との比較研究の結果、以下のような結論に至った。

　この民俗は中国本土の古代七夕祭りである七星娘娘の遺風が当地特有の環境の中で発生し変化したものであり、中国大陸の他の地域では、元代以降はほとんど見られなくなったものである。宋代の都市特有の雰囲気が印度異域文化の七夕の風習を残存させてきた。この宋代民衆の愛情生活中の文化的な生きた化石とも言える習俗は、千年を経てもなおこの辺鄙な漁村に残され、男女のロマンチックな感情の交錯から、愛情の結晶すなわち子供の幸福な未来を希求することに変化した。我々にとって歳時習俗の生命力が拡大し、伝統文化が今日なお伝承・伝播されることはともに非常に有意義なことである。

漁と海に関する俗信

常 光 徹

はじめに —俗信と迷信—

　日本で「俗信」という語がいつごろから使用されるようになったのかは明らかでないが、漢語に用例がなく、おそらく近代の造語もしくは訳語だと考えられる。現在、「俗信」は、予兆・卜占・禁忌・呪術に関する伝承（とくに、一行知識といわれるように短く表現されるもの）を中心に妖怪・幽霊を含めて用いられる場合が多い。民俗学に関心をもつ人たちのあいだで、主に兆・占・禁・呪をさす用語として広く使用され定着したのは、1931〈昭和6〉年〜3〈昭和8〉年頃と推測される。

　調査においては、日本での事例を参考にして、主に兆・占・禁・呪にまつわる伝承について聞き書きをおこなった。研究分担者の陳勤建氏によれば、中国では「俗信」の語は民俗学の研究者のあいだでは使用される場合があるが、一般には俗信という言い方はないという。話者から具体的に事例を聞いている過程で、何度か「そういうのは迷信」だという発言を耳にした。俗信と呼んでいる内容は「迷信」と重なる部分が多いことが推察されるが、それでは、迷信についてどのように理解しているのだろうか。汪玉彩さん（64歳・女）は、「家の息子が病気になって病院に行っても治らないとき、家の前で線香をもやして、門の前を通る鬼に息子の病気を治してくださいといって拝み、治してくれたら何か食べ物をさし上げるということをする。こうした行為は迷信である。また、『蛇を指さしていけない、指さすと腐る』というのも迷信である。しかし、『蟻が行列をつくると大雨になる』というのは迷信ではない。それは、蟻は人間より早く本当に雨が降ることを知っていてそうなるから」という。ま

た、陳阿香さん（75歳・女）は、「『蛇を指さしてはいけない』というのは迷信だが『夜、爪を切ってはいけない』というのは迷信ではない。なぜなら、蛇を指さしても指が病気になることはないが、夜爪を切ると深爪をする危険があるから」と説明してくれた。二人とも、科学的な根拠が想定できるとか合理的な解釈から説明のつくものは迷信ではないが、そうでないものは迷信だという理解である。

『現代漢語詞典』（第5版、2005年）には、迷信について「神様や妖怪など自然の中に存在しないものを存在すると信じることである。一般的に盲目的に神様や妖怪などを信奉したり、崇拝することを指している」とあり、『辞海』（1999年）には「普通は星占い、占い、風水、命相、鬼神などを信奉する愚かな思想であるが、一般的に盲目的信奉や崇拝などを指している」と記されている。陳勤建氏は「結果に害があるものを迷信という。宗教と迷信は別だが、ただ、他宗に対して、たとえば仏教徒がキリスト教は迷信だといったりすることもあり、さまざまな使われ方をしている」という。迷信の定義として、害があるかどうかを拠り所にするのは、学術的な根拠とは別の社会的な判断が求められるが、『日本民俗大辞典　下』（2000年）でも「俗信のなかで特に社会生活に実害を及ぼすと考えられているもの一般」を迷信としている。

1. 廟での聞き書 ― 触発される記憶 ―

調査は、特定の話者のもとを何度も訪ねるやり方ではなく、廟のなかや道端で出会った人から聞くことが多かった。とくに、廟は信仰の対象としてだけでなく、地域の人々のコミュニケーションの場で、さまざまな人が出入りする空間である。ここで話を聞いているとすぐに周りに人の輪ができる。俗信は身近な話題だけに、私の問いかけに対して周りの人からさまざまな反応がかえってくることもしばしばだった。同時にいろいろな発言が交錯して、収拾がつかなくなったこともあったが、ときには、話者の話した内容に触発されるように新たな話題が飛び出して、さらに興味深い話に展開することも少なくなかった。たとえば、禹王廟で、陳永義（65歳・男）さんから話を聞いていたとき、陳さんが「蛇に噛まれた夢は、殺された蛇が仕返しにきているためだ」と言ったのをうけて、傍で耳を傾けていた汪玉彩さん（64歳・女）が次のような話をした。

昔、ある夫婦が山の中に住んでいた。あるとき男が薪をとりに山に行き、刀で木を切ろうとしてそこにいた蛇の体を切ってしまった。男は二つに分かれた蛇の体の尻尾のほうを持ち帰った。そして、川の近くに埋め、その上に石を置いて「この川の水がふえてこの石を流したら仕返しにきてください」と言った。あるとき大雨がふって川の水がふえ、本当に石を流してしまった。夜、男が蚊帳の中で寝ていると、蛇の頭の方があらわれて蚊帳の上の穴から入ろうとした。しかし、刀で切られた切り口が大きくなっていたため、そこがつかえて下りられなかった。そこに奥さんがきた。奥さんは夫の名前を呼ばずに、ゴザを取り出して起こした。蛇は逃げていった。

　この話を語った後、「だから蛇は生殺しにするな。頭を完全につぶさないと仕返しにくる」という俗信に結びついた。俗信の由来譚として伝承されていることがわかる。これからさらに「家の中の蛇は殺してはいけない」という禁忌につながっていった。

　汪さんはまた、陳阿香さんが「枇杷は美味しいが、枇杷の木を植えるのはむつかしい」と話したのを聞いて、こんな話をした。

　昔、家に二人の息子がいた。ある日、二人の息子は一本ずつ枇杷の木を植えた。だんだん大きくなって一本の木に花が咲き、実がなったが、するとそれを植えた息子が病気になって死んだ。やがて、もう一本の木に花が咲き実がなると、息子が病気になった。母親は二本の枇杷の木を切ってしまった。すると息子の病気がよくなり死なずにすんだ。だから若い人は枇杷の木を植えてはいけない。お年寄りは植えてもよい。

　この話も枇杷の禁忌の由来譚である。小さいとき、姉と一緒に枇杷の木を植えようとしたら、母親が止めて、この話をしてくれたという。汪さんによればこの話は典故（故実）にあるという。お年よりは植えてもよいというのは、実のなる頃には死ぬからということのようだ。

　禁忌に対する地元の人たちの心意を十分理解しないまま質問をして失敗したこともある。小箬村の陳冬生さん（59歳・男）の家の前で何人かの人から話を聞いていたとき、「犬の夜鳴きはわるい」という伝承をきっかけに、犬はどのように鳴くのかを訊ねたが誰からも返答がなかった。その前に、猫の鳴き声については教えてもらっていたので、少し不審に感じながら再度訊ねたがやはり

返事がない。すると陳冬生さんが「このあたりでは、犬の鳴き真似をすると犬のようになるから、犬の鳴き真似はしない」と言った。その後、金子林さん（74歳・男）からも「犬の鳴き声を真似るのはよくない。人格の侮辱になる」と教えてもらった。気がつかなかったとはいえ、不用意な質問だったのである。

夢の俗信について聞いていると、そういうのは暦に載っているという人が何人かいた。たまたま、床屋をしている陳冬生さんの店に日めくり暦が掛けてあったので見せてもらうと、夢見の吉凶が印刷されていた。口頭だけでなくこうした印刷物を介して俗信が広がっている面も見逃せない。

2. 漁・海に関する俗信

60歳以上の男性の話者は、ほとんどの人が漁業に携わった経験をもっている。それだけに漁や海に関する俗信は豊富に伝承されている。海上で水死体（元宝）を見つけたときにどうするかという対処の仕方についても、実際に遭遇した体験があるかないかは別にして、多くの人が似通った知識をもっている。男の元宝は上向きに女は下向きに浮いていると誰もが言う。郭修喜氏によれば、まず、漁師は元宝に向かって「あなたを港まで連れて行くが、あなたは私たちの船を守ってください、豊漁にしてください」と言うといい、陳其才氏も「これから一緒に帰りましょう。よろしく船を守ってください」と声をかけるものだと教えてくれた。元宝を捕捉するには、先を輪にした縄をつくって投げ入れ「帰りたければ輪の中に入ってください」と言うと不思議に自分から入るものだという。縄ではなく、布団のカバーを投げ入れそれに元宝をいれるという例もあった。元宝の浮いている向きが反対の場合の対応はまちまちで、向きに関係なく連れて帰るという人もいれば、反対の場合は連れて帰らないという人もいた。陳其明氏は「村に帰りたければひっくり返れ」と声をかけるものだという。反対の向きで浮いている元宝は「神様を信仰していなかったからだ」とか「行いが悪かったからだ」と説明されるように、生前の行いがよくなかった結果とみられている。

縄を引っぱると輪がしまるようになっている。捕捉した元宝は船の中に上げて連れ帰る場合と、縄の先につけたまま港まで曳いて帰る場合がある。連れ帰

った元宝は身元が分かればかえす。家族に会うと元宝は鼻血を出すという説明も共通している。金子林氏は、40代の時の体験として、他人が連れ帰って海辺に置いていた元宝に奥さんが面会したとき本当に鼻血をだしたのを見たと話してくれた。身元の分からない元宝については、船の乗組員で簡単な葬式をするが、そのやり方や埋葬地は必ずしも決まっているわけではないようで、話者によってまちまちである。

　元宝を連れ帰ったためにその後漁運に恵まれたという話はよく耳にしたが、反対の話も伝えられている。郭修喜氏は「2、30年前、ある船が元宝を見つけたが上げずに漁を続けた。翌日にも同じ元宝があらわれたがやはり上げなかった。しかし、その船は暴風雨に遭って3人も死んだ。元宝を上げないと安全面でもよくない」と話してくれた。

　水死体に関する伝承を紹介したが、ほかにも漁に関する俗信、とくに禁忌の類は少なくない。たとえば船中で「鬼」「死ぬ」「苦しい」「沈む」「ひっくり返る」「風」といった言葉を口にしたり、大声を発するのを忌む。不吉な言葉だけでなく「船の中で口笛を吹いてはいけない。風がでる」「船の便所では左の手は使ってはいけない」「歌をうたうな。魚が逃げる」などの禁忌もある。口笛の禁忌は日本でもいうが、鄭達春氏によれば「昔、帆船の時代には、風が無いと風が出るように口笛を吹いた」こともあったという。以前は女性を船に乗せるのも嫌ったという。また、食事中に魚の目玉を食べると船に描いてある目が魚を探せなくなるとか、皿の中の魚をひっくり返して食べると出漁中の船がひっくり返るといった類感にもとづく禁忌もみられる。そのほか、船に止まった鳥による吉凶も興味深い。帆柱に撒尿婆鳥が止まるのは凶とされ、そのときには飯を炊く棒で帆柱の下を叩いて逃がすというが、一方、ツバメが船に止まるのは吉兆とされている。

　生後1カ月以内に死んだ子どもは、山の墓に埋めずに海に流すということが以前には広く行われていたようだ。陳其明氏によれば「生まれて1カ月以内に死んだ子どもは昔は海に投げ捨てた。子どもは裸で莫蓙のようなものに包む。莫蓙の中には何も入れない。家族が海岸に捨てに行く。昔は海に捨てている子どもをよく見かけた。一カ月以内の子どもは人間ではない。以前はへその緒を切る鋏が不衛生で7日以内に死ぬ子どもが多かった」という。黄三忠氏は「赤ちゃんが1ヵ月

以内に死ぬ（夭死人）と茣蓙に包んで海に流した。流すのは母親以外の家族の者。土葬すると生れ変われないが、海に流すと生れ変わることができる。20年ぐらい前までやっていたが、その後、海に流す人と土に埋める人に分かれた。現在でも未婚の人の子どもが1カ月以内に死ぬと海に流すことが多い」と話してくれた。山の墓に埋めると犬が掘り出して食べるからだともいうが、この民俗に共通しているのは、1カ月以内の子どもは人間ではなく、海に流すことで生れ変わることができる、あるいは、早く生れ変わってくるという観念である。

資料

浙江省温嶺市石塘鎮　2002年8月24日調査

鄭達春　1931年生まれ（男）

○子どもの歯が抜けたときは、上の歯はベッドの下、下の歯は屋根の上に、足をそろえて投げる。
○喜鵲が鳴くと客が来る。
○カラスが鳴くと縁起がわるい。人が死ぬかもしれない。
○猫頭鷹が鳴くと不吉。
○毒の無い蛇の夢はよいことがある。
○毒蛇の夢はわるい。
○棺桶の夢をみるとよいことがある。
○悪夢をみたらお金（本物ではない）を部屋の前で焼く。
○クシャミは誰かが私のことを思っているから。
○人に会ってすぐクシャミをするのは、その人を嫌がっている証拠。
○モノモライ（麦粒腫）は、穴を髪の毛でさすとよくなる。
○シャックリはお湯に砂糖を入れて飲むと治る。
○トンボがたくさん飛んでいると蒸し暑くて雨が降る。
○家の中で傘をさしてはいけない。背が伸びなくなる。
○子どもは人の股をくぐってはいけない。背が伸びなくなる。
○蛇を殺すときは完全に殺す。そうしないと仕返しをされる。
○猫が死んだら首を紐でくくって木の枝にかける。
○女性は舟に乗ってはいけない。乗ると舟がひっくり返る。（とくに1940年

代前にいった）。
○商売をする人は、舟に女の人を乗せるのをとくに嫌った。
○夜、口笛を吹いてはいけない。鬼がなくような声だから。
○1、2歳の子どもがプープーと息を吹くと大風がくる。
○昔、帆船の時代には、風が無いと風がでるように口笛を吹いた。

浙江省温嶺市石塘鎮箸山　2003年8月3日～6日調査

〈8月3日〉

陳其鼎　71歳（男）東海村生まれ、同地在住。
○蛇の夢は吉。
○クシャミは誰かが私をうわさしている。
○耳がかゆいのは誰かが私のことを思っている。
○モノモライ（麦粒腫）は、稲のような植物を穴にとおす。
○猫が死んだときは首に縄をかけて木に吊るす。
○犬が死ぬと海に棄てる。
○昔は女の人は舟に乗ってはいけないといわれていた。

陳其勝　1961年生まれ（男）東興村出身、同村在住。
○船の中では、風、帆、鬼という言葉をつかってはいけない。
○船の中で口笛を吹いてはいけない。風がでる。
○食事中に魚の目玉を食べてはいけない。船に描いている目が魚を探せなくなる。（1986年頃から魚を釣ることをしなくなり、この俗信も言わなくなった）。
○食事中に皿の中の魚をひっくり返して食べてはいけない。出漁中の船がひっくり返る。

〈8月4日〉

陳其忠　1946年生まれ（男）東山村生まれ、同村在住。
○蛇の夢はよいことがある。
○生きている人が死んだ夢はよい。
○死んだ人がついて来いという夢はわるい。
○乳歯が抜けたときは、足をそろえて上の歯はベッドの下へ、下の歯は屋根の

上に投げる。足をそろえるのは歯の上下がうまくかみ合うようにという意味。
○歯の抜けた夢をみると家族の誰かが死ぬ。
○歯がそろっている夢はよい。
○悪い夢をみたときは、口元を手で払いながら「出ていけ、出ていけ」と言う。（陳さんの母親や祖母が行っていたという）
○寝ているとき誰かに呼ばれても返事をしてはいけない。霊魂が呼んだ人について行くかもしれないから。
○船のなかでは、魚がたくさん獲れるとか、少ないなどと言ってはいけない。
○船のなかで「風」と言ってはいけない。
○手漕ぎ舟で帆をつけていたときには、風がほしいと口笛を吹いた。
○猫が死ぬと大きくて高い木に吊り下げる。猫は鼠をとってくれたから、鼠に死体を食べられないように。
○病死をした犬は土の中に埋める。
○クシャミが出たのは、遠い家族が私のことを思っているのかもしれない、または、ある人が私の悪口を言っているのかもしれない。
○シビレは藁きれを口に当てて唾をつけ、それを額につける。
○夜、爪を切ってはいけない。切ると爪が死んでしまったという。
○夜、口笛を吹くと鬼が来ることがある。
○部屋の中で傘をさすと背が伸びない。
○生まれてきた子が1カ月以内に死ぬと、山の墓に埋めないで海に流した。そうすると早く生れ変わる。1カ月以内はまだ人ではない。
○犬が深夜にウォーウォーと声を引くように鳴くのは鬼に出合っているのかもしれない。誰かが死ぬかもしれない。
○部屋の中に大きな蜘蛛がいるとよいことがある。蜘蛛は喜ぶと発音が同じ。
○トンボが低く飛ぶと雨になる。
○爪に白い点がでると運がわるい。
○蝶が部屋の中に入るとよい。

○鼠が家の中で騒ぐとわるい。
○鼬（ユー）が家の中で騒ぐと縁起がよい。
○怪我をしたらその部分をなめてフッと息を吹きかける。
○カラスが鳴くとわるい。
○喜鵲（シーチェ）が鳴くとよいことがある。
○ツバメが家に巣を掛けるとよい。海に出てツバメが死んでいると漁師は悲しむ。旧暦の3月ごろの霧の日などに船に止まって休むことがあると、漁師は喜ぶ。
○人が死ぬと近所の家では箒を逆さまに立てる。死者の魂が入ってこないように。これは寧波で見た。
○蟻が卵をくわえて行列をつくると大雨になる。

郭修喜　59歳（男）新建村生まれ、同村在住。
○太陽が笠をかぶると雨になる。
○夕方、太陽が赤いと翌日は晴れる。
○蟻が穴から出て行列をつくると雨になる。
○漁船では朝の3時ごろキャプテンが「起きろ」という。その時、船員は黙って起きると魚が獲れるが、おしゃべりをすると魚が獲れない。
○元宝（水死体）を見つけたら、漁師は「あなたを港まで連れて行くが、あなたは私たちの船を守ってください、豊漁にしてください」と言ってから上げる。2、30年前、ある船が元宝を見つけたが上げずに漁をした。翌日、同じ元宝があらわれたがやはり上げなかった。しかし、その船は暴風雨に遭って3人も死んだ。元宝を上げないと安全面でもよくない。
○船の便所では左の手は使ってはいけない。
○乳歯が抜けたときは、上の歯でも下の歯でも口に入れ、足をそろえて、屋根の上をめがけて吹きだす。
（自分はそのようにやった）。

〈8月5日〉
陳其才　62歳（男）東海村生まれ、同村在住。
○船中では、死ぬとか苦しいという話をしてはいけない。
○猫が死ぬと昔は木に吊るしたが今は海に棄てる。年寄りのなかには今でも

吊るしている者がいる。
○クシャミをすると、家族や友だちが私のことを思っている。
○シャックリが出たら水を飲む。
○蛇の夢はよい夢。
○歯が抜けた夢は息子が死ぬ。
○歯ぐきから血の出る夢は家に悪いことがある。
○夜中の2時ごろ口笛を吹いてはならない。
○シビレは藁に唾をつけてそれを額につける。
○蟻が行列をつくると大雨がある。
○元宝（水死体）を見つけると、元宝にむかって「これから一緒に帰りましょう。よろしく船を守ってください」と言って、連れて帰る。元宝の家族が来て名前を呼ぶと、元宝は鼻血をだす。身元のわからない元宝は土地を買って埋葬する。男の元宝はだいたい下向きになって浮いている。もし上向きだったら上げない。女の元宝は上向きだったら上げるが下向きは上げない。
○船についている目玉は龍の目玉。どこに魚がいるかはっきり見える。
○鯧魚（チャンユ）という魚の目玉は食べない。蛇の目玉に似ているから。蛇の目玉は両方とも小さい。
○昔は、生まれて1カ月以内に死んだ子どもは海に流した。早く生れ変わってくるから。（17年前に見たのが最後）
○トンボが低く飛ぶと雨になる。
○ツバメが家に巣をつくると縁起がよい。
○船にツバメが来て止まると縁起がよい。
○漁師は、魚がたくさん獲れるとは言わない。

汪銀鳳　66歳（女）東海村生まれ、同村在住。豚肉の切り売りの商い。
○火事の夢はよい。
○クシャミはあなたのことを他の人が思っている。
○シャックリがでたらお湯を飲む。
○目が飛ぶ（瞼の痙攣）は、右目は他人におこられる、左目は何かが目に入る。

○シビレは藁に唾をつけて額につける。
○モノモライ（麦粒腫）は、棕櫚をできものの穴に入れる。
○猫が死ぬと木に吊るした。
○1匹あるいは2匹で生まれた猫は鼠をよく取る。
○犬が夜中にウォーと鳴くと年寄りが死ぬ。
○カラスが鳴くのはわるい。
○ツバメが鳴くのは縁起がよい。
○妊婦の腹が丸いと女の子、尖っていると男の子が生まれる。
○箸をご飯に立ててはいけない。
○鼦（普通の鼠より尾が短い）が騒ぐと家が発展する。
○箒で人を掃いてはいけない。
○人が家を出るときに箒で掃いてはいけない。
○子どもが家の中で傘をさすと背が伸びない。
○生まれて1カ月以内に死んだ子どもは海に流した。子どもを莫蓙に包み、他人の年寄りにたのんで流してもらった。
○手にちょっとした怪我をしたときは、唾をつけてフッと吹く。

　　陳其明　67歳（男）里箸村生まれ、同村在住。陳金梅　50歳（女）里箸村生まれ、同村在住。里箸村のある家の前で、この2人をはじめ10人～20人の村人が入れ替わり来て話をしてくれる。

○蛇の夢はわるい。
○クシャミは他の人が私のことを思っている。
○子どもがシャックリをするとお湯を飲ませる。
○シビレは草または指に唾をつけてそれを額につける。
○乳歯が抜けると、子どもは足をそろえて、下の歯を屋根の上に、上の歯はベッドの下に投げる。
○大晦日に鼠が騒ぐのはよいこと。
○鼦が騒ぐのはよい。
○猫が死ぬとお札で首を巻き、紐で木に吊るす。
○妊婦のお腹がかたいと男の子、やわらかいと女の子が生まれる。
○妊婦は死体を見てはいけない。生まれてくる子の首がまがる。（しかし、4

カ月後には元に戻る）
○妊婦が蛸を食べると胎盤の形が蛸の形に似てくる。
○歯が抜けた夢はわるい。
○歯が血と一緒に抜ける夢を見ると家族の1人が死ぬ。
○奥歯が抜けた夢は離れている家族と会う。
○元宝（水死体）は、男はうつむき、女はあおむきになっている。そうでないときは、元宝に「あなたが村に帰りたければひっくり返れ」と言う。実際にそんなことがあった。縄の先を輪にしたものを投げ入れて「あなたが戻りたければこの穴に入れ」と言うと不思議に自分で入る。身寄りの分らない元宝は土地を買って埋葬する。元宝を上げると豊漁になる。
○船の中では歌をうたってはいけない。その声で魚が逃げる。
○舟の中では口笛は吹かない。
○ご飯に箸を立ててはいけない。線香を立てるから。
○蜘蛛がいるとよいことがある。
○蛇を指さしてはいけない。さしたときは、反対の手で手刀をつくってさした指を切る。
○蛇を指さすときは握りこぶしをつくってさす。
○蛇を見たときに人の名前を言ってはいけない。
○蛇の大きさを手で表現してはいけない。
○犬が夜中に声を引いて鳴くと年寄りが死ぬ。犬は鬼に遭うとこのような声をだす。
○夜、爪を切るとその爪は伸びない。
○箒を逆さに立ててはいけない。
○モノモライ（麦粒腫）は着物の裾を糸で7回結ぶ（陳金梅さん）。
○モノモライ（麦粒腫）は、右の目なら左手の薬指、左目なら右手の薬指を糸で7回結ぶ（陳金梅さん）。
○玄関に座るのはその家を出たいという意味で失礼な行為。
○ツバメが家に巣を掛けるのは吉。
○豚、牛が死ぬのはその家の災難の身代わりなので、その家には災難がこない。

○隣の家が火事のときは、饅頭を蒸す道具（飯蒸）を家のなかの横に渡した柱の上に置くと類焼を免れる。この道具は火の神のおじさんだから。
○地震は、地獄の地蔵さんが天秤棒を右の肩から左の肩に移すときに起きる。
○赤は縁起のよい色。
○亀をとったら甲羅に字を刻んで海に戻す。
○爪に白い星ができると運が悪い。
○嫁が実家を出るときには振り返ってはいけない。家が衰える。
○嫁が新郎の家にむかっているとき、死者の家族に会うとよくない。
○雷にうたれた人は心が悪い人。
○蟻が行列をつくって移動すると大雨になる。
○海の中の白い泡が黒くなると大雨がくるかもしれない。
○生まれて1カ月以内に死んだ子どもは昔は海に投げ捨てた。子どもは裸で莫蓙のようなものに包む。莫蓙の中には何も入れない。家族が海岸に捨てに行く。昔は海に捨てている子どもをよく見かけた。1カ月以内の子どもは人間ではない。以前はへその緒を切る鋏が不衛生で7日以内に死ぬ子どもが多かった。
○夜泣きのときは、紙に「天皇の地皇の家には赤ちゃんがいて、通った人には読んでもらいたい」と書いて、人のよく通る道端に貼って、通行人に読んでもらうと治る。
○腕にちょっとした怪我をしたときは、そこに唾をつけてフッと吹く。
○昔の年寄りの中には写真は体によくないといって嫌う者がいた。
○昔、カメラのフィルムが赤いのは人の霊魂が入っているからだという人がいた。
○昔、いたずらをする子どもは写真をとると一層いたずらになるといった。
○耳の大きい人には福がある。

〈8月6日〉

梁恩来　1949年生まれ（男）興建村出身、同村在住。33歳～39歳まで漁船に乗ったがほかにもいろいろな職業に携わった。

○口笛を吹くと風が出る。若者たちが吹くと年寄りにおこられた。

○船の中では「風が強い」と言ったり、驚いた声をだしてはいけない。
○舟の中では、風や潮の話はしない。風の話をすると年寄りたちは風が強くなるといった。
○海蛇を見ると風が強くなる。
○蛇を見るのは一般的にわるいこと。
○亀を獲ったら海にかえす。亀は縁起のよい生き物だから。
○元宝（水死体）を見つけると、キャプテンが縄の先を輪にしたものを投げて「もし、帰りたければ輪の中に入ってください」と言う。ふつうは元宝が自分から入るので上げる。男の元宝は下向き、女は上向きで浮いている。村まで連れて帰り、家族がいれば返す。身元がわからないと、昔は無人島のなかにお墓をつくって埋めた。簡単な物で元宝を巻いて埋めた。毎年清明節のときに祭る。こうすると船が安全で豊漁になる。村は六年前から火葬になった。
○クシャミは誰かがあなたのことを思っている。

林迪新　1953年生まれ（男）温嶺市箸横鎮出身、温嶺市在住。
○死者の魂は49日間は家や人間の社会にいる。
○クシャミをしたあと「パソン」と言う。
○水がめの下のほうに水滴がつくと翌日は雨。

陳祥順　1934年生まれ（男）東興村出身、同村在住。15～51歳まで漁師
○火事の夢は運がよくなる。
○水が出た夢はよい。
○船の中では「死ぬ」と言ってはいけない。
○元宝（水死体）を拾うと豊漁になる。元宝の墓は海辺の山の中につくった。ときどきお参りにいく。実際に元宝を上げた人は豊漁になった。
○口笛を吹くと風を呼んでくる。
○猫が死ぬと喉を金色の紙で巻いて木に吊るす。
○犬が死ぬと海に流す。
○蛇を指さしてはいけない。もし指さすと、さした指に蛇のような細長いものが入る。
○突然、トンボが多くなると風向きが南から北に変わる。

○夜中に犬がウォーと声を引いて鳴くとだれか年寄りが死ぬ。これは犬が鬼に出遭ったためである。実際によく当る。

○鼬が騒ぐとよいことがある。

○モノモライ（麦粒腫）は左手の薬指を糸で7回結ぶ。

○モノモライ（麦粒腫）は、家の門（戸）にチョークで目の形を描き、それにモノモライのできた目をくっつけるとよい。

○シャックリは息を止めて7回唾をのむ。

○シビレは藁に唾をつけてそれを額にはる。

○歯痛は、親指と人差し指の間を押しながら息を吸うとよくなる。

○寝ているときに呼びかけられたら、呼びかけた人の姿が見えたら応えてもよいが、見えないときは応えてはならない。

○箸を×に重ねてはいけない。

○茶碗の上に箸を×の形に置いてはいけない。

○ご飯に箸を立ててはいけない。線香を立てることがあるから。

○箒で人を払ってはいけない。

○箒を逆さに立ててはいけない。陰陽師たちは箒を逆さにして鬼を払うから。

○生まれて1カ月以内に死んだ子どもは海に流した。まだ人間ではないから。山の墓に埋めると犬がそれを掘り出して食べる。その犬に咬まれた人は死ぬといわれている。

○血と一緒に歯の抜ける夢は家の中の誰かが死ぬ。

○歯だけ抜けた夢は他の家の誰かが死ぬ。

○落雷で死ぬのは心の悪い人。

王銀蘭　77歳（女）興建村生まれ、同村在住。

○家の中で口笛を吹いてはいけない。吹くと風が出る。

○クシャミは誰かに思われているか、誰かが悪口を言っている。クシャミのあと「パション」と言うのは、あっちへ行けといって払う言葉。

○モノモライ（麦粒腫）は着物の裾を糸で巻く。

○妊婦の腹が左向きになると女の子、右向きだと男の子が生まれる。

○妊婦は死体を見てはいけない。また、「鬼」と「死体」の話をしてはなら

ない。
○シャックリはお湯を飲む。
○蛇を指さしてはいけない。さしたら、反対の手の手刀で切る。
○蟻が行列をつくると雨になる。
○女の人が舟に乗った場合、舟の前の方に行ってはならない。
○夜、犬が長く鳴くのはよくない。
○息子や娘が早く死んだらその家の年寄りは写真を撮るのを嫌がる。

浙江省温嶺市石塘鎮箸山　2004年3月3日調査

金士明　1949年生まれ（男）松門鎮東昇村出身、東海村在住。村長
○ムカデに咬まれたら鶏の唾をつけるとよい。
○乳歯が抜けたら屋根の上に投げる。子どもの両手を合わせて指の高さをそろえると歯並びがよくなる。
○モノモライ（麦粒腫）は蝸牛をつぶして目のまわりにつける。
○船のなかでは「死ぬ」「沈む」など縁起の悪いことを言ってはいけない。
○猫が死ぬと首を縄でくくって木に吊り下げる。家で飼っている猫はこうするが野良猫はしない。
○蜘蛛が網をたたんで引っ越すのは大風や大雨の来る前兆。
○シャックリは胸を叩いて首の皮を引っぱってからお湯を飲む。
○クシャミは誰かに思われている。
○耳の大きい男は官の高い地位につく。福運がある。耳の大きい女はご飯をたくさん食べるが、家事や家計ができない。
○蟻が行列をつくると雨が降る。
○トンボが低く群れて飛ぶと雨になる。
○鎌首を上げた蛇を見たときは、石を拾って上に投げながら「あなたより高いよ」と言う。そうしないと家に帰ってから運が悪くなる。
○蜂に刺されたときは黄瓜をつぶした汁をつける。

陳其鳳　78歳（男）東海村生まれ。
○蛇を指さすと蛇癬という皮膚病になる。

陳祥堂　78歳（男）里箸村生まれ、同村在住。

中国江南沿海村落民俗志

○ツバメが家に巣をかけると家が豊かになり発展する。
○猫が死ぬと金色か銀色の紙で首を巻き、縄でくくって木に吊るす。

洪本福　67歳（男）東海村生まれ、同村在住。15～16歳まで木匠。

○犬は死ぬと海に棄てるが、猫は木に吊るす。
○モノモライ（麦粒腫）は穴を針でつつく。
○シビレは藁を短く切ったものに唾をつけて額にはる。
○乳歯が抜けたときは足をそろえて屋根に投げる。
○子どものシャックリは、親が子どもの片方の耳を手で引っぱりながら「シャックリがお腹に落ちる」と言う。
○夜は爪を切らない。
○夜、口笛を吹いてはいけない。吹くと蚤が多くなる。
○子どもが家の中で傘をさすと背が伸びない。
○目が飛ぶ（瞼の痙攣）のは、左目だと食べるものが沢山くるが、右目だと災難がある。
○クシャミは誰かに思われている。
○蜂に刺されたときは、煙管に残った灰を刺されたヵ所につける。
○鼠が家の中で騒ぐのはわるい。
○鼬（ユースー）が鳴くとお金や福が入る。普通の鼠より小さく口が長くて尖っている。色は同じ。1匹で走り回ることが多い（せいぜい2匹）。ユースーは昼間は目が見えないが夜は見える。見つけても殺してはならない。
○子どもの鼠が鳴くと福が入る。
○ツバメが家に巣をつくると吉。
○夜中に雌の鶏が鳴くとわるい。そのときは殺して食べる。
○犬が夜中にさみしそうな声で鳴くのはわるい。犬がお化けに遭った証拠。
○トンボが低く飛ぶのは天気がわるくなる前兆。
○元宝（水死体）を連れて帰ると翌年は運がよくなる。
○亀を獲ったら海に返す。
○歯痛は、箸で塩をつまみ、痛む歯の上に置いて噛み合わす。
○耳が大きいと男女とも福運がある。
○他人の影を踏むのはわるいこと。

浙江省温嶺市石塘鎮箬山　2005年3月12日～15日調査

〈3月12日〉

陳其勝　1961年生まれ（男）東興村出身、同村在住。

○船の上で小便をするときは、船の後ろでする。前と中ではしてはならない。

○船の中では「沈む」とか「返る」という言葉をつかってはいけない。

○元宝（水死体）は、男はうつぶせ、女はあおむけに浮いている。見つけると、縄で輪をつくって海に投げ入れ「帰りたかったら、輪の中に入ってください」と言う。ふつうは元宝が自分で入る。元宝は船には上げずに引っぱって帰る。家族が来ると元宝は鼻血をだす。

○船上で口笛を吹くと風がでる。（昔、舟の中で吹いて怒られたことがある）。

○生後一ヵ月以内に死んだ子はコモに包んで海に捨てた。（小さすぎてお棺がつくれない。埋めると犬がきて食うから）。

○ツバメが家に巣をかけるのはよいこと。

○船の柱に鳥が止まるのはよいこと。

○蛇を指さしてはいけない。さすと、蛇の毒が指先から入ってくるかもしれない。

○蛇に向って「乞食がくる」と言うと蛇は逃げる。蛇は乞食を怖がるから。

○蛇を殺してはいけない。仕返しに来るから。

○モノモライ（麦粒腫）は棕櫚の糸を目の穴に入れる。モノモライが男にできるのは何か不潔なものを見たから。

○シビレは藁に唾をつけて額につける。

○目が飛ぶ（瞼の痙攣）のは、男女とも、左目だと誰かにおごってもらえる前兆。右目だと災いの前兆。

○寝ている人の顔に鍋の墨をつけると目を覚ますことができない。

○犬が夜ウォーンとかなしそうに鳴くと鬼が来る。

○毎晩つづけて犬が鳴くと近所の人が死ぬ。

○家の中で傘をさすと背が低くなる。

○家の中で帽子をかぶると背が低くなる。

荘香蘭　79歳（女）興建村生まれ、同村在住。
○モノモライ（麦粒腫）は左手の薬指に糸を巻き7つ結び目をつくる。
○蛇を指さしてはいけない。さしたときは、その指を他人の手刀で切ってもらう。
○蛇を指さすときは、親指を握り隠したこぶしの形でさせば大丈夫。

林迪新　1953年生まれ（男）温嶺市箸横鎮出身、温嶺市在住。
○蜘蛛が下がってくるのはよいこと。蜘蛛を殺してはいけない。（蜘蛛は喜〈シー〉と発音が同じ）
○モノモライ（麦粒腫）は、寝室のドアの後ろに立ち、チョークでドアに目の形を描く。モノモライの目をそれに近づけて、描いた目から横に線を引く。そこからモノモライがでていけという意味。
○夢は現実の反対である。

王梅蘭　77歳（女）勝海村生まれ、東興村在住。陳其勝さんの母親。
○蛇を指さしてはいけない。蛇の毒が指先から入る。さしたら他の人にその指を手刀で切ってもらう。蛇を指さすときはにぎって（親指を隠し）させばよい。
○蛇の夢はよい。
○火事の夢はよい。
○洪水の夢はよい。
○糞桶に糞がいっぱいあふれるほど入っている夢はよい。
○妊婦のへそが外に尖っていたら男の子、内にへこんでいたら女の子が生まれる。
○妊婦の腹が右に尖っていたら男の子、左に尖っていたら女の子が生まれる。
○モノモライ（麦粒腫）は、左目なら右手、右目なら左手の薬指に糸を巻き、7つの結び目をつくる。しっかり結ばないでいつの間にかとれるのがよい。
○モノモライ（麦粒腫）は、服の裾に針で糸を7回抜き通す。糸は結ばない。
○クシャミは他人から何か言われている。
○蜘蛛が下がってくると吉。殺してはいけない。
○乳歯が抜けたときは、足をそろえて、上の歯はベッドの下、下の歯は屋根

の上に投げる。歯は両手を合わせた間にはさんで投げる。
○耳たぶの大きな人はよいことがある。
○カラスが鳴くとわるい。カラスを見たら、頭の毛を手で払うまねをする。

〈3月13日〉
林美華　77歳（男）東興村生まれ、同村在住。
○乳歯が抜けると、下の歯は屋根の上に、上の歯はベッドの下に足をそろえて投げる。
○2人で歩いているとき、蛇を指さして相手の名前を呼んではいけない。蛇は頭がよいので、その名前を覚えていて探しに来るかもしれない。
○蛇を殺してはいけない。仕返しに来るかもしれないから。
○船の中では、死、ひっくり返る、沈むという言葉をつかってはいけない。
○船のなかで口笛を吹いてはいけない。風が来る。
○火事の夢はよい。
○モノモライ（麦粒腫）ができたときは、小指に糸を巻いて7つの結び目をつくる。

陳金梅　68歳（女）勝海村生まれ、同村在住。
○赤ん坊のクシャミはよい。とくに1カ月以内のときは、クシャミをするたびに魂が体に入ってくるから。
○蛇を指さしてはいけない。毒が指先から入ってくる。
○家の中に鼬鼠（ユースー）がいるとよい。鼬鼠が外から家の中に入ってくると吉。お金が入る。家から出て行くと凶。鼬鼠は相手の尻尾をかみ連なって移動する。
○寝ている人には魂が無いので声をかけてはいけない。
○ツバメが家に巣をかけるのはよい。家がよいとツバメが巣をかける。
○猫は土に埋めてはいけない。縄で木に吊り下げる。縄が腐って落ちるまでそのままにしておく。
○枇杷は庭に植えてはいけない。
○歯の抜けた夢はわるい。とくに、血がついていると親類の誰かが死ぬ。
○蟻が引っ越すと雨になる。
○蜂に刺されたときは桂花の花びらをつける。

○昔はエナ（胎盤）は煮て食べた。胃の病気に効くし寒をさける。（今は病院で産むので食べない）。
○虫歯の痛み。香草の根と植物油をレンガの上に置く。レンガの下で火を焚くと匂いがでるのでそれを口に入れる。虫歯の中の虫がでていく。

劉招蘭　79歳（女）東海村生まれ、同村在住。
○蜘蛛が下がってくるのはよい。
○シビレは藁に唾をつけて額につける。
○妊娠した月が偶数なら男の子、奇数なら女の子が生まれる。
○猫は死ぬと木に吊るす。
○夜、犬がウォーンと鳴くのは鬼を見たから。
○クシャミは他人から何かうわさをされている。
○耳がかゆいのは誰かがうわさをしているから。
○鼬鼠（ユースー）が家に入ってくると吉。娘の家に鼬鼠が入ってきたことがある。その年と翌年はお金を儲けた。鼬鼠は鼠より小さく口が尖っている。
○子どもの夜泣きは、紙に「天皇皇、地皇皇、我家有个夜啼狼　辻路君子念一遍　少児能睡到天光」と書いて、人がたくさん通る道の壁に貼る。通る人に読んでもらうと治る。

呉文丁　67歳（男）東湖村生まれ、同村在住。
○枇杷は庭に植えてはいけない。実ができると植えた人が亡くなる。
○モクセイを庭に植えるとよい。
○耳の長い人は長寿。
○シャックリのときは、水を飲むか、砂糖を食べる。

〈3月14日〉
陳春蘭　80歳（女）後山村生まれ、海浜村在住。
○蛇を指さしてはいけない。もしさしたら、田蟹花という草をとってきて指につける。
○モノモライ（麦粒腫）は、着物の裾を糸で一回巻いたあと7つの結び目をつくる。糸はきつくは結ばない。糸が自然に落ちるとモノモライも自然に治る。
○モノモライ（麦粒腫）は薬指に糸を巻いて7つ結び目をつくる。

○モノモライ（麦粒腫）は針をモノモライの穴に通す。

○クシャミは他の人に何かいわれている。

○夜は爪を切ってはいけない。切ると爪が硬くなる。

○とぐろを巻いている蛇を見ると運がわるい。（こんなとき、仏教徒は何もしないが、キリスト教徒は追い払う）。

○鼬鼠（ユースー）を見るとお金や福が入ってくる。

○鼬鼠（ユースー）がチッチッと鳴くとお金が入ってくる。

○火事の夢はよい。

○シビレは藁に唾をつけて額につける。

○シャックリはお湯を飲むと治る。

林恩玉　52歳（女）粗沙斗生まれ、海浜村在住。

○赤ちゃんがクシャミをすると少しずつ魂が入ってくる。

黄三忠　67歳（男）小箸村生まれ、同村在住。元漁師。

○船の中で口笛を吹いてはいけない。風が出る。

○船の中では不吉なことを言ってはいけない。

○船の中では大声をだしてはいけない。

○船の中では人を叱ってはいけない。

○帆柱に撒尿婆鳥が止まるのはよくない。止まったときには、飯を炊く棒で帆柱の下を軽く叩いて鳥を逃がす。

○子どもが船酔いをしないためには、初めて船に乗るとき、自分で石を1つ拾ってポケットに入れる。船が出たら、人に気づかれないように右舷から海に石を投げる。こうすると以後船酔いをしない。

○赤ちゃんは、クシャミをすると少しずつ魂が入ってきて元気になる。

○乳歯が抜けたときは、上の歯はベッドの下へ、下の歯は屋根の上へ、足をそろえて投げる。昔は歯に糸をかけて引っぱって抜いた。抜いた人が投げた。

○モノモライ（麦粒腫）は、ドアの後ろに立ってドアに目の形を描く。モノモライのできた目をドアに近づけて描いた目に触れると治る。（石灰に水をいれて練ったものを筆や棒で描く）。

○蛇を指さしてはいけない。指の先から毒が入ってくる。

○月を指さしてはいけない。耳が腐る。
○蛇が一匹でとぐろを巻いているのはよくないが、多くの蛇がとぐろを巻いているとよいことがある。
○多くの蛇がとぐろを巻いているのを見たら、服を脱いでその上にかける真似をするとすべてのお金が入ってくる。
○猫は死ぬと木に吊るす。犬は海に流す。
○元宝（水死体）は持って帰るとお金が入る。臆病な人は縄の先につくった輪のなかに入れて引っぱって帰る。そうでない人は、船の中に入れて持ち帰る。元宝は、男は顔を下に、女は顔を上にして浮いている。男の元宝が顔を上にして浮いていたら、その人は神様を信仰していなかった人である。女も同様。顔の向きに関係なく元宝を見つけると仕事をやめて持って帰る。まず、縄の先につくった輪を海に投げ入れて「岸に上がりたかったら入ってください」と言う。または、蒲団袋を投げ入れて口の方から元宝を入れる。連れ帰った元宝は一般のような葬式は行なわないが、棺に入れて埋める。家族がわかればもどす。家族が来ると元宝は鼻血をだすことがある。5、6年前に元宝を見つけて持ち帰り、埋めた人がいる。その人はその後漁に恵まれた。
○寝ている人の顔に鍋の墨をつけてはいけない。もしつけると、魂が抜け出てもどることができなくなる。
○シャックリは熱い湯を飲む。
○食べ物が喉に詰まったときは、箸を縦に持って、茶碗の底を突くように叩きながら「満口哈相吃等明天」と唱える。
○魚の骨が喉に刺さったときは、箸で茶碗のご飯のうえに「無」または「馬」という字を書く。書くときは「子、丑、寅？？？」と十二支を唱え、最後にご飯をいっきに飲みこむ。
○鼬鼠（ユースー）がいるのはよいこと。ユースーがチッチッと鳴くとお金が部屋いっぱいになるといわれている。鼠よりも小さくて目は見えない。毛は黒色でつるつるしている。口がとがっている。
○昔の船には魂があった。外に出て他のものとぶつからないように目をつけていた。

○赤ちゃんが1カ月以内に死ぬ（夭死人）と莫蓙に包んで海に流した。流すのは母親以外の家族の者。土葬すると生れ変われないが、海に流すと生れ変わることができる。20年くらい前まではやっていたが、その後、海に流す人と土に埋める人に分かれた。現在でも未婚の人の子どもが1カ月以内に死ぬと海に流すことが多い。

〈3月15日〉

陳清忠　57歳（男）里箬村生まれ、同村在住。漁師（15歳から海に出ている現役）

○船の中で口笛を吹いてはいけない。風を呼ぶから。
○船の中で両手を後ろにまわしてはいけない。海賊に逮捕されたときの格好だから。
○船の中では、朝、歌をうたってはいけない。うたうと魚が逃げいく。
○船の中で物が見つからないとき「没」と言ってはいけない。「満」と言う。

林雲梅　75歳（女）水仙岙生まれ、上咀在住。

○モノモライ（麦粒腫）は、服の裾を糸で一回巻いたあと7回ゆるく結ぶ。
○乳歯が抜けたときは、上の歯はベッドの下へ、下の歯は屋根の上へ、足をそろえて投げる。
○蛇を指さしてはいけない。さしたら、さした指を手刀で切る。
○クシャミは誰かが何か言っている。
○目が飛ぶ（瞼の痙攣）のは男女とも左目は吉。食べ物が入る。右目は凶。災いがくる。
○シビレがきれたら藁に唾をつけて額にはる。
○鼬鼠（ユースー）が家にいると運がよくなる。
○蛇の夢はわるい。
○蛇の抜け殻を拾うとよいことがある。子どもの病気が治る。
○賭け事をする人は蛇の抜け殻を見つけると拾ってくる。そうすると賭け事に勝つ。
○蛇がとぐろを巻いているのを見るのはよくない。
○蜘蛛が下がってくるのはよいこと。
○夜、雌の鶏が鳴くのは、家に不吉なことがあるか、家の土台がしっかりし

ていない証拠。雌の鶏が鳴くと翌朝殺して食べる。
○犬が夜かなしそうに鳴くのは鬼を見たため。夜、何日かつづけて鳴くと誰かが死ぬ前兆。
○赤ちゃんが1カ月以内に死ぬと莫蓙にくるんで海に流した。土に埋めると生れ変わるのが遅くなるが、海に流したら早く生れ変わる。

浙江省温嶺市石塘鎮箬山　2005年8月27日〜28日調査

〈8月27日〉

李財宝　67歳（男）東湖村生まれ、同村在住。57歳まで漁船に乗る。

○水死体（元宝）を見つけたら拾い上げる。元宝はほとんどが男で、男は顔を下に、女は顔を上に向けて浮いている。掛け布団のカバーをはずし、元宝をその中に入れて引き上げる。元宝を見つけたことを村の人に知らせ、親族がいたら返す。親族に会うと元宝は鼻血をだす。親族が分らない場合は棺を買ってきて埋葬するが、その場所は決まっていない。費用は船の乗組員が分担する。元宝を上げると豊漁になるという。
○モノモライ（麦粒腫）は、ドアの裏にチョークで目の絵を描き、モノモライのできた方の目をその絵にあてるとすぐに治る。
○シビレは藁きれに唾をつけて額にくっつける。
○シャックリは熱い湯を飲むとよい。
○目が飛ぶ（瞼がピクピク痙攣する）ときは、睫毛を引っぱる。
○蛇を指さしたとき、他の人の名前を呼んではいけない。その名前の人に蛇が仕返しをするかもしれないから。
○クシャミをするのは誰かに思われているから。
○猫が死ぬと縄で首をくくって山の上の木に吊るす。
○猫が怒っていると翌日は雨になる。
○猫が顔を洗うと汐が上がる（満ち潮になる）。
○犬が夜中に長く鳴くのは人が亡くなる前兆。（これはほとんど当る）。

陳清華　31歳（男）水産関係の商売に従事。

○年寄りは枇杷を植えてもよいが若い人は植えてはいけない。実がなるときに植えた人が死ぬから。
○耳がかゆいのは誰かに思われている。

潘志建　29歳（男）東湖生まれ。温嶺市で建築関係の仕事に従事。
○クシャミは1回はわからないが、2回すると誰かに想われている。3回は悪口を言われている。（祖母から聞いた）。

陳冬生　59歳（男）東湖村生まれ、同村在住。床屋のほか肖像画などを描いている。
○犬の鳴き真似をすると犬のようになるから、犬の鳴き真似はしない。

金子林　74歳（男）小箬村に生まれ、同村在住。16～65歳まで漁船に乗る。
○水死体（元宝）を見つけると、縄の先を輪にしたものを投げ入れてその中に入れて引っぱって帰る。海では、男はうつむきに女は上向きになっている。もし男が上向きでももって帰るが、上向きの男は生前まじめではなかったためである。元宝は身内に会うと鼻血をだす。40代のとき他の人が拾ってきた元宝を海辺に置いていた。穴を掘って埋めようとしたとき、探していた奥さんが楊柳村からやってきた、そのとき元宝が鼻血をだしたのを実際に見た。自分でも20代のとき元宝を拾ったことがある。お金があれば棺に入れて埋めるがなければ布で巻いて山の上に埋める。この村の出身の男が元宝になって、上げ潮にのって小箬村の港まで流れ着いたこともある。
○生まれて1ヵ月たたないうちに死んだ子どもは海に流した。そうすると早く生まれ変わってくる。今でもやっている人がいる。
○モノモライは、戸の裏に目の絵を描いて、それにモノモライのできた目をくっつける。
○昔はクシャミは誰かに思われているといった。
○帆船の時代には口笛を吹いて風がくるようにした。（海の上でいらいらするのでやったが本当は風はおきない）。
○猫が死ぬと、昔は縄でくくって木の上に吊るしたが、今は海に棄てる。
○犬が死ぬと海に棄てる。
○蜂に刺されたときには鶏の唾をつけると効く。
○犬の鳴声を真似るのはよくない。人格の侮辱になる。
○鼬鼠（ユースー）を見るとお金が入る。目が見えないので米を盗めない。
　口がとがっていて、足は鼠より短く、色は黒い。また、鼠はすばやいがユ

ースーは動作がのろい。

劉招蘭　79歳（女）石塘鎮八村生まれ、東海村在住。
○蛇の夢はよくない。
○猫が顔を洗うのは潮が上がる（満ち潮）前兆。
○猫が死ぬと山の上の木につるす。（今もそうする）。
○寝言に返事をしてはいけない。
○クシャミは誰かがうわさをしている。
○シャックリは熱い湯を飲む。
○シビレは、藁きれに唾をつけて額につけ、しびれている足で何回か地面を踏む。
○ユースー（鼬鼠）がお互いの　尻尾を噛んで列をつくり家に入ってくるのを見るとよいことがある、家を出るところを見ると悪い。
○雌の鶏が夜中に鳴くのはよくない。火事などがおこりやすい。

〈8月28日〉

陳永義　65歳（男）東興村生まれ、同村在住。
○蛇に噛まれたり、自分の体に巻きついている夢はわるい。蛇が逃げていく夢はよい。
○蛇を指さしてはいけない。指さすと指に入ってくる。
○夜は爪を切ってはいけない。切ると爪が死んで生えてこなくなる。

陳阿香　75歳（女）新建村生まれ、同村在住。老人協会に所属していて交代で禹王廟でボランティアをしている。
○蛇の大きさを指であらわしてはいけない。
○蛇を指さしてはいけない。もしさしたら、さした指を反対の手を手刀にして切る。
○モノモライ（麦粒腫）は、糸で着物の裾の角をしばり、結び目を7つつくる。
○蛇が蛙を呑むところをみても蛇を殺してはいけない。蛇を殺すと蛙から紅包（プレゼント）をもらうがそれは瘤である。蛙にはそれしかお土産はない。（蛙は鳴くと頬がふくれるから）。

汪玉彩　64歳（女）東興村生まれ、同村在住。禹王廟で陳阿香さんから話を

聞いているときそばにきて話してくれた。午後から汪さんを訪ねる。
　○蛇は生殺しにするな。頭を完全につぶさないと仕返しにくる。
　○家の中にいる蛇は叩いたり殺していけない。どうしても外に出したいときは、箒で払うか塩をまいて追い出す。
　○シャックリは熱い湯を飲むと治る。
　○子どもがシャックリをしたらそばにいる大人もわざとシャックリをする、子どもがもう1回すると大人もする、こうすると治る。
　○クシャミは誰かに思われている。
　○シビレになったときは、「足のシビレ、足のシビレ」と唱えてから、短く切った草に唾をつけて額につける。
　○猫が死んだら木につるす。犬が死んだら縄でくくって海まで引っぱっていき、海に流す。
　○ご飯の入っていない茶碗を箸で叩いてはいけない。料理が無いという意味である。
　○空の茶碗の上に箸を縦に置いてはいけない。
　○昔は、若い女性が見合いをする男の人の家に行ったとき、出された茶を飲むと結婚をする約束だといった。相手が好きだったら飲む。
　○夜、雌の鶏が鳴くと家の地盤がもろくなる。そのときにはお経を読む。
　○蟻が行列をつくると大雨になる。
　○寝言に返事をしてはいけない。寝ているときは魂が体の中に無いので、返事をすると寝ている人に刺激を与えて気が触れるかもしれない。魂が体に戻ることができないかもしれない。そんなときは寝ている人を起こす。
　○寝ている人の顔に絵や文字を書いてはいけない。体の外にでている魂が戻ってきたとき、自分の顔ではないと思って体に入らないかもしれない。その人は死ぬかもしれない。

摘要

有关渔与海的俗信

常光彻

不知"俗信"一词从何时开始在日本使用，也许是近代的新造词或是翻译词。现在"俗信"多用于指示预兆、占卜、禁忌、咒术等传承范围，也包括妖怪、幽灵等内容。中国没有俗信一词，内容上比较接近的概念要算"迷信"了。关于什么是迷信，询问了一些村民，结果是"用手指蛇，会烂手指"是迷信，而"晚上不要剪指甲"则不算迷信。其理由是用手指蛇，手并不会烂掉；而晚上剪指甲则容易剪得过深，比较危险。也就是说，有科学根据的或是能够予以合理的解释的不算迷信，相反则是迷信。也有人认为，于社会有害的才是迷信。

这次调查，可以看到关于渔和海的俗信的一些特征。例如，在海上发现溺水死者（元宝）时，带回岸上埋葬，可以带来渔业丰收，这是众所周知的俗信。在日本也有同样的说法，连元宝见了亲人会流鼻血这样的细节都十分相似。船上忌讳说"鬼""死""沉""风"等词。另外吹口哨会带来暴风，也是忌讳的。吹口哨会带来暴风在日本也有同样的说法，这一俗信大概广泛分布于世界各地吧。从前，出生后不满一个月就死亡的婴儿，不是埋到山里的坟地中，而是放到海中随波流走。可以在其背景中看出生后一个月之内的婴儿还不算人，放到海中可以重生这样的观念。

通过调查笔者深切感到中国和日本的俗信有许多是相通的。在此之前，笔者主要是以日本国内的资料为基础进行研究，今后有必要在俗信的研究中加入东亚这一视点。

民間工芸の誕生

菅　豊

はじめに

　石塘鎮箸山において、かつては、子供用の帽子の刺繍や、「泥玩（泥人形）」、「米糕玩具（米粉で作った人形）」など、多様な民間工芸が伝承されていた。しかし、現在は、「剪紙（切り絵）」や、「紙扎（紙でできた人形や建物、器物の冥器）」が僅かに残るものの、伝統手工芸のほとんどが失われている。

　一方、経済や社会の変革にともない、新しい手工芸が誕生している。その担い手は、かつて伝統的な木工や船大工などに関わっていた職工たちである。彼らは、時代の変化にともない、自分たちが保持していた技術が経済的、社会的に陳腐化しているとみなしているが、しかし、現代的な状況に応じて、それを別の局面に応用する運動体を展開している。それが、工芸への転換である。本章では、箸山の民間手工芸の変容過程から、社会・経済状況に応じた現代的な工芸の発生について報告することを目的とする。

1. 伝統的な民間手工芸

　箸山で現在残っている、最も代表的な民間の手工芸は、「紙扎」である。「紙扎」は紙や竹籤で人形や建物、器物を摸した冥器である。この地方では、死後49日目の「七七」の時に、死者への贈り物として、「紙扎」の一種である「紙屋」を燃やす。僧侶による読経などが終わり、儀式の最後に、大きな家を象った「紙屋」は焼かれ、冥界へと送られる。その中には、家具や車、オートバイも設えられており、人形も配置されている。その人形は、かつては、粘土

製であったがプラスティック製の女子用の人形で代用されている。

　「七七」の儀礼に用いられる「紙屋」とは別に、さらに箬山では儀礼的に重要な「紙扎」が製作されている。それは、農暦の7月7日、通称「七月七」の儀礼に用いられる。「七月七」には、箬山の地で「小人節」として、子供たちの無事の成長を祈る祭りが執り行われる。この日には、男子のいる家では、家を摸した「彩亭」という「紙扎」を、女子のいる家では、橋を摸した「彩橋」という「紙扎」を作る。それらの「紙扎」は、食卓の上に飾られ、スイカやブドウなどの果物類が、子供の母によって供えられる。そして、子供の祖母など年長者が、その「紙扎」を外に出し、火をつけて焼き上げて、爆竹を打ち鳴らす。

写真1　紙屋

　この「紙扎」を作る技術を持っているのは、今ではここ箬山では10人を切ってしまった。その中で、最も腕がよいといわれるのが陳筱祥氏である。

　陳氏は、1947年箬山の東湖村で生まれた。彼は、父親陳永喜氏に「紙扎」の作り方を学び、15、6歳の頃には、一通りの技術を習得していた。「文化大革命」の頃は、それは「迷信品」と呼ばれ、政府によって製作することも、それを使って祭りをすることも禁じられたが、現在は、政府は黙認している。ただし、「紙扎」で生活を立てることは困難であり、彼は、時にはペンキ塗りの職工をやったり、また時には漁民らと一緒に船に乗ったりして、糊口をしのいでいる。しかし、彼は、「紙扎」作りを本業と認識しており、それに対し誇りを

持っている。そのため、「紙扎」を様々な展覧会、博覧会に出品している。1987年に、戯曲を題材に「紙扎」で作った「師徒取経」「鬧天宮」「盗仙草」などという作品が、北京・中国美術館で挙行された第一回中国芸術祭（第一届中国芸術節）に入選している。

　彼の息子、陳琦氏も、父から「紙扎」を学び、その技術を受け継いでいる。78年生まれの彼は、初中卒業後、冷凍工場の製氷部に勤めるかたわら「紙扎」を作り続けている。彼も、父親に負けない腕前であり、14歳の頃にはすでに独力で作り、近在で売っていた。この地では、今でも7月7日の「七月七」には、それを買い求める人が多く、その時期になると大忙しである。「彩亭」は、以前は1層のものが30元程度であった。今は、ほとんどが2〜3段にも重なった複数層のものを求める人が多い。2層のもので60元程度、3層になると300元というから、安い買い物ではない。1層の「彩亭」はおよそ1日、3層には1日半の工期を要する。

　「紙扎」で作る人形は「紙人」と呼ばれる。陳琦氏は、「紙人」には京劇などの伝統的な戯劇の登場人物を摸して作っている。泥で特色ある頭部を作って人物を表現し分けたり、顔は同じでも衣装を違えることによって、人物を変えたりする。「七月七」には、陳氏の家で20個ほどの「紙扎」を作るが、この数は他の「紙扎」製作者に比べると少ないという。数が少ない分、他の人に比べ精緻な作りになっており、その分値段も少し高めに設定しているという。この

写真2　紙人

ふな伝統的手工芸品は、普通の産品と同じく、売買されるものであるが、主として親戚や近所の馴染みのある人が買うことが多い。北京では「紙扎」が、工芸品として扱われ、特産品として売買されているが、この地においては、「紙扎」は未だ儀礼・祭礼と不可分な実用品である。その生産や、技術、知識などの文化の維持に関して、政府の保護政策もまったくない。

　「紙扎」とともに、ここ箸山で伝承される伝統工芸として「剪紙」を見過ごすわけにはいかない。「剪紙」は、切り絵であり、赤や黒などの色紙を器用に切り取って、様々な事物、風景、人物などを描く民間工芸である。それは、かつて春節や結婚式など吉事の飾り付けとして不可欠な実用品であった。中国全土に分布する、メジャーな伝統手工芸であり、現在各地で、その文化の掘り起こしと保護活動が行われている。

写真3　郭献忠氏と剪紙

　箸山においては、「彩亭」「彩橘」の装飾にも使用するため、かつては盛んに行われていた。しかし、現在、その技術を保有するのは数人である。その中で最も高い評価を受けるのが郭献忠氏である。郭氏は、1934年石塘鎮鹿頭嘴で生まれた。彼は、回族であるが、この地の回族は漢化が著しく、回族としての文化アイデンティティーを有してはいない。彼は、子供の頃より「剪紙」に慣れ親しみ、その技術を吸収してきた。彼は、とくに美術関係の素養に恵まれていたため、「剪紙」に限らず、絵画彫刻など様々な美術に興味を持っていた。

小学生の頃には、廟にある泥の仏像を摸して、塑像を作ったこともあるという。「労作（今の手工：図工の科目）」が好きで、中学に進み、さらに美術の道を志した。努力の甲斐あり、黄岩初級師範学校で学び、美術教師となった。石塘鎮一帯の小学校に赴任し、地域の美術教育に尽力、最終的には、温嶺師範学校の教師にまで上り詰めた。退職後は、「剪紙」製作に専念している。

　彼は、中国民間剪紙研究会会員、浙江省民間剪紙研究会副会長、浙江省工芸美術学会会員であることからわかるように、「剪紙」を製作するばかりでなく、公的な組織のメンバーとして、研究活動も行っている。彼は、自分が製作した多くの「剪紙」の作品集も出版している。また数多くの展覧会に出品している。1983年には、「網魚」「織網」「満載而帰」など、海辺漁村の風俗を題材とした作品を、山東、安徽、江蘇、上海、山西、雲南、新疆ウイグル地区など、各地の「剪紙」展覧会に出品し、受賞している。彼の作品は、すでに60幅以上が中国美術館、また、鄂南国際華人芸術家作品収蔵展覧館、華夏剪紙博物館などに収蔵され、多くの雑誌に掲載されている。また、40数年来、1000以上もの作品が、25以上の省級の新聞紙上を賑わしているという。

　進取の気性もあり、また元の職業柄、新しいデザインや技法を取り入れることに、彼はまったく抵抗はない。彼が考えるこの地の「剪紙」の伝統は、海辺や漁業という海と関わる生活を描くところにあると考えており、その部分が箬山の「剪紙」の独特のものであると主張する。

　彼の美術に対する熱意は、ただ「剪紙」の製作だけに止まることを許さない、非常に、多彩な製作活動を行っている。教師時代に学んだ絵画や彫刻は、今では語るのみであるが、新しく根彫や石芸などにも取り組んでいる。同様の思考から、廃物を利用した工芸品作りも始めており、子供向けの教育雑誌などに、考え出した技法について投稿している。

2. 職工から工芸家へ

　上記の伝統的な工芸は、現在において経済的な利益を、あまり多くもたらさないながらも、若干の経済性と、儀礼習俗との一体性、そして、審美性といった観点から、一部の人々によって継承されている。

　このような伝統的手工芸品とあいまって、最近、ここ箬山に新しい工芸品が

生まれつつある。その代表的なものが、船の模型である。「船模（船の模型）」を嗜む製作者が、現在、石塘鎮で増えつつある。

　陳祥栄氏は、現在、船の模型作りで有名である。彼の作った船は、実際の船と同じ技法で造られており、評判を呼んでいる。「船模」は、昔を懐かしむ人が買う以外に、贈答品として用いられる。また、箬山の飲食店では、土地の風俗を現す装飾品として、盛んに飾られている。陳祥栄氏は、初中卒業後、一時漁師になったが、18歳の時にそれを止めて「柴師（船大工）」になった。元々彼の父は、魚の問屋であったが、解放以後、「柴師」になっていた。彼は、人民公社時代、柴師組という船大工の組織に所属し、最も多い時で20数人もの部下がいた。しかし、91年に鉄鋼船が導入され、木造船の技術しか持たない陳氏の仕事は減った。造船所に勤め直す人もいたが、仕事を一から覚え直さなければならず、また、きつい仕事なので陳氏はその道を選ばなかった。その結果、彼が選択した生計を維持する道が、「船模」の製作であった。

　90年代に生活が豊かになり、装飾品などの売れ筋もできた。それで、彼は、今まで自分の持っている技術を生かして、「船模」を作り始めたのである。彼は、基本的に、自分が保持する木造船の技術をもって「船模」を製作する。設計図も、木造船工場時代に使っていたものや、伝統的木造船の構造を記した書物を元に作っている。従来の木造船の縮尺を変えてミニチュア化し、部分の工作を簡素化しただけで、基本は実物の木造船と同じである。

　他にも、「船模」製作を開始した人々がいる。姜爵請氏は、石塘鎮の観光地・曙光公園に船模展覧館を経営する、「船模」製作者である。曙光公園は2001年の「曙光年（2001年のミレニアム）」を祝してできた公園で、新世紀の初日の出を臨む曙光節が開催された。中国本土で西端の一つに数えられる地に、記念公園が作られたのである。そこの観光資源の一つとして、鎮の援助を受けて船模展覧館も建築された。

　姜氏は、本来は、木造船の設計師であった。6つの省、100種以上の特徴的な木造船を設計することできる腕前を持つ。彼は、本来は舟山で展覧館を作るつもりだったが、この地に旅遊地区の計画が持ち上がり、副鎮長の依頼により展覧館を開設した。伝統的な舟を展示するだけではなく、それを使った漁業を再現するジオラマを復元している。当然、展示された「船模」は、販売用である。

もう一人の「船模」製作者・陳祥来氏は、1963年生まれの若手である。彼は、唐龍船模工作室を経営し、「船模」を中心に様々な工芸品を製作・販売している。彼は、インターネットなどを用い、中国全土、及び海外にまで販路を広げている。彼は、幼少時より、上述の「剪紙」の名手である美術教師・郭献忠氏から美術の手ほどきを受けた。今でも美術愛好者として、郭氏とのつきあいは深いし、郭氏から様々なアイディアをもらっている。

彼は、箬山の高中を卒業の後、船が弱かったので「木匠（大工）」になった。彼の祖父の代から「木匠」であり、幼い頃から、その基本的な技術は身につけていた。1976年に高中卒業後、親類の陳其吉氏に師事して、伝統的な「木匠」の技術を、本格的に学んだ。当時は、「木匠」は婚礼時に必要な家具から、家造りまでやっていた。彼自身は、廟や寺の泥像や壁画作りもやったことがあり、漆塗りなども含め造作一般を請け負っていた。

写真4　船模

しかし、80年代には、「木匠」の仕事が衰えて稼ぎにならなくなったため、塗装業などもやった。そして、その絵心が見込まれて、台州の黄岩にある工芸品工場「青春工芸品廠」に転職し、工芸品の設計と製作を始めた。最初は、海外輸出用のクリスマス装飾品の製作にあたっていたが、販路が伸びないため伝統的な工芸品作りを命じられた。江蘇省の蘇州や上海にまで、伝統工芸の「絹画（シルクの生地に刺繍で描いた絵）」を研修しに行ったこともある。また、

竹の簀に絵を描いた「竹絲画」などのデザインと彩色を手がけた。いずれも輸出用である。

この工場に２年間勤めた後、収入を上げるために、深圳に出て商売を始めた。しかし、中古テレビの販売やインドネシアからの材木輸入などに手を染めたが成功できず、結局、台州へ戻ってくることとなる。しかし、その後、故郷で内装業を営み、建築ブームに乗って、成功することができた。内装業のかたわら、自分の趣味と実益をかねて、工芸品作りを開始する。そこで選んだのが「船模」である。

造船の技術はないが、子供の時分に見た木造船を模して「船模」を作り始める。また、様々な書物を渉猟し、伝統船のスタイルを作っていった。元・「木匠」だったので、細工の技術はお手の物である。現在では、各地の「船模」愛好家と、インターネットを介して情報交換し、他地域のスタイルも取り入れている。地元に、これといった特産工芸品がないため、「船模」を作り始めると、思いの外、売れ行きがよかった。地元の人が贈答用に買っていくほか、台湾、香港からの観光客へも販売している。「船模」に関しては、国家専利局（特許局）に、外観設計特許として申請し認められ、『世界現代特許発明人名典（中国巻）』にも入選している。

彼は、郭氏の指導を受けながら、「船模」以外の工芸品にも取り組んでいる。カニやカブトガニの甲羅を使った「臉譜（京劇の顔の隈取りのミニチュア）」を作ったり、海岸の石への彫刻、塑像、「剪紙」を製作し、販売している。「臉譜」は、全国的に収集家がいて、近年、引き合いがあるという。

このように「船模」を中心とする新しい工芸品が、技術を持つかつての職工たちの生産の受け皿として流行し始めている。さらに、他の人とは異なった手工芸品製作を、新たに試みる動きもある。張永彬氏は、そのような製作者の一人である。

張氏は、1955年生まれ。箬山の初中卒業後、漁民となるが船に弱いため10日で退職。その後、18歳で「木匠」になる。最初は、叔父である「木匠」に師事し、家具作りの技術を学ぶ。多くの家具の製作に携わり、その過程で、彫刻の技術を身につける。元来、絵心があった張氏は、彫刻に興味を持つようになる。

「木匠」を20年ほど営むが、収入が芳しくなかった。そのため、手先が器用

なのを生かして石塘鎮で金属細工を開業。しかし、それが不振で、新しい仕事を模索した。その結果、たどり着いたのがガラス細工である。大判のガラス板に、絵を描いたり、彫刻を施したりして、家の調度品として販売した。木工の技術を生かして、自分のアイディアで屏風に仕立てた。経済の好転に従い、この地でも家の新築が盛んになり、新しい調度品としてガラス細工はもてはやされた。しかし、その流行は一過性で、すぐにブームは去り、売れ行きは不振となった。そのため、さらに新しい手工芸品を模索する。

　1995年、次に手をつけたのが、「水晶玻璃（人工水晶）」の工芸品である。ガラス屏風のように大きくなく、置物として手軽なところに目をつけた。また、芸術性も、ガラス細工より高い。それに取り組んでいる製作者が、すでに台州にいて、その人に師事したかったが、費用がかかるので、独学で技術を習得することにした。基本的な道具は、ガラス細工に使用したものでことは足りる。最初は、見よう見まねで製作し、順次、必要な道具を買いそろえ、また、試行錯誤を繰り返し、細部を工夫し新しい道具を作った。原料の「水晶玻璃」は義烏の水晶廠で仕入れる。杭州や福州の百貨店から引き合いがあり、販路を確保することができた。阿里巴巴アリババネット（中国の著名なビジネス・コミュニケーションのポータルサイトhttp：//china.alibaba.com/）にも登録し、一時、インターネットを介した注文も入っていた。2002年には、杭州で開催された2002杭州西湖博覧会第三届中国工芸美術大師作品及び国際芸術精品博覧会で優秀賞を受賞するところまできている。

　しかし、彼の「水晶玻璃」は、工芸品として定着、及び経済的に成功しているわけではない。大都市部と異なり、この地域の地理的条件からいって、このような工芸品の発展は望みがたいと彼は考えている。売り出すために重要な多くの展示会に招聘されたが、むしろ、それへの参加料のコストがかさみ、実質的な売り上げには繋がっていないという。そのため、将来的な展望は見込めず、売り上げが伸びなければ、他の仕事を探すつもりである。

3. おわりに

　浙江省象山県における、竹根芸の発展と伝統工芸化の動きは、別の章で述べているが、そこにおいて工芸の創出は経済的に成功し、また、地域アイデンテ

ィティーと深く関わっている。そこでは、竹根芸を芸術の領域にまで高めた、地元の元・職工たちの努力と創意、意気込みという内発的な要因が、まず重要であった。しかし、それのみで竹根芸の芸術化は達成されたわけではない。そこには、地元政府、省政府、及び、それと連なる地元の文化政策に携わる団体（文聯など）の直接、間接の援助と支持が不可欠であった。さらに、中国全土にネットワークを張る中央の美術団体（中国根芸美術学会など）の発展と、芸術の組織化、制度化という状況が一体となって、それは実現されたと考えるべきである。

　一方、この温嶺市石塘鎮箬山においても、多くの職工がその転職先として工芸作りを選択している。しかし、それは個々のアイディアと意欲により実践されるのみで、政治、社会、経済的な外部的枠組みの関与は、象山県ほど強くはない。経済的な尺度で見れば、その現状は芳しいものとはいえないであろう。しかし、ここに工芸品という実用性と芸術性の二面性を持った文化的な創作物の、現代的な生成と変容、そして衰退という動態的な発達史が表出していると考えられる。

摘要

民间工艺的诞生

菅丰

　　石塘镇箬山过去流传着多种多样的民间工艺，例如童帽的刺绣、泥玩（泥做的玩偶）、米糕玩具（米粉做的玩偶）等。但是现在除了剪纸、纸扎（纸做的玩偶、建筑、器物等冥器）还有部分留存外，其余的传统手工艺几乎都已经失传。

　　另一方面，随着经济与社会的变革，新的手工艺也在诞生，其中坚力量是过去从事传统木工的木匠或船匠。随着时代的变化，他们所保持的实用性技术已经失去了其社会和经济价值。但是，他们顽强地顺应时代潮流，展开了新的运动，将他们保持的实用性技术应用于别的方面。这就是向"工艺"的转换。

　　近年，新的工艺品不断出现。最有代表性的要算"船模"。石塘镇过去的木匠和船匠中，参与到船模制作中的人越来越多。有一些匠人还开始制作水晶玻璃的饰件。他们充分地利用所掌握的技术，积极地投入应用性的制作之中，并且他们不满足于单纯的商品制作，也开始出现进行艺术实践的意识。

　　本文的目的在于报告箬山民间手工艺的变迁过程，以及现代工艺顺应社会经济状况而诞生的情形。

中国江南沿海村落民俗誌
―浙江省象山県東門島と温嶺市箬山―

2006年3月23日印刷発行

編集・発行　　　福田　アジオ
　　　　　　　　神奈川大学大学院歴史民俗資料学研究科
　　　　　　　　〒221-8686　横浜市神奈川区六角橋3－27－1
印　　刷　　　　有限会社　新疆